핵심이론 + 최신 기출문제

회계관리 2급

시대에듀

2025 시대에듀 hoa 회계관리 2급
핵심이론 + 최신 기출문제 한권으로 끝내기

Always **with you**

사람의 인연은 길에서 우연하게 만나거나 함께 살아가는 것만을 의미하지는 않습니다.
책을 펴내는 출판사와 그 책을 읽는 독자의 만남도 소중한 인연입니다.
시대에듀는 항상 독자의 마음을 헤아리기 위해 노력하고 있습니다. 늘 독자와 함께하겠습니다.

머리말

회계관리 2급을 출간하는 데 있어 기존의 수험서가 있음에도 불구하고 새로운 수험서를 추가한다는 사실이 큰 부담으로 다가왔다. 그럼에도 불구하고 단순히 회계관리 2급을 취득하는 데 그치는 것이 아니라 기본적인 회계지식을 습득하고 쉽게 다가갈 수 있는 책을 집필하고자 하는 마음가짐으로 최선을 다하였다.

본서는 다음과 같은 부분에 중점을 두고 서술하였다.

첫째, 회계이론은 논리적이며 간결하게 정리하였으며, 독자들이 스스로 읽어봄으로써 회계의 논리적 전개를 익힐 수 있도록 가능한 일관된 논리로 전개하였다. 독자들은 회계이론에 대한 기본적인 개념과 정의를 파악함으로써 회계라는 학문에 보다 쉽게 다가갈 수 있을 것이다.

둘째, 각 회계이론에 맞는 예제 문제를 수록하여 해당 이론에 맞는 문제를 바로 풀고 익힐 수 있게 서술하였다. 이론 위주의 학습이 아니라 그와 관련된 계산문제와 분개를 작성해 봄으로써 이론을 보다 효과적으로 이해하고 습득할 수 있게 하였다. 또한 주관식 문제로 출제함으로써 회계의 기본인 분개를 자연스럽게 접할 수 있도록 하여 회계관리 2급의 취득뿐만 아니라 독자의 회계지식을 한 단계 도약할 수 있는 계기가 되었으면 한다.

셋째, 자격증 취득이라는 수험서의 목적에 걸맞게 단원별 기출문제와 최신 기출문제를 동시에 수록하여 독자들이 많은 문제를 경험해 볼 수 있도록 하였고, 중요한 문제는 복습할 수 있도록 반복적으로 수록하였다.

아울러 출간만으로 저자의 의무를 다하였다고 생각하지 않으며 온라인과 오프라인을 통하여 계속하여 독자들과 만나며, 독자들께서 주시는 제언들을 밑거름으로 하여 더 좋은 책을 만들기 위한 노력을 계속해 나갈 것이다.

끝으로 본서가 나오기까지 아낌없는 지원을 해주신 세무법인 동료분들, 사랑하는 가족들에게 항상 고마움과 감사함을 느끼며, 다시 한번 감사의 말씀을 전한다.

편저자 김태원 씀

자격시험 안내

종목소개

회계관리 2급은 회계의 종합적인 지식과 실무능력을 겸비하여 기업의 회계실무자로서 회계업무 수행능력을 검정하는 시험으로, 기본적 회계지식과 재무제표의 기본개념을 이해하였는지 평가합니다.

평가방법 및 합격기준

등 급	시험과목	출제형태	시험시간	합격기준(100점 만점)
회계관리 2급	회계원리	40문항 (객관식 4지선다형)	11:00 ~ 11:50 (50분)	70점 이상

응시자격 및 시험접수

구 분	내 용
응시자격	연령, 학력, 경력 제한 없음
시험일정	연8회 시행(1월, 3월, 5월, 6월, 7월, 9월, 11월, 12월)
접수방법	삼일회계법인 국가공인자격시험 사이트(www.samilexam.com)에서 접수기간 내에 접수
시험장소	서울, 부산, 대구, 광주, 인천, 대전, 수원, 청주, 천안 등
응시료	30,000원(합격 후 자격증 발급 시 5,000원 별도 부과)

※ 구체적인 내용은 삼일회계법인 국가공인자격시험 사이트(www.samilexam.com)에서 확인하시기 바랍니다.

시험 준비물

<table>
<tr><th>구 분</th><th>내 용</th></tr>
<tr><td>신분증</td><td>규정신분증 미소지 시 시험응시 불가(모바일 신분증 사용 가능)
<table>
<tr><th>구 분</th><th>규정신분증</th></tr>
<tr><td>만 18세 이상</td><td>주민등록증, 운전면허증, 공무원증, 외국인등록증, 장애인등록증, 기간 만료 전의 여권, 시험일 당시 유효한 주민등록증발급신청확인서</td></tr>
<tr><td>만 18세 미만</td><td>학생증, 청소년증, 기간 만료 전의 여권, 외국인등록증, 장애인등록증, 생활기록부</td></tr>
</table></td></tr>
<tr><td>필기구/수정테이프</td><td>검은색 필기구만 사용 가능하며, 연필은 사용할 수 없음</td></tr>
<tr><td>계산기</td><td>일반 계산기만 사용할 수 있으며, 재무용 · 공학용 계산기는 사용할 수 없음</td></tr>
</table>

평가범위

평가범위		
대분류	중분류	소분류
회계의 첫걸음	회계의 개념	회계의 개념, 재무제표의 의의 및 구성요소, 복식부기의 원리
	회계의 흐름	부기의 개념 · 종류 · 원리
		회계의 순환과정
		거래의 이중성과 8요소
		분개장과 총계정원장
계정과목 이해하기	자산 계정 살펴보기	자산 계정과목의 이해
	부채 계정 살펴보기	부채 계정과목의 이해
	자본 계정 살펴보기	자본 계정과목의 이해
	수익 계정 살펴보기	수익 계정과목의 이해
	비용 계정 살펴보기	비용 계정과목의 이해
결산 마무리	정리 그리고 완성–결산	결산의 의의 및 절차
	시산표로 다시 보기	시산표의 의의 및 작성절차
	결산정리사항 살펴보기	계정과목별 결산 검토사항 및 결산수정분개
	회계장부 끝맺음	재무상태표 계정의 마감
		손익 계정의 마감
재무제표 쉽게 읽는 법	재무제표 둘러보기	재무제표의 개념 정리
	감사의견 확인하기	감사의견 확인하는 방법의 이해
	재무상태표 바로보기	재무상태표 해석하는 방법의 이해
	손익계산서 바로보기	손익계산서 해석하는 방법의 이해

우대사항

구 분	내 용
고등학교	자격 취득 시 학교 생활기록부(나이스, NEIS)에 기재 가능
학점은행제 학점인정	**재경관리사** 14학점/**회계관리 1급** 5학점/**회계관리 2급** 4학점
군 지원	(아래 표 참조)

구 분	모집분야	취득자격	배 점
육 군	기술행정병	재경관리사 회계관리 1급 회계관리 2급	30점(직접관련), 25점(간접관련)
해 군	일반기술병		44점
공 군	일반기술병		

※ 상기 내용은 각 주관처의 사정에 따라 변경될 수 있으므로 각 주관처의 확정공고를 확인하시기 바랍니다.

hoa 200% 활용법

(3) 자 본

자본은 기업의 자산에서 모든 부채를 차감한 후의 잔여지분이다. 또한, 자본은 회사의 소유주 자신이 투자한 출자금으로서 소유주 지분을 말한다. 즉, 회사의 재산인 자산을 팔았을 때 부채를 갚아야 하므로 부채 부분을 채권자 지분이라 하고, 그 나머지에 대하여는 소유주 자신의 것이므로 자본은 소유주 지분이라 한다. 또한 회사의 자산 중 부채를 우선적으로 갚아야 하므로 자본을 잔여지분 또는 순자산이라 한다.

〈자본의 종류〉

자본금	회사설립 시 또는 증자* 시 주주가 회사에 납입한 출자금
이익잉여금	수익에서 비용을 차감한 잔액인 당기**순이익을 합산한 누적액

* 증자 : 주식을 발행하여 주주들로부터 자본금을 납입받고 자본금을 증가시키는 것
** 당기 : 올해의 회계기간, 전년도는 전기, 내년도는 차기라 표현한다.

▸ 계 정

다음의 계정과목을 자산, 부채, 자본으로 표시하시오.

1. 현 금 ( ) 2. 매입채무 ( )
3. 상 품 ( ) 4. 매출채권 ( )
5. 토 지 ( ) 6. 자본금 ( )

POINT 1

누구나 이해하기 쉬운 핵심이론

낯선 회계용어와 헷갈리는 이론을 각주와 도표, 예제, 사례 등을 활용하여 누구나 이해하기 쉽게 정리했습니다.

CHAPTER PART 2 계정과목 이해하기

01 단원별 기출문제

01 소프트웨어를 개발하는 (주)삼일은 프로그램의 용역을 11월 5일에 제공하고 용역제공대가를 12월 5일에 수령하였다. 해당 거래가 재무제표에 미치는 영향으로 가장 올바르지 않은 것은?(단, 해당 거래의 매출총이익률은 10%이다) [22년 기출]

① 11월 5일 거래로 재무상태표의 자산이 증가한다.
② 11월 5일 거래로 재무상태표의 자본이 증가한다.
③ 11월 5일 거래로 손익계산서의 수익이 증가한다.
④ 12월 5일 거래로 손익계산서의 수익이 감소한다.

해설
• 회계처리
– 11월 5일 (차) 외상매출금(자산의 증가) (대) 용역매출(수익의 발생)

POINT 2

이해도를 올려주는 단원별 기출문제

각 단원별 기출문제를 수록하여 해당 이론을 완벽하게 정리하고 넘어갈 수 있도록 구성했습니다.

최신 기출문제

POINT 3

문제은행 방식 최적화 최신 기출문제

문제은행 방식으로 출제되는 회계관리 2급의 특성에 맞추어 최신 기출문제 8회분과 그에 대한 상세한 해설을 제공합니다.

이 책의 차례

HEART OF ACCOUNTING

이 책의 차례

PART 01
회계의 첫걸음

남에게 이기는 방법의 하나는 예의범절로 이기는 것이다.

- 조쉬 빌링스 -

CHAPTER 01

PART 1 회계의 첫걸음

회계의 기본개념

01 회계란 무엇인가?

1 회계와 재무제표

(1) 회계란 무엇인가?

회사는 기업경영활동을 통해 영리를 추구하고, 이에 얻어진 자원을 배분한다. 이러한 일련의 활동들은 어떠한 형태로든 기록을 필요로 하게 되며, 이는 기업의 경영활동, 즉 재산상태나 수익상황을 기록하여야 한다. 회계란 기업의 재무상태를 측정하여 이해관계자들에게 정보로 전달하는 과정이다. 따라서 측정대상이 되는 것과 정보를 전달받게 되는 정보이용자가 존재한다. 측정대상은 바로 기업의 경영활동으로 재산의 변동, 즉 자산・부채・자본의 변동과 기업의 수익활동, 즉 수익・비용과 이익을 측정하고 기록하는 것이다. 이를 회사의 재무정보라고 한다.

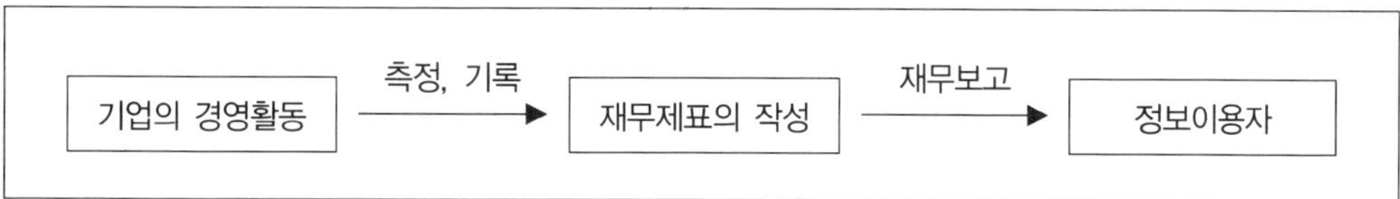

(2) 재무상태와 경영성과

회사의 재무정보는 크게 재무상태와 경영성과로 나누어 볼 수 있다.

① 재산상황의 정보(재무상태)

재산상황이란 회사의 총 재산이 얼마인지는 물론이고, 투자자가 투자한 자본뿐 아니라 채무상황까지도 보고하게 된다. 여기서 회사의 재산을 "자산"이라 하며, 투자자가 회사에 투자한 돈을 "자본", 외부로부터 차입하여 빚을 지게 된 것을 "부채"라 한다. 이러한 재산상황은 일자별로 거래 내용에 따라 그 상황이 달라진다. 따라서 재산상황의 보고는 어느 특정 시점을 기준으로 하여 그 시점의 재산상황을 보고하여야 한다.

② 수익상황의 보고(경영성과)

수익상황이란 회사가 기업경영활동을 통해 얼마의 돈을 벌어들였으며, 또 어느 정도의 비용을 사용하였는지, 그에 따른 순이익은 얼마인지를 나타내는 것이다. 이때 벌어들인 돈은 "수익"이라 하며, 사용한 경비는 "비용"이라 한다. 이러한 수익상황은 매일의 거래내용에 따라 계속해서 발생하게 된다. 따라서 이는 어느 시점만의 상황을 보고할 수 없다. 반드시 일정기간을 정하여 그 기간 동안의 수익상황을 보고하여야 하는 것이다.

(3) 재무상태 및 경영성과의 보고수단

재무상태는 “재무제표”라는 문서를 통해 보고하게 된다. 즉, 기업에서 일어나는 일련의 경영활동을 기록하여 재무제표를 작성하는 것이다. 위에서 살펴본 재산상황에 대하여는 “재무상태표”라는 문서를 작성하고, 수익상황에 대하여는 “손익계산서”라는 문서를 작성하게 된다. 이러한 재무상태를 기록한 문서, 즉 “재무제표”를 통해서 정보이용자에게 재무정보를 제공하게 된다.

2 재무정보이용자

회사의 재무정보는 주주, 채권자, 회사의 경영자, 종업원 등 다양한 이해관계자들의 필요에 의해 만들어진다. 재무제표를 통해 이러한 이해관계자들에게 회사의 재무정보를 전달한다.

(1) 주 주

주주는 당해 기업의 투자자로서 회사가 올해 수익을 얼마만큼 냈으며, 그에 대해서 어느 정도의 배당금*을 가져갈 수 있는지에 대한 정보를 원한다. 주주들은 주주총회**를 통하여 재무제표를 확인하고 배당금을 결정한다.

* 배당금 : 주주가 주식을 취득한 것에 대한 대가로 회사가 지급하는 것. 회사는 이익이 많이 나면 배당금을 많이 지급하며, 이익이 나지 않는 경우에는 배당금을 지급하지 않을 수도 있음

** 주주총회 : 주주들이 함께 모여 회사의 중요한 의사결정을 하는 회의기구. 주주는 소유한 지분 비율에 따라 의결권을 가짐

(2) 잠재적 투자자

잠재적 투자자란 아직 당해 기업에 투자하지는 않았지만 미래에 투자할 수 있는 가능성이 있는 자들이다. 따라서 이들은 현재 또는 미래의 투자의사결정에 유용한 투자위험, 투자수익률 등을 평가할 수 있는 정보를 원한다.

(3) 채권자

채권자는 기업에 돈을 빌려주는 은행 등을 말하며, 이들은 회사의 대여금 및 이자 상환능력을 평가할 수 있는 정보를 원한다.

(4) 거래처

거래처는 외상대금의 지급능력을 평가할 수 있는 정보를 통하여 계속 거래가 가능한지 여부를 알고 싶어 한다.

(5) 정부 및 감독기관(국세청, 금융감독원)

자원의 효율적 배분을 위한 정책입안이나 회사 활동의 규제 및 조세정책의 결정에 필요한 정보 또는 국민소득 등의 기타 통계를 위하여 필요한 정보를 원한다.

(6) 경영자

경영자는 회사의 재무상태와 경영성과를 파악하고 예산과 실적의 차이를 분석하여 과거의 경영활동에 대한 성과를 평가하고 경영전략을 수립하기에 유용한 정보를 원한다.

3 재무회계와 관리회계

회계는 기업을 둘러싼 다양한 정보이용자들에게 합리적인 의사결정을 할 수 있도록 기업의 경영활동과 경영성과, 재무상태 등에 관한 정보를 제공하는 수단이다. 회계가 그 목적을 달성하기 위해서는 정보이용자의 요구에 부합해야 한다. 정보이용자를 크게 둘로 나누면 회사 내부의 정보이용자와 회사 외부의 정보이용자로 구분된다. 외부이용자를 위한 회계를 재무회계라고 한다면, 내부이용자를 위한 회계를 관리회계라고 부른다.

회 계 ┬ 재무회계 : 회사 외부이용자 대상(주주, 채권자 등)
　　　└ 관리회계 : 회사 내부이용자 대상(경영자, 중간관리자 등)

(1) 재무회계

재무회계는 기업의 외부정보이용자인 주주나 채권자 등에게 그 기업의 재무상태, 경영성과 및 현금흐름의 변동에 관한 유용한 정보를 제공하는 분야이다. 따라서 재무회계는 일반적이고 객관적인 정보를 제공해야 한다. 또한 다수의 이해관계자들에게 정보를 제공하는 것이므로 표준화된 기준에 근거하여 정보를 생산해야 한다.

(2) 관리회계

관리회계는 내부정보이용자인 경영자에게 경영과 관련된 의사결정과 계획 및 성과평가에 유용한 정보를 제공하는 분야이다. 따라서 일률적인 기준에 의하거나 특정한 양식을 가질 필요가 없으며, 정보이용자의 요구나 보고하는 정보의 특색에 맞게 다양한 형태를 띠게 된다.

(3) 재무회계와 관리회계의 비교

구 분	재무회계	관리회계
목 적	외부이용자의 경제적 의사결정에 유용한 정보를 제공(외부보고)	내부경영자의 경제적 의사결정에 유용한 정보를 제공(내부보고)
정보이용자	주주, 채권자, 정부, 잠재적 투자자 등	경영자, 중간관리자 등 회사 내부이용자
보고수단	재무제표	특수목적 재무제표와 기타 보고서
정보제작의 기준	일반기업회계기준과 같은 일반적으로 인정된 회계원칙	일정한 기준 없음
성 격	객관적, 과거지향적	주관적이더라도 목적적합한 정보, 미래지향적

02 재무제표

1 재무제표와 기업회계기준

재무제표는 많은 정보이용자들의 정보이용목적을 충족시킬수 있어야 하고, 그 내용에 오류가 있거나 정보이용자들에게 오해를 불러일으킬 수 있는 것이 포함되어서는 안 된다. 재무제표는 기업과 정보이용자들이 의사소통을 하는 수단이므로 서로 간에 같은 언어로 정보를 교환하여야 하는데 이를 기업회계기준이라 한다. 기업회계기준은 일반적으로 인정된 회계원칙(Generally Accepted Accounting Principles)이라고도 하는데, 우리나라는 한국회계기준원에서 회계기준을 제정한다. 현행 기업회계기준은 한국채택국제회계기준(K-IFRS)과 일반기업회계기준이 있는데 한국채택국제회계기준은 상장기업*이 의무적으로 적용하여야 한다. 한국채택국제회계기준은 회계처리에 많은 비용부담이 있을 수 있어 비상장기업**은 일반기업회계기준을 적용하되 선택적으로 한국채택국제회계기준을 적용할 수 있다.

* 상장기업 : 회사의 주식을 누구나 사고 팔 수 있도록 주식시장에 공개한 기업

** 비상장기업 : 상장기업과 달리 회사의 주식이 시장에 공개되지 않은 기업

〈기업회계기준의 체계〉

회계기준	적용대상	외부감사	관련법령
한국채택국제회계기준	주권상장법인 및 금융회사	의 무	주식회사 등의 외부감사에 관한 법률
일반기업회계기준	외부감사대상 주식회사		
중소기업회계기준	외부감사대상 이외의 주식회사	면 제	상 법

2 재무제표의 종류

정보이용자들에게 정보를 전달하는 수단이 재무제표인데 재무제표는 재무상태표, 손익계산서, 현금흐름표, 자본변동표, 주석으로 구성된다.

〈재무제표의 종류〉

구 분	제공하는 정보
재무상태표	일정시점의 재무상태(자산, 부채, 자본)
손익계산서	일정기간의 경영성과(수익, 비용)
자본변동표	자본의 크기와 그 변동내역
현금흐름표	현금의 유입과 유출 내역
주 석	재무제표에 대한 보충적 설명

3 재무제표의 기본가정

(1) 계속기업

경영진은 재무제표를 작성할 때 계속기업으로서의 존속가능성을 평가해야 한다. 경영진이 기업을 청산* 하거나 경영활동을 중단할 의도를 가지고 있지 않을 뿐만 아니라, 청산 또는 경영활동의 중단 외에 다른 현실적 대안이 없는 경우도 아니면 계속기업을 전제로 재무제표를 작성한다.

* 청산 : 회사를 소멸시키기 위해 자산을 처분하고 부채를 상환하는 절차

(2) 발생주의

기업은 현금흐름 정보를 제외하고는 발생기준 회계를 사용하여 재무제표를 작성한다. 발생기준은 기업실체의 경제적 거래나 사건에 대해 관련된 수익과 비용을 그 현금유출입이 있는 기간이 아니라 당해 거래나 사건이 발생한 기간에 인식하는 것을 말한다.

03 재무상태표

1 재무상태표의 기본개념

(1) 개 요

재무상태표는 일정시점 현재 기업이 보유하고 있는 경제적 자원인 자산과 경제적 의무인 부채, 그리고 자본에 대한 정보를 제공하는 재무보고서로서, 정보이용자들이 기업의 유동성, 재무적 탄력성, 수익성과 위험 등을 평가하는 데 유용한 정보를 제공한다.

(2) 자본 등식

기업활동을 영위함에 있어서 사용되는 일련의 재산이 있다. 이들은 사업에 사용되는 것들로서 회사의 재산인데, 이를 "자산"이라 부른다. 자산이란 현금 그 자체이거나 현금으로 바뀌어 나에게 들어올 수 있는 것의 총합이다. 회계학이 아닌 일상생활에선 흔히 재산이라고도 한다. 기업활동에서는 타인으로부터 빌려온 채무가 있을 것인데 이를 "부채"라 부른다. 부채란 미래에 현금으로 나에게서 나가야 할 것들의 총합이다. 자본이란 일정시점에서 자산과 부채의 차이이다. 이것은 나에게 있는 진정한 재산이므로 순자산 혹은 순재산이라고 한다. 즉, 기업의 총재산 중 부채를 빼고 난 금액이 사실상 나의 재산이라는 의미이다. 이를 등식으로 나타낸 것을 자본 등식이라 한다.

〈자본 등식〉

자 산 − 부 채 = 자 본

예를 들어 1월 1일 현재 나에게 자산이 700,000원이 있고 부채가 200,000원이 있다면 자본은 500,000원이다.

(3) 재무상태표 등식

자본 등식을 약간 변화하여 '자산 = 부채 + 자본'이라고 하고 이것을 하나의 표로 나타낸 것이 재무상태표이다. 이때 자산은 왼편에 부채와 자본은 오른편에 기록한다. 왼편은 차변이라 부르고 오른편은 대변이라고 부른다. 따라서 자산은 차변에 기록하고 부채와 자본은 대변에 기록하는 것이다.

〈재무상태표 등식〉

자 산	=	부 채 + 자 본
(차 변)		(대 변)

재무상태표란 회사의 재산, 즉 자산이 주주의 투자금액과 타인에게서 차입한 부채로 이루어져 있는 것을 나타낸 것이다. 재무정보이용자는 재무상태표를 통해 회사의 재산상태뿐 아니라, 부채의 정도나 자본의 정도를 확인해 볼 수 있다. 여기서 표현한 자산, 부채, 자본을 계정이라 한다.

〈재무상태표의 기본양식〉

재무상태표

기업명	20X1. 12. 31	(단위 : 원)
자 산		부 채
		자 본
(차 변)		(대 변)

2 재무상태표의 구성 항목

재무상태의 측정에 직접 관련되는 요소는 자산, 부채 및 자본이다.

(1) 자 산

자산은 과거 사건의 결과로 기업이 통제하고 있고 미래 경제적 효익이 기업에 유입될 것으로 기대되는 자원이다. 현금, 매출채권, 건물, 창고 등은 회사 소유의 재산인데 회계에서는 이처럼 기업이 소유하고 있으며 금전적인 가치가 있을 뿐만 아니라 앞으로도 유용하게 사용할 수 있는 회사의 재산을 자산이라 한다. 자산은 또 회사의 권리라고도 표현할 수 있는데, 예를 들어 외상으로 매출하였을 때 미래에 외상대금을 청구할 수 있는 권리를 매출채권이라 하며 이를 자산에 포함하게 된다.

〈자산의 종류〉

현 금	지폐와 동전 등 회사자금으로서 회사의 재산
예 금	현금을 예치하여 차후 현금이란 자산을 찾을 수 있는 권리
매출채권	상품을 외상으로 판매한 후 외상대금을 청구할 수 있는 권리
미수금	상품 외의 자산을 판매한 후 대금을 받지 않아, 차후에 그 외상대금을 청구할 수 있는 권리
대여금	타인에게 현금을 빌려주고 차후에 현금이란 자산을 청구할 수 있는 권리
상 품	판매할 목적으로 소유하고 있는 물건
건물, 토지, 비품	기업활동에 사용하고 있는 회사의 재산

(2) 부 채

부채는 과거 사건에 의하여 발생하였으며 경제적 효익을 갖는 자원이 기업으로부터 유출됨으로써 이행될 것으로 기대되는 현재의무이다. 즉, 기업이 부담하고 있는 빚으로써 미래에 갚아야 할 의무를 부채라 한다.

〈부채의 종류〉

구분	내용
매입채무	상품을 외상으로 구입한 금액으로 차후에 대금을 갚아야 할 의무
차입금	남에게 빌린 돈으로서 차후에 현금으로 갚아야 할 의무
선수금	상품을 사고자 하는 사람에게 미리 받은 선금이나 계약금. 이는 받은 계약금에 대하여 차후에 상품 등을 인도함으로 갚아야 할 의무
미지급금	상품 이외의 물건을 외상으로 구입한 경우 그 금액으로 차후에 대금을 갚아야 할 의무

(3) 자 본

자본은 기업의 자산에서 모든 부채를 차감한 후의 잔여지분이다. 또한, 자본은 회사의 소유주 자신이 투자한 출자금으로서 소유주 지분을 말한다. 즉, 회사의 재산인 자산을 팔았을 때 부채를 갚아야 하므로 부채 부분을 채권자 지분이라 하고, 그 나머지에 대하여는 소유주 자신의 것이므로 자본은 소유주 지분이라 한다. 또한 회사의 자산 중 부채를 우선적으로 갚아야 하므로 자본을 잔여지분 또는 순자산이라 한다.

〈자본의 종류〉

구분	내용
자본금	회사설립 시 또는 증자* 시 주주가 회사에 납입한 출자금
이익잉여금	수익에서 비용을 차감한 잔액인 당기**순이익을 합산한 누적액

* 증자 : 주식을 발행하여 주주들로부터 자본금을 납입받고 자본금을 증가시키는 것

** 당기 : 올해의 회계기간, 전년도는 전기, 내년도는 차기라 표현한다.

예 제 ▸ 계 정

다음의 계정과목을 자산, 부채, 자본으로 표시하시오.

1.	현 금	( )	2.	매입채무	( )
3.	상 품	( )	4.	매출채권	( )
5.	토 지	( )	6.	자본금	( )
7.	대여금	( )	8.	비 품	( )
9.	선수금	( )	10.	미수금	( )
11.	미지급금	( )	12.	차입금	( )
13.	이익잉여금	( )			

[풀이]

1. 자산 2. 부채 3. 자산 4. 자산 5. 자산 6. 자본 7. 자산 8. 자산 9. 부채 10. 자산 11. 부채 12. 부채 13. 자본

예 제 ▸ 재무상태표

다음 자료를 참고하여 (주)리젠의 20X1년 1월 1일과 12월 31일의 재무상태에 의하여 기초 재무상태표와 기말 재무상태표를 작성하시오.

〈1월 1일의 재무상태〉

현 금	600,000	매출채권	800,000
상 품	500,000	매입채무	600,000
차입금	400,000	토 지	200,000
자본금	1,100,000		

〈12월 31일의 재무상태〉

현 금	800,000	예 금	400,000
매출채권	300,000	상 품	500,000
토 지	1,000,000	매입채무	500,000
차입금	300,000	미지급금	500,000
자본금	1,100,000	이익잉여금	600,000

[풀이]

재무상태표

(주)리젠 20X1. 1. 1 (단위 : 원)

현 금	600,000	매입채무	600,000
매출채권	800,000	차입금	400,000
상 품	500,000	자본금	1,100,000
토 지	200,000		
자산총계	2,100,000	부채와 자본총계	2,100,000

재무상태표

(주)리젠 20X1. 12. 31 (단위 : 원)

현 금	800,000	매입채무	500,000
예 금	400,000	차입금	300,000
매출채권	300,000	미지급금	500,000
상 품	500,000	자본금	1,100,000
토 지	1,000,000	이익잉여금	600,000
자산총계	3,000,000	부채와 자본총계	3,000,000

3 재무상태표의 작성기준

재무상태표의 작성기준은 구분표시원칙, 총액주의, 1년 기준, 유동성배열법, 잉여금 구분의 원칙, 미결산 항목 및 비망계정의 표시방법 등이 있다.

(1) 구분표시원칙

재무상태표를 작성할 때에는 구성 항목을 체계적으로 분류하여 표시하여야 한다. 먼저 구성 항목을 자산・부채 및 자본으로 구분하고, 자산은 유동자산 및 비유동자산으로, 부채는 유동부채 및 비유동부채로, 자본은 자본금・자본잉여금・자본조정・기타포괄손익누계액과 이익잉여금으로 각각 구분한다.

재무상태표

(주)리젠 20X1년 12월 31일 (단위 : 원)

과 목	금 액	과 목	금 액
자 산		부 채	
유동자산		유동부채	×××
당좌자산	×××	비유동부채	×××
재고자산	×××	자 본	
비유동자산		자본금	×××
투자자산	×××	자본잉여금	×××
유형자산	×××	자본조정	×××
무형자산	×××	기타포괄손익누계액	×××
기타비유동자산	×××	이익잉여금	×××
자산총계		부채와 자본총계	

(2) 총액주의

자산・부채 및 자본은 총액에 의하여 기재함을 원칙으로 하고, 자산의 항목과 부채 또는 자본의 항목을 상계함으로써 그 전부 또는 일부를 재무상태표에서 제외하여서는 아니된다.

① 자산・부채 항목의 총액표시

동일 거래처에 매출채권과 매입채무가 동시에 있다면 이를 상계하여 순액으로 표시하는 것이 아니라 매출채권과 매입채무를 각각 자산과 부채에 계상*하여야 한다. 또한, A은행에는 예금이 있고 B은행으로부터는 차입금이 있는 경우에도 이를 상계하여 순액으로 표시하는 것이 아니라 예금과 단기차입금의 과목으로 각각 자산과 부채에 계상하여야 한다.

* 계상 : 금액을 계산하여 재무제표에 기록하는 것

② 차감 항목의 총액표시

각 자산・부채・자본 항목 중 차감 항목이 있는 경우가 있다. 자산은 매출채권과 대손충당금, 건물 등 유형자산과 감가상각누계액, 부채의 경우는 사채와 사채할인발행차금, 자본은 자본조정 항목이 그 예이다. 이들은 각각 총액과 그 차감 항목으로 표시하여야 하며 이를 차감 후 잔액으로 표시하여서는 안 된다.

(3) 1년 기준(유동 항목의 구분)

자산과 부채는 1년을 기준으로 하여 유동 항목과 비유동 항목으로 구분한다. 유동이란 움직일 수 있는 가능성을 말하는데 재무상태표에서 말하는 것은 현금으로의 전환가능성이다. 자산 중 현금이란 자산은 영업활동에 있어서 매우 중요할 뿐 아니라, 자산 또는 부채가 현금화되는 정도는 기업의 재무상태를 표현함에 있어서 그 중요성이 매우 높다고 할 수 있다. 따라서 1년 이내 현금화가 되는 자산은 유동자산, 그렇지 않은 자산은 비유동자산으로 분류한다. 또한 1년 이내 지급할 의무가 있는 부채는 유동부채 그렇지 않은 것은 비유동부채로 구분하게 된다. 여기서 1년이라 함은 재무상태표 작성일로부터 1년을 의미한다.

다만, 정상적인 영업주기 내에 판매되거나 사용되는 재고자산과 회수되는 매출채권, 지급하여야 할 매입채무 등은 1년 이내에 실현되지 않더라도 유동 항목으로 분류한다. 여기서 정상영업주기란 제조업의 경우 제조과정에 투입될 재화와 용역을 취득한 시점부터 제조와 판매를 거쳐 최종적인 현금회수시점까지 소요되는 기간을 말한다.

(4) 유동성배열법

자산과 부채를 재무상태표에 기재할 때 자산과 부채의 항목배열은 유동성배열법에 의함을 원칙으로 한다. 유동성배열법이란 유동성이 높은 것부터 낮은 것의 순서로 배열한다는 뜻이다. 유동성이란 자산·부채 항목이 현금으로 전환되는 가능성을 말하며, 유동성이 높다는 것은 현금으로의 전환이 용이하다는 의미이다.

(5) 잉여금구분의 원칙

잉여금에는 자본잉여금과 이익잉여금이 있다. 둘 다 주주의 몫에 해당하는 자본 항목이라는 것은 동일하나 발생원천에서 차이가 있다. 자본잉여금은 자본을 조달하고 감소시키는 자본거래에서 발생한 잉여금이고, 이익잉여금은 회사의 영업활동을 통해 벌어들인 순이익의 누적분이다. 이 두 가지의 잉여금은 각각 자본잉여금과 이익잉여금으로 구분하여야 하는데, 그 이유는 자본거래와 손익거래를 구분하여 영업으로 인한 순자산의 증가분을 정확히 밝혀내고자 함이다.

(6) 미결산 항목 및 비망계정

기중에 회계처리 시 내용이 불명확한 항목에 대하여는 가지급금이나 가수금으로 회계처리하는 경우가 있다. 이들은 원인불명이나 아직 그 내용을 밝히기 곤란한 항목들로 기중에 일시적으로 생성될 수는 있으나 재무상태표를 작성하는 시점까지는 각각의 내용을 정확히 밝혀 적절한 과목으로 회계처리하여야 한다. 따라서, 가지급금 또는 가수금 등의 미결산 항목은 재무상태표에 자산 또는 부채 항목으로 표시하여서는 안되고, 그 내용을 나타내는 적절한 과목으로 표시하여야 한다.

04 손익계산서

1 손익계산서의 기본개념

(1) 개 요

손익계산서는 일정기간 동안 기업의 경영성과에 대한 정보를 제공하는 재무보고서이다. 손익계산서는 당해 회계기간의 경영성과를 나타낼 뿐만 아니라 기업의 미래현금흐름과 수익창출능력 등의 예측에 유용한 정보를 제공한다.

(2) 손익계산서 등식

기업의 경영성과는 영업활동을 통해 얼마의 이익을 냈는지 여부에 달려 있다. 여기서 이익이란 회사가 영업활동을 통해 얻은 순수익을 말한다. 기업이 벌어들인 총수익에서 지출한 총비용을 차감하면 그것이 이익이 되며, 이때에 벌어들인 총수익보다 지출한 총비용이 더 크다면 이익이 아니라 손실이 된다. 이때 수익은 손익계산서의 오른쪽인 대변에 비용은 왼쪽인 차변에 기록한다. 한편, 손익계산서는 차변과 대변으로 표시하여 계정식으로 작성할 수도 있으나, 수익·비용을 순서대로 나열하는 보고식으로 작성할 수도 있다.

〈손익계산서 등식〉

수 익 − 비 용 = (+) 순이익 / (−) 순손실

2 손익계산서의 구성 항목

(1) 수 익

수익은 자산의 유입이나 증가 또는 부채의 감소에 따라 자본의 증가를 초래하는 특정 회계기간 동안에 발생한 경제적 효익의 증가로서, 지분참여자에 의한 자본금 납입과 관련된 것은 제외한다.

〈수익의 종류〉

매출액	상품, 제품을 판매하거나 용역을 제공하고 얻은 수익
임대료수익	건물이나 토지 등을 임대하고 얻은 수익
이자수익	은행에 예금한 금액에 대하여 받은 이자

(2) 비 용

비용은 자산의 유출이나 소멸 또는 부채의 증가에 따라 자본의 감소를 초래하는 특정 회계기간 동안에 발생한 경제적 효익의 감소로서, 지분참여자에 대한 분배와 관련된 것은 제외한다.

〈비용의 종류〉

매출원가	매출된 상품, 제품의 원가
급 여	종업원에게 지급하는 근로의 대가
광고선전비	광고물 제작비용이나 신문, TV 등에 광고를 의뢰하는 비용
지급임차료	부동산과 점포, 사무실 등을 빌린 경우에 지급하는 대가
감가상각비	건물 등 유형자산의 취득원가 배분액
이자비용	차입금에 대해 발생하는 이자

예 제 ▸ 손익계산서

다음 자료를 참고하여 (주)리젠의 20X1년 순이익을 구하시오.

급 여	100,000	매출액	800,000
임대료수익	400,000	광고선전비	150,000
이자비용	50,000	매출원가	300,000

[풀이]

1. 수 익
   매출액 800,000원 + 임대료수익 400,000원 = 1,200,000원
2. 비 용
   급여 100,000원 + 광고선전비 150,000원 + 이자비용 50,000원 + 매출원가 300,000원 = 600,000원
3. 순이익
   수익 1,200,000원 − 비용 600,000원 = 600,000원

(3) 손익계산서의 작성

일정기간 동안의 거래내용을 파악하여 수익과 비용으로 구분하고 이를 표로 나타낸 것이 손익계산서이다. 이때 수익은 오른편에 비용은 왼편에 기록한다. 즉, 수익은 대변에 기록하고, 비용은 차변에 기록하는 것이다. 위의 예제를 바탕으로 손익계산서를 작성하면 다음과 같다.

〈계정식〉

손익계산서

(주)리젠 20X1. 1. 1 ~ 20X1. 12. 31 (단위 : 원)

급 여	100,000	매출액	800,000
광고선전비	150,000	임대료수익	400,000
이자비용	50,000		
매출원가	300,000		
당기순이익	600,000		
	1,200,000		1,200,000

이러한 손익계산서는 위와 같이 차변과 대변 항목으로 작성할 수도 있으나 일반적인 방법과 같이 수익에서 비용을 차감하는 형식으로 다음과 같이 작성할 수도 있다.

〈보고식〉

손익계산서

(주)리젠	20X1. 1. 1 ~ 20X1. 12. 31	(단위 : 원)
수 익		1,200,000
매출액	800,000	
임대료	400,000	
비 용		600,000
매출원가	300,000	
광고선전비	150,000	
이자비용	50,000	
급 여	100,000	
당기순이익		600,000

(4) 재무상태표와 손익계산서의 관계

기업의 경영성과는 영업활동을 통해 얼마의 이익을 냈는지 여부에 달려 있다. 여기서 이익이란 회사가 영업활동을 통해 얻은 수익에서 비용을 차감한 것을 말한다. 재무상태표에서 이러한 이익을 통하여 증가된 부분을 '이익잉여금'이라는 계정에 기록한다.

① 순자산 증가에 따른 손익의 증감계산

기업의 경영활동은 계속해서 재산의 변동을 가져온다. 재산의 변동 중 재산이 증가되었다면 회사는 이익을 보게 된 것이고, 재산이 감소하였다면 회사는 손실을 보게 된 것이다. 1월 1일의 재산과 12월 31일의 재산을 비교하면 회사에 있어서 이익이 난 것인지 손실이 난 것인지를 파악해 볼 수 있다. 여기서 재산이란 순자산을 의미한다. 자산에서 부채를 뺀 것이 결국 소유주의 것이므로 순자산이 증가된 부분을 이익으로 인식하는 개념이다.

기말 순자산(기말자본) − 기초 순자산(기초자본) = (+) 순이익 / (−) 순손실

② 자본 등식

수익의 증가는 이익을 증가시키므로 자본을 증가시키고, 비용의 증가는 이익을 감소시키므로 자본을 감소시킨다. 즉, 당기순이익은 기말자본을 증가시킨다. 회계기간 중 다른 자본거래가 존재하지 않을 경우 산식은 아래와 같다.

기말자산 − 기말부채 = (+) 기초자본 (+) 당기순이익

예 제 ▸ 재무상태표와 포괄손익계산서(1)

다음의 자료를 바탕으로 (주)리젠의 20X1년 당기순손익을 구하시오.

재무상태표

(주)리젠 20X1. 1. 1 (단위 : 원)

차변	금액	대변	금액
현 금	600,000	외상매입금	600,000
매출채권	800,000	차입금	400,000
상 품	500,000	자본금	1,100,000
토 지	200,000		
자산총계	2,100,000	부채와 자본총계	2,100,000

재무상태표

(주)리젠 20X1. 12. 31 (단위 : 원)

차변	금액	대변	금액
현 금	800,000	외상매입금	500,000
예 금	400,000	차입금	300,000
매출채권	300,000	미지급금	500,000
상 품	500,000	자본금	1,100,000
토 지	1,000,000	이익잉여금	600,000
자산총계	3,000,000	부채와 자본총계	3,000,000

[풀이]

1. 기초 순자산
   자산 2,100,000원 – 부채 1,000,000원 = 순자산, 자본 1,100,000원
2. 기말 순자산
   자산 3,000,000원 – 부채 1,300,000원 = 순자산, 자본 1,700,000원
3. 순이익
   기말 순자산(기말자본) 1,700,000원 – 기초 순자산(기초자본) 1,100,000원 = 당기순이익 600,000원

예 제 ▸ 재무상태표와 포괄손익계산서(2)

다음 자료를 참고하여 (주)경제의 20X1년도의 기초 재무상태표와 기말 재무상태표, 포괄손익계산서를 완성하라.

(주)경제의 기초 재무상태

현 금	900,000	상 품	1,200,000	매출채권	800,000
토 지	600,000	매입채무	300,000	자본금	2,300,000
차입금	200,000	미지급금	700,000		

(주)경제의 기말 재무상태

현 금	1,000,000	상 품	1,600,000	토 지	2,000,000
미수금	500,000	건 물	3,500,000	차입금	3,000,000
매입채무	700,000	미지급금	500,000	자본금	2,300,000

(주)경제의 경영성과

매출액	3,800,000	매출원가	2,000,000	임대료수익	2,000,000
광고선전비	200,000	급 여	500,000	이자비용	600,000
지급임차료	400,000				

[풀이]

재무상태표

(주)경제 20X1. 1. 1 (단위 : 원)

현 금	900,000	매입채무	300,000
매출채권	800,000	미지급금	700,000
토 지	600,000	차입금	200,000
상 품	1,200,000	자본금	2,300,000
	3,500,000		3,500,000

재무상태표

(주)경제 20X1. 12. 31 (단위 : 원)

현 금	1,000,000	매입채무	700,000
토 지	2,000,000	미지급금	500,000
미수금	500,000	차입금	3,000,000
상 품	1,600,000	자본금	2,300,000
건 물	3,500,000	이익잉여금	2,100,000
	8,600,000		8,600,000

포괄손익계산서

(주)경제	20X1. 1. 1 ~ 20X1. 12. 31		(단위 : 원)
매출원가	2,000,000	매출액	3,800,000
광고선전비	200,000	임대료수익	2,000,000
급 여	500,000		
이자비용	600,000		
지급임차료	400,000		
당기순이익	2,100,000		
	5,800,000		5,800,000

3 손익계산서의 작성기준

손익계산서의 작성기준은 발생주의, 실현주의, 수익 · 비용 대응의 원칙, 총액주의, 구분표시의 원칙이 있다.

(1) 발생주의

발생주의 회계는 재무회계의 기본적 특징으로서 재무제표의 기본요소의 정의 및 인식, 측정과 관련이 있다. 발생주의 회계의 기본적인 논리는 발생기준에 따라 수익과 비용을 인식하는 것이다. 발생기준은 기업실체의 경제적 거래나 사건에 대해 관련된 수익과 비용을 그 현금유출입이 있는 기간이 아니라 당해 거래나 사건이 발생한 기간에 인식하는 것을 말한다. 수익과 비용은 발생주의 회계에 따라 인식되어야 하며, 구체적인 기준으로 수익은 실현주의를 비용은 수익 · 비용 대응의 원칙을 채택하고 있다.

구 분	내 용
현금주의	현금의 유입시점에 수익을 인식하고, 현금의 유출시점에 비용을 인식하는 방법
발생주의	현금유출입이 있는 기간이 아니라 거래나 사건이 발생한 기간에 수익과 비용을 인식하는 방법

(2) 실현주의

실현주의는 발생주의의 구체적인 개념으로 수익을 인식하는 기준이다. 실현주의란 수익의 발생과정을 통해 경제적 효익의 유입가능성이 매우 높고, 그 유입될 현금을 합리적으로 측정할 수 있을 때 수익을 인식하는 것을 말한다.

(3) 수익 · 비용 대응의 원칙

비용을 인식하는 방법으로는 발생주의를 기본으로 하므로 비용은 회사의 경영활동을 통해 순자산의 감소가 발생할 때마다 이를 인식해야 한다. 그러나 현실적으로 이를 엄격히 적용하는 것은 어렵기 때문에 수익이 인식된 시점에서 수익과 관련하여 비용을 인식하는데 이를 수익 · 비용 대응의 원칙이라고 한다.

(4) 총액주의

수익과 비용은 총액에 의하여 기재함을 원칙으로 하고 수익 항목과 비용 항목을 직접 상계함으로써 그 전부 또는 일부를 손익계산서에서 제외하여서는 안 된다.

(5) 구분표시의 원칙

손익계산서는 매출총손익, 영업손익, 법인세비용차감전순손익과 당기순손익으로 구분표시하여야 한다.

05 현금흐름표, 자본변동표, 주석

1 현금흐름표

(1) 의 의

현금흐름표란 기초의 현금과 기말의 현금을 비교하여 기중 거래에서 현금의 유입과 유출이 어떠한 방법으로 이루어져 있는지를 나타낸 재무제표이다. 이것이 필요하게 된 것은 현행 재무제표는 모두 발생주의의 개념하에 작성되어 있기 때문이다.

위에서 살펴본 대로 발생주의는 현금거래와 관련 없이 수익과 비용을 인식하며, 이를 토대로 재무제표를 작성하므로 현금의 이동에 대하여 자세히 알 수 없다. 즉, 이러한 발생주의의 한계를 보완하기 위하여 작성되는 재무제표가 현금흐름표이다.

(2) 현금흐름표의 구성

현금의 유입과 유출은 계속된 기업활동을 통하여 이루어지는데 현금의 유・출입*이 발생하는 기업의 활동을 다음과 같이 세 가지로 분류하고 각각을 기록하게 된다. 각 활동별로 현금의 유・출입을 기록하여 현금의 순유입이 있었는지, 아니면 현금의 순유출이 있었는지를 통해 발생주의상의 재무제표가 제공하지 못한 다양한 정보를 제공하게 된다.

* 유・출입 : 유입은 현금이 회사로 들어오는 것, 유출은 현금이 회사에서 빠져 나가는 것

① 영업활동

영업활동이란 기업의 이익에 영향을 미치는 직・간접적인 모든 활동을 의미한다. 즉, 제품의 생산과 상품 등의 구매 및 판매활동과 같이 직접적으로 영향을 미치는 활동뿐만 아니라 간접적이고 보조적인 활동으로서 이익에 영향을 미치는 모든 활동 중 투자 및 재무활동에 속하지 아니한 거래를 모두 포함한다.

② 투자활동

투자활동이란 현금의 대여와 회수활동, 금융상품, 유가증권, 투자자산, 유형자산 등의 취득・처분활동 등 영업활동과 관련이 없는 자산의 증가・감소 거래를 말한다.

③ 재무활동

재무활동이란 자금의 조달과 관련된 활동으로서 현금의 차입 및 상환활동, 신주의 발행*이나 배당금지급 등 영업활동과 관련이 없는 부채 및 자본의 증가・감소거래를 말한다.

* 신주의 발행 : 회사가 새로운 주식을 발행하는 것으로 주주는 신주를 받고 자본금을 회사에 납입함

(3) 현금흐름표의 작성법

① 직접법

직접법은 현금의 증감을 초래하는 수익 또는 비용 항목들을 직접 이용하여 영업활동으로 인한 현금흐름을 계산하는 방법이다. 즉, 현금을 수반하여 발생한 수익 또는 비용 항목을 원천별로 표시하여 현금유입액에서 현금유출액을 직접 계산한 결과로 현금 영업이익을 구하는 방법이다. 이는 간접법보다 영업활동의 다양한 현금흐름 내용을 파악할 수 있다는 장점이 있으나 적용하기가 복잡한 단점이 있다.

② 간접법

간접법은 손익계산서상의 당기순이익(손실)에 현금의 유출이 없는 비용과 투자와 재무활동으로 인한 비용을 가산하고, 현금의 유입이 없는 수익과 투자와 재무활동으로 인한 수익을 차감한 후에 영업활동으로 인한 자산・부채의 변동을 가감하여 계산하는 방법을 말한다.

여기서 현금유출입에 관계없이 투자와 재무활동으로 인한 비용과 수익을 영업활동으로 인한 현금흐름에서 가감하는 것은 이들을 영업활동으로 인한 현금흐름에서 제외시키는 대신 투자활동으로 인한 현금흐름 또는 재무활동으로 인한 현금흐름 항목에 각각 나타내기 위해서이다. 즉, 간접법은 손익계산서상의 당기순이익에서 출발하여 일정한 조정 항목을 가감하여 작성하는 것이다.

현금흐름표

(주)리젠　　20X1년 1월 1일부터 20X1년 12월 31일까지　　(단위 : 원)

Ⅰ. 영업활동으로 인한 현금흐름	×××
Ⅱ. 투자활동으로 인한 현금흐름	×××
Ⅲ. 재무활동으로 인한 현금흐름	×××
Ⅳ. 현금의 증가(감소)(Ⅰ+Ⅱ+Ⅲ)	×××
Ⅴ. 기초의 현금	×××
Ⅵ. 기말의 현금	×××

2 자본변동표

자본변동표는 자본의 크기와 그 변동에 관한 정보를 제공하는 재무보고서로서, 자본을 구성하고 있는 자본금, 자본잉여금, 자본조정, 기타포괄손익누계액, 이익잉여금(또는 결손금)의 변동에 대한 포괄적인 정보를 제공한다. 자본변동표에 대한 양식은 다음과 같다.

자본변동표

(주)리젠 20X1년 1월 1일부터 12월 31일까지 (단위 : 원)

구 분	자본금	자본잉여금	자본조정	기타포괄손익누계액	이익잉여금	총 계
20X1년 1월 1일	×××	×××	×××	×××	×××	×××
회계정책변경누적효과					(×××)	(×××)
전기오류수정					(×××)	(×××)
수정후 이익잉여금					×××	×××
연차배당					(×××)	(×××)
처분후 이익잉여금					×××	×××
중간배당					(×××)	(×××)
유상증자(감자)	×××	×××				×××
당기순이익(손실)					×××	×××
자기주식 취득			(×××)			(×××)
매도가능증권평가손익				×××		×××
20X1. 12. 31	×××	×××	×××	×××	×××	×××

3 주 석

주석이란 재무제표 항목에 기호를 표시하고 별도의 지면에 상세한 설명을 하는 것을 말한다. 주석은 재무제표 본문에 반영하기 어려운 정도로 그 내용이 길거나 하나의 내용으로 둘 이상의 계정과목에 설명이 삽입되는 경우에 사용한다. 주석에는 중요한 회계처리 방침이나 재무제표 항목에 대한 세부계산 내역 등 재무제표 본문에 표시된 정보를 이해하는데 도움이 되는 추가정보를 제공한다.

01 단원별 기출문제

01 다음 중 재무상태표에 나타나는 계정과목으로 가장 올바르지 않은 것은? [22년 기출]

① 매출원가
② 매출채권
③ 재고자산
④ 매입채무

해설

매출원가는 비용으로 손익계산서에 표시하는 계정과목이다.

02 다음 중 재무상태표의 작성기준으로 가장 올바르지 않은 것은?? [22년 기출]

① 자산・자본・부채는 순액으로 표기하지 않고 총액으로 기재한다.
② 자산과 부채는 결산일 현재 1년 또는 영업주기를 기준으로 구분 및 표시한다.
③ 자산과 부채는 유동성이 낮은 것부터 먼저 표시한다.
④ 자본거래에서 발생한 잉여금은 자본잉여금으로 기재하고, 손익거래에서 발생한 잉여금은 이익잉여금으로 구분 및 표시한다.

해설

유동성배열법에 따라 자산과 부채는 유동성이 높은 것부터 표시한다.

03 다음 중 자산으로 계상할 수 없는 것은?? [22년 기출]

① 상품을 판매하고 아직 수령하지 못한 판매대금
② 거래처에 물건을 주문하고 재화의 인도 전 미리 지급한 계약금
③ 판매를 위하여 창고에 보관 중인 상품
④ 원재료를 외상으로 구입하였으나 아직 지급하지 않은 구입대금

해설

① 외상매출금(자산)으로 인식한다.
② 선급금(자산)으로 인식한다.
③ 재고자산(자산)으로 인식한다.
④ 외상매입금(부채)으로 인식한다.

정답 01 ① 02 ③ 03 ④

04 다음은 (주)삼일의 제11기(20X1년 1월 1일 ~ 12월 31일) 기초와 기말 재무상태표이다. 당기 중 추가적인 자본거래 및 배당금 지급 등이 없다고 할 때, (주)삼일의 20X1년 당기순이익은 얼마인가?

[22년 기출]

(단위 : 백만원)

기초 재무상태표			
현 금	100	매입채무	60
매출채권	90	차입금	100
토 지	100	자본금	80
기계장치	150	이익잉여금	200
합 계	440	합 계	440

기말 재무상태표			
현 금	100	매입채무	50
매출채권	60	차입금	80
토 지	100	자본금	80
기계장치	230	이익잉여금	280
합 계	490	합 계	490

① 20백만원 ② 30백만원
③ 50백만원 ④ 80백만원

해설

이익잉여금을 활용한 자본거래 및 배당 등이 없는 한 기초에서 기말까지 증가한 이익잉여금이 당해 연도의 당기순이익에 해당한다.

05 다음 중 재무제표와 관련된 산식으로 가장 올바르지 않은 것은? [22년 기출]

① 매출 − 매출원가 − 판매비와관리비 = 매출총이익
② 자산 − 부채 = 자본
③ 기초현금 ± 당기 중 현금의 증감 = 기말현금
④ 기초상품 + 당기매입 − 기말상품 = 매출원가

해설

매출 − 매출원가 = 매출총이익, 매출총이익 − 판매비와관리비 = 영업이익

06 회사는 재무적 정보를 이해관계자들에게 제공하기 위하여 정형화된 보고양식인 재무제표를 작성한다. 다음 중 재무제표에 해당하지 않는 것은? [22년 기출]

① 자본변동표 ② 제조원가명세서
③ 손익계산서 ④ 현금흐름표

해설

재무제표의 종류 : 재무상태표, 손익계산서, 자본변동표, 현금흐름표, 주석

04 ④ 05 ① 06 ② 정답

07 다음 중 재무상태표 작성기준에 관한 의견으로 가장 옳은 설명을 한 사람은 누구인가?

[22년 기출]

> 철수 : 재무상태표의 자산은 금액이 큰 순서로 보여주어야 한다.
> 영희 : 동일 거래처에 채권과 채무잔액이 동시에 있는 경우 상계한 순액을 보여주어야 한다.
> 영수 : 자본거래에 의한 잉여금과 영업활동에 의한 잉여금은 구분하여야 한다.
> 순희 : 기중 계상한 가지급금(가수금)은 유동자산(부채)으로 그대로 보여주어야 한다.

① 철 수 ② 영 희
③ 영 수 ④ 순 희

해설

① (유동성배열법) 재무상태표의 자산은 금액이 큰 순서가 아닌 유동성이 큰 순서로 보여준다.
② (총액주의) 동일 거래처의 채권과 채무도 상계하지 아니한 각각의 총액으로 계상하여야 한다.
③ (잉여금 구분의 원칙) 자본거래에 의한 잉여금은 자본잉여금으로, 손익거래에 의한 잉여금은 이익잉여금으로 구분표기해야 한다.
④ (미결산 항목) 기중 계상한 가지급금, 가수금은 결산 시, 각 항목에 부합하는 계정으로 회계처리하여야 한다.

08 다음 중 손익계산서의 손익을 구분표시하여 보여줄 때 가장 상위부터 보여지는 손익 순으로 올바르게 나열한 것은?

[22년 기출]

손익계산서

20X1년 1월 1일 ~ 20X1년 12월 31일

Ⅰ. 매출액	×××
Ⅱ. 매출원가	×××
Ⅲ. ( )	×××
Ⅳ. 판매관리비	×××
Ⅴ. ( )	×××
Ⅵ. 영업외수익	×××
Ⅶ. 영업외비용	×××
Ⅷ. ( )	×××
Ⅸ. 법인세비용	×××
Ⅹ. ( )	×××

① 매출총손익 → 법인세비용차감전순손익 → 영업손익 → 당기순손익
② 매출총손익 → 영업손익 → 법인세비용차감전순손익 → 당기순손익
③ 매출총손익 → 영업손익 → 당기순손익 → 법인세비용차감전순손익
④ 영업손익 → 매출총손익 → 법인세비용차감전순손익 → 당기순손익

정답 07 ③ 08 ②

09 다음 중 현금흐름표에 관한 설명으로 가장 올바르지 않은 것은? [22년 기출]

① 현금흐름표는 기업의 활동을 영업활동, 투자활동, 재무활동으로 구분하여 각 활동별로 현금의 유입과 유출에 대한 내역을 보여준다.

② 영업활동현금흐름을 통해 유형자산, 투자자산, 무형자산 등의 자산 취득과 처분으로 인한 현금흐름을 파악할 수 있다.

③ 재무활동현금흐름을 통해 장·단기 차입금의 차입 및 상환, 신주발행이나 배당금 지급 등으로 인한 현금흐름을 파악할 수 있다.

④ 현금흐름표의 작성법에는 영업활동으로 인한 현금흐름을 보고하는 형식에 따라 직접법과 간접법이 있다.

해설

투자활동현금흐름을 통해 유형자산, 투자자산, 무형자산 등의 자산 취득과 처분으로 인한 현금흐름을 파악할 수 있다.

10 다음 중 재무상태표에 관한 설명으로 가장 올바르지 않은 것은? [22년 기출]

① 재무상태표의 자산과 부채는 유동성이 큰 항목부터 배열하는 것을 원칙으로 한다.

② 재무상태표는 회사의 자산 및 이에 대한 채권자의 몫과 주주의 몫을 구분하여 표시한다.

③ 재무상태표의 차변과 대변의 합계는 항상 일치한다.

④ 재무상태표는 과거의 일정기간에 대한 경영성과를 집계한 표이다.

해설

과거의 일정기간에 대한 경영성과를 집계한 표는 손익계산서이다.

11 (주)삼일은 20X3년 1월 1일에 자산 20억원, 부채 14억원의 재무상태로 창업하였다. 회사는 영업활동을 통해 20X3년 1월 1일부터 20X3년 12월 31일까지 당기순이익 5억원을 기록하였다. 20X3년 중 상기 손익거래 이외의 다른 거래가 없었다고 한다면 20X3년 12월 31일 현재 재무상태표상 자본 총계는 얼마인가? [22년 기출]

① 6억원 ② 11억원

③ 13억원 ④ 14억원

해설

• 기초자본 6억원 = 기초자산 20억원 − 기초부채 14억원

∴ 기말자본 = 기초자본 6억원 + 당기순이익 5억원 = 11억원

09 ② 10 ④ 11 ② 정답

12 (주)삼일의 재무상태가 다음과 같은 경우 순자산(자본)총계는 얼마인가? [22년 기출]

• 재고자산	1,500,000원	• 유형자산	3,000,000원
• 매출채권	2,000,000원	• 현 금	1,300,000원
• 차입금	1,800,000원	• 미지급금	1,000,000원

① 3,000,000원

② 4,500,000원

③ 5,000,000원

④ 6,500,000원

해설

• 자산총계 = 재고자산 1,500,000원 + 매출채권 2,000,000원 + 유형자산 3,000,000원 + 현금 1,300,000원
= 7,800,000원

• 부채총계 = 차입금 1,800,000원 + 미지급금 1,000,000원 = 2,800,000원

∴ 자본총계 = 자산총계 7,800,000원 − 부채총계 2,800,000원 = 5,000,000원

13 다음 중 일반기업회계기준에서 규정하고 있는 재무제표의 종류로 가장 올바르지 않은 것은? [22년 기출]

① 재무상태표

② 손익계산서

③ 총계정원장

④ 현금흐름표

해설

재무제표의 종류 : 재무상태표, 손익계산서, 자본변동표, 현금흐름표, 주석

정답 12 ③ 13 ③

14 (주)삼일의 자산과 부채가 다음과 같을 경우, (주)삼일의 순자산(자본)은 얼마인가? [22년 기출]

• 매출채권	550,000원	• 기계장치	1,000,000원
• 미지급금	250,000원	• 영업권	670,000원
• 차입금	300,000원	• 선수금	220,000원

① 1,450,000원

② 1,650,000원

③ 1,890,000원

④ 1,950,000원

해설

• 자산 합계 = 매출채권 550,000원 + 기계장치 1,000,000원 + 영업권 670,000원 = 2,220,000원

• 부채 합계 = 미지급금 250,000원 + 차입금 300,000원 + 선수금 220,000원 = 770,000원

∴ 자본 합계 = 자산 합계 2,220,000원 − 부채 합계 770,000원 = 1,450,000원

15 다음에서 제시하고 있는 재무상태표의 작성기준에 따라 재무상태표를 작성할 때 (가)에 들어갈 계정과목으로 가장 옳은 것은? [22년 기출]

재무상태표상에 자산·부채·자본을 종류별, 성격별로 적절히 분류하여 일정한 체계하에 구분·표시함으로써 기업의 재무상태를 명확히 표시할 수 있도록 작성해야 한다.

재무상태표

(주)삼일 제1기 20X1년 12월 31일 (단위 : 원)

과 목	금 액	과 목	금 액
현 금	60,000,000	(가)	20,000,000
보통예금	60,000,000	자본금	100,000,000
자산총계	120,000,000	부채와자본총계	120,000,000

① 매출채권

② 선급금

③ 선수금

④ 자기주식

해설

• (가)는 부채에 해당하므로 선수금 계정이 들어간다.

• 매출채권과 선급금은 자산에 속하며, 자기주식은 자본(자본조정)에 속한다.

14 ① 15 ③ 정답

16 **다음 중 손익계산서를 구성하는 계정과목에 해당하는 것으로 가장 옳은 것은?** [22년 기출]

① 미지급비용
② 매도가능증권평가이익
③ 선수수익
④ 배당금수익

해설
① 미지급비용은 부채이므로 재무상태표에 표기한다.
② 매도가능증권평가이익은 기타포괄손익이므로 손익계산서를 거치지 않고 즉시 재무상태표의 자본으로 표기한다.
③ 선수수익은 부채이므로 재무상태표에 표기한다.
④ 배당금수익은 수익이므로 손익계산서에 표기한다.

17 **(주)삼일의 다음 자료를 통해 빈칸에 들어갈 금액을 계산하면 얼마인가?(기중에 자본거래는 없다고 가정한다)** [22년 기출]

재무상태표						손익계산서	
	당기말	전기말		당기말	전기말	수 익	1,000
자 산	(ㄱ)	900	부 채	400	(ㄴ)	비 용	(ㄹ)
			자 본	(ㄷ)	600	이 익	300

	(ㄱ)	(ㄴ)	(ㄷ)	(ㄹ)
①	1,300	300	700	700
②	1,300	300	900	700
③	1,300	400	900	700
④	1,400	400	900	800

해설
• 당기말 자본(ㄷ) = 전기말 자본 600원 + 이익 300원 = 900원
• 당기말 자산(ㄱ) = 당기말 부채 400원 + 당기말 자본 900원 = 1,300원
• 전기말 부채(ㄴ) = 전기말 자산 900원 − 전기말 자본 600원 = 300원
• 비용(ㄹ) = 수익 1,000원 − 이익 300원 = 700원

재무상태표						손익계산서	
	당기말	전기말		당기말	전기말	수 익	1,000
자 산	1,300	900	부 채	400	300	비 용	700
			자 본	900	600	이 익	300

정답 16 ④ 17 ②

CHAPTER 02

PART 1 회계의 첫걸음

회계의 흐름

01 부기와 회계의 흐름

1 부 기

(1) 부기와 회계

부기(簿記)란 "장부를 기록하다"라는 뜻으로 영어로는 "bookkeeping"이라 한다. 부기는 기업의 경영활동에서 발생하는 사건을 기록해 나가는 행위를 말한다. 반면에 회계란 기업이 정보이용자들에게 유용한 정보를 제공하는 과정을 말한다. 유용한 정보를 제공하기 위해서는 경영활동에 대한 기록이 필요하므로 부기는 회계의 일부라고 할 수 있다. 즉, 부기는 단순히 기록하는 과정을 말한다면 회계는 그보다 좀 더 넓은 개념으로서 기록을 바탕으로 유용한 정보를 만들어내는 일련의 과정을 말한다고 할 수 있다.

(2) 복식부기와 단식부기

복식부기란 하나의 거래에 대하여 두 가지 이상을 기록하는 회계시스템을 말한다. 이와는 반대로 단식부기의 경우 하나의 거래에 대하여 현금의 증감과 같은 한 가지 기록만을 수행한다(예 가계부). 이러한 단식부기는 현금의 유출과 유입에 따라 장부에 기록하므로 현재 장부에 기록한 금액과 실제로 보유한 현금이 일치하는지 여부만 알 수 있다. 그러나 현금을 제외한 재산의 변동 여부에 대해서는 알 수가 없고, 그 현금 기록에 대해서도 오류를 검증할 방법이 없다.

반면 복식부기는 현금 이외의 모든 재산을 대상으로 하고, 그 기록에 대해서도 오류를 검증할 능력이 있으므로 현대의 모든 기업은 복식부기의 원리를 기본으로 한 회계제도를 채택하고 있다.

2 회계의 순환과정

지금까지 살펴본 바와 같이 회계란 회사의 재무정보를 장부에 기입하고, 정보를 전달하는 과정을 말하는 것이다. 그러면, 이번에는 어떠한 방법으로 장부에 기록하고 재무정보를 생산하는지에 대하여 알아볼 것이다. 재무정보를 장부에 기록하는 방법은 일련의 과정을 거치게 되는데 이를 회계의 순환과정이라 한다. 회계의 순환과정은 먼저 장부에 기록할 거래를 파악하고 분개를 거쳐 총계정원장에 기재하고, 마감절차를 걸쳐 장부를 작성하게 된다. 이를 도표로 나타내면 다음과 같다.

〈회계의 순환과정〉

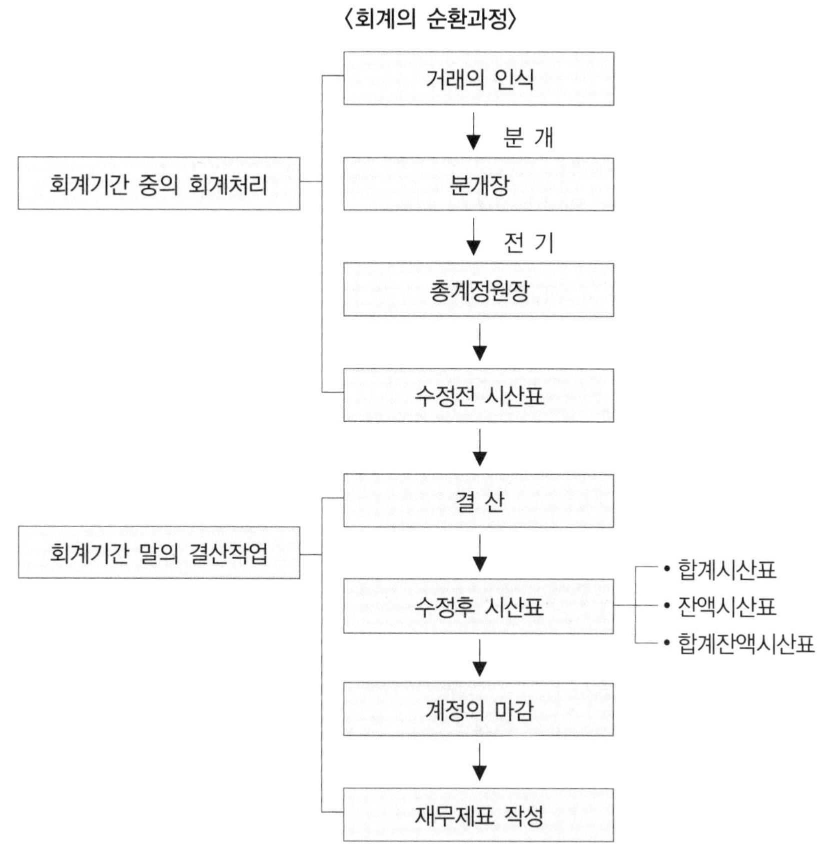

02 거래의 기록(분개)

1 거래의 인식

기업의 경영활동(영업활동)에서 자산・부채・자본에 증감변화를 가져오는 것을 거래라 한다. 일상생활에서의 거래라고 하는 것과 회계상 거래는 다르다. 일상에서는 토지를 매입하기 위해서 계약을 하는 것도 거래라고 하지만 단순한 계약은 회계상 거래가 아니다. 반면에 토지를 매입하기로 계약하면서 일부 금액을 계약금으로 지불할 경우에는 회계상 거래로 인식해야 한다.

(1) 회계상 거래의 요건

회계상 거래로 인식하기 위해서는 다음의 두 가지 요건을 갖추어야 한다.

① 기업의 행위가 재무상태에 영향을 미쳐야 한다.

즉, 자산・부채・자본의 변동을 가져오거나 수익 또는 비용이 발생하여야 한다. 즉, 기업의 재무상태(자산・부채・자본・수익・비용)와 관련 없이 일어난 행위는 회계상 거래가 아닌 것이다.

② 자산 등의 변동이 있더라도 그 내용을 금액으로 측정할 수 있어야 한다.

재무정보인 재무제표는 화폐단위로 기록되어 있으므로, 재산 등의 변동이 있더라도 이를 금액으로 측정할 수 없다면 장부에 기록할 수 없을 것이다.

(2) 거래의 판단사례

① 일상생활에서는 거래로 보나 회계상 거래가 아닌 사례

→ 건물의 임대차계약, 매출액에 대한 계약, 상품의 주문, 담보*의 제공 등

* 담보 : 은행이 자금을 대여할 때 채무자의 채무이행을 보증하기 위하여 받아두는 물건

② 일상생활에서는 거래로 보지 않으나 회계상 거래인 사례

→ 회사 자산의 도난, 파손 또는 화재로 인한 손실 등

예 제 ▸ 거래의 인식

다음의 각 거래 중 회계상의 거래에 해당하는 것과 해당하지 않는 것을 고르고 그 이유를 설명하라.

(1) 현금 500,000원을 정기적금에 가입하기로 약정하다.
(2) 사무실에서 사용할 비품을 200,000원에 구입하고 대금은 현금으로 지급하다.
(3) 화재로 1,000,000원의 건물이 소실되다.
(4) 은행에 현금 100,000원을 예금하다.
(5) 거래처에 상품 2,000,000원을 매출하기로 계약하다.
(6) 현금 30,000원을 도난당했다.
(7) 상품 150,000원을 매출하고 대금은 현금으로 받다.
(8) 현금 5,000,000원을 출자*하여 회사를 설립하다.
(9) 기업의 운영자금 차입을 위해 거래은행에 취득가액 2억원의 건물을 담보로 제공한다.

* 출자 : 사업을 영위하기 위한 자본으로 금전 기타의 재산·신용·노무를 조합·회사·기타 법인에게 출연(出捐)하는 일. 즉, 법인이라면 주식을 발행한다는 의미

[풀이]

1. 회계상의 거래
   (2) 자산(비품) 200,000원이 증가하고 자산(현금) 200,000원이 감소하였으므로 회계상의 거래이다.
   (3) 자산(건물) 1,000,000원이 감소하고 비용(재해손실) 1,000,000원이 발생하였으므로 회계상의 거래이다.
   (4) 자산(현금) 100,000원이 감소하고 자산(예금) 100,000원이 증가하였으므로 회계상의 거래이다.
   (6) 자산(현금) 30,000원이 감소하고 비용(도난손실) 30,000원이 발생하였으므로 회계상의 거래이다.
   (7) 수익(매출) 150,000원이 발생하고 자산(현금) 150,000원이 증가하였으므로 회계상의 거래이다.
   (8) 자산(현금) 5,000,000원이 증가하고 자본(자본금) 5,000,000원이 증가하였으므로 회계상의 거래이다.

2. 회계상의 거래가 아닌 것
   (1) 약정한 사실만으로는 자산·부채·자본에 아무런 영향을 미치지 않으므로 회계상의 거래가 아니다.
   (5) 매출을 계약한 사실만으로는 자산·부채·자본에 아무런 영향을 미치지 않으므로 회계상의 거래가 아니다.
   (9) 담보제공은 자산·부채·자본의 변화가 없으므로 회계상 거래가 아니다.

(3) 거래의 이중성

위에서 살펴본 대로 회계상 거래란 자산·부채·자본의 변동 또는 손익의 발생과 관련이 있다. 이러한 거래를 자세히 분석하면 하나의 사실에 대하여 두 가지 이상의 거래가 복합적으로 발생함을 알 수 있다. "상품을 매입하고 현금 100,000원을 지급하다"는 회계상 거래이다. 이를 자세히 분석하면 상품이란 자산이 100,000원 증가하였고 대신에 현금이란 자산이 100,000원 감소한 것이다. 이렇게 거래의 내용이 자산·부채·자본의 변동에만 영향을 미치는 것을 교환거래, 수익과 비용에 영향을 미치는 거래를 손익거래, 교환거래와 손익거래가 혼합되어 발생하는 것을 혼합거래라 한다.

각각의 사례를 살펴보면 다음과 같다.

① 교환거래

㉠ 현금 5,000,000원을 출자받아 회사를 설립하다.

→ 현금이란 자산이 5,000,000원 증가하고 자본금이 5,000,000원 증가하다.

㉡ 비품을 구입하고 대금 500,000원을 현금으로 지급하다.

→ 비품이란 자산이 500,000원 증가하고 현금이란 자산이 500,000원 감소하다.

㉢ 본사 사무실용 건물을 매입하고 현금 3,000,000원을 지급하다.

→ 건물이란 자산이 3,000,000원 증가하고 현금이란 자산이 3,000,000원 감소하다.

㉣ 상품 200,000원 상당액을 매입하고, 대금은 차후에 지급하기로 하다.

→ 상품이란 자산이 200,000원 증가하고 매입채무란 부채가 200,000원 증가하였다.

㉤ 상품 400,000원 상당액을 매입하고, 대금 중 150,000원은 현금으로 지급하고 잔액은 외상으로 처리하다.

→ 상품이란 자산이 400,000원 증가하고 현금이란 자산이 150,000원 감소하고 매입채무란 부채가 250,000원 증가하였다.

② 손익거래

㉠ 원가 50,000원의 상품을 매출하고 현금 100,000원을 받다.

→ 매출액이란 수익이 100,000원 발생하고 현금이란 자산이 100,000원 증가하였다.

→ 상품이란 자산이 50,000원 감소하고 매출원가라는 비용이 50,000원 발생하였다.

㉡ 원가 250,000원의 상품을 500,000원에 매출하고 대금은 차후에 받기로 하였다.

→ 매출액이란 수익이 500,000원 발생하고 매출채권이란 자산이 500,000원 증가하였다.

→ 상품이란 자산이 250,000원 감소하고 매출원가라는 비용이 250,000원 발생하였다.

㉢ 건물 일부를 임대하고 임대료 50,000원을 현금으로 지급받았다.

→ 임대료라는 수익이 50,000원 증가하고 현금이란 자산이 50,000원 증가하였다.

㉣ 직원에 대한 급여 150,000원을 현금으로 지급하였다.

→ 급여란 비용이 150,000원 증가하고 현금이란 자산이 150,000원 감소하였다.

㉤ 신문에 신제품 광고를 게재하였으나 광고비 100,000원은 다음 달에 지급하기로 하다.

→ 광고선전비란 비용이 100,000원 증가하고 미지급금이란 부채가 100,000원 증가하였다.

2 거래의 기록원리

(1) 거래 기록의 원리

위에서 살펴본 대로 자산은 왼쪽인 차변에 부채와 자본은 오른쪽인 대변에 수익은 오른쪽인 대변에 비용은 왼쪽인 차변에 기록된다. 이때에 자산의 증가는 본래 자신의 자리인 차변에 기록하고 부채와 자본의 증가는 본래 자신의 자리인 대변에 기록한다. 반면에 자산의 감소는 본래 자신의 자리와 반대인 대변에, 부채와 자본의 감소는 본래 자신의 자리와 반대인 차변에 기록한다. 수익의 발생은 대변에 비용의 발생은 차변에 기록한다. 이를 표로 나타내면 다음과 같은데 이를 T-계정이라 한다.

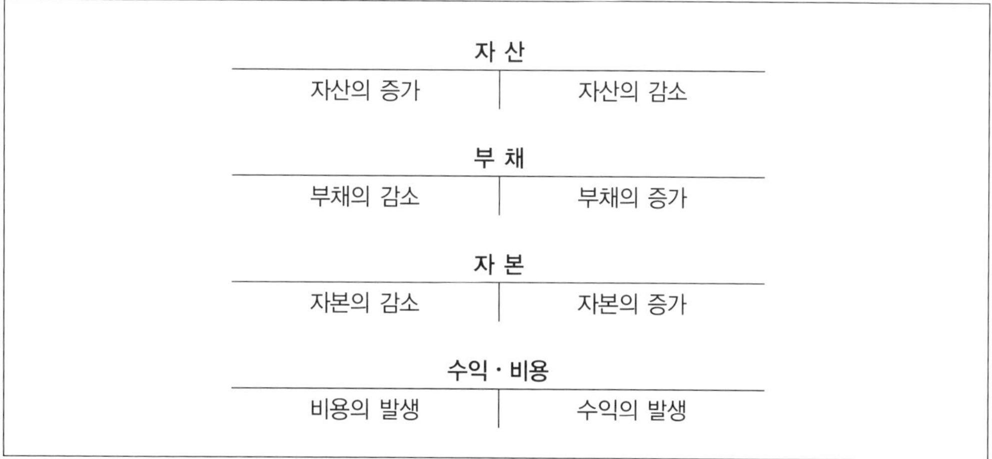

이를 정리하면 다음과 같은 T-계정을 그려볼 수 있는데 분개의 원리는 그 항목은 증가한 경우에는 본래 자리에, 감소한 경우에는 반대편에 기록하는 것이다.

(차 변)	(대 변)
자 산	부 채 자 본
비 용	수 익

증가 : 본래 자리 / 감소 : 반대편 자리

(2) 거래의 8요소

위 내용을 살펴보면 자산 · 부채 · 자본 · 수익 · 비용에 대하여 각각 증가와 감소가 존재하는 것을 알 수 있다. 그러나 수익과 비용은 각각 특수한 경우를 제외하고는 대부분 증가(혹은 발생)만 있으므로 거래에 있어서 이를 자산의 증가 · 감소, 부채의 증가 · 감소, 자본의 증가 · 감소, 수익과 비용의 발생 이렇게 8가지 요소로 나타낼 수 있다. 회계상 모든 거래는 거래의 8요소 가운데 한 가지만 발생하는 것이 아니라 서로 연결되어 발생되고 기록된다. 거래의 8요소 간의 결합에 따라 총 16가지의 거래의 기록에 대한 경우의 수가 나오는데 이를 정리하면 다음 표와 같다.

〈거래의 8요소 결합관계표〉

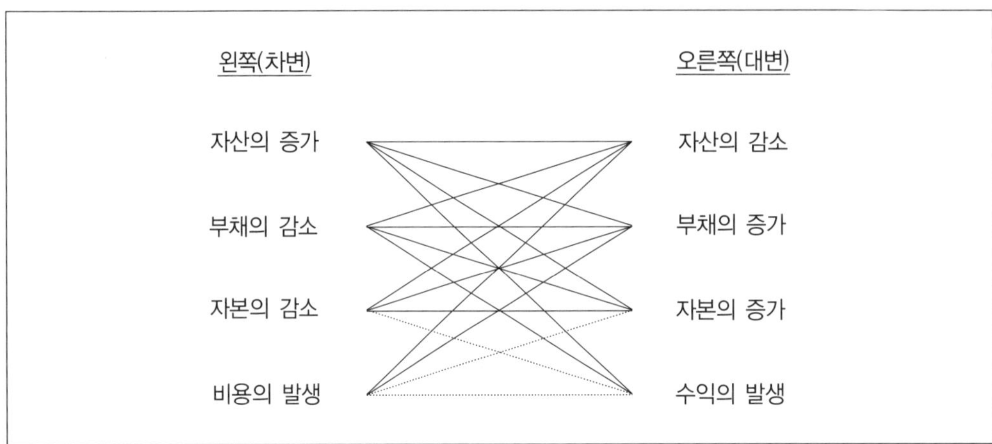

위의 그림에서 점선으로 표시된 거래는 거의 발생하지 않는 거래이다.

※ 서로 반대편으로만 결합가능하고 같은 편끼리는 결합할 수 없다.

(3) 거래와 계정

① 계정과 계정과목

거래 발생 시 자산 · 부채 · 자본의 증감 변화를 구체적으로 기록, 계산, 정리하는 단위를 계정이라 한다. 계정과목은 계정 안에서 구체적으로 부여된 회계적 이름이다.

② 계정과 계정과목의 분류

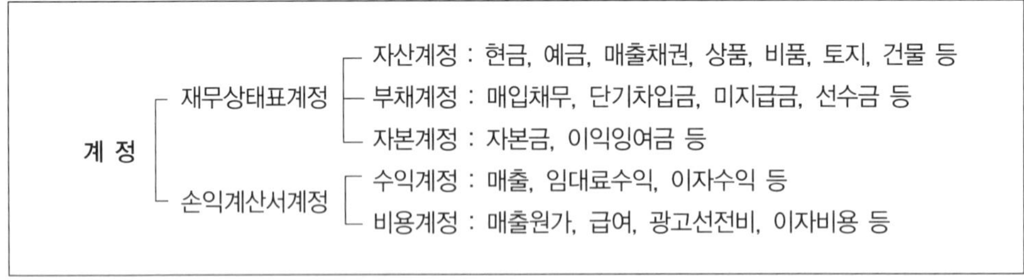

3 분 개

(1) 분개의 의미와 방법

분개란 회계상 거래를 파악하고 이를 차변 항목과 대변 항목으로 분류하고 이를 기록하는 과정이다. 이러한 분개는 다음과 같은 절차를 거치는 것이 보다 쉽게 접근할 수 있다.

① 먼저 해당 거래에 대하여 계정을 판단한다. 자산인지, 부채 또는 자본인지, 수익이나 비용인지를 판단하는 것이다.

② 해당 계정을 차변에 기입할 것인지, 대변에 기입할 것인지를 판단한다. 위에서 살펴본 T-계정을 그려놓고 자산은 본래 차변이 자신의 자리이므로 자산 항목이 증가하였으면 차변에 기입하고, 자산이 감소하였으면 대변 항목에 기록하는 것이다. 부채는 본래 대변이 자신의 자리이므로 부채가 증가하였으면 대변에, 감소하였으면 차변에 기록한다. 자본 역시 마찬가지이다. 수익의 발생은 대변에 비용의 발생은 차변에 기록한다.

(차 변)	(대 변)
자 산	부 채 자 본
비 용	수 익

(2) 분개의 사례

앞에서 살펴본 교환거래와 손익거래가 3월에 발생한 것으로 가정하고 분개하면 다음과 같다.

① 거래의 사례

3/1 (주)리젠은 현금 5,000,000원을 출자받아 회사를 설립하다.
3/2 비품을 구입하고 대금 500,000원을 현금으로 지급하다.
3/3 본사 사무실용 건물을 매입하고 현금 3,000,000원을 지급하다.
3/4 상품 200,000원 상당액을 매입하고, 대금은 차후에 지급하기로 하다.
3/5 상품 400,000원 상당액을 매입하고, 대금 중 150,000원은 현금으로 지급하고 잔액은 외상으로 처리하다.
3/6 원가 50,000원의 상품을 매출하고 현금 100,000원을 받다.
3/7 원가 250,000원의 상품을 500,000원에 매출하고 대금은 차후에 받기로 하였다.
3/8 건물 일부를 임대하고 임대료 50,000원을 현금으로 지급받았다.
3/9 직원에 대한 급여 150,000원을 현금으로 지급하였다.
3/10 신문에 신제품 광고를 게재하였으나, 광고비 100,000원은 다음 달에 지급하기로 하다.

② 분개와 거래의 8요소

3/1	(차) 현금(자산의 증가)	5,000,000	(대) 자본금(자본의 증가)	5,000,000
3/2	(차) 비품(자산의 증가)	500,000	(대) 현금(자산의 감소)	500,000
3/3	(차) 건물(자산의 증가)	3,000,000	(대) 현금(자산의 감소)	3,000,000
3/4	(차) 상품(자산의 증가)	200,000	(대) 매입채무(부채의 증가)	200,000
3/5	(차) 상품(자산의 증가)	400,000	(대) 현금(자산의 감소)	150,000
			매입채무(부채의 증가)	250,000
3/6	(차) 현금(자산의 증가)	100,000	(대) 매출액(수익의 발생)	100,000
	(차) 매출원가(비용의 발생)	50,000	(대) 상품(자산의 감소)	50,000
3/7	(차) 매출채권(자산의 증가)	500,000	(대) 매출액(수익의 발생)	500,000
	(차) 매출원가(비용의 발생)	250,000	(대) 상품(자산의 감소)	250,000
3/8	(차) 현금(자산의 증가)	50,000	(대) 임대료수익(수익의 발생)	50,000
3/9	(차) 급여(비용의 발생)	150,000	(대) 현금(자산의 감소)	150,000
3/10	(차) 광고선전비(비용의 발생)	100,000	(대) 미지급금(부채의 증가)	100,000

예 제 ▸ 분개와 거래의 8요소(연습)

다음은 (주)강남의 5월 한 달간의 거래에 관한 자료이다. 다음의 거래를 분개하고 거래의 8요소를 표시하시오.

(1) 5월 2일　현금 15,000,000원을 출자 받아 회사를 설립하다.
(2) 5월 4일　건물을 구입하고 현금 2,000,000원을 지급하다.
(3) 5월 7일　비품 100,000원을 구입하고 대금은 외상으로 하다.
(4) 5월 9일　상품 3,000,000원을 매입하고 대금은 현금으로 지급하다.
(5) 5월 11일　서울은행의 예금 통장에 5,000,000원을 예금하다.
(6) 5월 14일　원가 1,000,000원의 상품을 2,000,000원에 외상으로 매출하다.
(7) 5월 19일　5월 7일의 비품구입대금 100,000원을 현금으로 지급하다.
(8) 5월 25일　종업원 급여 200,000원을 현금으로 지급하다.
(9) 5월 26일　은행에서 현금 2,000,000원을 차입하다.
(10) 5월 31일　상품 5,000,000원을 매입하고 대금은 차후에 지급하기로 하다.

[풀이]

(1) 5월 2일

(차) 현금(자산의 증가)	15,000,000	(대) 자본금(자본의 증가)	15,000,000

(2) 5월 4일

(차) 건물(자산의 증가)	2,000,000	(대) 현금(자산의 감소)	2,000,000

(3) 5월 7일

(차) 비품(자산의 증가)	100,000	(대) 미지급금(부채의 증가)	100,000

(4) 5월 9일

(차) 상품(자산의 증가) 3,000,000 (대) 현금(자산의 감소) 3,000,000

(5) 5월 11일

(차) 예금(자산의 증가) 5,000,000 (대) 현금(자산의 감소) 5,000,000

(6) 5월 14일

(차) 매출채권(자산의 증가) 2,000,000 (대) 매출액(수익의 발생) 2,000,000
매출원가(비용의 발생) 1,000,000 상품(자산의 감소) 1,000,000

(7) 5월 19일

(차) 미지급금(부채의 감소) 100,000 (대) 현금(자산의 감소) 100,000

(8) 5월 25일

(차) 급여(비용의 발생) 200,000 (대) 현금(자산의 감소) 200,000

(9) 5월 26일

(차) 현금(자산의 증가) 2,000,000 (대) 차입금(부채의 증가) 2,000,000

(10) 5월 31일

(차) 상품(자산의 증가) 5,000,000 (대) 매입채무(부채의 증가) 5,000,000

03 총계정원장과 재무제표

1 총계정원장

분개가 끝나면 분개한 내용을 총계정원장에 계정별로 옮겨 놓는 절차가 있는데 이를 전기라 한다. 전기를 하게 되면 일정기간 동안의 해당 계정의 증가, 감소액을 파악할 수 있고 일정시점에서 해당 계정의 잔액을 알 수 있다. 이러한 거래를 각 계정과목별로 분류하고 정리하여 하나로 모아둔 장부를 총계정원장이라고 한다. 전기를 하는 방법은 다음과 같은 절차에 의해서 이루어진다.

① 차・대변에 기록된 분개에 해당하는 계정을 찾는다.

② 분개된 차변(또는 대변)계정의 금액을 총계정원장의 해당 계정 차변(또는 대변)에 기입하고 상대계정과목을 기입한다.

예를 들어 3월 5일 상품을 200,000원에 외상으로 판매하였을 때 분개와 전기는 다음과 같다.

㉠ 분 개

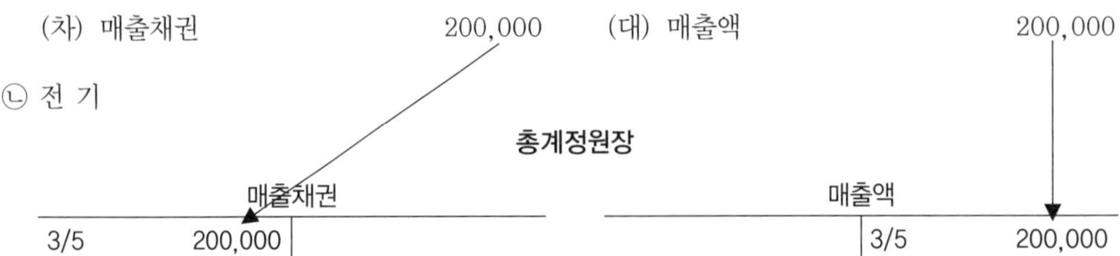

앞에서 살펴본 (주)리젠의 분개를 총계정원장에 전기하면 다음과 같다.

3/1	(차) 현 금	5,000,000	(대) 자본금	5,000,000
3/2	(차) 비 품	500,000	(대) 현 금	500,000
3/3	(차) 건 물	3,000,000	(대) 현 금	3,000,000
3/4	(차) 상 품	200,000	(대) 매입채무	200,000
3/5	(차) 상 품	400,000	(대) 현 금	150,000
			매입채무	250,000
3/6	(차) 현 금	100,000	(대) 매출액	100,000
	(차) 매출원가	50,000	(대) 상 품	50,000
3/7	(차) 매출채권	500,000	(대) 매출액	500,000
	(차) 매출원가	250,000	(대) 상 품	250,000
3/8	(차) 현 금	50,000	(대) 이자수익	50,000
3/9	(차) 급 여	150,000	(대) 현 금	150,000
3/10	(차) 광고선전비	100,000	(대) 미지급금	100,000

현 금

3/1	5,000,000	3/2	500,000
3/6	100,000	3/3	3,000,000
3/8	50,000	3/5	150,000
		3/9	150,000

자본금

		3/1	5,000,000

비 품

3/2	500,000		

건 물

3/3	3,000,000		

상 품

3/4	200,000	3/6	50,000
3/5	400,000	3/7	250,000

매입채무

		3/4	200,000
		3/5	250,000

매출액

		3/6	100,000
		3/7	500,000

매출채권

3/7	500,000		

매출원가

3/6	50,000		
3/7	250,000		

이자수익

		3/8	50,000

급 여

3/9	150,000		

광고선전비

3/10	100,000		

미지급금

		3/10	100,000

2 합계잔액시산표

합계잔액시산표란 각 계정의 차변과 대변의 합계액과 잔액을 모아 작성한 표이다. 시산표의 합계액은 그 회계기간에 있어서의 거래총액으로 나타난다. 이는 원장기입의 정확여부를 검사하기 위하여 작성하는 일람표이다. 시산표는 분개장에서 원장으로 전기가 정확히 이루어졌는가 등을 대차평균의 원리에 의해 검증한다. 결산에 대비하여 작성하는 중간단계의 표라고 보면 된다.

합계잔액시산표

기업명 제××기 20X1년 12월 31일 현재 (단위 : 원)

차변합계		계정과목	대변합계	
잔 액	합 계		합 계	잔 액
		합 계		

자 산 + 비 용 = 부 채 + 자 본 + 수 익

앞에서 언급하였던 (주)리젠의 3월분 거래내용 중 총계정원장에 전기된 내용을 바탕으로 합계잔액시산표를 작성하면 다음과 같다.

합계잔액시산표

(주)리젠　　　　제××기 20X1년 12월 31일 현재　　　　(단위 : 원)

차변합계		계정과목	대변합계	
잔 액	합 계		합 계	잔 액
1,350,000	5,150,000	현 금	3,800,000	
500,000	500,000	매출채권		
500,000	500,000	비 품		
3,000,000	3,000,000	건 물		
300,000	600,000	상 품	300,000	
		매입채무	450,000	450,000
		미지급금	100,000	100,000
		자본금	5,000,000	5,000,000
		매출액	600,000	600,000
		임대료수익	50,000	50,000
300,000	300,000	매출원가		
150,000	150,000	급 여		
100,000	100,000	광고선전비		
6,200,000	10,300,000	합 계	10,300,000	6,200,000

예 제 ▸ 전기 · 합계잔액시산표

다음 (주)강남의 분개를 총계정원장에 전기하고 합계잔액시산표를 작성하시오.

(1)	5/2	(차) 현 금	15,000,000	(대) 자본금	15,000,000
(2)	5/4	(차) 건 물	2,000,000	(대) 현 금	2,000,000
(3)	5/7	(차) 비 품	100,000	(대) 미지급금	100,000
(4)	5/9	(차) 상 품	3,000,000	(대) 현 금	3,000,000
(5)	5/11	(차) 예 금	5,000,000	(대) 현 금	5,000,000
(6)	5/14	(차) 매출채권	2,000,000	(대) 매출액	2,000,000
		(차) 매출원가	1,000,000	(대) 상 품	1,000,000
(7)	5/19	(차) 미지급금	100,000	(대) 현 금	100,000
(8)	5/25	(차) 급 여	200,000	(대) 현 금	200,000
(9)	5/26	(차) 현 금	2,000,000	(대) 차입금	2,000,000
(10)	5/31	(차) 상 품	5,000,000	(대) 매입채무	5,000,000

[풀이]

(1) 총계정원장

현 금

5/2	15,000,000	5/4	2,000,000
5/26	2,000,000	5/9	3,000,000
		5/11	5,000,000
		5/19	100,000
		5/25	200,000

자본금

		5/2	15,000,000

건 물

5/4	2,000,000		

비 품

5/7	100,000		

미지급금

5/19	100,000	5/7	100,000

상 품

5/9	3,000,000	5/14	1,000,000
5/31	5,000,000		

매입채무

		5/31	5,000,000

예 금

5/11	5,000,000		

매출채권

5/14	2,000,000		

매출액

		5/14	2,000,000

매출원가

5/14	1,000,000		

차입금

		5/26	2,000,000

급 여

5/25	200,000		

(2) 합계잔액시산표

합계잔액시산표

(주)강남 제××기 20X1년 12월 31일 현재 (단위 : 원)

차변합계		계정과목	대변합계	
잔 액	합 계		합 계	잔 액
6,700,000	17,000,000	현 금	10,300,000	
2,000,000	2,000,000	건 물		
100,000	100,000	비 품		
7,000,000	8,000,000	상 품	1,000,000	
5,000,000	5,000,000	예 금		
2,000,000	2,000,000	매출채권		
		매입채무	5,000,000	5,000,000
	100,000	미지급금	100,000	
		차입금	2,000,000	2,000,000
		자본금	15,000,000	15,000,000
		매출액	2,000,000	2,000,000
1,000,000	1,000,000	매출원가		
200,000	200,000	급 여		
24,000,000	35,400,000	합 계	35,400,000	24,000,000

3 손익계산서와 재무상태표의 작성

(1) 손익계산서와 재무상태표

이렇게 정리된 각 계정별 잔액을 바탕으로 손익계산서와 재무상태표를 작성하게 된다. 손익계산서는 수익과 비용을 기록한 것이며, 재무상태표는 자산・부채・자본을 기록한 것이다. 재무제표 작성 시 손익계산서를 먼저 작성하고 재무상태표를 작성하여야 한다. 왜냐하면 재무상태표 항목 중 하나인 자본에 이익잉여금을 기록하여야 하는데 이는 손익계산서를 작성하여서 계산된 결과이기 때문이다.

손익계산서

(주)리젠 20X1. 1. 1 ~ 12. 31 (단위 : 원)

매출원가	300,000	매출액	600,000
급 여	150,000	임대료수익	50,000
광고선전비	100,000		
당기순이익	100,000		

재무상태표

(주)리젠 20X1. 12. 31 (단위 : 원)

현 금	1,350,000	매입채무	450,000
매출채권	500,000	미지급금	100,000
상 품	300,000		
비 품	500,000	자본금	5,000,000
건 물	3,000,000	이익잉여금	100,000
자산총계	5,650,000	부채와 자본총계	5,650,000

(2) 대차평균의 원리

지금까지 살펴본 대로 발생한 거래를 장부에 기록하기 위해서는 복식부기의 원리에 따라 차변과 대변으로 나누어 기록해야 한다. 이때 모든 거래는 거래요소의 결합관계에 따라 반드시 차변과 대변에 같은 금액을 기입하며 아무리 많은 거래를 기입하더라도 기입한 전체의 차변 합계금액과 대변 합계금액은 반드시 일치하게 되는데 이것을 부기에서는 대차평균의 원리라고 한다. 위에서 작성된 재무상태표와 손익계산서를 살펴보아도 결국에는 차변과 대변에 각각 같은 금액이 기록되므로 최종적으로는 차변과 대변의 합계가 같게 된 것이다. 대차평균의 원리에 근거하면 마지막에 차변과 대변의 합계액을 비교해 봄으로써 분개의 적정성 여부를 검증해 볼 수 있는데 이것이 복식부기의 가장 큰 장점이라고 할 수 있다.

예 제 ▸ 손익계산서와 재무상태표

다음 (주)강남의 합계잔액시산표를 기초로 하여 손익계산서와 재무상태표를 작성하시오.

합계잔액시산표

(주)강남 제××기 20X1년 5월 31일 현재 (단위 : 원)

차변합계		계정과목	대변합계	
잔 액	합 계		합 계	잔 액
6,700,000	17,000,000	현 금	10,300,000	
2,000,000	2,000,000	건 물		
100,000	100,000	비 품		
7,000,000	8,000,000	상 품	1,000,000	
5,000,000	5,000,000	예 금		
2,000,000	2,000,000	매출채권		
		매입채무	5,000,000	5,000,000
		차입금	2,000,000	2,000,000
		자본금	15,000,000	15,000,000
		매출액	2,000,000	2,000,000
1,000,000	1,000,000	매출원가		
200,000	200,000	급 여		
24,000,000	35,300,000	합 계	35,300,000	24,000,000

[풀이]

손익계산서

(주)강남 20X1. 5. 1 ~ 20X1. 5. 31 (단위 : 원)

매출원가	1,000,000	매출액	2,000,000
급 여	200,000		
당기순이익	800,000		

재무상태표

(주)강남 20X1. 5. 31 (단위 : 원)

현 금	6,700,000	차입금	2,000,000
예 금	5,000,000	매입채무	5,000,000
매출채권	2,000,000		
상 품	7,000,000		
비 품	100,000	자본금	15,000,000
건 물	2,000,000	이익잉여금	800,000
자산총계	22,800,000	부채와 자본총계	22,800,000

4 회계장부

기업 활동에서 발생하는 회계상 거래를 기록, 정리하기 위한 장부를 회계장부라 한다. 회계장부는 주요부와 보조부로 구성되어 있다.

① 주요부

분개장과 총계정원장이 있다.

② 보조부

보조기입장과 보조원장이 있다.

- 보조기입장 : 현금출납장, 당좌예금출납장, 소액현금출납장, 매입・매출장, 받을어음・지급어음출납장
- 보조원장 : 상품재고장, 매입・매출처원장, 유형자산대장(비품대장, 토지대장)

5 회계기간

정보이용자들은 기업에게 많은 정보를 기간과 관계없이 요구할 수 있다. 그러므로 기업은 재무제표를 보고할 경우 기간을 설정하여야 한다. 일반적으로 회계기간은 1년을 초과하지 않는 범위 내에서 정보이용자에게 보고를 하도록 정하고 있다. 일반적으로 1월 1일부터 12월 31일까지를 회계기간으로 정하고 있으나, 금융업의 경우 4월 1일부터 다음해 3월 31일까지 회계기간을 정하기도 한다.

02 단원별 기출문제

01 복식부기란 회사의 재산에 영향을 미치는 거래를 파악하여 재산이 변화한 원인과 그로 인한 결과를 동시에 기록하는 방법이다. 이때 자산, 부채, 자본의 증감이나 수익, 비용의 발생을 일정한 원리에 따라 차변과 대변으로 분리하여 이중으로 기록하는데 이를 복식부기의 원리라고 한다. 다음 중 복식부기의 원리로 가장 올바르지 않은 것은? [22년 기출]

① 자산의 증가는 차변에, 감소는 대변에 기록한다.
② 부채의 감소는 차변에, 증가는 대변에 기록한다.
③ 자본의 감소는 차변에, 증가는 대변에 기록한다.
④ 수익의 증가는 차변에, 비용의 증가는 대변에 기록한다.

해설
수익의 증가는 대변에, 비용의 증가는 차변에 기록한다.

02 다음 중 현금계정 거래내용에 대한 설명으로 가장 올바르지 않은 것은?? [22년 기출]

현 금

차변	금액	대변	금액
(ㄱ) 전월이월	2,000	(ㄹ) 상 품	2,000
(ㄴ) 상품매출	3,000	(ㅁ) 당좌예금	1,200
(ㄷ) 단기대여금	2,200		

① (ㄴ) : 상품 3,000원을 현금으로 매출하다.
② (ㄷ) : 현금 2,200원을 단기 대여하다.
③ (ㅁ) : 현금 1,200원을 당좌예입하다.
④ 결산일 현재 현금 잔액은 4,000원이다.

해설
(ㄱ) 전기 말 잔액
(ㄴ) 상품의 매출(수익 발생)로 인하여 증가한 현금
(ㄷ) 단기대여금의 상환(자산 감소)으로 인하여 증가한 현금
(ㄹ) 상품의 매입(자산 증가)으로 인하여 감소한 현금
(ㅁ) 당좌예금의 예입(자산 증가)으로 인하여 감소한 현금

정답 01 ④ 02 ②

03 다음의 사건 중 회계상의 거래로 인식될 수 없는 것은? [22년 기출]

① 상품을 매입하고, 대금은 한 달 후에 주기로 했다.
② 공장에 화재가 발생하여 일부만 제외하고 파손되었다.
③ 원재료 공급처와 5년 동안 원재료를 구입하기로 계약하였다.
④ 회사직원에게 12월 급여를 주어야 함에도 불구하고 자금사정상 주지 못하고 있다.

해설

단순히 계약한 사실만으로는 회계상 거래가 될 수 없다.

04 다음 현금계정의 날짜별 기입내용을 보고 발생한 거래를 추정한 것으로 가장 올바르지 않은 것은? [22년 기출]

현 금 (단위 : 원)

1/2	자본금	5,000,000	1/13	토 지	3,000,000
1/15	외상매출금	1,000,000	1/25	차입금	2,500,000

① 1월 2일 현금 5,000,000원을 출자받았다.
② 1월 13일 토지를 매입하고 대금 3,000,000원을 현금으로 지급하였다.
③ 1월 15일 거래처에서 외상매출금 1,000,000원을 현금으로 회수하였다.
④ 1월 25일 은행으로부터 2,500,000원을 차입하였다.

해설

- 1월 25일의 거래는 은행으로부터 차입한 것이 아닌 종전의 차입금을 상환한 거래이다.
- 회계처리
  - 1월 2일 유상증자

(차) 현금(자산 증가)	5,000,000	(대) 자본금(자본 증가)	5,000,000

  - 1월 13일 토지 매입

(차) 토지(자산 증가)	3,000,000	(대) 현금(자산 감소)	3,000,000

  - 1월 15일 외상매출금 회수

(차) 현금(자산 증가)	1,000,000	(대) 외상매출금(자산 감소)	1,000,000

  - 1월 25일 차입금 상환

(차) 차입금(부채 감소)	2,500,000	(대) 현금(자산 감소)	2,500,000

03 ③ 04 ④ 정답

05 **회계순환과정이란 거래를 기록하고 요약하여 재무제표를 작성하는 과정을 의미한다. 다음 보기를 회계순환과정에 따라 나열할 경우 가장 먼저 수행해야 할 과정으로 가장 옳은 것은?** [22년 기출]

① 총계정원장에 전기
② 전표 작성(분개)
③ 시산표 작성
④ 재무제표 작성

해설

• 회계기간 중의 회계처리 : 거래의 인식 → 분개장에 분개 → 총계정원장에 전기 → 수정 전 시산표
• 결산 시 회계처리 : 결산 → 수정후 시산표 → 계정의 마감 → 재무제표 작성

06 **다음 중 계정에 관한 설명으로 가장 올바르지 않은 것은?** [22년 기출]

① 계정이란 거래의 성격을 간단하고 이해하기 쉽게 표시할 수 있도록 미리 정해 놓은 고유명칭이다.
② 접대비는 발생 시 차변에 기록되는 비용계정이다.
③ 미수금은 증가 시 차변에 기록되는 자산계정이다.
④ 미수수익은 증가 시 대변에 기록되는 수익계정이다.

해설

미수수익은 증가 시 차변에 기록되는 자산계정이다.

07 **다음 중 계정과목의 분류가 가장 올바르지 않은 것은?** [22년 기출]

① 선급비용 – 자산계정
② 예수금 – 부채계정
③ 선수금 – 자산계정
④ 미지급비용 – 부채계정

해설

선수금은 부채에 해당한다.

08 **다음 중 손익계산서에는 영향을 미치지 않고 재무상태표에만 영향을 주는 거래로 가장 옳은 것은?** [22년 기출]

① 상품의 현금매출
② 보험료를 법인카드로 지출
③ 업무용 기계의 수선유지비 사용
④ 외상매입금의 지급

해설

① 상품의 현금매출은 자산, 수익에 영향을 미친다.
② 보험료의 법인카드 지출은 부채, 비용에 영향을 미친다.
③ 업무용 기계의 수선유지비 사용은 자산, 비용에 영향을 미친다.
④ 외상매입금의 지급은 자산, 부채에 영향을 미친다.

정답 05 ② 06 ④ 07 ③ 08 ④

09 다음 중 기업의 재산상태와 경영성과에 영향을 미치는 회계상 거래에 해당하는 것은 모두 몇 개인가?

[22년 기출]

ㄱ. 종업원의 실수로 금고에 보관 중이던 현금 500,000원을 도난당하였다.
ㄴ. 거래처에 상품을 판매하기로 하고 계약을 체결하였다.
ㄷ. 급여 2,000,000원을 주기로 하고 종업원을 채용하였다.
ㄹ. 거래처에 상품 300,000원을 매입하기 위하여 주문을 하였다.
ㅁ. 화재로 인하여 창고건물이 소실되었다.

① 1개
② 2개
③ 3개
④ 4개

해설

ㄱ. 자산 감소, 비용 발생 거래에 해당한다.
ㄴ. 계약은 회계상 거래에 해당하지 않는다.
ㄷ. 채용은 회계상 거래에 해당하지 않는다.
ㄹ. 주문은 회계상 거래에 해당하지 않는다.
ㅁ. 자산 감소, 비용 발생 거래에 해당한다.

10 다음의 거래를 총계정원장에 전기하는 경우 관련 계정의 증감내용이 기입될 곳으로 가장 옳은 것은?

[22년 기출]

[거래] 상품을 70,000원에 외상으로 판매하였다.

재고자산		매출채권	
가	나	다	라

① 나, 다
② 가, 다
③ 나, 라
④ 가, 라

해설

- 상품을 외상으로 판매한 거래는 다음과 같이 회계처리한다.

(차) 매출채권(자산 증가) ××× (대) 재고자산(자산 감소) ×××

09 ② 10 ① 정답

11 **다음 중 회계순환과정에 관한 설명으로 가장 올바르지 않은 것은?** [22년 기출]

① 기업의 영업활동과정에서 거래가 발생하면 전표기입을 통하여 총계정원장으로 전기된다.
② 회계순환과정은 기중거래의 기록절차와 결산절차로 구분된다.
③ 기중거래의 기록절차는 회계상의 거래를 분개하고 전기하는 과정을 말한다.
④ 결산절차는 예비절차, 장부마감의 2단계로 이루어진다.

해설
결산은 결산의 예비절차, 결산수정분개, 장부의 마감, 재무제표 작성의 4단계로 이루어진다.

12 **다음 중 회계상 거래에 해당하지 않는 것은 무엇인가?** [22년 기출]

① 소유하고 있던 건물 임대료 20,000원을 받다.
② 은행에서 40,000원을 빌리기 위해 대출 상담을 받다.
③ 다른 회사의 주식을 50,000원에 구입하다.
④ 은행 대출이자 5,000원을 지급해야 함에도 불구하고 미지급하다.

해설
단순한 상담이나 약정은 자산, 부채에 영향을 주지 않으므로 회계상 거래에 해당하지 않는다.

13 **다음은 재무상태표와 손익계산서를 간단하게 나타낸 것이다. 대차평균의 원리에 의하여 회계상의 거래로 나타날 수 없는 것은?** [22년 기출]

<table>
<tr><th colspan="2">재무상태표</th><th colspan="2">손익계산서</th></tr>
<tr><th>(차 변)</th><th>(대 변)</th><th>(차 변)</th><th>(대 변)</th></tr>
<tr><td rowspan="2">자 산</td><td>부 채</td><td rowspan="2">비 용</td><td rowspan="2">수 익</td></tr>
<tr><td>자 본</td></tr>
</table>

① 부채의 감소와 부채의 증가
② 자산의 증가와 자본의 증가
③ 자산의 증가와 수익의 증가
④ 비용의 증가와 부채의 감소

해설
비용의 증가는 차변에 기재되며, 부채의 감소 또한 차변에 기재되므로 동시에 나타낼 수 없다.

정답 11 ④ 12 ② 13 ④

14 다음 자료를 통해 (ㄱ) ~ (ㄹ) 을 계산하면 얼마인가?(단, 기중에 자본거래는 없다고 가정한다) [22년 기출]

기초자산	기초부채	기초자본	기말자산	기말부채	기말자본	총수익	총비용	순이익
(ㄱ)	200원	600원	1,500원	(ㄴ)	(ㄷ)	700원	(ㄹ)	200원

	(ㄱ)	(ㄴ)	(ㄷ)	(ㄹ)
①	400원	400원	600원	500원
②	800원	700원	600원	500원
③	800원	700원	800원	500원
④	800원	400원	800원	600원

해설

- 기초자산(ㄱ) = 기초부채 200원 + 기초자본 600원 = 800원
- 기말자본(ㄷ) = 기초자본 600원 + 순이익 200원 = 800원
- 기말부채(ㄴ) = 기말자산 1,500원 − 기말자본 800원 = 700원
- 총비용(ㄹ) = 총수익 700원 − 순이익 200원 = 500원

15 다음 거래에 대한 분개 중 가장 올바르지 않은 것은? [22년 기출]

① 매출채권 1,000,000원을 현금으로 회수하였다.

(차) 매출채권	1,000,000	(대) 현 금	1,000,000

② 장부금액이 500,000원인 토지를 현금 800,000원에 처분하였다.

(차) 현 금	800,000	(대) 토 지	500,000
		유형자산처분이익	300,000

③ 차입금을 통하여 현금 5,000,000원을 조달하였다.

(차) 현 금	5,000,000	(대) 차입금	5,000,000

④ 토지를 5,000,000원에 현금으로 구입하였다.

(차) 토 지	5,000,000	(대) 현 금	5,000,000

해설

(차) 현금(자산 증가)	1,000,000	(대) 매출채권(자산 감소)	1,000,000

14 ③ 15 ① 정답

16 다음 중 기업의 경영성과에 영향을 미치지 않는 거래로 가장 옳은 것은? [22년 기출]

① 주주들에게 배당금 5,000,000원을 현금으로 지급하다.
② 창립기념일 선물로 직원들에게 200,000원의 상품권을 지급하다.
③ 거래처에 상품을 판매하고 1,000,000원의 약속어음을 지급받다.
④ 업무용 승용차에 50,000원의 기름을 주유하고 법인카드로 결제하다.

해설

배당금을 지급하는 거래는 경영성과의 결과물인 이익잉여금의 처분이라는 자본거래에 해당하므로 경영성과에 영향을 미치는 손익거래에 해당하지 아니한다.

17 회계순환과정이란 거래의 인식에서 시작하여 회계처리를 하고 결산작업을 거쳐 재무제표가 만들어지는 과정을 의미한다. 회계상 거래를 인식하기 위한 조건은 그 거래가 회사의 (㉠)에 영향을 미쳐야 하고, 그 영향을 (㉡)(으)로 측정할 수 있어야 한다. 빈칸에 가장 적절한 단어는 무엇인가? [22년 기출]

	㉠	㉡
①	재산상태	금 액
②	신용도	문 서
③	업무의 효율성	생산량
④	주 주	배당금

해설

회계상 거래로 인식하기 위해서는 다음의 두 가지 요건을 갖추어야 한다.

- 기업의 행위가 재무상태에 영향을 미쳐야 한다. 자산 · 부채 · 자본의 변동을 가져오거나 수익 또는 비용이 발생하여야 한다. 즉, 기업의 재산상태(자산 · 부채 · 자본 · 수익 · 비용)와 관련 없이 일어난 행위는 회계상 거래가 아닌 것이다.
- 자산 등의 변동이 있더라도 그 내용을 금액으로 측정할 수 있어야 한다. 재무정보인 재무제표는 화폐단위로 기록되어 있으므로, 재산 등의 변동이 있더라도 이를 금액으로 측정할 수 없다면 장부에 기록할 수 없을 것이다.

18 분개한 내용을 계정과목별로 옮겨 놓는 절차를 전기라 하며 이들 계정이 설정되어 있는 장부를 총계정원장이라고 한다. 다음 중 총계정원장을 이용하여 얻을 수 있는 효익으로 적절하지 않은 것은 무엇인가? [22년 기출]

① 계정과목별 증감변동 상황을 쉽게 파악할 수 있다.
② 기말 재무상태표와 손익계산서 작성에 필요한 기본적 자료를 모을 수 있다.
③ 회사 전체의 재무상태와 경영성과를 개괄적으로 파악할 수 있다.
④ 당기와 전기 계정분석에 용이하다.

해설

당기에 발생한 각 계정의 총계를 분석하는 것에 그 기능이 제한된다.

정답 16 ① 17 ① 18 ④

19 다음 중 아래 보기에 해당하는 거래는 어느 것인가? [22년 기출]

(차변) 자산의 증가	×××	(대변) 부채의 증가	×××

① 은행으로부터 설비투자자금을 차입하였다.
② 주식을 발행하여 현금을 조달하였다.
③ 과거에 외상으로 매입한 물건대금을 현금으로 지급하였다.
④ 대여금에 대한 이자를 현금으로 수취하였다.

해설

① 자산(현금)의 증가, 부채(차입금)의 증가
② 자산(현금)의 증가, 자본(자본금 등)의 증가
③ 부채(외상매입금)의 감소, 자산(현금)의 감소
④ 자산(현금)의 증가, 수익(이자수익)의 발생

20 다음 중 비용은 발생하였으나 아직 대금을 지급하지 않은 거래가 재무제표에 미치는 영향으로 옳은 것은? [22년 기출]

① 비용의 발생과 자산의 증가
② 비용의 발생과 부채의 증가
③ 자산의 증가와 부채의 증가
④ 비용의 발생과 자본의 감소

해설

(차) 비용 발생 (대) 부채 증가

21 다음은 회계소프트웨어를 개발하는 (주)삼일의 거래를 나열한 것이다. 가장 올바르지 않은 것은? [22년 기출]

① 종업원 급여 15,000원을 현금으로 지급하였다.

(차) 급 여	15,000	(대) 현 금	15,000

② 프로그램용역을 제공하고 용역제공대가 20,000원은 다음 달에 받기로 하였다.

(차) 매출채권	20,000	(대) 매 출	20,000

③ 컴퓨터를 70,000원에 외상으로 구입하였다.

(차) 유형자산	70,000	(대) 외상매입금	70,000

④ 다음 달의 추가적인 자금사용에 대비하여 은행에서 현금 20,000원을 차입하였다.

(차) 현 금	20,000	(대) 차입금	20,000

19 ① 20 ② 21 ③ 정답

해설

• 회계처리

(차) 유형자산	70,000원	(대) 미지급금	70,000원

∴ 컴퓨터가 재고자산에 해당하지 아니하므로 외상매입금을 계상할 수 없고, 미지급금을 계상하여야 한다.

22 다음 중 (주)삼일의 거래와 관련한 대화에서 회계상 거래에 해당하지 않는 것은? [22년 기출]

> 유부장 : 지난 달 화재로 인해 공장에 보관 중이던 상품들과 기계장치가 소실되는 사건이 발생했습니다. 이로 인해 우리 회사가 많은 금전적 피해를 입었습니다.
>
> 박차장 : 예, 그렇습니다. 그에 따른 피해를 신속하게 복구하기 위해 최선을 다하고 있으며 소실된 제품을 재생산하기 위해 원재료 500만원을 외상으로 구입하였습니다.
>
> 노대리 : 기계장치 또한 새로 구입했으며 자금사정이 여의치 않은 관계로 대금의 일부만 먼저 지급하였습니다.
>
> 하사원 : 회사의 신속한 업무 정상화 및 제품 생산활동의 촉진을 위하여 직원 5명을 신규로 채용하였습니다.

① 유부장　　② 박차장

③ 노대리　　④ 하사원

해설

직원의 단순 채용은 회계상 거래가 아니다.

23 회계기간 중의 회계처리는 다음의 과정을 거쳐 이루어진다. 빈칸에 들어갈 알맞은 단어로 짝지어진 것은? [22년 기출]

> 거래가 발생하면 이를 분석하여 (가)이라고 하는 장부에 기입하고 (나)에 전기하는 과정을 반복한다.

① (가) 분개장 (나) 총계정원장

② (가) 총계정원장 (나) 분개장

③ (가) 분개장 (나) 시산표

④ (가) 정산표 (나) 총계정원장

해설

장부에 기입하는 것은 분개, 총계정원장에 옮기는 것을 전기라고 한다.

정답 22 ④ 23 ①

24 다음 중 수익이 발생하지 아니하였으나, 미리 대금을 지급받은 거래가 재무제표에 미치는 영향으로 옳은 것은? [22년 기출]

① 수익의 발생과 부채의 감소
② 비용의 발생과 부채의 증가
③ 자산의 증가와 부채의 증가
④ 부채의 증가와 자본의 감소

해설

(차) 현금(자산 증가) ××× (대) 선수수익(부채 증가) ×××

25 다음 거래에서 나타나는 거래의 8 요소를 보기에서 고른 것은? [22년 기출]

> 운영자금을 증가시키기 위해 은행으로부터 1억원을 차입하였다.

보기

ㄱ. 자산의 감소　ㄴ. 자산의 증가
ㄷ. 부채의 증가　ㄹ. 자본의 증가

① ㄱ, ㄴ　② ㄴ, ㄷ
③ ㄱ, ㄹ　④ ㄷ, ㄹ

해설

(차) 현금(자산 증가) 1억 (대) 차입금(부채 증가) 1억

26 다음은 회계순환과정의 일부를 나타낸 것이다. (가)에 해당하는 내용으로 가장 옳은 것은? [22년 기출]

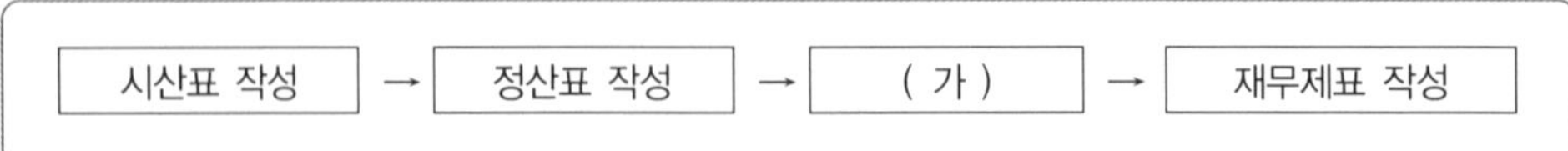

① 계정의 마감　② 분개장 작성
③ 총계정원장 작성　④ 재고조사표 작성

해설

- 회계기간 중의 회계처리 : 거래의 인식 → 분개장에 분개 → 총계정원장에 전기 → 수정 전 시산표
- 결산 시 회계처리 : 결산수정분개 → 수정 후 시산표(→ 정산표 작성) → 계정(장부)의 마감 → 재무제표 작성

24 ③ 25 ② 26 ① 정답

PART 02
계정과목 이해하기

작은 기회로부터 종종 위대한 업적이 시작된다.

– 데모스테네스 –

CHAPTER 01

PART 2 계정과목 이해하기

자산계정(1) - 유동자산

재무상태표

기업명	20X1년 12월 31일	(단위 : 원)
Ⅰ. **유동자산**		Ⅰ. 유동부채
(1) 당좌자산		
(2) 재고자산		Ⅱ. 비유동부채
Ⅱ. 비유동자산		Ⅰ. 자본금
(1) 투자자산		Ⅱ. 자본잉여금
(2) 유형자산		Ⅲ. 자본조정
(3) 무형자산		Ⅳ. 기타포괄손익누계액
(4) 기타비유동자산		Ⅴ. 이익잉여금

01 당좌자산

자산에는 유동자산과 비유동자산이 있으며, 유동자산은 다시 당좌자산과 재고자산으로 분류된다. 당좌자산이란 가장 유동성이 높은 자산이므로 기업의 경영활동에 있어 매우 중요하다. 당좌자산에는 현금및현금성자산, 매출채권, 단기투자자산, 선급비용, 이연법인세자산 등이 있다.

1 현금및현금성자산

(1) 개 요

회계에서는 일상생활에서 사용하는 지폐나 동전뿐 아니라, 현금과 거의 유사한 것으로서 짧은 시간 내에 현금으로 전환될 자산을 현금성자산으로 규정하고 있다. 이들은 유동성이 가장 높은 자산으로 재무상태표상에 "현금및현금성자산"이란 계정과목으로 일괄 표시된다.

[현금및현금성자산의 범위]

① 통화 – 지폐, 동전
② 통화대용증권 – 타인발행수표, 자기앞수표, 송금수표, 여행자수표, 우편환증서*, 만기가 된 공・사채 이자표** 등
③ 요구불예금*** – 당좌예금, 보통예금
④ 현금성자산

위의 현금및현금성자산 중 통화와 통화대용증권은 회계처리 시 현금으로 분개한다. 한편, 현금성자산이란 큰 거래비용 없이 현금으로 전환이 용이하고 이자율 변동에 따른 가치변동의 위험이 경미한 금융상품으로서 취득 당시 만기일(또는 상환일)이 3개월 이내인 것을 말한다.

* 우편환증서 : 먼거리에 있는 사람이 현금을 주고받기 위하여 사용하는 것. 현금을 보내려는 사람이 우체국에 가서 현금을 지급하고 받는 사람에게 보내면, 우체국에서는 우편환증서를 작성하여 받는 사람에게 전달한다. 우편환증서를 받은 사람은 가까운 우체국에 가서 이 우편환증서를 제시하고 현금을 찾을 수 있다.

** 공・사채이자표 : 국가가 발행한 채권은 국공채, 회사가 발행한 채권은 회사채라 하며, 이러한 채권을 구입한 경우 채권에 표시된 이자지급일이 되면 이자를 지급받을 수 있다. 이들 채권에는 이자지급일이 적혀있는 이자표가 함께 발행되는데 그 만기일이 되면 우표와 같이 생긴 그 이자표를 채권에서 뜯어서 국가나 회사에 제시하고 이자를 지급받을 수 있다.

*** 요구불예금 : 예금의 입금과 출금에 제한이 없는 자유로운 예금인 반면에 낮은 이자를 받거나 이자가 없는 형태의 예금

예 제 ▸ 현금및현금성자산

(주)리젠은 당기말 다음과 같은 자산을 보유하고 있다. 이 중 재무상태표에 현금및현금성자산으로 표시될 금액과 현금으로 표시될 금액은 얼마인가?

현 금	300,000	타인발행수표	250,000
우편환증서	50,000	만기도래이자표	30,000
자기앞수표	100,000	보통예금	500,000
당좌예금	700,000	우 표	10,000
정기적금	800,000		

[풀이]

1. 현금및현금성자산
   현금 300,000원 + 타인발행수표 250,000원 + 우편환증서 50,000원 + 만기도래이자표 30,000원 + 자기앞수표 100,000원 + 보통예금 500,000원 + 당좌예금 700,000원 = 1,930,000원

2. 현 금
   현금 300,000원 + 타인발행수표 250,000원 + 우편환증서 50,000원 + 만기도래이자표 30,000원 + 자기앞수표 100,000원 = 730,000원

(2) 현금의 회계처리

현금은 유동자산으로 다음과 같이 자산의 증가 또는 감소로 회계처리하며, 앞에서 살펴본 바와 같이 자산의 증가는 차변에, 자산의 감소는 대변에 기재한다.

① 자산의 증가(현금유입)

㉠ 상품을 판매하고 100,000원을 받은 경우

(차) 현 금	100,000	(대) 매 출	100,000

㉡ 200,000원의 금액을 차입한 경우

(차) 현 금	200,000	(대) 차입금	200,000

㉢ 50,000원의 임대료를 현금으로 받은 경우

(차) 현 금	50,000	(대) 임대료수익	50,000

② 자산의 감소(현금유출)

㉠ 상품을 매입하고 100,000원을 지급한 경우

(차) 상 품	100,000	(대) 현 금	100,000

㉡ 단기차입금 200,000원을 상환한 경우

(차) 단기차입금	200,000	(대) 현 금	200,000

㉢ 50,000원의 임차료를 지급한 경우

(차) 임차료	50,000	(대) 현 금	50,000

(3) 현금출납장

현금출납장이란 회사의 거래 중 현금의 수입과 지출을 기록한 것으로 현금의 입출금 현황을 일자별로 효율적으로 분석하고 검토하기 위해 작성하는 보조장부이다. 회사의 현금담당자가 현금 입출금에 대한 증빙서류를 검토하여 입출금전표를 작성하고 이를 장부에 기재하면 현금출납장이 된다. 현금출납장은 아래와 같이 날짜, 적요, 입금, 출금, 잔액으로 구성되어 있으며 하루를 마감하면서 실제 현금 시재액*과 현금출납장의 잔액을 대조함으로써 현금의 입출금 현황을 효율적으로 분석하고 검토할 수 있다.

현금출납장

20X1. 1. 1 ~ 20X1. 12. 31

일 자	적 요	수 입	지 출	잔 액

* 시재액 : 현재 가지고 있는 현금의 액수

(4) 현금과부족

현금의 입금과 출금에 관한 기록이 정확하게 이루어지고 있을 때 현금출납장 잔액과 금고 안의 실제 현금시재액은 일치하게 된다. 그러나 회계기록의 오기, 누락, 착오 등에 의한 현금출납장 잔액과 실제 시재액은 일치하지 않을 수도 있다. 이때에 발생하는 차액을 회계상 조정하기 위해 설정하는 임시 계정이 "현금과부족" 계정이다. 현금과부족 계정은 임시계정이므로 회계기간 중에 원인이 밝혀지면, 밝혀진 원인별 수정분개를 하여야 하며 결산 시까지 원인이 밝혀지지 않은 경우에는 잡손실, 잡이익으로 처리하여 기간 순손익 계산에 포함한다.

예 제 ▸ 현금과부족(1)

1. (주)리젠의 현금출납장 잔액은 2,500,000원이며, 금고의 실제 잔액은 3,000,000원이고, 원인을 알 수 없다.

(차) 현 금	500,000	(대) 현금과부족	500,000

2. 위의 현금 과잉액을 조사해본 결과 350,000원은 집세수입분 기장누락으로 밝혀지고, 잔액은 원인불명이다.

(차) 현금과부족	350,000	(대) 임대료	350,000

3. 위 현금 과잉액이 결산 시까지 원인불명이다.

(차) 현금과부족	150,000	(대) 잡이익	150,000

예 제 ▸ 현금과부족(2)

1. (주)대성산업의 현금 실제 잔액이 장부 잔액보다 260,000원 적은 것을 발견하다.

(차) 현금과부족	260,000	(대) 현 금	260,000

2. 위의 현금 부족액 260,000원의 원인을 조사한바 통신비 400,000원의 지급을 350,000원으로 오기하였음을 발견하다.

(차) 통신비	50,000	(대) 현금과부족	50,000

3. 위의 현금 부족액이 결산 시까지 원인불명이다.

(차) 잡손실	210,000	(대) 현금과부족	210,000

예 제 ▸ 현금과부족(3)

1. 결산 시 현금 과잉액 40,000원의 원인을 모른다.

(차) 현 금	40,000	(대) 잡이익	40,000

2. 결산 시 현금 부족액 120,000원의 원인을 모른다.

(차) 잡손실	120,000	(대) 현 금	120,000

※ 회계기간 중의 불일치액은 "현금과부족"으로 회계처리하고, 결산 시 불일치액은 "잡이익" 계정과 "잡손실" 계정 중 하나로 처리하여야 한다.

(5) 예 · 적금

① 개 요

금융기관에 예치하는 예금과 적금에는 보통예금, 당좌예금, 정기예금, 정기적금 등이 있다. 이 중 보통예금과 당좌예금은 재무제표 작성 시 현금및현금성자산에 포함된다. 정기예금과 정기적금은 만기가 1년 이내 도래하는지 여부에 따라 단기금융상품(당좌자산) 또는 장기금융상품(투자자산)으로 구분된다.

② 당좌예금

당좌예금이란 거래은행과 당좌거래 계약을 체결한 후 일상의 상거래에서 취득한 현금 및 수표 등의 통화대용증권을 예입*하고 그 예금액 범위 내에서 당좌수표 또는 어음을 발행하여 대금의 지급을 은행에 위임하는 예금을 말한다. 즉, 회사는 대금 지급 시 현금을 주는 대신 어음이나 수표를 발행하게 된다. 이때 거래상대방 회사는 동 수표 등을 가지고 은행에 가서 지급을 요청하고 은행은 그 대금을 지급하여 주는 것이다.

* 예입 : 현금을 은행에 맡기는 것, 즉 예금계좌에 현금을 예금하는 것

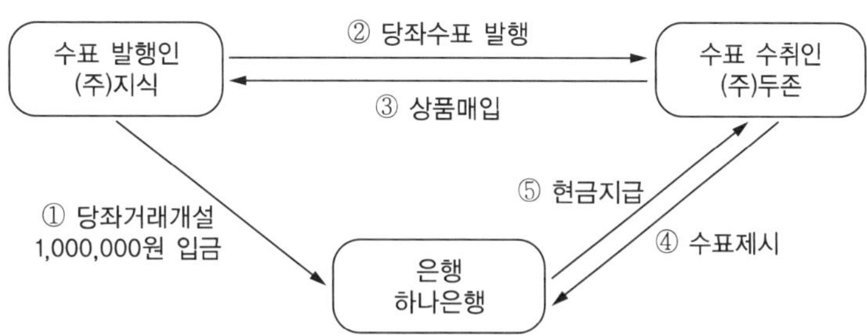

이때 어음과 수표의 발행금액은 당해 당좌예금의 범위 내에서만 하는 것이 원칙이다. 즉, 예금 계좌의 잔액을 초과하여 수표를 발행하면 은행은 이를 지급하지 않게 된다. 그러나 기업이 금융기관과 당좌차월계약을 체결하게 되면 일정금액 한도 내에서 당좌예금 잔액을 초과하여 어음이나 수표를 발행하여도 당해 금융기관이 결제를 해주게 되는데, 이때 당좌예금 잔액을 초과하여 결제를 해 준 금액을 말한다.

일반적으로 기중에는 당좌예금과 당좌차월을 구분하여 처리하다가 결산 시 은행별 당좌예금과 당좌차월을 각각 당좌예금(유동자산)과 단기차입금(유동부채)으로 분류하여 공시한다.

예 제 ▸ 당좌예금과 당좌차월

다음의 거래를 분개하라.

4월 1일	(주)리젠은 국민은행과 당좌차월 한도 1,000,000원의 당좌거래 계약을 체결하고 500,000원을 예금하다.
4월 9일	한빛상사에 상품을 1,000,000원에 매출하고 대금은 신라상사 발행의 수표로 받아 즉시 당좌예입하다.
4월 11일	고려상사의 외상매입금 2,000,000원을 수표를 발행하여 지급하다.
4월 20일	조선상사로부터 매출채권 3,000,000원을 받아 당좌예입하다.
4월 25일	은행에서 당좌거래수수료 5,000원을 부과하고 당좌예금에서 차감하다.

[풀이]

4/1	(차)	당좌예금	500,000	(대)	현 금	500,000
4/9	(차)	당좌예금	1,000,000	(대)	매 출	1,000,000
4/11	(차)	외상매입금	2,000,000	(대)	당좌예금	1,500,000
					당좌차월	500,000
4/20	(차)	당좌예금	2,500,000	(대)	매출채권	3,000,000
		당좌차월	500,000			
4/25	(차)	수수료비용	5,000	(대)	당좌예금	5,000

(6) 전도금(소액현금)

전도금제도란 일정액의 현금을 은행에서 인출하여 사용부서에 넘겨주고 소액현금 관리자가 현금지출거래를 통제·관리하는 제도를 말한다. 사용부서는 당해 소액의 현금지출거래를 회계처리하지 않고 일정기간 경과 후에 사용 부분에 대한 증빙을 제출하면 소액현금 관리자가 일괄하여 회계처리한다. 기업의 일상적인 업무를 수행하는 과정에서 빈번하게 발생하는 교통비, 소모품비, 통신비 등의 지출을 거래가 발생할 때마다 회계처리한다면 너무 번거로울 것이다. 이에 업무의 효율성을 증진시키기 위해 소액현금제도를 채택하고 있다.

예 제 ▸ 소액현금제도

다음 거래를 분개하라.

1. 9월 1일　1,000,000원을 당좌예금에서 인출하여 소액현금으로 지급하다.
2. 9월 30일　소액현금 중 사용내역을 다음과 같이 통보받다.

   교통비 300,000원, 소모품비 150,000원, 통신비 200,000원, 잡비 50,000원

3. 9월 30일　당좌예금에서 현금을 인출하여 소액현금으로 지급하다.

[풀이]

1. (차) 소액현금	1,000,000	(대) 당좌예금	1,000,000
2. (차) 교통비	300,000	(대) 소액현금	700,000
소모품비	150,000		
통신비	200,000		
잡 비	50,000		
3. (차) 소액현금	700,000	(대) 당좌예금	700,000

2 단기투자자산

(1) 개 요

단기투자자산은 기업이 여유자금의 활용 목적으로 보유하는 단기예금, 단기매매증권, 단기대여금 및 유동자산으로 분류되는 매도가능증권과 만기보유증권 등의 자산을 포함한다. 이들 자산은 현금및현금성자산과 함께 기업의 단기 유동성을 파악하는 데 중요한 정보이기 때문에 개별 표시한다.

(2) 단기투자자산의 범위

① 단기금융상품

금융기관이 취급하는 정기예금·정기적금·사용이 제한되어 있는 예금 및 양도성예금증서(CD)* · 환매채(RP)**등 정형화된 상품 등으로 단기적 자금운용목적으로 소유하거나 만기가 보고기간말로부터 1년 내에 도래하는 것을 말한다.

* 양도성예금증서(CD) : 정기예금을 입금하였다는 것을 증명하는 증서로서, 자유롭게 금융시장에서 매매할 수 있는 금융상품

** 환매채(RP) : 채권을 발행하는 금융기관에서 일정기간이 지난 뒤 계약된 금액으로 다시 매입하는 조건으로 판매하는 채권

구 분	현금및현금성자산	단기금융상품	장기금융상품
내용 (항목)	• 1년 이내의 기간에 자유로이 사용가능한 현금이나 예금 예 통화, 통화대용증권, 보통예금, 당좌예금 등 • 취득시점으로부터 3개월 이내에 현금화되는 현금성자산 예 조건에 부합되는 단기매매증권 등	• 1년 이내의 기간에 사용(현금화)이 가능하지만, 사용목적이나 기한이 제한되어 있는 현금이나 예금 예 정기예금, 정기적금, 특정 현금과 예금 등 • 단기적 자금운용을 목적으로 보유하는 금융상품 예 양도성예금증서, 환매채 등	• 1년 이상의 기간에 걸쳐 사용이 제한되어 있거나 장기적 자금운용을 목적으로 보유하는 현금, 예금 또는 금융상품 예 장기간 특정 목적으로 유보된 현금이나 예금, 장기성 정기예금·정기적금·금전신탁* 등
구분표시	유동자산(당좌자산)		투자자산

* 금전신탁 : 금융기관이 고객으로부터 현금을 받아 타인에게 대출하거나 다른 금융상품에 투자하는 등 현금을 운용하여 투자를 대신하고 수익을 고객에게 돌려주는 형태의 금융상품

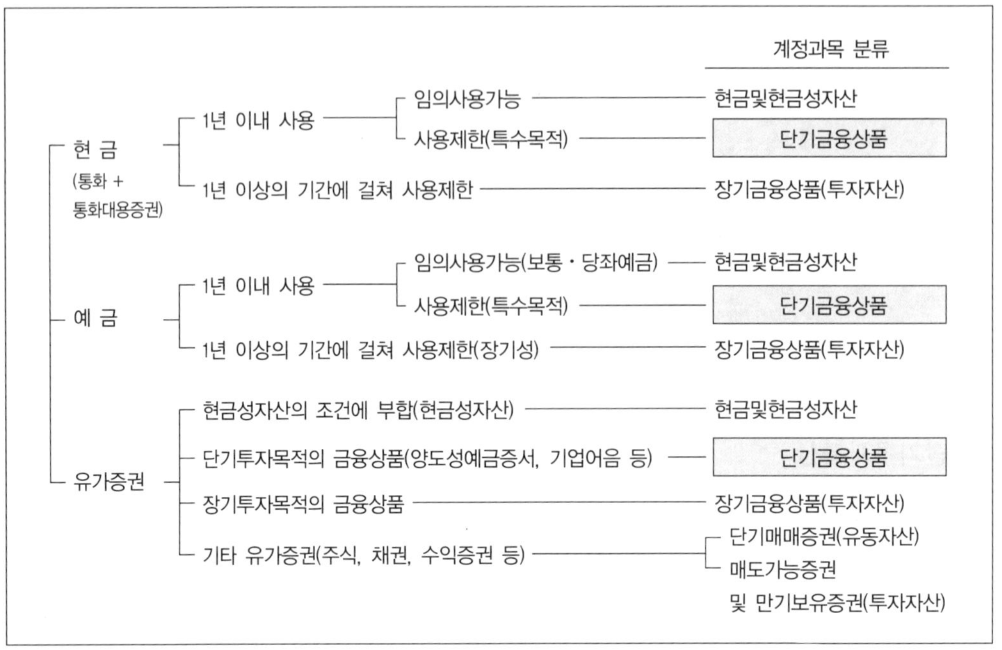

② 단기대여금

거래처 관계회사 등에 대여한 자금으로 회수기한이 1년 내에 도래하는 것을 말한다.

③ 유가증권

유가증권은 재산권을 나타내는 증권을 말하며, 적절한 액면금액 단위로 분할되고 시장에서 거래되거나 투자의 대상이 된다. 유가증권에는 지분증권과 채무증권이 포함된다. 유가증권에 대하여는 제2절에서 자세히 다루고자 한다.

3 기타의 당좌자산

당좌자산에는 위에서 살펴본 현금및현금성자산과 단기투자자산 외에도 매출채권, 미수금, 선급비용 등이 있다.

(1) 매출채권

매출채권은 일반적 상거래에서 발생한 채권으로 외상매출금과 받을어음으로 구성된다. 이에 대하여는 제3절에서 자세히 살펴본다.

(2) 미수금

일반적 상거래 이외에서 발생한 미수채권을 말한다.

(3) 미수수익

당기에 속하는 수익 중 결산시점까지 회수되지 않은 미수액은 미수수익으로 회계처리한다.

(4) 선급금

상품・원재료 등의 매입을 위하여 선급한 금액으로 계약금 등을 말한다.

(5) 선급비용

선급된 비용 중 1년 내에 비용으로 되는 것을 말한다.

02 유가증권

1 유가증권의 의의

(1) 유가증권이란

'유가증권'은 재산권을 나타내는 증권을 말하며, 실물이 발행된 경우도 있고, 명부에 등록만 되어 있을 수도 있다. 유가증권은 적절한 액면금액 단위로 분할되고 시장에서 거래되거나 투자의 대상이 된다. 유가증권에는 지분증권과 채무증권이 포함된다.

① 지분증권

지분증권이란 회사, 조합 또는 기금 등의 순자산에 대한 소유지분을 나타내는 유가증권과 일정금액으로 소유지분을 취득할 수 있는 권리(예 신주인수권*) 등의 유가증권을 말한다.

* 신주인수권 : 회사가 향후 주식을 발행하고자 할 때 그 새로 발행되는 주식(신주)을 우선적으로 취득할 수 있는 권리

② 채무증권

채무증권이란 발행자에 대하여 금전을 청구할 수 있는 권리를 표시하는 유가증권 및 이와 유사한 유가증권을 말한다. 채무증권은 국채*, 공채**, 사채(전환사채 포함)***등을 포함한다.

* 국채 : 중앙정부가 자금조달이나 정책집행을 위해 발행하는 만기가 정해진 채무증서. 국가가 일반 국민들로부터 자금을 차입하기 위하여 국채를 발행하면 일반 국민들은 이 국채를 구입하여 국가에 돈을 빌려주게 된다. 국채를 구입한 사람들은 국채에 표시된 이자를 정기적으로 지급받다가 국채에 표시된 만기일에 원금을 상환받는다.

** 공채 : 공채는 국채와 유사하나 발행기관이 정부가 아닌 공기업과 같은 정부투자기관이라는 점에서만 차이가 있는 채권(예 지하철공채 등)

*** 사채(전환사채) : 사채는 국채・공채와 유사하나 발행자가 일반 기업이라는 점에서만 차이가 있는 채권. 전환사채는 사채의 만기일에 원금을 상환받거나 주식으로 전환하는 것 중 선택이 가능한 형태의 사채

(2) 계정과목에 따른 분류

일반기업회계기준에서 이러한 유가증권을 취득하였을 때 그 계정과목을 각기 달리 분류하게 된다. 이를 구분하는 이유는 각 분류된 계정과목에 따라 평가방법을 다르게 규정할 뿐 아니라, 그 평가손익 역시 다르게 처리하기 때문이다. 유가증권은 취득한 후에 만기보유증권, 단기매매증권, 그리고 매도가능증권 중의 하나로 분류한다.

계정과목	분류기준
단기매매증권 (당좌자산)	주로 단기간 내의 매매차익을 목적으로 취득한 유가증권으로서 매수와 매도가 적극적이고 빈번하게 이루어지는 것
만기보유증권 (투자자산)	만기가 확정된 채무증권으로서 상환금액이 확정되었거나 확정이 가능한 채무증권으로 만기까지 보유할 적극적인 의도와 능력이 있는 것
매도가능증권 (투자자산)	단기매매증권이나 만기보유증권으로 분류되지 아니하는 유가증권

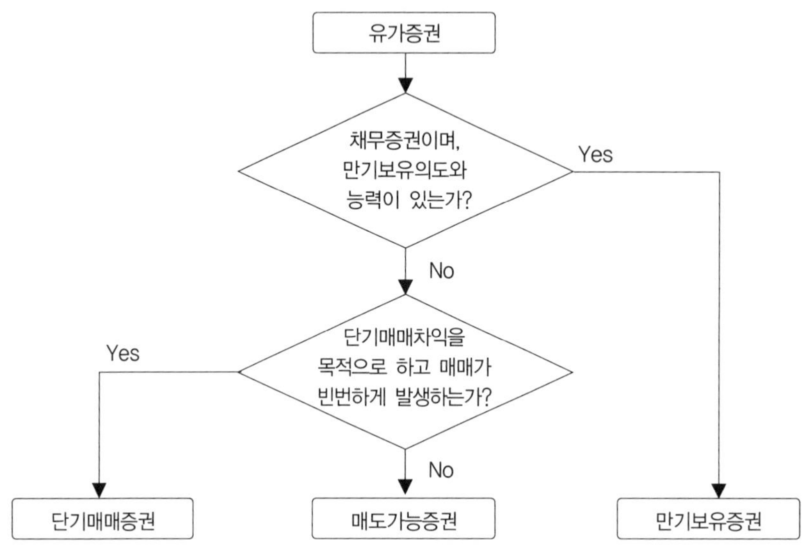

2 유가증권의 취득 시 회계처리

유가증권은 최초인식 시 공정가치로 측정하는데, 공정가치란 일반적으로 거래가격, 즉 제공한 대가의 공정가치를 말한다. 최초인식 이후 공정가치로 측정하고 공정가치의 변동을 당기손익으로 인식하는 금융자산인 단기매매증권의 취득과 직접 관련되는 거래원가는 당기비용으로 인식한다. 그러나 그 외 매도가능증권 등의 취득과 직접 관련되는 거래원가는 최초 인식하는 공정가치에 가산한다.

예 제 ▸ 유가증권의 취득

(주)리젠은 단기적 자금운용목적으로 (주)강남의 주식 1,000주를 8,000원에 매입하면서 증권회사에 대한 수수료 40,000원과 함께 현금으로 지급하였다.

[풀이]

(차)	단기매매증권	8,000,000	(대) 현 금	8,040,000
	지급수수료	40,000		

3 보유기간 중의 회계처리

단기매매증권을 보유하고 있는 경우에는 배당금이나 이자를 수취하게 된다. 배당금이란 주식발행 회사가 영업활동을 통해 벌어들인 이익을 주주들에게 배분하는 것으로서 주식을 소유한 회사 입장에서는 이것이 수익에 해당한다. 이자는 채권을 보유하고 있는 기간 동안 약정된 이자율에 따라 지급하여 주는 것을 말한다. 이 또한 역시 수익에 해당하므로 배당금과 이자에 대하여 각각 배당금수익과 이자수익이라는 계정을 사용하여 당기손익으로 인식하고 손익계산서에 반영하여야 한다. 이렇게 단기매매증권을 보유하는 과정에서 수취한 배당금수익과 이자수익은 아래와 같이 분개를 하며, 손익계산서상 영업외수익으로 분류한다.

① 지분증권 – 현금배당을 받은 경우

(차) 현 금	×××	(대) 배당금수익	×××

② 채무증권 – 이자를 지급받은 경우

(차) 현 금	×××	(대) 이자수익	×××

4 유가증권의 평가

(1) 단기매매증권 – 공정가치

단기매매증권은 공정가치로 평가하며, 공정가치의 최선의 추정치는 활성시장*에서 공시되는 가격이다. 이때 평가손익이 발생할 수가 있는데 장부가액보다 공정가치가 더 크면 평가이익이, 장부가액보다 공정가치가 더 작으면 평가손실이 발생한다. 단기매매증권의 평가에 있어서 평가손익은 영업외손익으로서 당기손익에 반영한다.

* 활성시장 : 매매가 빈번하게 이루어지는 시장

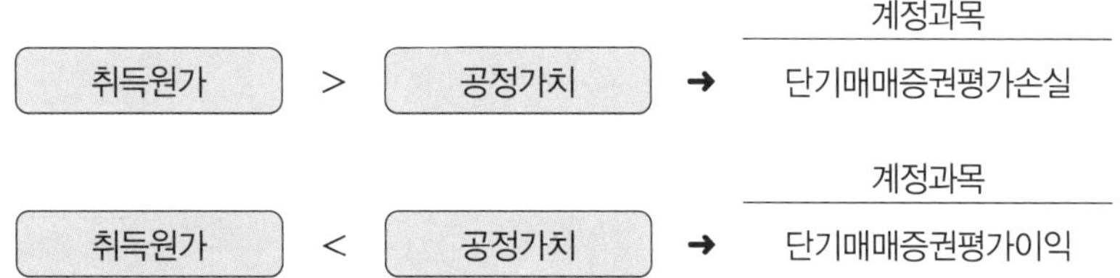

비용 발생		자산 감소	
(차) 단기매매증권평가손실	×××	(대) 단기매매증권	×××
자산 증가		**수익 발생**	
(차) 단기매매증권	×××	(대) 단기매매증권평가이익	×××

(2) 매도가능증권 – 공정가치(예외적으로 취득원가)

매도가능증권도 공정가치로 평가한다. 다만, 매도가능증권 중 시장성이 없는 지분증권의 공정가치를 신뢰성 있게 측정할 수 없는 경우에는 취득원가로 평가한다.

단기매매증권의 평가손익은 당기손익에 반영하는데 반해, 매도가능증권에 대한 평가손익은 기타포괄손익누계액으로 처리하고, 당해 유가증권에 대한 기타포괄손익누계액은 그 유가증권을 처분하거나 손상차손을 인식하는 시점에 일괄하여 당기손익에 반영한다.

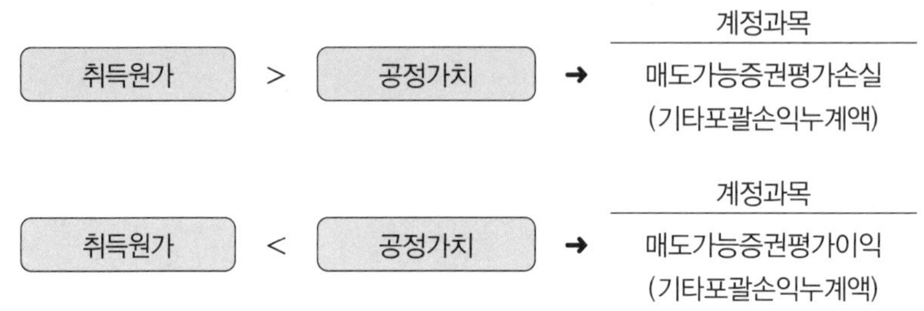

자본 감소		자산 감소	
(차) 매도가능증권평가손실	×××	(대) 매도가능증권	×××
자산 증가		**자본 증가**	
(차) 매도가능증권	×××	(대) 매도가능증권평가이익	×××

(3) 만기보유증권 – 상각후원가

만기보유증권은 상각후원가*로 평가하여 재무상태표에 표시한다. 만기보유증권을 상각후원가로 측정할 때에는 장부금액과 만기 액면금액의 차이를 상환기간에 걸쳐 유효이자율법**에 의하여 상각하여 취득원가와 이자수익에 가감한다.

* 상각후원가 : 현재가치할인차금을 상각한 후의 원가

** 유효이자율법 : 유효이자율을 이용하여 금융자산이나 금융부채의 상각후원가를 계산하고 관련 기간에 걸쳐 이자수익이나 이자비용을 배분하는 방법. 유효이자율은 금융상품으로부터 만기일까지 기대되는 현금유입액과 현금유출액의 현재가치를 순장부금액과 일치시키는 이자율이다.

〈유가증권의 평가〉

구 분		평가방법	평가손익
단기매매증권		공정가치	당기손익(손익계산서)
매도가능증권	원 칙	공정가치	기타포괄손익누계액 (재무상태표)
	예 외*	취득원가	–
만기보유증권		상각후원가	–

* 시장성이 없는 지분증권의 공정가치를 신뢰성 있게 측정할 수 없는 경우

예 제 ▸ 유가증권의 평가

(주)리젠은 20X1년 1월 1일에 A회사의 주식을 500,000원에 취득하였다. 20X1년 12월 31일 현재 계속 보유 중이며 이 주식의 20X1년 12월 31일 현재 공정가치는 700,000원이다. 이 경우 다음의 상황별로 (주)리젠의 20X1년 1월 1일과 20X1년 12월 31일의 회계처리를 하시오.

> 1. 단기매매증권으로 분류되는 경우
> 2. 매도가능증권으로 분류되는 경우

[풀이]

1. 단기매매증권으로 분류되는 경우

20X1. 1. 1

(차) 단기매매증권	500,000	(대) 현 금	500,000

20X1. 12. 31

(차) 단기매매증권	200,000	(대) 단기매매증권평가이익 (당기손익)	200,000

2. 매도가능증권으로 분류되는 경우

매도가능증권으로 분류되는 경우에는 시장성이 있는 경우와 없는 경우로 분류하여 시장성이 있는 경우는 공정가치법으로, 시장성이 없는 경우는 원가법으로 처리하여 평가를 하지 않는다.

(1) 시장성이 있는 경우

20X1. 1. 1

(차) 매도가능증권	500,000	(대) 현 금	500,000

20X1. 12. 31

(차) 매도가능증권	200,000	(대) 매도가능증권평가이익 (기타포괄손익누계액)	200,000

(2) 시장성이 없는 경우

20X1. 1. 1

(차) 매도가능증권	500,000	(대) 현 금	500,000

20X1. 12. 31

– 분개 없음 –

5 유가증권의 양도

(1) 개 요

유가증권의 양도로 유가증권 보유자가 유가증권의 통제를 상실한 때에는 그 유가증권을 재무상태표에서 제거한다. 유가증권의 통제를 상실한 경우란 유가증권의 경제적 효익을 획득할 수 있는 권리를 전부 실현한 때, 그 권리가 만료된 때, 또는 그 권리를 처분한 때를 말한다.

유가증권에 대한 통제를 상실한 때에는 유가증권을 양도한 대가로 받았거나 받을 금액과 유가증권의 장부금액의 차이금액에, 기타포괄손익누계액에 포함되어 있는 평가이익을 가산하고 평가손실을 차감한 금액을 당기손익으로 처리한다. 즉, 미실현보유손익*은 양도시점에 실현된 것으로 본다.

* 미실현보유손익 : 자산을 보유하고 있는 기간 동안에 발생하는 평가이익 또는 평가손실. 그 자산을 처분하게 되면 회사에 현금이 유입되거나 유출되므로 처분손익은 실현손익이 된다.

(2) 단기매매증권의 처분

단기매매증권을 처분한 경우에는 처분 전 장부가액과 처분가액의 차액을 단기매매증권처분손익의 과목으로 하여 당기손익에 반영한다. 처분 전 장부가액이란 당기 취득한 단기매매증권의 경우에는 취득원가를 말하고 당기 이전 취득의 경우에는 직전 회계연도말의 공정가치를 말한다.

자산 증가 / 비용 발생		자산 감소	
(차) 현 금	×××	(대) 단기매매증권	×××
단기매매증권처분손실	×××		
자산 증가		**자산 감소 / 수익 발생**	
(차) 현 금	×××	(대) 단기매매증권	×××
		단기매매증권처분이익	×××

(3) 매도가능증권의 처분

매도가능증권을 처분하는 경우 처분가액과 주식의 장부가액과의 차액을 매도가능증권처분손익의 과목으로 당기손익으로 인식한다. 이때 처분할 주식의 장부가액에는 기타포괄손익누계액으로 계상되어 있는 매도가능증권평가손익의 누적액이 함께 제거되어야 한다. 이 경우에 장부가액에서 기타포괄손익누계액으로 계상된 평가손익이 제거되면 항상 취득원가와 일치한다. 결국 매도가능증권처분손익은 처분가액과 취득원가의 차액이 되는 셈이다.

> 매도가능증권처분손익 = 처분가액 − (장부가액 ± 평가손익)
> = 처분가액 − 취득원가

① 양도 전 시점에 매도가능증권평가이익(기타포괄손익누계액)이 계상된 경우

자산 증가 / 자본 감소		자산 감소 / 수익 발생	
(차) 현 금	×××	(대) 매도가능증권	×××
매도가능증권평가이익	×××	매도가능증권처분이익	×××

② 양도 전 시점에 매도가능증권평가손실(기타포괄손익누계액)이 계상된 경우

자산 증가		자산 감소 / 자본 증가 / 수익 발생	
(차) 현 금	×××	(대) 매도가능증권	×××
		매도가능증권평가손실	×××
		매도가능증권처분이익	×××

예 제 ▸ 유가증권의 처분

(주)리젠은 20X1년 1월 1일에 시장성 있는 A회사의 주식을 500,000원에 취득하였다. 20X1년 12월 31일 현재 계속 보유 중이며 이 주식의 20X1년 12월 31일 현재 공정가치는 700,000원이다. (주)리젠은 20X2년 7월 1일 A회사의 주식을 800,000원에 처분하였다.
이 경우 다음의 상황별로 (주)리젠의 20X1년 1월 1일과 20X1년 12월 31일, 그리고 처분시점인 20X2년 7월 1일의 회계처리를 나타내시오.

1. 단기매매증권으로 분류되는 경우
2. 매도가능증권으로 분류되는 경우

[풀이]

1. 단기매매증권으로 분류되는 경우

20X1. 1. 1

(차)	단기매매증권	500,000	(대) 현 금	500,000

20X1. 12. 31

(차)	단기매매증권	200,000	(대) 단기매매증권평가이익	200,000

20X2. 7. 1

(차)	현 금	800,000	(대) 단기매매증권	700,000
			단기매매증권처분이익	100,000

2. 매도가능증권으로 분류되는 경우

20X1. 1. 1

(차)	매도가능증권	500,000	(대) 현 금	500,000

20X1. 12. 31

(차)	매도가능증권	200,000	(대) 매도가능증권평가이익 (기타포괄손익누계액)	200,000

20X2. 7. 1

(차)	현 금	800,000	(대) 매도가능증권	700,000
	매도가능증권평가이익 (기타포괄손익누계액)	200,000	매도가능증권처분이익	300,000

만약 위 예제에서 매도가능증권의 처분가액이 400,000원이었을 때를 비교하여 보자.

20X2. 7. 1

(차)	현 금	400,000	(대) 매도가능증권	700,000
	매도가능증권평가이익	200,000		
	매도가능증권처분손실	100,000		

결국, 처분시점의 처분손익은 취득원가인 500,000원과 처분가액과의 차액으로 기록됨을 알 수 있다. 이는 일반기업회계기준상 매도가능증권에 대하여 기말평가 시 공정가치를 적용하여 재무상태표에는 시가로 표시하나, 그 손익은 인식하지 않다가 차후 처분시점에 그 손익을 모두 인식하게 규정한 것이다. 이는 미실현손익을 인식하지 않음과 동시에 자산의 공정가치를 표시하는 두 가지의 요구를 모두 충족할 수 있는 방법인 것이다.

6 재무제표상 표시방법

단기매매증권은 당좌자산(유동자산)으로 분류하고, 매도가능증권과 만기보유증권은 투자자산(비유동자산)으로 분류한다. 단, 보고기간종료일로부터 1년 이내에 만기가 도래하거나 처분이 거의 확실한 경우 계정과목은 매도가능증권으로 하더라도 투자자산(비유동자산)에서 당좌자산(유동자산)으로 재분류해야 한다. 또한, 보고기간종료일로부터 1년 이내에 만기가 도래하는 만기보유증권은 매도가능증권과 마찬가지로 투자자산(비유동자산)에서 당좌자산(유동자산)으로 재분류해야 한다.

03 채 권

1 의 의

기업의 거래로 인하여 발생하는 채권은 일반적 상거래로 인하여 발생하는 채권과 일반적 상거래 외의 경우에 발생하는 채권으로 구분된다. 일반적 상거래라고 하는 것은 회사가 판매목적으로 매입한 상품, 또는 제조한 제품, 즉 재고자산을 매출하는 과정을 말한다.

(1) 매출채권 – 일반적 상거래로 인한 채권

재고자산을 판매하는 시점에는 매출을 기록하고 현금을 받아야 한다. 그러나 거래 상대방의 사정 등으로 인하여 현금을 차후에 받을 수 있는데 이때 현금을 지급받을 수 있는 권리가 매출채권인 것이다. 이때 발생하는 채권은 두 가지 유형이 있는데 하나는 외상매출금이며, 또 하나는 받을어음이다. 상품을 판매하면서 대금을 일정기간이 지난 후에 지급받기로 약정하는 경우 대금을 청구할 수 있는 권리를 외상매출금이라 한다. 또한 거래처가 현금 대신 어음으로 지급하여 주는 경우 받을어음이란 채권이 발생하게 되는 것이다. 이에 대한 분개를 예시하면 다음과 같다.

〈외상으로 판매하는 경우〉

(차) 외상매출금 (자산의 증가)	×××	(대) 매 출 (수익의 발생)	×××

〈어음으로 결제받는 경우〉

(차) 받을어음 (자산의 증가)	×××	(대) 매 출 (수익의 발생)	×××

(2) 미수금 – 일반적 상거래 외 채권

일반적 상거래 외 거래란 재고자산을 매입하고 판매하는 것 외의 자산을 구입하고 매각하는 행위를 말한다. 예를 들어 비품을 매각하거나, 사용 중이던 사무실용 건물을 매각하는 행위는 상품 외 거래를 말한다. 이때 매입에 대하여는 현금을 지급하고 매각에 대하여는 현금을 수령하여야 하지만 그렇지 못한 경우 채권과 채무가 발생한다. 이때의 채무를 미지급금이라 하고 채권을 미수금이라 한다. 이에 대한 분개를 예시하면 다음과 같다. 만약, 비품 등을 매각하고 어음을 수취하는 경우 받을어음이 아닌 "미수금"으로 회계처리한다.

〈비품을 매각하는 경우〉

(차) 미수금	×××	(대) 비 품	×××
유형자산처분손실	×××		

2 외상매출금의 회계처리와 관리

외상매출금은 외상매출이 발생하는 시점에 증가하며, 외상대금을 회수하는 시점에 감소한다. 이때 남은 외상매출금 잔액에 대하여는 차기이월하여, 다음 기로 넘기게 된다.

예 제 ▸ 외상매출금

다음 거래를 분개하고 외상매출금만 총계정원장에 전기하시오(단, 매출원가에 대한 분개는 생략한다).

4월 1일	거래처 A에 대하여 상품 500,000원을 외상매출하다.
4월 8일	거래처 B에 대하여 상품 700,000원을 외상매출하다.
4월 10일	거래처 A에 대하여 상품 1,000,000원을 외상매출하다.
4월 14일	거래처 B로부터 외상매출금 400,000원을 현금으로 회수하다.
4월 18일	거래처 C에 대하여 상품 600,000원을 외상매출하다.
4월 25일	거래처 A로부터 외상매출금 800,000원을 현금으로 회수하다.

[풀이]

4/1	(차) 외상매출금	500,000	(대) 매 출	500,000
4/8	(차) 외상매출금	700,000	(대) 매 출	700,000
4/10	(차) 외상매출금	1,000,000	(대) 매 출	1,000,000
4/14	(차) 현 금	400,000	(대) 외상매출금	400,000
4/18	(차) 외상매출금	600,000	(대) 매 출	600,000
4/25	(차) 현 금	800,000	(대) 외상매출금	800,000

외상매출금(총계정원장)

4/1	매 출	500,000	4/14	현 금	400,000
4/8	매 출	700,000	4/25	현 금	800,000
4/10	매 출	1,000,000			
4/18	매 출	600,000			
				차기이월	1,600,000

4월 한 달간의 외상매출은 총 2,800,000원이 발생되었고 이 중 1,200,000원이 회수되고 1,600,000원은 미회수 상태이다. 미회수된 1,600,000원은 다음 월로 넘어가서 회수시점에 사라지게 된다. 이때 외상매출금에 대하여 하나의 계정만 사용하면 거래처들에 대한 외상대금 관리를 적절히 할 수 없게 된다. 위의 미회수 잔액 1,600,000원만을 통해서는 각 거래처별 외상매출금 잔액과 회수현황에 대하여 알 수 없게 된다.

따라서 외상매출금에 대하여는 거래처별로 관리를 해야 한다. 이는 외상매출금뿐 아니라 외상매입금에 대하여도 마찬가지이다. 따라서 보조장부로서 매출처원장을 사용하게 된다. 즉, A거래처, B거래처, C거래처에 대하여 각각 매출처원장을 만들어 각 거래처별로 외상대금을 관리하는 것이다. 이를 예시하면 다음과 같다.

외상매출금(거래처원장) – A회사

4/1	매 출	500,000	4/25	현 금	800,000
4/10	매 출	1,000,000			
				차기이월	700,000

외상매출금(거래처원장) – B회사

4/8	매 출	700,000	4/14	현 금	400,000
				차기이월	300,000

외상매출금(거래처원장) – C회사

4/18	매 출	600,000		차기이월	600,000

이들 매출처원장을 보조장부로 사용하여 각 거래처별 외상매출 내역과 회수내역을 관리해 나갈 수 있다. 이들 보조장부를 바탕으로 외상매출금에 대한 총계정원장을 만들게 된다.

※ 보조원장
- 매출처원장 : 외상매출금 거래를 거래처별 관리하기 위한 보조원장
- 매입처원장 : 외상매입금 거래를 거래처별 관리하기 위한 보조원장

3 어음의 회계처리

외상거래 시 채권・채무관계를 명확히 하기 위하여 어음을 사용하게 되는데 이는 법에 따라 일정사항을 기재하여 발행하는 것으로서 기업이 발행한 경우에는 지급어음(부채), 수취한 경우에는 받을어음(자산)으로 처리한다. 일반적으로 사용되는 어음은 약속어음인데 이는 발행인이 수취인에게 정한 기간과 장소에서 기재된 금액을 지급할 것을 약속한 유가증권이다.

〈완성된 약속어음 예〉

약 속 어 음

(주)리젠 귀하 　　　　마가03748501

₩ 1,000,000원

금 　백만원정

위의 금액을 귀하 또는 귀하의 지시인에게 지급하겠습니다.

지급기일	20×1년 9월 10일	**발행일**	20×1년 7월 10일
지 급 지	하나은행	**발행자**	(주)강남
지급장소	종로지점	**발행인**	대표이사 김주원

이는 7월 10일 (주)강남이 (주)리젠으로부터 상품을 1,000,000원에 매입하고 그 대금을 9월 10일에 지급하기로 약정한 것이다. (주)강남은 9월 10일이 되기 전에 하나은행 계좌에 1,000,000원을 입금해 두어야 한다.

예 제 ▸ 어음의 회계처리

다음의 거래에 대하여 회계처리하시오.

1. 어음의 수취
   20X1. 7. 10 (주)리젠은 (주)강남에 1,000,000원의 외상매출을 하고, (주)강남으로부터 어음을 수취하였다.

2. 어음의 만기회수
   20X1. 9. 10 (주)리젠의 당좌예금 계좌에 (주)강남으로부터 수취하였던 어음의 대금이 입금되었다.

[풀이]

1. 어음의 수취
   20X1. 7. 10

(차) 받을어음	1,000,000	(대) 매 출	1,000,000

2. 어음의 만기회수
   20X1. 9. 10

(차) 당좌예금	1,000,000	(대) 받을어음	1,000,000

4 대손상각

기업의 수취채권은 때때로 채무자의 파산·채무자의 지급능력 저하 등의 사유로 회수불가능하게 되는 경우가 있다. 이러한 부실채권의 회계처리 방법으로는 대손충당금을 설정하여 그 내용을 적절히 표시하여야 한다. 예를 들어 외상매출금 잔액이 5,000,000원인데 이 중 500,000원은 회수할 가능성이 없다고 판단된다면 이에 대하여 4,500,000원으로 표시하여야 한다. 이때 외상매출금을 회수하지 못할 것으로 확정된 것을 대손이라 표현하고, 결산시점에 이를 대비해서 비용처리하는 것을 대손상각비라고 한다.

결산시점에는 대손예상액을 추정하여 대손충당금을 설정하고 이를 각 채권에서 차감하는 형식으로 표시한다. 기중 거래에서 대손이 발생하면 이는 비용으로 처리하지 않고 대손충당금과 상계한다. 만약 대손처리했던 채권이 회수되었다면 판매비와관리비의 부(−)의 금액인 대손충당금환입 계정으로 처리한다. 이때 결산시점의 대손충당금 설정액은 다음과 같이 계산한다.

대손충당금 추가 설정액 = 추정한 대손충당금 − 장부상 대손충당금 잔액
(대손 예상액)

(1) 결산수정분개

① 추정한 대손충당금 > 장부상 대손충당금

(차) 대손상각비 ××× (대) 대손충당금 ×××

② 추정한 대손충당금 < 장부상 대손충당금

(차) 대손충당금 ××× (대) 대손충당금환입 ×××

(2) 대손확정 시

(차) 대손충당금 ××× (대) 외상매출금 ×××

※ 실제 대손액에 미달하는 대손충당금이 있을 때는 미달액을 "대손상각비"로 비용처리한다.

(3) 재무상태표상 표시방법

매출채권	×××	
대손충당금	(×××)	×××

↳ 대손충당금 차감 후 순매출채권 금액

예 제 ▸ 대손충당금

다음은 (주)리젠의 대손에 관한 자료이다. 이에 따른 회계처리를 나타내라.

1월 1일	대손충당금의 대변 잔액은 100,000원이다.
6월 1일	전기에 매출한 70,000원의 외상매출금이 회수불가능한 것으로 판명되었다.
12월 31일	기말 현재의 외상매출금 잔액은 8,000,000원이며 과거의 경험에 의하면 외상매출금 잔액의 2%가 대손으로 예상된다.

[풀이]

6/1	(차)	대손충당금	70,000	(대)	외상매출금	70,000
12/31	(차)	대손상각비	130,000	(대)	대손충당금	130,000*

* (8,000,000원 × 2%) − (100,000원 − 70,000원) = 130,000원

대손충당금

당기 대손액	70,000	전기이월	100,000
기말 잔액	160,000	당기 설정액	130,000

부분재무상태표

자 산			
외상매출금	8,000,000		
대손충당금	(160,000)	7,840,000	

5 기타의 채권

(1) 선급금

상품・원재료 등의 매입을 위하여 선급한 금액으로 계약금 등을 말한다.

(2) 미수수익

당기에 속하는 수익 중 결산시점까지 회수되지 않은 미수액은 미수수익으로 회계처리한다. 이는 "제3편 제1장 결산"에서 자세히 살펴본다.

(3) 선급비용

선급된 비용 중 1년 내에 비용으로 되는 것을 말한다. 이는 "제3편 제1장 결산"에서 자세히 살펴본다.

(4) 가지급금

회사에서는 주주나 임원, 종업원 등과의 거래에서 자금을 일시적으로 차입하거나 일시적으로 대여하게 된다. 이때 회사가 차입한 금액을 가수금, 회사가 대여한 금액을 가지급금이라 한다.

04 재고자산

1 재고자산

(1) 의 의

재고자산이란 정상적인 영업과정에서 판매를 위하여 보유하거나 생산과정에 있는 자산 및 생산 또는 서비스 제공과정에 투입될 원재료나 소모품의 형태로 존재하는 자산을 말한다. 재고자산은 정상적인 영업활동이 무엇인지, 즉 궁극적으로 영업활동 과정에서 판매를 목적으로 하는지 여부에 따라 분류가 달라진다. 예를 들어 A회사는 컴퓨터를 판매하는 컴퓨터 대리점이었다면 A회사에 있어서 컴퓨터는 재고자산이 된다. 그러나 인형을 제조하는 공장을 영위하는 B회사에 있어서 컴퓨터는 재고자산이 아닌 비품으로 분류될 것이다. 또한 토지의 경우 일반기업에서 유형자산으로 분류되나 부동산매매업에서는 토지를 판매목적으로 보유하므로 재고자산이 된다.

(2) 재고자산의 종류

재고자산의 계정과목은 영업활동 과정에 따라 다음과 같이 분류할 수 있다.

① **상품** : 판매를 목적으로 구입한 상품, 미착상품, 적송품 등으로 하며, 부동산매매업에 있어서 판매를 목적으로 소유하는 토지, 건물, 기타 이와 유사한 부동산도 상품에 포함됨

② **제품** : 판매를 목적으로 제조한 생산품, 부산물 등

③ **반제품** : 자가제조한 중간제품과 부분품 등으로 판매가 가능한 것

④ **재공품** : 제품 또는 반제품의 제조를 위하여 재공 과정에 있는 것

⑤ **원재료** : 원료, 재료, 매입 부분품, 미착원재료 등

⑥ **저장품** : 소모품, 소모공구기구비품, 수선용 부분품 및 기타 저장품

(3) 특정수량의 재고자산

① **미착상품** : 운송 중이라 아직 도착하지 않은 미착상품은 법률적인 소유권의 유무에 따라서 재고자산 포함여부를 결정한다. 법률적인 소유권 유무는 매매계약상의 거래조건에 따라 다르며, 거래조건에 따른 포함여부는 다음과 같다.

㉠ 선적지 인도조건(FOB) – 상품이 선적된 시점에 소유권이 매입자에게 이전되기 때문에 매입자의 재고자산에 포함

㉡ 도착지 인도조건(CIF) – 상품이 목적지에 도착하여 매입자가 인수한 시점에 소유권이 매입자에게 이전되므로 매입자의 재고자산에 포함되지 않음

② **시송품** : 시송품은 매입자로 하여금 일정기간 사용한 후에 매입 여부를 결정하라는 조건으로 판매한 상품을 말한다. 따라서 상품의 점유가 매입자에게 이전되었더라도 매입자가 매입의사표시를 하기 전에는 판매되지 않은 것으로 보아 판매자의 재고자산에 포함한다.

③ **적송품** : 적송품이란 위탁자가 수탁자에게 판매를 위탁하기 위하여 보낸 상품을 말한다. 적송품을 수탁자가 제3자에게 판매를 하기 전까지는 단순히 보관하고 있는 것에 불과하므로 판매하기 전까지는 위탁자의 재고자산에 포함한다.

2 재고자산의 취득원가 결정

재고자산은 취득원가를 장부금액으로 한다. 다만, 시가가 취득원가보다 낮은 경우에는 시가를 장부금액으로 한다(이하 '저가법'). 재고자산의 취득원가는 매입원가를 말하며, 재고자산의 매입원가는 매입금액에 매입운임, 하역료 및 보험료 등 취득과정에서 정상적으로 발생한 부대원가를 가산한 금액이다. 매입과 관련된 할인, 에누리 및 기타 유사한 항목은 매입원가에서 차감한다.

> 매입원가 = 매입가액 + 매입부대비용 − 매입할인·매입에누리·매입환출

(1) 매입부대비용*

상품을 매입할 때 상품의 매입대금 이외에도 추가적으로 발생하는 비용이 있는데, 이를 매입부대비용이라고 한다. 예를 들어 상품을 부산에서 구입하여 서울까지 운반해 온 운반비용 등을 말하며, 이들은 매입원가에 포함시켜야 한다. 구입시점에는 1,000원을 지불하였지만 이를 운송해 오는데 500원이 소요되었다면 이 상품에 대한 원가는 1,500원이 되는 것이다. 이러한 부대비용은 모두 매입원가에 포함시켜야 한다.

* 매입부대비용의 예 운송비·매입수수료·보험료·하역비·수입관세 등

(2) 매입할인

매입할인이란 재고자산을 외상으로 구입한 후 외상매입금을 조기에 지급하는 경우 판매자가 일정 금액을 할인해 주는 것을 말한다. 매입할인은 총액법과 순액법으로 구분할 수 있는데 매입시점에서 매입가액이 확실히 결정이 되지 않기 때문에 일반기업회계기준에서는 매입시점에서 총액법으로 기재하고, 할인을 받는 시점에 매입할인을 인식하여 매입액에서 차감하도록 하고 있다.

(3) 매입에누리와 환출

매입에누리란 매입된 상품에 결함이나 파손이 발견된 경우 가격을 할인해 주는 것을 의미한다. 매입환출은 매입된 상품에 결함이나 파손이 발견되어 상품을 반환해 주는 것을 의미한다. 매입에누리와 환출은 매출에누리와 환입의 경우와 마찬가지로 총액법으로 회계처리하고 총매입액에서 차감하여 계상한다.

예 제 ▸ 재고자산의 취득원가

다음 거래로 인한 상품의 취득원가는 얼마인가?

1. 당기에 상품 1,000,000원을 외상으로 매입하다.
2. 위 상품을 매입하면서 매입운임으로 80,000원을 현금지급하다.
3. 위 외상으로 매입한 상품 중 100,000원을 불량품으로 반품하다.
4. 외상매입금을 조기에 지급하여 30,000원의 매입할인을 받았다.

[풀이]
취득원가 = 매입가액 + 매입부대비용 - 매입환출, 매입할인
950,000원 = 1,000,000원 + 80,000원 - 100,000원 - 30,000원

3 재고자산의 회계처리

(1) 개 요

상품의 매매거래에 있어서 재고자산에 대한 회계처리 방법은 크게 다음과 같이 2가지 방법이 있다.

① 상품의 매입과 매출 시 재고자산에 대하여 상품 계정 하나만을 사용하여 회계처리하는 방법
② 상품 계정을 이월상품, 매입, 매출 계정으로 분할하여 회계처리하는 방법

(2) 분할법(3분법)

상품 계정을 이월상품, 매입, 매출 계정으로 분할하여 기록처리하는 것을 분할법이라 한다. 즉, 상품을 매입하면 매입, 상품을 매출하면 매출, 팔고 남은 상품은 이월상품으로 기록·표시한다. 따라서 분할법을 사용하면 매출에누리·매출할인·매출환입은 매출 계정 차변에 기록된다. 분할법에서의 매출총손익을 산출하기 위해서는 순매출액에서 매출원가를 차감하면 된다. 이를 정리하면 다음과 같다.

- 매출총이익 = 순매출액 - 매출원가
- 순매출액 = 총매출액 - 매출에누리·매출할인·매출환입
- 매출원가 = 기초상품재고액 + 당기순매입액 - 기말상품재고액
- 순매입액 = 총매입액 - 매입에누리·매입할인·매입환출

(3) 분할법(3분법)의 회계처리

실무상으로는 분할법에 의한 회계처리가 널리 이용되므로 이에 대한 회계처리만을 설명하고자 한다.

<table>
<tr><th>기록시기</th><th colspan="2">거래내용</th><th colspan="2">차 변</th><th colspan="2">대 변</th></tr>
<tr><td rowspan="2">매입 시,
에누리 등</td><td>4/5</td><td>상품 300원을 외상 매입하다.</td><td>매 입</td><td>300</td><td>매입채무</td><td>300</td></tr>
<tr><td>4/10</td><td>위 상품 100원을 반품하다.</td><td>매입채무</td><td>100</td><td>매 입</td><td>100</td></tr>
<tr><td rowspan="2">매출 시,
에누리 등</td><td>10/5</td><td>상품 800원을 외상 매출하다.</td><td>매출채권</td><td>800</td><td>매 출</td><td>800</td></tr>
<tr><td>10/7</td><td>위 매출한 상품하자로 150원을 에누리하다.</td><td>매 출</td><td>150</td><td>매출채권</td><td>150</td></tr>
<tr><td rowspan="3">결산 및 마감</td><td rowspan="2">12/31</td><td rowspan="2">기초상품 100원, 기말상품 170원을 매입 계정에 대체하다.</td><td>매 입</td><td>100</td><td>이월상품</td><td>100</td></tr>
<tr><td>이월상품</td><td>170</td><td>매 입</td><td>170</td></tr>
<tr><td>12/31</td><td>매입 계정에서 산출된 매출원가 330원을 매출원가 계정에 대체하다.</td><td>매출원가</td><td>330</td><td>매 입</td><td>330</td></tr>
</table>

4 재고자산의 기록방법(수량의 결정)

(1) 의 의

재고자산은 매입 시에는 비용으로 처리하지 않고 상품이란 자산으로 기록된다. 이후 상품이 판매되면 매출원가라는 비용으로 처리된다. 한 해 동안 매입과 판매를 계속하고 남은 상품은 재고자산으로 처리되어 다음 해로 넘어가게 된다. 이를 기말재고자산이라 한다. 이에 대한 일련의 회계처리를 나타내면 다음과 같다.

기초재고	:	200,000원				
매입 시	:	(차)	상 품	300,000	(대) 매입채무	300,000
상품판매 시	:	(차)	매출원가	400,000	(대) 상 품	400,000
기말재고	:	100,000원				

상 품

기초재고	200,000	매출원가	400,000
상품매입	300,000	기말재고	100,000

즉, 기초재고자산과 당기 상품매입금액을 합하면 당기에 판매가능한 재고자산금액이 구해진다. 이 중 당기에 실제로 팔린 상품을 매출원가로 차감하면 기말재고자산이 나오게 된다. 이를 산식으로 표시하면 다음과 같다.

기초재고액 + 당기매입액 = 매출원가 + 기말재고액

매입과 매출에 관한 거래를 회계처리를 하는 방법에는 계속기록법과 실지재고조사법 이렇게 두 가지의 방법이 있다. 이하에서는 예제를 통하여 이들 방법에 대하여 알아볼 것이다.

(2) 계속기록법

계속기록법은 재고자산의 입출고수량에 대하여 계속적으로 기록하는 방법으로 장부상 재고수량을 기말재고수량으로 결정하는 방법이다. 즉, 기말재고수량은 당기판매가능수량(기초재고수량 + 당기매입수량)에서 당기판매수량을 차감하여 계산한다. 이를 등식으로 나타내면 다음과 같다.

기초재고수량 + 당기매입수량 − 당기판매수량 = 장부상 기말재고수량 다음의 사례를 통하여 계속기록법에 의한 회계처리와 부분재무제표를 작성해보자.

사례

기초재고액 : 20X1. 1. 1 10,000원(수량 100개, 단가 100원)
당기매입액 : 20X1. 3. 1 40,000원(수량 400개, 단가 100원)
당기판매액 : 20X1. 5. 1 외상판매 30,000원(수량 200개)
20X1. 8. 1 외상판매 22,500원(수량 150개)
기말재고액 : 20X1. 12. 31 15,000원(수량 150개, 단가 100원)

계속기록법은 기중에 매출원가를 일일이 기록하는 방법이다. 계속기록법에 의한 회계처리는 다음과 같다.

① 상품매입 시

20X1. 3. 1	(차) 상 품	40,000	(대) 매입채무	40,000

② 상품매출 시

20X1. 5. 1	(차) 매출채권	30,000	(대) 매 출	30,000
	매출원가	20,000*	상 품	20,000

* 200개 × 100원 = 20,000원

20X1. 8. 1	(차) 매출채권	22,500	(대) 매 출	22,500
	매출원가	15,000*	상 품	15,000

* 150개 × 100원 = 15,000원

상품(재고자산)

차변		대변		
기초재고	10,000	당기판매(5/1)	20,000	매출원가
당기매입(3/1)	40,000	당기판매(8/1)	15,000	매출원가
		기말재고	15,000	
	50,000		50,000	

재무상태표		손익계산서	
재고자산		수 익	
상 품	15,000	매 출 액	52,500
		비 용	
		매출원가	35,000

이를 요약하면 다음과 같다.

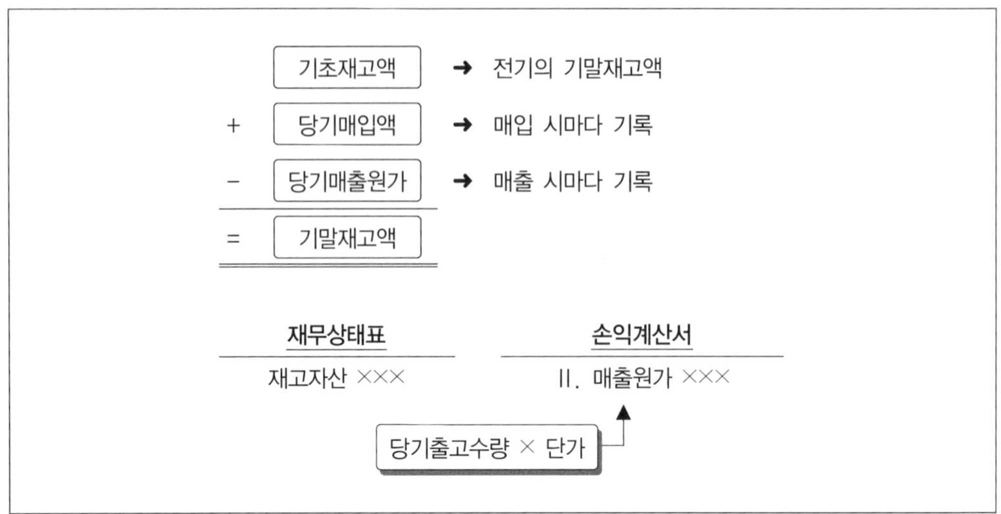

(3) 실지재고조사법

실지재고조사법은 재고자산의 매입 시에는 수량을 계속기록하지만 판매 시에는 아무런 기록도 하지 않고 결산일에 창고의 실지재고수량을 파악하여 이를 기말재고수량으로 결정하는 방법이다. 이 방법에서는 기말재고수량은 당기판매가능수량(기초재고수량 + 당기매입수량)에서 기말실지재고수량을 차감하여 계산한다. 이를 등식으로 하면 다음과 같다.

> 기초재고수량 + 당기매입수량 − 기말실지재고수량 = 당기판매수량

실지재고조사법은 기말에 재고자산의 수량을 직접 파악하여 매출원가를 산정하는 방법이다. 재고자산 거래는 계속적으로 발생하기 때문에 재고자산이 들어오고 나갈 때마다 일일이 매출원가에 대한 회계처리를 하는 것은 번거로운 일이다. 실지재고조사법을 사용하면 매출 시마다 매출원가를 계상하지 않더라도 기말에 재고자산의 수량을 파악하여 매출원가를 한 번에 계산할 수 있다. 앞의 사례를 분할법(3분법)을 적용하여 실지재고조사법하에서 회계처리하면 다음과 같다.

사례

기초재고액 :	20X1. 1. 1	10,000원(수량 100개, 단가 100원)
당기매입액 :	20X1. 3. 1	40,000원(수량 400개, 단가 100원)
당기판매액 :	20X1. 5. 1	외상판매 30,000원(수량 200개)
	20X1. 8. 1	외상판매 22,500원(수량 150개)
기말재고액 :	20X1. 12. 31	15,000원(수량 150개, 단가 100원)

① 상품매입 시

20X1. 3. 1	(차) 매 입	40,000	(대) 매입채무	40,000

② 상품매출 시 : 매출원가에 대한 회계처리는 하지 않는다.

20X1. 5. 1	(차) 매출채권	30,000	(대) 매 출	30,000
20X1. 8. 1	(차) 매출채권	22,500	(대) 매 출	22,500

그렇다면 판매된 상품에 대한 매출원가를 어떻게 산정할까?

> 매출원가 = 기초재고액 + 당기매입액 - 기말재고액

기초재고액은 전년도 기말재고액이고, 당기매입액은 매입 시마다 회계처리하였기 때문에 장부에서 쉽게 파악된다. 즉, 기말재고액만 파악된다면 기중에 일일이 회계처리하지 않아도 자동적으로 매출원가가 산정되는 것이다. 따라서 기말에 회사에 팔리지 않고 남아있는 상품에 대하여 실제수량을 확인하고 다음과 같이 회계처리한다.

③ 기말 결산 시

매출원가 35,000원 = 기초재고액 10,000원 + 당기매입액 40,000원 - 기말재고액 15,000원*

* 실지조사한 재고액 : 150개 × 100원

(차) 매 입	10,000	(대) 상품(기초)	10,000
(차) 상품(기말)	15,000	(대) 매 입	15,000
(차) 매출원가	35,000	(대) 매 입	35,000

상 품

기초재고	10,000	매출원가	35,000
당기매입(3/1)	40,000	기말재고	15,000
	50,000		50,000

재무상태표

재고자산	
상 품	15,000

손익계산서

수 익	
매출액	52,500
비 용	
매출원가	35,000

이를 요약하면 다음과 같다.

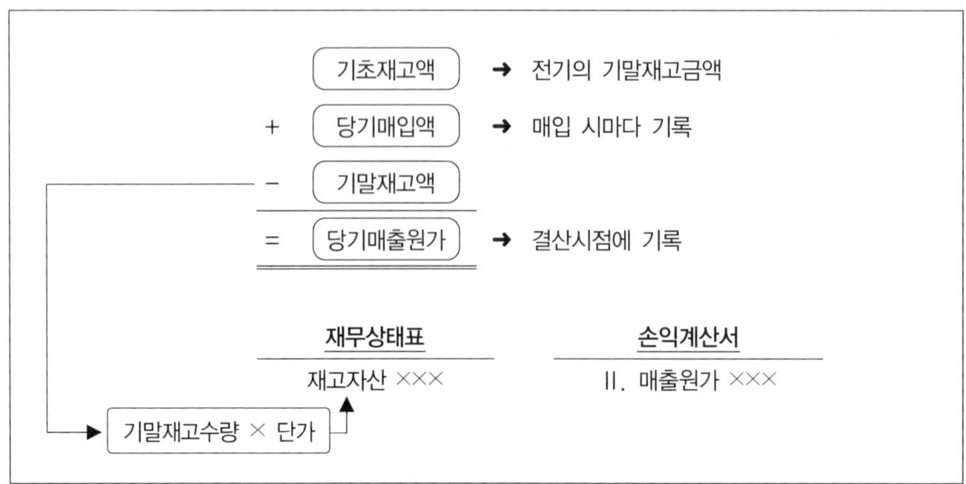

〈계속기록법과 실지재고조사법 비교〉

시 점	계속기록법	실지재고조사법
매입 시	(차) 상 품 ××× (대) 매입채무 ×××	(차) 매 입 ××× (대) 매입채무 ×××
매출 시	(차) 매출채권 ××× (대) 매 출 ××× (차) 매출원가 ××× (대) 상 품 ×××	(차) 매출채권 ××× (대) 매 출 ×××
결산 시	− 분개 없음 −	(차) 매출원가 ××× (대) 매 입 ××× (차) 상 품 ××× (대) 매 입 ×××

(4) 재고자산감모손실

재고자산감모손실은 파손, 도난, 분실 등으로 장부상의 재고수량보다 실지재고수량이 적은 경우에 발생하는 손실을 말한다.

재고자산감모손실 = (장부상 수량 − 실제 수량) × 단가

이러한 재고자산감모손실 중에서 정상적으로 발생하는 감모손실은 원가성이 있으므로 매출원가에 포함시키고 비정상적으로 발생하는 감모손실은 원가성이 없으므로 재고자산감모손실이라는 계정과목을 사용하여 영업외비용으로 처리하여야 한다.

재무상태표

재고자산	×××	
재고자산평가충당금	(×××)	×××

손익계산서

매출액		×××
매출원가		×××
기초재고액(순)	×××	
당기매입액	×××	
판매가능액	×××	
기말재고액(순)	(×××)	
매출이외 재고감소	(×××)	
매출총이익		×××
영업외비용		×××
재고자산감모손실	×××	

5 재고자산 흐름의 가정(단가의 결정)

재고자산 가액은 수량에 단가를 곱하여 결정하는데 수량은 이미 살펴보았고 단가의 산정에 대해 알아보기로 하자. 지금까지는 재고자산의 단가가 일정한 경우만을 회계처리하였다. 이제는 재고자산의 개별 금액, 즉 단가가 각각 다를 때의 기말재고와 매출원가의 단가산정을 알아볼 것이다. 재고자산은 취득원가로 기록되고 기중에 판매된 재고자산과 기말재고자산으로 배분된다. 가장 정확한 것은 각 재고자산별로 일일이 취득원가를 파악해 판매분과 기말재고분에 배분하면 되지만 현실적으로 쉬운 일이 아니다. 수많은 매입의 과정을 거치고 그 때마다 각각의 상이한 취득원가가 결정되기 때문이다. 따라서 이런 문제점을 해결하기 위해 원가흐름에 대한 가정을 하게 된다.

즉, 단가의 산정은 재고자산의 실제 물량흐름과는 상관없이 일정한 가정을 통해 매출원가와 기말재고자산에 배분된다. 일반기업회계기준에서는 개별법, 선입선출법, 후입선출법, 총평균법, 이동평균법 등을 적용하여 취득원가를 결정하고 있다.

(1) 개별법

개별법은 각각의 재고자산에 개별취득원가를 기록하였다가 판매할 때에 당해 재고자산의 취득원가를 매출원가로 기록하는 방법이다. 개별법은 실제 물량의 흐름과 원가흐름이 정확히 일치하기 때문에 수익 · 비용의 대응이 가장 잘 이루어지는 이상적인 방법이다. 그러나 종류가 많고 저가인 경우에는 너무 번거롭기 때문에 고가품 등에만 제한적으로 사용한다. 통상적으로 상호교환될 수 없는 재고 항목이나 특정 프로젝트별로 생산되는 제품 또는 서비스의 원가는 개별법을 사용하여 결정한다. 예를 들어 특수기계를 주문 생산하는 경우와 같이 제품별로 원가를 식별할 수 있는 때에 사용하는데 상호교환이 가능한 대량의 동질적인 제품에 대해서 적용하는 것은 적절하지 않다.

사례

올해 재고자산과 관련된 거래는 다음과 같다.

	수량(개)	매입단가(원)
기초재고(1/1)	100	100
당기매입(3/1)	100	120
당기매입(7/1)	100	140
	300	

당기에 판매된 상품은 200개로서, 단가가 100원인 기초재고 50개, 단가가 120원인 3/1 매입분이 50개, 단가 140원인 7/1 매입분이 100개가 판매되었다.

이때 판매된 상품의 원가인 매출원가와 회사에 남아있는 기말재고자산에 대한 원가는 각각 실제로 판매된 원가를 사용한다.

기초재고	+	당기매입	=	매출원가	+	기말재고
(100원 × 100개)			=	(100원 × 50개)		(100원 × 50개)
		(120원 × 100개)	=	(120원 × 50개)		(120원 × 50개)
		(140원 × 100개)	=	(140원 × 100개)		
10,000원		26,000원	=	25,000원		11,000원
				손익계산서로		재무상태표로

(2) 선입선출법(FIFO : First-In-First-Out)

선입선출법은 먼저 매입 또는 생산한 재고 항목이 먼저 판매 또는 사용된다고 원가흐름을 가정하는 방법이다. 따라서 기말에 재고로 남아있는 항목은 가장 최근에 매입 또는 생산한 항목이라고 본다. 상품의 판매 시 먼저 구입한 자산을 먼저 판매하는 것이 일반적이므로 이는 실제 물량흐름과 일치하므로 논리적이다. 이에 대한 흐름을 그림으로 나타내면 다음과 같다.

[선입선출법]

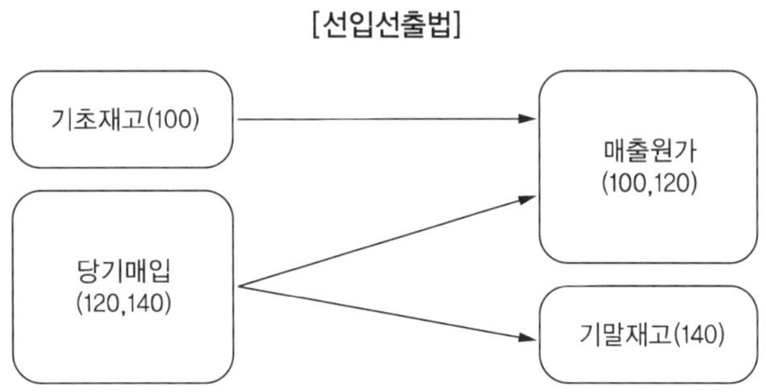

> **사례**
>
> 올해 재고자산과 관련된 거래는 다음과 같다.
>
> | | 수량(개) | 매입단가(원) |
> |---|---|---|
> | 기초재고(1/1) | 100 | 100 |
> | 당기매입(3/1) | 100 | 120 |
> | 당기매입(7/1) | 100 | 140 |
> | | 300 | |
>
> 올해 판매된 상품의 수량이 200개이다.

올해 판매된 수량 200개는 기초재고수량 100개(단가 100원)가 먼저 판매되고, 나머지 100개는 3/1일 매입분 100개(단가 120원)가 판매된 것이다. 따라서 기말재고는 7/1일 매입분인 100개(단가 140원), 즉 최근 구입상품의 단가로 기록된다. 이를 그림으로 표현하면 다음과 같다.

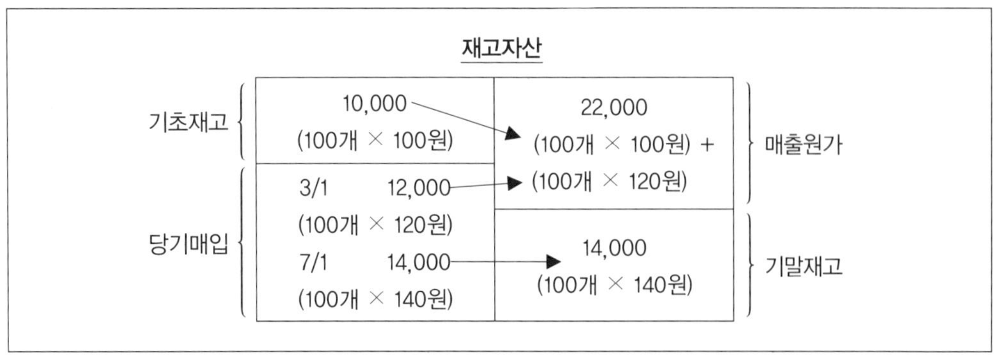

(3) 후입선출법(LIFO : Last-In-First-Out)

후입선출법은 가장 최근에 매입 또는 생산한 재고 항목이 가장 먼저 판매된다고 원가흐름을 가정하는 방법이다. 따라서 기말에 재고로 남아 있는 항목은 가장 먼저 매입 또는 생산한 항목이라고 본다. 이 가정은 원가흐름에 대한 가정이므로 실제 물량흐름과는 상관없게 되는데 기말재고자산이 가장 오래된 재고자산으로 구성되어 있다고 가정하기 때문이다. 물가가 상승하는 상황이라면 후입선출법하에서 기말재고자산은 실제 가액보다 낮게 평가가 되는 단점이 있다. 이에 대한 흐름을 그림으로 나타내면 다음과 같다.

[후입선출법]

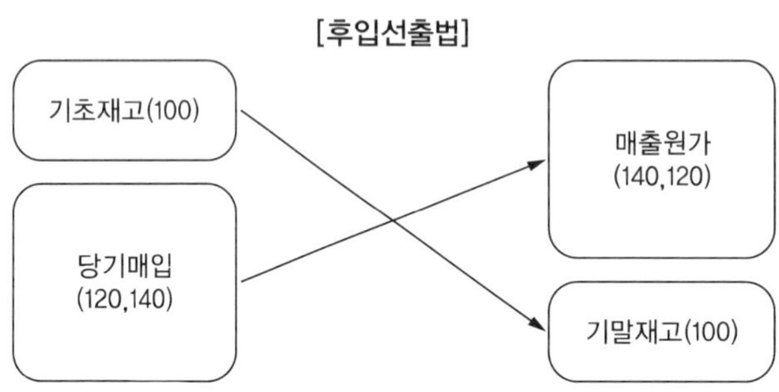

사례

올해 재고자산과 관련된 거래는 다음과 같다.

	수량(개)	매입단가(원)
기초재고(1/1)	100	100
당기매입(3/1)	100	120
당기매입(7/1)	100	140
	300	

올해 판매된 상품의 수량이 200개이다.

후입선출법의 경우 나중에 구입한 상품이 먼저 판매되므로 판매수량 200개는 7/1일 매입분 100개(단가 140원)와 3/1일 매입분 100개(단가 120원)로 구성되어 있다. 따라서 기말재고는 작년에 구입해 두었던 기초재고자산 100개(단가 100원)로 이루어진다. 이를 그림으로 표현하면 다음과 같다.

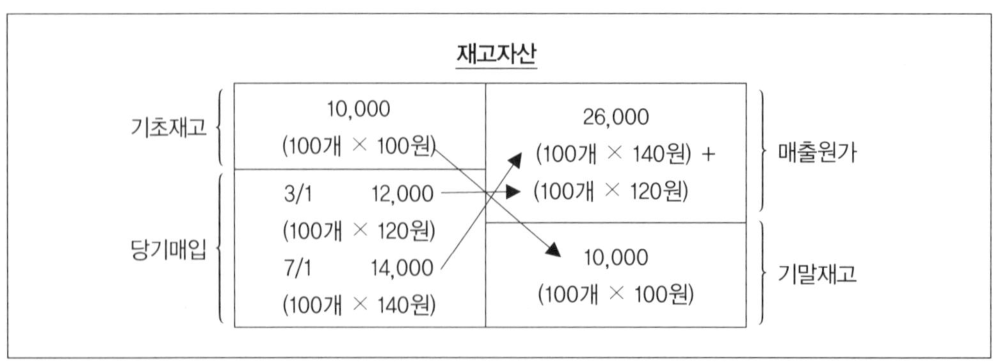

(4) 평균법

평균법은 기초에 보유하고 있는 재고 항목과 회계기간 중에 매입하거나 생산한 재고 항목이 구별없이 판매 또는 사용된다고 원가흐름을 가정하여 평균원가를 사용하는 방법이다. 평균원가는 기초재고자산의 원가와 회계기간 중에 매입 또는 생산한 재고자산의 원가를 가중평균하여 산정한다. 이를 그림으로 표현하면 다음과 같다.

[평균법]

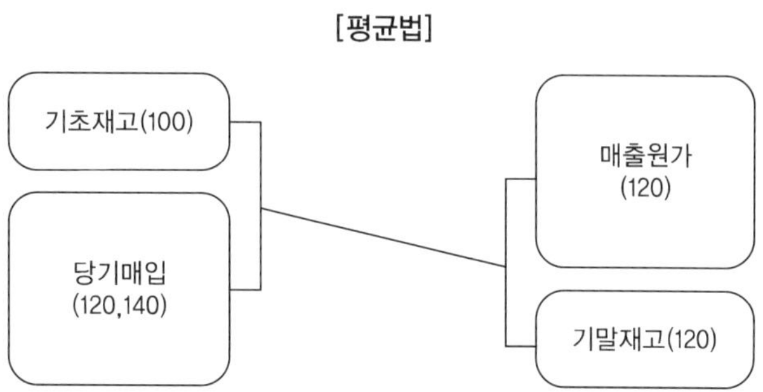

평균법은 기말재고자산 수량을 어떻게 결정*하느냐에 따라 총평균법과 이동평균법으로 구분한다.

* 실지재고조사법을 적용하는지 계속기록법을 적용하는지

① 총평균법

총평균법은 일정기간 동안의 재고자산의 원가를 재고자산 수량으로 나눈 평균단가를 매출원가와 기말재고자산에 배분하는 방법이다.

$$\text{평균단가} = \frac{\text{기초재고액} + \text{당기매입가액}}{\text{기초재고수량} + \text{매입수량}}$$

총평균법은 장부를 계속적으로 기록하지 않으므로 실지재고조사법에서만 적용한다.

사례

올해 재고자산과 관련된 거래는 다음과 같다.

	수량(개)	매입단가(원)
기초재고(1/1)	100	100
당기매입(3/1)	100	120
당기매입(7/1)	100	140
	300	

올해 판매된 상품의 수량이 200개이다.

총평균법에서는 우선 당기의 평균단가를 구해야 한다.

사례에서 평균단가는 $\frac{10,000원 + 26,000원}{100개 + 200개}$ = 120원이다.

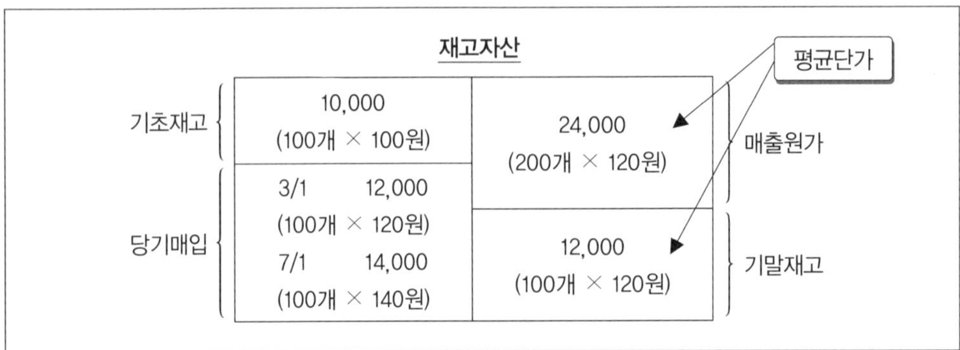

② 이동평균법

이동평균법은 재고자산을 구입할 때마다 장부상 재고가액을 재고수량으로 나누어 평균단가를 산출하는 방법을 말한다.

$$평균단가 = \frac{매입직전\ 재고가액 + 매입가액}{매입직전\ 재고수량 + 매입수량}$$

이동평균법은 장부를 계속적으로 기록해 나가는 방법으로 계속기록법에서만 적용한다.

사례

올해 재고자산과 관련된 거래는 다음과 같다.

	수량(개)	매입단가(원)
기초재고(1/1)	100	100
당기매입(3/1)	100	120
당기판매(4/1)	(100)	
당기매입(7/1)	100	140
당기판매(8/1)	(100)	
	100	

올해 판매된 상품의 수량이 200개이다.

이동평균법에서 평균단가는 다음과 같이 구한다.

	입·출고			잔 액		
	수 량	매입단가	금 액	수 량	매입단가	금 액
기초재고(1/1)	100	100	10,000	100	100	10,000
당기매입(3/1)	100	120	12,000	200	110*	22,000
당기판매(4/1)	(100)			100	110	11,000
당기매입(7/1)	100	140	14,000	200	125**	25,000
당기판매(8/1)	(100)			100	125	12,500
기말재고(12/31)	100			100	125	12,500

* (10,000원 + 12,000원)/(100개 + 100개) = 110원
** (11,000원 + 14,000원)/(100개 + 100개) = 125원
]매입 시마다 이동평균단가를 구한다.

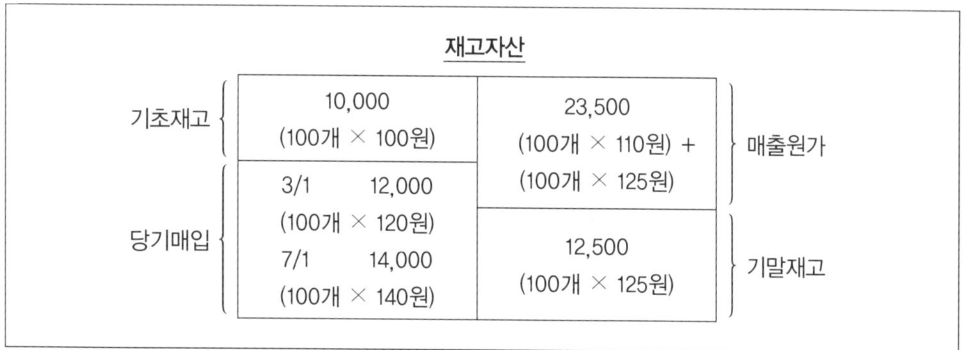

(5) 원가흐름 가정에 따른 비교

위의 사례를 통하여 각 원가흐름의 가정에 따라 기말재고자산, 매출원가, 그리고 순이익이 변동되는 것을 살펴보았다. 각 방법에 따른 결과를 요약하면 다음과 같다.

(단위 : 원)

계정과목	선입선출법	이동평균법	총평균법	후입선출법
기말재고	14,000	12,500	12,000	10,000
매출원가	22,000	23,500	24,000	26,000
합 계	36,000	36,000	36,000	36,000

각 방법의 경우 판매된 수량은 모두 200개이므로 1개당 판매단가가 150원인 경우 매출액은 30,000원이 된다. 다른 비용이 없다고 가정할 때 당기순이익은 다음과 같이 표시된다.

(단위 : 원)

계정과목	선입선출법	이동평균법	총평균법	후입선출법
당기순이익	8,000	6,500	6,000	4,000

당기 중 물가가 상승한다고 가정하는 경우 선입선출법, 평균법 및 후입선출법에 대하여 기말재고, 매출원가, 당기순이익의 크기를 비교해 보면 다음과 같다.

계정과목	원가흐름의 가정
기말재고	선입선출법 > 이동평균법 > 총평균법 > 후입선출법
매출원가	선입선출법 < 이동평균법 < 총평균법 < 후입선출법
당기순이익	선입선출법 > 이동평균법 > 총평균법 > 후입선출법

※ 기말재고액 ──정비례──▶ 매출총이익, 기말재고액 ──반비례──▶ 매출원가

6 재고자산의 평가

재고자산의 평가(저가법)

(1) 저가법의 적용

재고자산의 시가가 취득원가보다 하락한 경우에는 저가법을 사용하여 재고자산의 장부금액을 결정한다. 다음과 같은 사유가 발생하면 재고자산 시가가 원가 이하로 하락할 수 있다.

① 손상을 입은 경우

② 보고기간말로부터 1년 또는 정상영업주기 내에 판매되지 않았거나 생산에 투입할 수 없어 장기체화된 경우

③ 진부화하여 정상적인 판매시장이 사라지거나 기술 및 시장 여건 등의 변화에 의해서 판매가치가 하락한 경우

④ 완성하거나 판매하는 데 필요한 원가가 상승한 경우

(2) 시가의 범위

재고자산을 저가법으로 평가하는 경우 재고자산의 시가는 순실현가능가치를 말한다. 생산에 투입하기 위해 보유하는 원재료의 현행대체원가는 순실현가능가치에 대한 최선의 이용가능한 측정치가 될 수 있다. 다만, 원재료를 투입하여 완성할 제품의 시가가 원가보다 높을 때는 원재료에 대하여 저가법을 적용하지 아니한다.

시가는 매 회계기간 말에 추정한다. 저가법의 적용에 따른 평가손실을 초래했던 상황이 해소되어 새로운 시가가 장부금액보다 상승한 경우에는 최초의 장부금액을 초과하지 않는 범위 내에서 평가손실을 환입한다. 재고자산평가손실의 환입은 매출원가에서 차감한다.

(3) 저가법의 적용방법

재고자산 평가를 위한 저가법은 항목별로 적용한다. 그러나 경우에 따라서는 서로 유사하거나 관련있는 항목들을 통합하여 적용하는 것이 적절할 수 있다. 이러한 경우는 재고 항목이 유사한 목적 또는 용도를 갖는 동일한 제품군으로 분류되고, 동일한 지역에서 생산되어 판매되며, 그리고 그 제품군에 속하는 다른 항목과 구분하여 평가하는 것이 사실상 불가능한 경우를 말한다. 재고자산의 평가에 있어서 저가법을 서로 유사하거나 관련있는 항목들을 통합하여 적용하는 경우에는 계속성을 유지하여야 한다. 저가법은 총액기준으로 적용할 수 없다. 저가법을 적용하여 소매재고법을 사용하는 경우에는 원가율을 계산할 때 가격인하를 매출가격에 의한 판매가능액에서 차감하지 아니한다.

(4) 비용의 인식

재고자산의 시가가 장부금액 이하로 하락하여 발생한 평가손실은 재고자산의 차감계정으로 표시하고 매출원가에 가산한다. 재고자산의 장부상 수량과 실제 수량과의 차이에서 발생하는 감모손실의 경우 정상적으로 발생한 감모손실은 매출원가에 가산하고 비정상적으로 발생한 감모손실은 영업외비용으로 분류한다.

한편, 재고자산의 평가손실을 계상한 후에 재고자산의 시가가 다시 상승하는 경우에는 본래의 장부금액을 한도로 하여 재고자산평가충당금을 증가시키고 재고자산평가손실환입액으로 회계처리한다. 재고자산평가손실환입액은 매출원가에서 차감하고 재고자산평가손실을 감소시킨다.

〈평가손실 발생 시〉

(차) 재고자산평가손실 10,000 (대) 재고자산평가충당금 10,000

부분재무상태표

재고자산	100,000	
재고자산평가충당금	(10,000)	90,000

예 제 ▸ 재고자산감모손실과 평가손실

다음은 (주)청운의 재고자산에 관한 자료이다. 감모된 수량 중 30개는 정상적인 것으로 밝혀졌다. 다음 자료를 바탕으로 재고자산과 관련된 회계처리를 하여라.

장부상 수량 : 500개	단위당 취득단가 : 100원
실제수량 : 450개	단위당 시가 : 80원

[풀이]

(1) 재고자산감모손실

① 감모수량 : 장부상 수량 500개 − 실제수량 450개 = 50개

② 정상감모손실 30개 × @100원 = 3,000원

③ 비정상감모손실 20개 × @100원 = 2,000원

(2) 재고자산평가손실
450개 × (@100원 − @80원) = 9,000원

(3) 분 개
① 재고자산감모손실

(차)			(대)	
매출원가	3,000		재고자산	5,000
재고자산감모손실 (영업외비용)	2,000			

② 재고자산평가손실

(차)			(대)	
재고자산평가손실 (매출원가)	9,000		재고자산평가충당금	9,000

부분재무상태표

재고자산	45,000	
재고자산평가충당금	(9,000)	36,000

보론 정상감모손실과 비정상감모손실

정상감모손실은 영업활동에서 필수적으로 발생하는 손실이다. 비정상감모손실은 통제 노력에 의해 발생하지 않을 수 있는 손실이다. 이 둘의 처리방법은 각각 다르다. 그 이유를 다음의 사례를 통해 알아보자.

(1) 정상감모손실

(주)미래는 계란을 판매하는 기업이다. 계란 1개의 매입원가는 450원이며, 판매가격은 500원이다. 하루 평균 10개의 계란을 판매한다고 할 때 손익계산서를 작성해 보시오.

매출액	5,000 (500 × 10개)
매출원가	4,500 (450 × 10개)
매출총이익	500

(주)미래의 하루평균 매출액은 5,000원이며 순이익은 500원이다.
만약 위 사례에서 계란을 매입하고 판매하는 유통과정에서 반드시 2개는 깨져서 판매할 수 없다고 하자. 이는 10개 구입 시 항상 2개의 감모손실이 발생하는 것이다. 이에 대한 손익계산서를 살펴보자.

매출액	4,000 (500 × 8개)
매출원가	3,600 (450 × 8개)
매출총이익	400

계란 1개당 평균 50원의 이익이 나므로 8개를 판매한 경우 400원의 이익이 발생한다. 그러나, 이는 잘못된 계산이다. 8개 판매를 하기 위해서는 반드시 2개의 깨져버린 계란이 필요하다. 즉, 10개를 구입해서 2개 정도는 감모손실이 발생하고 8개의 계란이 판매되는 것이다. 위의 방법으로 원가를 계산하면 매출총이익이 표면적으로는 400원으로 이익이지만, 감모손실 900원(450원 × 2개)을 반영하면 오히려 500원의 손실이 발생한다. 이렇게 판매과정에서 필수적으로 발생할 수밖에 없는 감모손실을 정상감모손실이라 한다. 정확한 매출원가정보를 파악하기 위해서는 필수적으로 발생되는 정상감모손실을 매출원가에 포함하여야 한다.

매출액	4,000 (500 × 8개)
매출원가	4,500 (450 × 10개)
매출총이익	− 500

이러한 경우 매출원가정보의 왜곡으로 판매가격결정이 올바르게 되지 않았음을 의미한다. 따라서 정상감모손실을 반영한 정확한 매출원가정보를 이용하여 판매가격을 500원에서 600원 정도로 인상하는 것이 바람직하다.

(2) 비정상감모손실

비정상감모손실이란 영업활동에서 필수적으로 발생하는 손실이 아닌, 일시적인 실수나 제어할 수 없는 특별한 사유로 인해 발생하는 손실이다. 예를 들어 (주)미래에서 계란을 판매하던 중 직원의 실수로 재고로 있던 계란 10개가 모두 깨졌다고 하자. 이때의 감모수량인 10개는 비정상 감모수량인 것이다. 이는 필수적으로 또 경상적으로 발생하는 감모손실과 개념이 다르다. 이것은 판매과정에서 보다 효율적으로 관리하였다면 발생하지 않을 수 있었던 원가이다. 이러한 것을 비정상감모손실이라 한다. 이는 일시적이고, 또 노력을 통해 발생하지 않도록 할 수 있는 원가이기 때문에 원가로 보지 않고 영업외손실로 처리하게 된다.

01 단원별 기출문제

01 **소프트웨어를 개발하는 (주)삼일은 프로그램의 용역을 11월 5일에 제공하고 용역제공대가를 12월 5일에 수령하였다. 해당 거래가 재무제표에 미치는 영향으로 가장 올바르지 않은 것은?(단, 해당 거래의 매출총이익률은 10%이다)** [22년 기출]

① 11월 5일 거래로 재무상태표의 자산이 증가한다.
② 11월 5일 거래로 재무상태표의 자본이 증가한다.
③ 11월 5일 거래로 손익계산서의 수익이 증가한다.
④ 12월 5일 거래로 손익계산서의 수익이 감소한다.

해설

• 회계처리

– 11월 5일	(차) 외상매출금(자산의 증가)	(대) 용역매출(수익의 발생)
	(차) 용역매출원가(비용의 발생)	(대) 용역(자산의 감소)
– 12월 5일	(차) 용역제공대가(자산의 증가)	(대) 외상매출금(자산의 감소)

④ 12월 5일 거래로 인한 수익의 변동은 없다.
③ 11월 5일 거래로 수익이 증가(발생)한다.
② 11월 5일 거래로 발생한 이익(매출총이익률 10%)은 이익잉여금(자본)을 증가시킨다.
① 11월 5일 거래로 매출액이 매출원가보다 크므로 대차평균의 원리에 따라 외상매출금(자산의 증가)이 용역(자산의 감소)보다 커 자산총액이 증가하였음을 알 수 있다.

02 **(주)삼일은 보유하고 있던 현금과 장부상의 현금에 차이가 발생한 거래에 대하여 다음과 같이 회계처리하였다. 이에 대한 설명으로 가장 올바르지 않은 것은?** [22년 기출]

(차) 현금과부족	10,000	(대) 이자수익	10,000

① 보유 현금이 장부상의 현금보다 적은 상황에서 원인을 찾은 상황이다.
② 차변의 계정과목은 재무상태표에는 표시할 수 없다.
③ 차변의 계정과목은 임시적인 계정이다.
④ 만약 결산 시까지 원인이 밝혀지지 않을 경우 잡이익으로 처리할 수 있다.

해설

보유한 현금이 장부상의 현금보다 많은 원인을 이자수익을 계상하지 않은 것에서 찾은 것에 해당한다.

01 ④ 02 ① 정답

03 다음 중 (주)삼일의 재고자산과 관련된 재무제표의 주석에 대한 설명으로 가장 올바르지 않은 것은?

재무제표에 대한 주석

제2기 : 20X2년 12월 31일 현재

제1기 : 20X1년 12월 31일 현재

(주)삼일

10. 재고자산

보고기간종료일 현재 재고자산의 내역은 다음과 같습니다.

(단위 : 원)

구 분	평가전 금액	평가충당금	장부금액
제 품	1,200,000	(80,000)	1,120,000
재공품	2,200,000	(250,000)	1,950,000
원재료	1,750,000	(150,000)	1,600,000
저장품	150,000	–	150,000
계	5,300,000	(480,000)	4,820,000

① (주)삼일의 보고기간종료일 현재 재무상태표에 계상되는 재고자산 순액은 4,820,000원이다.

② (주)삼일이 보고기간종료일 현재 소모품, 수선용 부분품 등으로 보유한 재고자산의 금액은 150,000원이다.

③ (주)삼일이 보고기간종료일 현재 보유한 모든 재고자산의 취득원가는 5,300,000원이다.

④ (주)삼일이 보고기간종료일 현재 보유한 재고자산의 시가가 차기 이후에 회복되더라도 재고자산평가손실충당금은 환입될 수 없다.

해설

재고자산평가충당금은 차기 이후에 그 시가가 회복되는 경우에는 평가 전 금액을 상한으로 장부금액을 증가시킬 수 있으며, 증가한 장부금액만큼 평가충당금은 환입한다.

04 (주)삼일은 용산은행과 10,000,000원의 당좌차월계약을 맺은 상태에서 상품 15,000,000원을 매입하고 수표를 발행하여 대금을 지급하였다. 이를 회계처리하였을 때, 대변에 나타날 계정과목으로 가장 옳은 것은?(단, 당좌예금 잔액은 10,000,000원이다) [22년 기출]

① 상 품

② 당좌예금

③ 당좌예금, 당좌차월

④ 상품, 당좌예금, 당좌차월

해설

• 당좌차월은 보유한 당좌예금을 초과하여 대금을 지급하여야 하는 경우에 사용할 수 있는 어음의 금액을 말한다.

(차) 상 품	15,000,000	(대) 당좌예금	10,000,000
		당좌차월	5,000,000

정답 03 ④ 04 ③

05 다음은 중소기업을 운영하는 사장들의 대화이다. (ㄱ)과 (ㄴ)에 들어갈 내용으로 가장 옳은 것은?

[22년 기출]

> 김사장 : 요새 경기가 너무 안 좋아서 큰일이야
> 박사장 : 그러게 말이야. 올해 우리회사는 또 적자가 날 것 같아 걱정이야. 자네 회사는 어떤가?
> 김사장 : 우리회사도 올해 적자가 날 뻔했지. 그나마 다행인 것이 몇 달 전에 매입한 지분증권의 평가금액이 많이 올라서 올해는 다행히 적자를 면할 것 같아
> 박사장 : 그게 무슨 소리인가? 지분증권의 평가금액이 올라서 적자를 면하다니? 우리회사도 얼마 전에 매입한 지분증권의 평가금액이 많이 오른 걸로 알고 있는데 우리회사 재무팀장은 아무런 이야기가 없던데?
> 김사장 : 그거 말인가? 우리회사는 매입한 지분증권이 (ㄱ)에 해당되어서 평가이익을 당기손익으로 인식하였기 때문이네. 자네 회사는 아마 매입한 지분증권이 (ㄴ)에 해당하기 때문에 평가이익이 당기손익에 영향을 주지 못한 것 같은데?

	(ㄱ)	(ㄴ)
①	단기매매증권	매도가능증권
②	단기매매증권	만기보유증권
③	매도가능증권	만기보유증권
④	매도가능증권	단기매매증권

해설

- 단기매매증권 : 평가손익은 영업외손익으로서 당기손익에 반영한다.
- 매도가능증권 : 평가손익은 기타포괄손익에 반영한다.
- 만기보유증권 : 평가손익을 인식하지 아니한다. 또한 채무증권만 가능하며 지분증권은 불가능하다.

∴ (ㄱ)은 평가손익이 당기손익에 반영되었으므로 단기매매증권이고, (ㄴ)은 채무증권에 해당하지 않으므로 만기보유증권은 될 수 없으며, 평가손익을 당기손익에 반영할 수 없으므로 매도가능증권에 해당한다.

05 ① 정답

06 다음은 (주)삼일의 당기 말 유동자산과 유동부채 내역이다. 기말 재무상태표에 표시될 계정과목과 금액으로 가장 올바르지 않은 것은? [22년 기출]

- 외상매출금 500,000원
- 타인발행수표 200,000원
- 외상매입금 300,000원
- 지급어음 30,000원
- 당좌예금 25,000원

① 현금및현금성자산 200,000원
② 매출채권 500,000원
③ 매입채무 330,000원
④ 당좌자산 725,000원

해설

① 현금및현금성자산 = 타인발행수료 200,000원 + 당좌예금 25,000원 = 225,000원
② 매출채권 = 외상매출금 500,000원
③ 매입채무 = 외상매입금 300,000원 + 지급어음 30,000원 = 330,000원
④ 당좌자산 = 현금및현금성자산 225,000원 + 매출채권 500,000원 = 725,000원

07 다음은 (주)삼일의 재고자산 내역이다. (주)삼일은 재고자산 수량결정 방법으로 실지재고조사법을 사용하고 있으며, 선입선출법으로 매출원가와 기말재고액을 산정한다. 기말 재고자산 수량이 200개일 때 기말 재고자산 금액으로 가장 옳은 것은? [22년 기출]

- 기초재고액(1월 1일) 10,000원(수량 100개, 단가 100원)
- 당기매입액(3월 1일) 14,000원(수량 100개, 단가 140원)
- 당기판매액(6월 1일) 20,000원(수량 100개)
- 당기매입액(8월 1일) 18,000원(수량 100개, 단가 180원)

① 24,000원
② 28,000원
③ 30,000원
④ 32,000원

해설

날 짜	구 분	거래 금액	누적재고		비 고
			수 량	금 액	
1월 1일	기 초	100개 × 100원 = 10,000원	100개	10,000원	
3월 1일	매 입	100개 × 140원 = 14,000원	200개	24,000원	
6월 1일	판 매	100개 × 100원 = 10,000원	100개	14,000원	기초분 100개 판매
8월 1일	매 입	100개 × 180원 = 18,000원	200개	32,000원	

정답 06 ① 07 ④

08 다음 중 20X1년 12월 1일의 아래 거래에 대한 회계처리로 가장 옳은 것은? [22년 기출]

(주)삼일은 20X1년 12월 1일 상품을 판매하면서 3,300,000원(부가가치세 300,000원 포함)을 어음으로 수령하였다.

	차변	금액	대변	금액
①	(차) 매출채권	3,300,000	(대) 매 출	3,300,000
②	(차) 매출채권	3,300,000	(대) 매 출	3,000,000
			예수금	300,000
③	(차) 매출채권	3,300,000	(대) 매 출	3,000,000
			미지급금	300,000
④	(차) 매출채권	3,000,000	(대) 매 출	3,300,000
	예수금	300,000		

해설

상품을 판매하면서 향후 3,300,000원을 수취하게 되므로 차변에 매출채권계정은 3,300,000원을 기록하며, 300,000원은 향후 부가가치세로 납부할 의무가 있는 부채이므로 대변에 예수금(또는 부가세예수금)으로 기록한다. 따라서, 잔액인 3,000,000원만을 대변에 매출(수익)로 회계처리한다.

09 다음은 12월 31일이 결산일인 (주)삼일의 매도가능증권 거래내역이다. 20X2년 손익계산서에 계상되는 매도가능증권처분손익은 얼마인가? [22년 기출]

- 20X1년 6월 1일　A 주식 2,000주를 주당 5,000원에 취득하였다.
- 20X1년 12월 31일　A 주식의 주당 공정가치는 4,500원이다.
- 20X2년 9월 1일　A 주식 1,000주를 주당 5,200원에 처분하였다.

① 처분손실 200,000원
② 처분손실 700,000원
③ 처분이익 200,000원
④ 처분이익 500,000원

해설

- 매도가능증권
  - 20X1년 6월 1일 : 2,000주 × 5,000원 = 10,000,000원
  - 20X1년 12월 31일 : 2,000주 × (4,500원 − 5,000원) = 1,000,000원 평가손실(기타포괄손익)
  - 20X2년 9월 1일 : 1,000주 × (5,200원 − 5,000원) = 200,000원 처분이익(당기손익)

08 ② 09 ③ 정답

10 다음은 회계기간 말 재고자산 관련 자료이다. 기말 재고자산평가금액으로 올바른 금액은 얼마인가?

[22년 기출]

ㄱ. 기말 창고에 보관 중인 상품	150개,	@1,000원
ㄴ. 선적지 인도조건으로 구입하여 운송 중인 재고자산	100개,	@800원
ㄷ. 도착지 인도조건으로 구입하여 운송 중인 재고자산	200개,	@700원
ㄹ. 선적지 인도조건으로 판매하여 운송 중인 재고자산	50개,	@1,000원
ㅁ. 도착지 인도조건으로 판매하여 운송 중인 재고자산	150개,	@900원

① 150,000원

② 335,000원

③ 365,000원

④ 370,000원

해설

ㄱ. 창고재고 : 1,000원 × 150개 = 150,000원
ㄴ. 선적지 인도조건 운송 중인 구입재고 : 800원 × 100개 = 80,000원
ㄷ. 도착지 인도조건 운송 중인 구입재고 : 기말재고 아님
ㄹ. 선적지 인도조건 운송 중인 판매재고 : 기말재고 아님
ㅁ. 도착지 인도조건 운송 중인 판매재고 : 900원 × 150개 = 135,000원
∴ 기말 재고자산평가금액 = 150,000원 + 80,000원 + 135,000원 = 365,000원

11 다음은 (주)삼일의 당기 말 상품 재고와 관련된 자료이다. (주)삼일이 결산 시 인식해야 할 재고자산감모손실은 얼마인가?

[22년 기출]

• 장부수량	250개
• 실사수량	235개
• 취득단가	1,000원
• 단위당 순실현가능가치	900원

① 15,000원

② 23,500원

③ 25,000원

④ 38,500원

해설

재고자산감모손실 = 취득단가 1,000원 × (장부수량 250개 − 실사수량 235개) = 15,000원

정답 10 ③ 11 ①

[12~13] 다음 자료를 이용하여 아래의 문항에 답하시오.

> A사는 B사에 상품을 판매한 후 200,000원은 현금으로 수령하고 500,000원은 기말 현재 매출채권으로 남아 있다. 과거의 경험으로 보아 기말 매출채권 잔액의 5%는 회수가 불가능하여 기말 채권에 대해서도 잔액의 5%를 대손충당금으로 설정하기로 하였다(단, 기초 대손충당금 잔액은 5,000원이다).

12 재무상태표상 기말 대손충당금 금액은 얼마인가? [22년 기출]

① 15,000원　② 25,000원
③ 35,000원　④ 500,000원

해설
기말 대손충당금은 항상 기말채권에 대한 대손추산액(= 500,000원 × 5%)으로 산정한다.

13 손익계산서상 대손상각비 금액은 얼마인가? [22년 기출]

① 10,000원　② 15,000원
③ 20,000원　④ 25,000원

해설
기말 대손충당금(25,000원)에 미치지 못하는 금액(20,000원)만큼을 대손상각비로 인식하면서 대손충당금을 보충한다.

14 다음 자료를 통해 제2기 기말자본을 계산하면 얼마인가?(단, 기중에 자본거래는 없다고 가정한다) [22년 기출]

구 분	기 초			기 말			총수익	총비용	순이익
	자 산	부 채	자 본	자 산	부 채	자 본			
제1기	900원	300원	×××	1,200원	×××	×××	500원	300원	200원
제2기	1,200원	×××	×××	1,800원	×××	×××	700원	400원	300원

① 800원　② 1,100원
③ 1,300원　④ 1,500원

12 ② 13 ③ 14 ② 정답

해설

• 제1기 기초자본 = 제1기 기초자산 900원 − 제1기 기초부채 300원 = 600원
• 제1기 기말자본 = 제1기 기초자본 600원 + 제1기 순이익 200원 = 800원(제2기 기초자본)
∴ 제2기 기말자본 = 제2기 기초자본 800원 + 제2기 순이익 300원 = 1,100원

구 분	기 초			기 말			총수익	총비용	순이익
	자 산	부 채	자 본	자 산	부 채	자 본			
제1기	900원	300원	600원	1,200원	400원	800원	500원	300원	200원
제2기	1,200원	400원	800원	1,800원	700원	1,100원	700원	400원	300원

15 **다음은 (주)삼일이 보유하고 있는 당좌자산 자료이다. (주)삼일의 결산일인 20X1년 12월 말 재무상태표에 현금및현금성자산으로 표시될 금액으로 가장 옳은 것은?** [22년 기출]

ㄱ. 보통예금	10,000,000원
ㄴ. 거래처 미수금	5,000,000원
ㄷ. 자기앞수표	2,500,000원
ㄹ. 만기가 20X2년 2월 중 도래하는 1년 만기 정기예금	3,000,000원

① 10,000,000원 ② 12,500,000원
③ 15,000,000원 ④ 17,500,000원

해설

• 현금및현금성자산 = 보통예금 10,000,000원 + 자기앞수표 2,500,000원 = 12,500,000원
※ 미수금과 해당 정기예금은 유동자산에 속한다.

16 **(주)삼일은 20X1년 중 (주)강남의 주식 100주를 주당 1,000원에 취득하고 단기매매증권으로 분류하였다. 취득과 직접 관련된 거래원가로 10,000원이 지출되었고 20X1년 말 동 유가증권의 공정가치가 주당 1,200원이 되었다고 할 때, (주)삼일의 당해 손익계산서에 단기매매증권평가손익으로 인식될 금액은 얼마인가?** [22년 기출]

① 단기매매증권평가이익 10,000원
② 단기매매증권평가이익 20,000원
③ 단기매매증권평가손실 10,000원
④ 단기매매증권평가손실 20,000원

해설

• 단기매매증권 취득원가 = 100주 × 1,000원 = 100,000원
※ 단기매매증권의 취득과 직접 관련된 거래원가는 당기 비용으로 처리한다.
∴ 단기매매증권평가손익 = (1,200원 − 1,000원) × 100주 = 20,000원(평가이익)

정답 15 ② 16 ②

17 다음 중 유가증권의 보유기간 중의 회계처리에 관한 설명으로 가장 옳은 것은? [22년 기출]

① 만기보유증권은 만기 보유를 목적으로 하므로 보유기간 중 관련 손익을 인식할 수 없다.
② 단기매매증권은 공정가치로 평가하며, 이때 발생하는 평가손익은 기타포괄손익항목으로 처리한다.
③ 매도가능증권 중 시장성이 없는 지분증권의 공정가치를 신뢰성 있게 측정할 수 없는 경우에는 취득원가로 평가한다.
④ 공정가치로 평가할 수 있는 매도가능증권의 평가손익은 당기손익으로 인식한다.

해설

① 만기보유증권은 보유기간 중 발생하는 이자 관련 손익을 인식한다.
② 단기매매증권은 공정가치로 평가하며 평가손익은 당기손익으로 인식한다.
④ 공정가치로 평가할 수 있는 매도가능증권의 평가손익은 기타포괄손익으로 인식한다.

18 다음 재무정보에 의하면 (주)삼일이 기말 결산 시 인식해야 하는 대손상각비는 얼마인가? [22년 기출]

(주)삼일의 기말 매출채권 잔액은 200,000원이고, 기말 대손추계액은 4,000원이다. 한편 기말 결산 전의 대손충당금 잔액은 2,000원이다.

① 0원　　② 1,000원
③ 2,000원　　④ 3,000원

해설

기말 대손추계액이 4,000원이므로 결산 전 잔액 2,000원과의 차액인 2,000원을 대손상각비로 인식하여 보충한다.

19 다음은 (주)삼일의 20X1년 재무자료이다. (주)삼일의 20X1년 손익계산서상의 매출원가는 얼마인가? [22년 기출]

• 기초재고액	180,000원	• 총매입액	560,000원
• 매입할인	15,000원	• 매출할인	20,000원
• 총매출액	690,000원	• 기말재고액	250,000원

① 470,000원　　② 475,000원
③ 490,000원　　④ 505,000원

해설

• 당기순매입액 = 총매입액 560,000원 − 매입할인 15,000원 = 545,000원
∴ 매출원가 = 기초재고액 180,000원 + 당기순매입액 545,000원 − 기말재고액 250,000원 = 475,000원

20 다음 중 (주)삼일의 재고자산으로 계상할 수 없는 것은? [22년 기출]

① 영업활동에 사용할 목적으로 건설 중인 건물
② 위탁판매 목적으로 수탁자에게 인도하였으나 아직 판매되지 않은 제품
③ 도착지인도조건으로 판매하였으나 아직 운송 중인 상품
④ 정상적인 영업활동과정에서 판매를 목적으로 구입한 상품

해설

영업활동에 사용할 목적인 건설 중인 건물은 건설중인자산으로 유형자산에 해당한다.

21 (주)삼일은 20X1 회계연도 중 1,000,000원의 매출액이 발생하였으며 이와 관련한 매출채권 잔액은 다음과 같다. 이 경우 매출로 인한 당기 중 현금 유입액은 얼마인가? [22년 기출]

계정과목	기 초	기 말
매출채권	200,000원	150,000원

① 950,000원
② 1,000,000원
③ 1,050,000원
④ 1,200,000원

해설

• 회수가능매출채권 = 기초 매출채권 200,000원 + 당기 매출액 1,000,000원 = 1,200,000원
∴ 현금유입액 = 회수가능매출채권 1,200,000원 − 기말 매출채권 150,000원 = 1,050,000원

22 다음 문장의 빈칸에 들어갈 말로 가장 올바르게 짝지어진 것은? [22년 기출]

일반기업회계기준은 재무제표상 매출채권을 회수가능한 금액으로 표시하도록 하고 있다. 따라서 매출채권 중 회수가 불가능한 금액을 합리적으로 추정하여 동 금액(이 금액을 (ㄱ)이라 한다)만큼을 매출채권에서 차감해야 하는데 매출채권을 직접 차감하지 않고 (ㄴ)이라는 계정을 통해 매출채권을 간접적으로 감소시키게 된다. 또한 (ㄴ)의 설정으로 인한 자산감소액을 비용으로 처리해야 하는데 이때 사용하는 비용계정이 (ㄷ)이다.

	(ㄱ)	(ㄴ)	(ㄷ)
①	대손추산액	대손충당금	대손상각비
②	대손충당금	대손추산액	대손상각비
③	대손추산액	대손상각비	대손충당금
④	대손충당금	대손상각비	대손추산액

정답 20 ① 21 ③ 22 ①

해설

• 대손금을 합리적으로 추정한 금액을 대손추산액이라 하며, 결산일 현재 대손추산액과 대손충당금과의 차액만큼 보충하는 결산수정사항은 다음과 같이 분개한다.

(차) 대손상각비(비용계정) ××× (대) 대손충당금(자산차감계정) ×××

23 다음 중 유가증권에 관한 설명으로 가장 올바르지 않은 것은? [22년 기출]

① 유가증권은 재산권을 나타내는 증권을 의미한다.

② 지분증권은 단기매매증권 또는 매도가능증권 중 하나로 분류될 수 있다.

③ 단기매매증권은 주로 단기간 내의 매매차익을 얻을 목적으로 취득한 유가증권으로서 매수와 매도가 적극적이고 빈번하게 이루어지는 것을 말한다.

④ 만기보유증권이나 매도가능증권으로 분류되는지 여부를 먼저 판단한 후 나머지를 단기매매증권으로 분류한다.

해설

단기매매증권 또는 만기보유증권으로 분류되는지를 우선 판단한 후, 나머지를 매도가능증권으로 분류한다.

24 다음 중 재고자산으로 분류해야 하는 것을 모두 고른 것은? [22년 기출]

ㄱ. 부동산매매업을 영위하는 회사가 판매목적으로 보유하고 있는 토지
ㄴ. 제조업을 영위하는 회사가 영업에 사용할 목적으로 구입한 소프트웨어
ㄷ. 제조업을 영위하는 회사가 영업에 사용할 목적으로 건설중인자산
ㄹ. 제조업을 영위하는 회사가 공정에 투입하여 제품을 생산할 목적으로 보유 중인 원재료

① ㄱ
② ㄱ, ㄴ
③ ㄱ, ㄹ
④ ㄴ, ㄹ

해설

ㄱ. 주된 영업활동을 통하여 판매할 목적으로 취득한 토지는 재고자산이다.
ㄹ. 주된 영업활동을 통하여 판매할 제품의 생산에 투입하기 위한 원재료는 재고자산이다.

23 ④ 24 ③ 정답

25 다음은 (주)삼일의 재고자산과 관련된 자료이다. 선입선출법에 의해 재고단가를 결정하는 경우 기말 현재 재고자산 금액은 얼마인가?(단, 기말시점에 계속기록법에 의한 재고수량과 실지재고조사법에 의한 재고수량은 일치한다) [22년 기출]

일자별 현황	수 량	매입단가	금 액
기초 재고	150개	30원	4,500원
2월 2일 매입	250개	35원	8,750원
5월 1일 판매	(200개)	–	–
7월 1일 매입	150개	40원	6,000원
9월 5일 판매	(300개)	–	–
12월 1일 매입	100개	45원	4,500원

① 4,500원 ② 5,625원
③ 6,500원 ④ 6,750원

해설

- 기초 재고수량 : 150개
- 총 매입수량 = 250개 + 150개 + 100개 = 500개
- 총 판매수량 = 200개 + 300개 = 500개
- 총 재고수량 = 기초재고 150개 + 매입수량 500개 – 판매수량 500개 = 150개

※ 선입선출법을 따르므로 나중에 매입된 순으로 재고가 남게 된다.

∴ 기말 재고자산 금액 = (100개 × 45원) + (50개 × 40원) = 6,500원

26 회사가 다음과 같은 성격의 유가증권을 보유하고 있는 경우 기업회계기준상 분류로 가장 옳은 것은? [22년 기출]

ㄱ. 채무증권
ㄴ. 만기 및 상환금액 확정
ㄷ. 만기까지 보유할 적극적인 의도와 능력이 존재하지 않음
ㄹ. 단기간 내의 매매차익을 목적으로 취득하지 않음

① 단기매매증권
② 매도가능증권
③ 만기보유증권
④ 단기금융상품

해설

단기간 내의 매매차익을 목적으로 하지 않으므로 단기매매증권(단기금융상품)에는 해당하지 아니하고, 만기까지 보유할 의도와 능력이 존재하지 아니하므로 만기보유증권에도 해당하지 아니한다. 즉, 채무증권에 해당하는 매도가능증권으로 분류함이 타당하다.

정답 25 ③ 26 ②

27 (주)삼일은 20X1년 1월 1일 (주)용산의 주식을 공정가치인 1,200,000원에 취득하면서 매매 수수료로 20,000원을 지급하고 이를 단기매매증권으로 분류하였다. (주)용산의 주식을 20X1년 12월 10일에 2,000,000원에 처분한 경우 20X1년도에 단기매매증권의 취득과 처분이 당기손익에 미치는 영향으로 가장 적절한 금액은 얼마인가? [22년 기출]

① 780,000원

② 800,000원

③ 1,200,000원

④ 2,000,000원

해설

• 단기매매증권의 취득부대비용은 취득한 기간의 비용으로 처리한다.
 – 20X1년 취득부대비용 : 20,000원
• 단기매매증권의 평가손익 및 처분손익은 당기손익으로 인식한다.
 – 20X1년 처분이익 = 2,000,000원 – 1,200,000원 = 800,000원
∴ 당기손익에 미치는 영향 = 처분이익 800,000원 – 취득부대비용 20,000원 = 780,000원(당기순이익 증가)

28 다음 중 재고자산의 평가방법에 관한 설명으로 가장 올바르지 않은 것은? [22년 기출]

① 선입선출법을 적용시 기말재고는 최근에 구입한 상품의 원가로 구성된다.

② 물가가 상승하고 있을 때 선입선출법을 적용하면 평균법에 비해 일반적으로 매출원가가 적게 계상된다.

③ 개별법은 백화점과 같이 재고자산의 종류가 많고 거래가 빈번한 경우 널리 사용되는 방법이다.

④ 평균법에는 기말에 일괄하여 단가를 구하는 총평균법과 상품이 들어오고 나갈 때마다 단가를 구하는 이동평균법이 있다.

해설

개별법은 부동산 등과 같이 재고자산의 종류가 적고 각 거래대상물의 특징이 상이한 경우에 사용하는 방법이다.

27 ① 28 ③ 정답

29 다음은 (주)삼일의 재고자산 평가에 대한 회계처리 자료이다. 이에 대한 설명으로 가장 옳은 것은?

[22년 기출]

(차) 재고자산평가손실	100,000	(대) 재고자산평가손실충당금	100,000

① 재고자산평가손실은 매출원가에 가산한다.
② 재고자산평가손실은 영업외비용으로 처리한다.
③ 재고자산평가손실충당금은 매출원가에 가산한다.
④ 재고자산평가손실충당금은 영업외비용으로 처리한다.

해설

② 재고자산평가손실은 매출원가에 가산한다.
③, ④ 재고자산평가손실충당금은 부채를 증가시킨다.

30 다음 자료를 이용하여 (주)삼일의 재고자산감모손실을 계산하면 얼마인가?

[22년 기출]

장부상 수량	취득단가	재고자산장부금액	실사수량	단위당순실현가치
1,000개	100원	100,000원	920개	90원

① 8,000원
② 9,200원
③ 10,000원
④ 17,200원

해설

재고자산감모손실 = 취득단가 100원 × (재고자산 장부수량 1,000개 − 실사수량 920개) = 8,000원

31 다음 중 당좌예금에 관한 설명으로 가장 올바르지 않은 것은?

[22년 기출]

① 수표를 발행하기 위해서는 은행에 당좌예금 계좌를 개설하여야 한다.
② 은행과 당좌차월계약을 맺으면 당좌예금의 잔액을 초과하여 수표를 발행할 수 있다.
③ 당좌차월은 부채로서 단기차입금이라는 계정과목으로 분류한다.
④ 당좌예금은 현금성자산에 속하지 않는다.

해설

당좌예금은 언제라도 현금으로 인출하여 사용할 수 있으므로 현금성자산에 해당한다(당좌예금은 대표적인 현금성자산이며, 당좌자산이고, 유동자산에 해당한다).

정답 29 ① 30 ① 31 ④

32 당기 상품 매출원가가 300,000원이고, 당기 중 상품 매입액이 400,000원인 경우 기말상품재고액은 기초상품재고액에 비하여 어떻게 변화하였는가? [22년 기출]

① 기말상품재고액은 기초에 비하여 100,000원 증가하였다.

② 기말상품재고액은 기초에 비하여 100,000원 감소하였다.

③ 기말상품재고액은 기초에 비하여 700,000원 증가하였다.

④ 기말상품재고액은 기초와 동일하다.

해설

• 매출원가 300,000원 = 기초재고액 + 당기매입액 400,000원 − 기말재고액

• 매출원가 300,000원 = (기초재고액 − 기말재고액) + 당기매입액 400,000원

• 기초재고액 = 기말재고액 − 100,000원

∴ 기말상품재고액은 기초에 비하여 100,000원 증가하였다.

33 다음 중 기업회계기준상 현금및현금성자산의 범위에 포함되지 않는 것은? [22년 기출]

① 만기가 된 공사채의 이자표

② 송금수표

③ 여행자수표

④ 결산일 현재 상환일이 3개월 이내에 도래하는 1년 만기 정기예금

해설

현금및현금성자산인지 여부는 결산일 현재가 아닌, 취득일 현재의 기준으로 만기가 3개월 이내인지 여부로 구분한다.

34 다음은 (주)삼일의 회계장부에서 발췌된 20X2년의 매출 및 매출채권 관련 자료이다. 20X2년 초(20X1년 말) (주)삼일의 재무상태표에 계상될 매출채권 잔액은 얼마인가? [22년 기출]

• 20X2년 중 외상매출액	665,000원
• 20X2년 중 매출채권 회수액	590,000원
• 20X2년 중 현금매출액	250,000원
• 20X2년 기말 매출채권 잔액	152,000원

① 52,000원 ② 77,000원

③ 227,000원 ④ 327,000원

해설

• 기말 매출채권 잔액 152,000원 = 기초 매출채권 잔액 + 당기 외상매출액 665,000원 − 매출채권 회수액 590,000원

∴ 기초 매출채권 잔액 = 77,000원

32 ① 33 ④ 34 ② 정답

35 다음 자료에 의한 동 유가증권의 취득원가는 얼마인가? [22년 기출]

단기간 내의 매매차익 목적이 아닌 시장성 있는 주식 200주를 주당 30,000원에 구입하면서 수수료로 증권회사에 16,000원 지급하고, 거래세로 5,000원을 지급하였다.

① 6,000,000원
② 6,005,000원
③ 6,016,000원
④ 6,021,000원

해설

• 단기간 내의 매매차익 목적은 아니고, 만기가 확정된 채무증권이 아닌 유가증권은 매도가능증권으로 인식한다.
• 매도가능증권의 취득부대비용은 취득원가에 가산한다.
∴ 취득원가 = (200주 × 30,000원) + 16,000원 + 5,000원 = 6,021,000원

36 다음 중 재고자산의 취득원가를 결정할 때 차감될 항목으로 가장 올바르지 않은 것은? [22년 기출]

① 매입할인
② 매입환출
③ 매입부대비용
④ 매입에누리

해설

매입부대비용은 재고자산의 취득원가에 가산한다.

37 다음은 (주)삼일의 재고자산과 관련된 자료이다. 당기 말 (주)삼일의 재고자산 금액은 얼마인가? [22년 기출]

ㄱ. 기초재고액 : 250,000원
ㄴ. 당기 현금매입액 : 1,700,000원(수입관세 150,000원 포함)
ㄷ. 당기 판매액 : 원가 1,200,000원에 해당하는 재고자산을 1,500,000원에 외상판매함

① 450,000원
② 600,000원
③ 750,000원
④ 900,000원

해설

• 매출원가 1,200,000원 = 기초재고액 250,000원 + 당기매입액 1,700,000원 − 기말재고액
∴ 기말재고액 = 750,000원

정답 35 ④ 36 ③ 37 ③

38 다음 중 현금과부족계정에 관한 설명으로 가장 올바르지 않은 것은? [22년 기출]

① 결산일 현재 원인파악이 불가능할 경우 적절한 손익계산서 계정으로 처리한다.
② 현금과부족이 발생하는 원인으로는 기장상의 오류, 도난, 분실 등이 있다.
③ 일시적으로 사용하는 임시계정이다.
④ 각 부서에서 사용한 소액현금을 회계처리하기 위하여 사용하는 계정이다.

해설
각 부서에서 사용한 소액현금을 회계처리하기 위하여 사용하는 계정은 전도금이다.

39 (주)삼일의 20X1년 기말 매출채권 잔액은 50,000원이고, 이 중 대손추산액은 2,500원이다. 20X0년 말 대손충당금 설정액이 1,500원이었고, 20X1년 중 거래처 부도로 인해 실제로 500원의 대손이 발생했다고 할 때 20X1년 말 결산 시점에 (주)삼일의 회계처리로 가장 옳은 것은? [22년 기출]

①	(차) 대손상각비	2,500	(대) 대손충당금	2,500
②	(차) 대손상각비	1,500	(대) 대손충당금	1,500
③	(차) 대손상각비	500	(대) 외상매출금	500
④	(차) 대손상각비	1,500	(대) 외상매출금	1,500

해설
- 기말 대손추산액은 2,500원이므로 기말 재무상태표상 대손충당금 역시도 2,500원이다.
- 대손충당금 잔액은 기초에 1,500원이었으나, 기중 500원의 대손 실현으로 소멸하였으므로 1,000원의 대손충당금이 남아있다.

∴ 추가적으로 설정하여야 하는 대손충당금은 1,500원이며 그에 대한 대손상각비가 발생한다.

(차) 대손상각비	1,500	(대) 대손충당금	1,500

40 다음 중 재고자산 평가방법에 관한 설명으로 가장 올바르지 않은 것은? [22년 기출]

① 개별법은 특수기계 주문제작과 같이 재고자산의 종류가 적고 제품별로 원가를 식별할 수 있을 때 사용되는 방법이다.
② 이동평균법을 적용할 경우 매출원가의 결정을 기말 시점까지 미루지 않는다.
③ 선입선출법을 적용할 경우 당기 매출원가는 최근에 구입한 상품의 원가로 구성된다.
④ 물가가 상승하고 있을 때 선입선출법을 적용하면 평균법에 비해 일반적으로 매출원가가 적게 계상된다.

해설
선입선출법을 적용할 경우 오래된 재고자산이 먼저 출고된 것으로 인식하므로 더 먼저 구입한 상품의 원가로 매출원가를 산정한다.

38 ④ 39 ② 40 ③ 정답

PART 2 계정과목 이해하기

CHAPTER 02 자산계정(2) - 비유동자산

자산은 유동자산과 비유동자산으로 구분된다. 비유동자산은 다시 투자자산, 유형자산, 무형자산, 기타비유동자산으로 구분된다.

재무상태표

기업명	20X1년 12월 31일 (단위 : 원)
Ⅰ. 유동자산	Ⅰ. 유동부채
(1) 당좌자산	
(2) 재고자산	Ⅱ. 비유동부채
Ⅱ. **비유동자산**	Ⅰ. 자본금
(1) 투자자산	Ⅱ. 자본잉여금
(2) 유형자산	Ⅲ. 자본조정
(3) 무형자산	Ⅳ. 기타포괄손익누계액
(4) 기타비유동자산	Ⅴ. 이익잉여금

01 투자자산

1 투자자산의 의의

투자자산은 장기적인 투자수익을 얻기 위해 가지고 있는 채무증권과 지분증권, 지분법적용투자주식, 영업활동에 사용되지 않는 토지와 설비자산, 설비확장 및 채무상환 등에 사용할 특정 목적의 예금을 포함한다. 즉, 투자자산이란 여유자금을 운용하여 장기적인 투자이윤을 얻기 위해서 또는 다른 기업을 지배하거나 통제할 목적으로 장기에 걸쳐 소유하고 있는 자산을 말한다. 투자자산이 같은 비유동자산으로 분류되는 유형, 무형자산과 구분되는 것은 영업활동과 관련이 없다는 것이다. 또한 투자자산은 당좌자산의 단기투자자산과 구분되기 위해 보유기간에 대한 요건을 갖추어야 하는데, 보유 예상기간이 1년 미만이고 출금에 제한이 없는 자산은 당좌자산의 단기투자자산으로 분류하고, 그 외의 자산은 비유동자산의 투자자산으로 분류한다.

2 투자자산의 범위

(1) 장기금융상품

장기금융상품이란 유동자산에 속하지 아니하는 금융상품을 말한다.

(2) 장기투자증권

장기투자증권이란 유동자산에 속하지 아니하는 유가증권으로 매도가능증권, 만기보유증권 등을 말한다.

(3) 장기대여금

장기대여금이란 유동자산에 속하지 아니하는 장기의 대여금을 말한다.

(4) 투자부동산

투자부동산이란 시세차익을 얻기 위하여 보유하고 있는 부동산을 말한다. 즉, 투자의 목적 또는 비영업용으로 소유하는 토지·건물 및 기타의 부동산으로 한다.

(5) 지분법적용투자주식

지분법적용투자주식이란 피투자기업에 대하여 유의적인 영향력이 있는 지분상품을 말한다.

3 투자자산의 회계처리

투자자산의 취득 시에는 공정가치로 기록하며 자산이므로 차변에 회계처리한다. 처분 시에는 장부금액과의 차액을 투자자산처분이익 또는 투자자산처분손실로 회계처리하며 해당 손익은 영업외 손익으로 하여 손익계산서에 기록한다.

02 유형자산

1 유형자산의 의의

(1) 유형자산

유형자산은 재화의 생산, 용역의 제공, 타인에 대한 임대 또는 자체적으로 사용할 목적으로 보유하는 물리적 형태가 있는 자산으로서 1년을 초과하여 사용할 것이 예상되는 자산을 말한다. 일반적으로 유형자산은 토지, 건물과 같은 부동산이라 생각되지만, 이는 그 기업의 형태 또는 보유목적에 따라 달라질 수 있다. 유형자산이란 장기간 동안 기업의 정상적인 영업활동 과정에서 사용될 목적으로 보유하고 있는 물리적인 실체를 가지고 있는 자산이다. 다음의 예를 통해 다른 자산과 유형자산이 어떻게 비교되는지 알아보자.

① 투자목적 토지

시세차익을 얻을 목적으로 취득한 토지의 경우를 생각해 보자. 투자목적으로 취득한 토지는 정상적인 영업활동을 위하여 사용되는 자산이 아니므로 유형자산이 될 수 없고, 투자자산으로 기록되어야 한다.

② 재고자산인 토지

토지나 건물의 판매를 주된 사업목적으로 하는 회사(부동산 매매회사)가 판매를 목적으로 취득한 부동산을 생각해 보자. 판매를 목적으로 취득한 자산은 그 자신이 비록 토지나 건물과 같은 부동산이라 할지라도 재고자산으로 분류하여야 할 것이다.

③ 무형자산

어느 기업이 상표권을 유상으로 취득하였다고 가정해 보자. 유상으로 취득한 상표권은 장기간 동안 기업의 정상적인 영업활동 과정에서 사용될 것이지만 물리적인 실체를 가지고 있지 않은 자산이므로 유형자산이 아닌 무형자산으로 분류되어야 한다.

(2) 유형자산의 요건

이러한 정의를 통해 유형자산의 특징을 다음과 같이 정리할 수 있다.

① 유형자산은 재화의 생산, 용역의 제공, 타인에 대한 임대 또는 자체적으로 사용할 목적으로 보유하게 된다. 주된 영업활동뿐만 아니라 임대수익을 목적으로 하는 경우에도 유형자산에 속한다. 그러나 투자목적으로 취득한 투자자산과 판매목적으로 취득한 재고자산과는 구분된다.

② 유형자산은 물리적 형태가 있는 자산이다. 따라서 물리적 형태가 없는 무형자산과 구분된다.

③ 유형자산은 1년을 초과하여 사용할 것이 예상되는 자산을 말한다. 즉, 장기간 기업에 효익을 제공하는 용역잠재력*을 지니고 있다. 따라서 유형자산은 비유동자산으로 분류되며 수익·비용 대응의 원칙에 의거하여 내용연수 동안 감가상각을 통하여 비용으로 배분된다.

* 용역잠재력 : 기업이 수익을 얻을 수 있도록 경제적 효용가치를 지속적으로 제공해 줄 수 있는 능력의 예상치. 예를 들어 기계장치는 제품을 생산하여 기업에게 제품매출액이라는 수익을 제공해 줄 수 있는 능력을 가지고 있고, 건물은 임대료수익을 기업에게 제공해 줄 수 있는 능력을 가지고 있다.

(3) 유형자산의 종류

대표적인 유형자산을 예시하면 다음과 같다.

① 토 지

영업활동에 사용하고 있는 대지 · 임야 · 전답 · 잡종지 등으로 한다.

② 건 물

영업활동에 사용하는 건물 · 냉난방 · 전기 · 통신 및 기타의 건물부속설비 등으로 한다.

③ 구축물

구축물이란 건물에 부속되는 설비로서 교량 · 궤도 · 갱도 · 정원설비 및 기타의 토목설비 또는 공작물 등으로 한다.

④ 기계장치

기계장치 · 운송설비(컨베이어 · 호이스트 · 기중기 등)와 기타의 부속설비로 한다.

⑤ 선 박

선박과 기타의 수상운반구 등으로 한다.

⑥ 차량운반구

철도차량 · 자동차 및 기타의 육상운반구 등으로 한다.

⑦ 건설중인자산

유형자산의 건설을 위한 재료비 · 노무비 및 경비로 하되, 건설을 위하여 지출한 도급금액 또는 취득한 기계 등을 포함한다. 또한, 유형자산을 취득하기 위하여 지출한 계약금 및 중도금도 건설중인자산에 포함된다.

⑧ 기타의 유형자산

위에 속하지 않는 유형자산으로 비품, 공기구 등으로 한다.

예 제 ▸ 유형자산의 분류

부동산 매매업을 영위하고 있는 (주)리젠의 자산 내역 중 일부는 다음과 같다. 재무상태표에 유형자산으로 분류될 금액을 구하라.

① 영업을 위하여 사용 중인 비품	2,500,000원
② 투자목적으로 취득한 토지	9,000,000원
③ 매매목적으로 취득하여 보유하고 있는 건물	5,000,000원
④ 본사 건물	6,000,000원
⑤ (주)리젠이라는 상표권의 취득원가	2,000,000원
⑥ 임직원의 통근용으로 사용하고 있는 버스	1,000,000원

[풀이]

① + ④ + ⑥ = 9,500,000원

② 자산의 분류는 당해 자산의 소유 목적에 따라 다르게 분류되는데 이는 투자자산으로 분류된다.

③ 판매를 목적으로 소유하므로 재고자산에 해당한다.

⑤ 형태가 없는 자산이므로 무형자산에 해당한다.

2 유형자산의 취득

(1) 유형자산의 취득원가

유형자산은 최초에는 취득원가로 기록하는데, 취득원가는 구입원가 또는 제작원가 및 경영진이 의도하는 방식으로 자산을 가동하는 데 필요한 장소와 상태에 이르게 하는 데 직접 관련되는 원가인 취득부대비용 등이 포함된다. 한편, 매입할인 등이 있는 경우에는 이를 차감하여 취득원가를 산출한다.

(2) 취득부대비용

유형자산의 취득 시 취득원가에 가산되는 취득부대비용을 예시하면 다음과 같다.

① 설치장소 준비를 위한 지출

② 외부 운송 및 취급비

③ 설치비와 설계비

④ 유형자산의 취득과 관련하여 국·공채 등을 불가피하게 매입하는 경우 당해 채권의 매입가액과 기업회계기준에 따라 평가한 현재가치와의 차액(또는 처분손실)

⑤ 자본화대상인 금융비용

⑥ 취득세, 등록세 등 유형자산의 취득과 직접 관련된 제세공과금

⑦ 복구비용

예 제 ▸ 취득원가(1)

(주)리젠은 토지의 취득과 관련하여 20,000,000원은 다음 달 말일까지 지급하기로 하였고, 취득세와 등록세로 600,000원을 납부하고, 중개 수수료로 500,000원을 지급하였다. 동 토지를 등록하기 위하여 공채를 200,000원에 매입하였고 이를 즉시, 은행에 현금 120,000원을 수취하고 매각하였다. 이와 관련하여 토지의 취득원가를 계산하고 분개를 나타내시오.

[풀이]

(1) 토지의 취득원가

토지매입액	20,000,000원
취득세와 등록세	600,000원
중개 수수료	500,000원
공채매각손실	80,000원
	21,180,000원

(2) 회계처리

(차) 토 지	21,180,000	(대) 미지급금	20,000,000
		현 금	1,180,000

예 제 ▸ 취득원가(2)

다음은 (주)리젠이 기계장치를 구입하는데 소요된 비용과 부수적으로 발생한 취득부대비용 내역이다. 기계의 취득원가를 계산하고, 분개를 나타내시오(단, 순수 기계구입대금은 내년에 지급하기로 하고 그 외의 비용은 현금으로 지급한 것으로 가정).

순수한 기계구입대금	1,000,000
공장까지의 운임	50,000
공장 내 설치비 및 시운전비	150,000
보험료 및 하역비	100,000

[풀이]

(1) 기계의 취득원가

기계구입대금	1,000,000원
공장까지의 운임	50,000원
설치비 및 시운전비	150,000원
보험료 및 하역비	100,000원
	1,300,000원

(2) 회계처리

(차) 기계장치	1,300,000	(대) 미지급금	1,000,000
		현 금	300,000

3 유형자산의 감가상각

(1) 감가상각이란

기업의 유형자산은 영업활동을 통하여 사용된다. 이러한 자산 중 취득 후 사용되어, 즉시 소멸하는 소모품의 경우는 취득시점에 비용처리를 하게 된다. 그러나 토지를 제외한 대부분의 유형자산은 취득 후 상당기간 동안 영업활동에 사용된다. 기계장치나 건물과 같은 유형자산은 그 사용기간이 1년을 초과한다. 이러한 유형자산의 취득원가를 전액 취득시점의 비용으로 계상한다면 기간손익은 왜곡될 것이다. 예를 들어 10년간 사용할 수 있는 기계장치를 1억원에 구입하였을 때 기계장치를 구입하고 사용하는 것에 대한 비용은 10년 동안 인식하여야 한다. 이를 구입시점에 전액 비용처리한다면 구입시점에는 거액의 손실이, 이후에는 비용없이 수익만 인식되게 된다. 이러한 문제점을 해결하기 위하여 구입시점에는 이를 자산으로 인식하고 10년간 비용으로 처리하는데 이를 감가상각이라 한다.

감가상각이란 유형자산의 감가상각대상금액을 그 자산의 내용연수에 걸쳐 체계적으로 각 회계기간에 배분하는 것을 말한다. 유형자산은 사용에 의한 소모, 시간의 경과와 기술의 변화에 따른 진부화 등에 의해 경제적 효익이 감소한다. 유형자산의 장부금액은 일반적으로 이러한 경제적 효익의 소멸을 반영할 수 있는 감가상각비의 계상을 통하여 감소한다. 감가상각의 주목적은 취득원가의 배분이며 자산의 재평가는 아니다. 따라서 감가상각비는 유형자산의 장부금액이 공정가치에 미달하더라도 계속하여 인식한다.

(2) 감가상각의 기본요소

감가상각을 결정하는 요소에는 감가상각대상금액, 내용연수, 감가상각방법 등이 있는데 다음 사례를 통하여 이에 대해 설명하기로 한다.

> **사례 감가상각의 기본요소**
>
> (주)리젠은 20X1년 1월 1일에 기계장치를 10,000,000원에 취득하였다. 이 기계장치의 내용연수는 3년, 잔존가치는 1,000,000원으로 추정된다.

① 감가상각대상금액

감가상각대상금액은 취득원가에서 잔존가치를 뺀 금액으로 당해 자산을 수익획득 과정에 사용하는 기간 동안에 인식할 총 감가상각비를 의미한다. 본 사례에서는 취득가액 10,000,000원에서 잔존가치 1,000,000원을 차감한 9,000,000원이 감가상각대상금액이 된다. 이때 잔존가치란 자산의 내용연수가 종료되는 시점에서 그 자산의 예상처분대가에서 예상처분비용을 차감한 금액을 말한다.

② 내용연수

내용연수란 기업이 자산을 사용할 것으로 예상하는 기간이나 자산에서 얻을 것으로 예상하는 생산량 또는 이와 비슷한 단위를 말한다. 본 사례에서는 3년이 내용연수이며 이는 본 기계장치를 3년간 사용할 수 있다는 의미이다.

③ 감가상각방법

유형자산의 취득원가가 결정되고 내용연수와 잔존가치가 결정되면 감가상각대상금액(취득원가 - 잔존가치)을 내용연수 동안 체계적이고 합리적으로 배분하여야 한다. 유형자산의 감가상각방법에는 정액법, 정률법, 연수합계법*, 생산량비례법** 등이 있다. 정액법은 자산의 내용연수 동안 일정액의 감가상각비를 계상하는 방법이다. 정률법은 자산의 내용연수 동안 감가상각비가 매기간 감소하는 방법이다.

* 연수합계법 : 상각률 계산 시 내용연수의 합계를 분모로 하고 잔존 내용연수에 1을 가산한 것을 분자로 하여 감가상각비를 계산하는 방법. 자산의 내용연수 동안 감가상각비가 매기간 감소한다.

** 생산량비례법 : 자산의 예상조업도 혹은 예상생산량에 근거하여 감가상각비를 인식하는 방법

(3) 정액법에 의한 감가상각

정액법은 감가상각 대상금액(취득원가 - 잔존가치)을 내용연수 동안 균등하게 배분하는 방법이다. 따라서 정액법에 의한 매기의 감가상각비는 다음과 같이 계산된다.

$$\text{감가상각비} = \frac{\text{취득원가} - \text{잔존가치}}{\text{내용연수}}$$

예 제 ▸ 정액법

(주)리젠은 20X1년 1월 1일에 기계장치를 10,000,000원에 취득하였다. 이 기계장치의 내용연수는 3년, 잔존가치는 1,000,000원으로 추정된다. 이러한 자료에 의하여 (주)리젠의 감가상각비를 정액법으로 계산하라.

연 도	계산근거	감가상각비	감가상각누계액	장부금액
취득 시				10,000,000원
20X1년	(10,000,000원 - 1,000,000원) × 1/3	3,000,000원	3,000,000원	7,000,000원
20X2년	(10,000,000원 - 1,000,000원) × 1/3	3,000,000원	6,000,000원	4,000,000원
20X3년	(10,000,000원 - 1,000,000원) × 1/3	3,000,000원	9,000,000원	1,000,000원
		9,000,000원		

[풀이]

이러한 감가상각비는 매 연도말 결산 시에 비용으로 인식한다. 또한 감가상각비의 상대계정은 자산을 차감하여 기계장치의 장부금액을 점차 줄여나가야 하는데 이는 자산의 취득원가를 직접 차감하지 않는다. 대신 감가상각누계액이란 계정을 사용하여 기계장치 바로 아래 차감 표시하여 취득가액과 감가상각누계액 그리고 이를 가감한 순액을 표시한다. 위 사례에 대한 연도별 분개와 부분재무상태표를 예시하면 다음과 같다.

20X1년	(차)	감가상각비 (비용의 발생)	3,000,000	(대)	감가상각누계액 (자산의 감소)	3,000,000
20X2년	(차)	감가상각비	3,000,000	(대)	감가상각누계액	3,000,000
20X3년	(차)	감가상각비	3,000,000	(대)	감가상각누계액	3,000,000

재무상태표

20X1년

유형자산 :		
기계장치	10,000,000	
감가상각누계액	(3,000,000)	7,000,000

재무상태표

20X2년

유형자산 :		
기계장치	10,000,000	
감가상각누계액	(6,000,000)	4,000,000

재무상태표

20X3년

유형자산 :		
기계장치	10,000,000	
감가상각누계액	(9,000,000)	1,000,000

(4) 정률법에 의한 감가상각

정률법은 기초의 미상각 잔액, 즉 취득원가에서 감가상각누계액을 차감한 장부금액에 대해 매기 일정률로 감가상각비를 계산하는 방법이다. 정률법에 의한 매기의 감가상각비는 다음과 같이 계산된다.

> 감가상각비 = 미상각 잔액(취득원가 − 감가상각누계액) × 상각률*

* 상각률 $= 1 - \sqrt[\text{내용연수}]{\dfrac{\text{잔존가치}}{\text{취득원가}}}$

예 제 ▸ 정률법

(주)리젠은 20X1년 1월 1일에 기계장치를 10,000,000원에 취득하였다. 이 기계장치의 내용연수는 3년, 잔존가치는 1,000,000원으로 추정된다. 이러한 자료에 의하여 (주)리젠의 감가상각비를 정률법으로 계산하시오.

연 도	계산근거	감가상각비	감가상각누계액	장부금액
취득 시				10,000,000원
20X1년	10,000,000원 × 0.536*	5,360,000원	5,360,000원	4,640,000원
20X2년	4,640,000원 × 0.536	2,487,040원	7,847,040원	2,152,960원
20X3년	2,152,960원 × 0.536	1,152,960원**	9,000,000원	1,000,000원
		9,000,000원		

* 상각률 $= 1 - \sqrt[3]{\frac{1,000,000}{10,000,000}} = 0.536$

** 단수차이 조정(잔존가치를 제외한 나머지 금액임)

[풀이]

위 사례에 대한 연도별 분개와 부분재무상태표를 예시하면 다음과 같다.

20X1년	(차) 감가상각비	5,360,000	(대) 감가상각누계액	5,360,000
20X2년	(차) 감가상각비	2,487,040	(대) 감가상각누계액	2,487,040
20X3년	(차) 감가상각비	1,152,960	(대) 감가상각누계액	1,152,960

재무상태표

20X1년

유형자산		
기계장치	10,000,000	
감가상각누계액	(5,360,000)	4,640,000

재무상태표

20X2년

유형자산		
기계장치	10,000,000	
감가상각누계액	(7,847,040)	2,152,960

재무상태표

20X3년

유형자산		
기계장치	10,000,000	
감가상각누계액	(9,000,000)	1,000,000

4 유형자산의 취득 후 지출

유형자산을 사용하는 기간 중에는 수선비가 지출된다. 이러한 수선비는 그 성격에 따라 회계처리 또한 달라지는데 여기에는 수익적지출과 자본적지출이 있다. 수익적지출이란 현상유지를 위하거나 그 지출의 효과가 단기인 지출을 말하며 이는 당기의 비용으로 처리한다. 그와 반대로 자본적지출이란 그 지출로 인해 내용연수가 증가되거나 당해 유형자산의 가치가 증가하게 되는 경우로서 지출의 효과가 장기간에 걸쳐 나타나는 것을 말한다. 이러한 자본적지출은 지출시점에 비용이 아닌 자산으로 처리한다. 자산으로 처리하게 되면 당해 유형자산의 취득가액에 포함되어 감가상각을 통해 비용으로 처리된다. 예를 들어 자동차를 구입하여 사용하던 중 마모된 타이어를 교체하거나, 엔진오일을 교환하는 것은 수익적지출에 해당한다. 반면에 엔진을 교체하여 성능과 가치가 현저하게 증가하게 되거나 그 내용연수가 증가하게 되는 것은 자본적지출인 것이다.

구 분	사 례	회계처리
자본적지출	① 본래의 용도를 변경하기 위한 개조 ② 엘리베이터 또는 냉난방장치의 설치 ③ 내용연수의 증가 또는 현저한 가치 증대	자산으로 처리 (유형자산)
수익적지출	① 건물 또는 벽의 도장 ② 파손된 외관의 복구 ③ 기계의 소모된 부속품의 대체와 벨트의 대체 ④ 자동차의 타이어 대체 ⑤ 조업가능 상태의 유지 등	비용으로 처리 (수선비)

예 제 ▸ 자본적지출과 수익적지출

(주)리젠은 사용 중이던 건물에 대한 수선비 11,000,000원을 현금으로 지출하였다. 이 중 10,000,000원은 엘리베이터를 설치하기 위한 비용이고, 1,000,000원은 건물 벽의 칠을 새로 한 것이었다.

[풀이]

(차) 건 물	10,000,000	(대) 현 금	11,000,000
수선비	1,000,000		

5 유형자산의 처분

기업은 유형자산을 처분하게 되면 처분시점에서 유형자산의 장부금액(= 취득원가 – 감가상각누계액)을 제거시키고, 처분가액과의 차액을 유형자산처분손익으로 처리하여야 한다. 유형자산처분이익은 대변에 유형자산처분손실은 차변에 기록한다.

처분가액 – (취득원가 – 감가상각누계액) = (+) 유형자산처분이익 / (–) 유형자산처분손실

예 제 ▸ 유형자산의 처분

취득가액이 10,000,000원이고 감가상각누계액이 9,000,000원인 건물을 처분하였다. 처분가액이 1,800,000원인 경우와 600,000원인 경우의 회계처리를 각각 나타내시오.

[풀이]

1. 처분가액이 1,800,000원인 경우

(차)	현 금	1,800,000	(대) 건 물	10,000,000
	감가상각누계액	9,000,000	유형자산처분이익	800,000

2. 처분가액이 600,000원인 경우

(차)	현 금	600,000	(대) 건 물	10,000,000
	감가상각누계액	9,000,000		
	유형자산처분손실	400,000		

6 유형자산명세서

기업이 소유하고 있는 각종 자산 중에 하나인 토지, 건물, 설비 등의 유형자산에 대한 사항을 상세히 기록하여 기업의 자산 변동사항을 파악하고 관리하기 위하여 작성한 부속명세서이다. 재무상태표에 기재한 과목별로 구분하여 작성하는데 예를 들면 다음과 같다.

(단위 : 원)

과 목	기초 잔액	당기증가액	당기감소액	기말 잔액	감가상각 누계액	미상각 잔액
건 물	100,000	50,000	0	150,000	50,000	100,000
기계장치	20,000	5,000	10,000	15,000	2,000	13,000
합 계	120,000	55,000	10,000	165,000	52,000	113,000

03 무형자산

1 무형자산의 의의

무형자산이란 재화의 생산이나 용역의 제공, 타인에 대한 임대 또는 관리에 사용할 목적으로 기업이 보유하고 있으며, 물리적 형체가 없지만 식별가능하고, 기업이 통제하고 있으며, 미래 경제적 효익이 있는 비화폐성자산으로서 취득원가를 신뢰성 있게 측정할 수 있는 것으로 규정하고 있다.

〈무형자산의 인식요건〉

① 물리적 형태가 없으나 식별가능하고
② 기업이 자산에 대한 통제권을 가지고 있으며
③ 미래 경제적 효익이 존재하는 경우

2 무형자산의 범위

(1) 영업권

영업권이란 동종업계의 정상이익을 초과할 수 있는 능력인 무형의 자원을 말한다. 이러한 영업권은 일반적인 자산과는 달리 기업과 분리되어 독립적으로 거래될 수 없으며 항상 당해 기업 자체의 평가와 관련된 경우에만 확인가능하다는 특징을 갖고 있다. 이러한 영업권은 기업 내부적으로 창출된 영업권과 기업 외부에서 구입한 영업권으로 구분할 수 있다.

미래 경제적 효익을 창출하기 위하여 발생한 지출이 무형자산기준서의 인식기준을 충족하지 못하면 무형자산으로 인식할 수 없다. 그러한 지출은 대부분 내부적으로 영업권을 창출하지만 내부적으로 창출된 영업권은 취득원가를 신뢰성 있게 측정할 수 없을 뿐만 아니라 기업이 통제하고 있는 식별가능한 자원도 아니기 때문에 자산으로 인식하지 않는다.

한편 외부에서 구입한 영업권이란 합병, 영업양수 등의 경우에 유상으로 취득한 것을 말하며 합병 등의 대가가 합병 등으로 취득하는 순자산의 공정가치를 초과하는 경우에 발생한다. 일반기업회계기준에서는 영업권을 개별적으로 식별하여 별도로 인식할 수 없으나, 사업결합에서 획득한 그 밖의 자산에서 생기는 미래 경제적 효익을 나타내는 자산으로 규정하고 있다.

영업권 = 합병 등의 대가 − 순자산의 공정가치

예 제 ▸ 영업권

(주)서울은 20X1년 1월 1일 (주)온천을 합병하면서 현금 10,000,000원을 지급하였다. (주)온천의 20X1년 1월 1일 현재 재무상태표는 다음과 같다고 할 때 영업권의 취득원가를 계산하고 관련된 분개를 나타내어라.

재무상태표

(주)온천 20X1. 1. 1

자 산	15,000,000	부 채	8,000,000
		자 본	7,000,000

[풀이]

영업권 = 10,000,000원 − (15,000,000원 − 8,000,000원) = 3,000,000원

(차) 자 산	15,000,000	(대) 부 채	8,000,000
영업권	3,000,000	현 금	10,000,000

(2) 산업재산권

산업재산권이란 산업 및 경제활동과 관련된 사람의 정신적 창작물이나 창작된 방법을 인정하는 무체재산권으로서 법률에 의해 보장된 특정권리를 일정기간 독점적으로 이용할 수 있는 권리를 말한다. 산업재산권의 종류에는 특허권, 실용신안권, 의장권, 상표권, 상호권 및 상품명 등이 있다.

(3) 개발비

① 연구비와 개발비

기업에서는 새로운 기술을 개발하기 위하여 연구개발비를 지출한다. 이때 지출되는 비용은 연구비와 개발비로 나누어 처리하여야 하는데 이에 대한 회계처리가 각각 다르기 때문이다. 연구비란 새로운 지식을 얻고자 하는 활동, 연구결과 또는 기타 지식을 탐색, 평가, 최종 선택 및 응용하는 활동, 재료나 시스템 등에 대한 여러 가지 대체안을 탐색하는 활동 등을 말한다. 개발비란 개발된 자산을 완성시킬 수 있는 기술적 실현가능성을 제시할 수 있고, 기업이 그 제품을 완성해 그것을 사용하거나 판매하려는 의도와 능력이 있는 경우를 말한다. 즉, 연구비란 기초지식의 탐색과정에 지출된 비용이라 한다면 개발비란 구체적으로 제품의 실현화 단계에서 지출되는 비용을 말한다.

② 회계처리

연구비에 대한 회계처리는 전액 발생기간의 판매비와관리비로 처리한다. 개발비(내부 개발 소프트웨어 관련비용 포함)에 대하여는 위에서 언급한 무형자산의 인식요건을 모두 충족시키는 경우에는 무형자산으로 인식하여 내용연수 동안 상각한다. 만약 무형자산 인식기준을 충족시키지 못하는 경우 발생기간의 판매비와관리비로 처리한다.

〈연구비와 개발비의 회계처리〉

구 분		회계처리
연구비		판매관리비
개발비	요건 충족 시	무형자산
	요건 불충족 시	판매관리비

3 무형자산의 상각

(1) 상각기간

무형자산의 상각대상금액은 그 자산의 추정내용연수 동안 체계적인 방법에 의하여 비용으로 배분한다. 무형자산의 상각기간은 독점적 · 배타적인 권리를 부여하고 있는 관계 법령이나 계약에 정해진 경우를 제외하고는 20년을 초과할 수 없다. 상각은 자산이 사용 가능한 때부터 시작한다.

(2) 상각방법

무형자산의 상각방법은 자산의 경제적 효익이 소비되는 행태를 반영한 합리적인 방법이어야 한다. 무형자산의 상각대상 금액을 내용연수 동안 합리적으로 배분하기 위해 다양한 방법을 사용할 수 있다. 이러한 상각방법에는 정액법, 정률법, 연수합계법, 생산량비례법 등이 있다. 다만, 합리적인 상각방법을 정할 수 없는 경우에는 정액법을 사용한다. 한편, 무형자산의 잔존가치는 없는 것을 원칙으로 한다. 무형자산의 상각 시에는 유형자산과 달리 상각누계액을 표시하지 않고 자산을 직접 감액하여 회계처리할 수 있다. 이를 예시하면 다음과 같다.

(차) 무형자산상각비 ×××　　(대) 무형자산 ×××

예 제 ▸ 무형자산의 상각

(주)리젠의 신제품 개발활동과 관련하여 20X1년 중 6,000,000원 지출이 발생하였고 이는 모두 개발비 자산인식 요건을 만족하는 것이다. 개발비의 내용연수가 5년일 때 회계처리를 나타내시오.

[풀이]

〈개발비 지출시점〉

(차) 개발비 6,000,000　　(대) 현 금 6,000,000

〈상각시점〉

(차) 무형자산상각비 1,200,000　　(대) 개발비 1,200,000

04 기타비유동자산

1 기타비유동자산의 의의

기타비유동자산은 임차보증금, 이연법인세자산(유동자산으로 분류되는 부분 제외), 장기매출채권 및 장기미수금 등 투자자산, 유형자산, 무형자산에 속하지 않는 비유동자산을 포함한다. 이들 중 임차보증금, 장기선급비용, 장기선급금, 장기미수금 등은 투자수익이 없고 다른 자산으로 분류하기 어려워 기타로 통합하여 표시한다.

2 기타비유동자산의 범위

(1) 임차보증금

임차보증금이란 동산·부동산에 대하여 임대차계약을 체결할 때 납부하는 금액으로 임대차계약 종료 시 되돌려 받는 금액을 말한다. 이는 임대차계약 시 발생할지 모르는 임대차계약물건의 손해 관련 비용을 보증하거나 월세액의 미납액을 보증하기 위하여 제공하는 일종의 담보액에 해당한다.

(2) 이연법인세자산

기업회계기준과 법인세법의 차이가 발생하는 항목들로 인하여 미래에 경감될 법인세부담액을 말한다.

(3) 장기매출채권

일반적 상거래로 인하여 발생한 채권 중 보고기간종료일로부터 1년 이내 또는 정상영업주기 이내에 회수되지 않을 것으로 예상되는 것을 말한다.

(4) 장기미수금

일반적 상거래 외 거래로 인하여 발생한 채권 중 보고기간종료일로부터 1년 이내 또는 정상영업주기 이내에 회수되지 않을 것으로 예상되는 것을 말한다.

02 단원별 기출문제

01 **다음은 (주)삼일의 현금 관련 거래들을 분개한 것이다. 가장 올바르지 않은 것은?** [22년 기출]

① 장부금액이 700,000원인 단기매매증권을 900,000원에 처분하였다.

(차) 현 금	900,000	(대) 단기매매증권	700,000
		단기매매증권처분이익	200,000

② 장부금액이 200,000원(취득금액 300,000원)인 기계장치를 100,000원에 처분하였다.

(차) 현 금	100,000	(대) 기계장치	300,000
유형자산처분손실	200,000		

③ 유상증자(액면발행)를 통하여 현금 500,000원을 조달하였다.

(차) 현 금	500,000	(대) 자본금	500,000

④ 액면금액 1,000,000원인 사채를 발행하여 현금 950,000원을 조달하였다.

(차) 현 금	950,000	(대) 사 채	1,000,000
사채할인발행차금	50,000		

해설

• 기계장치 처분 시 회계처리

(차) 현 금	100,000	(대) 기계장치	300,000
감가상각누계액	100,000		
유형자산처분손실	100,000		

※ 취득금액 : 최초 취득시점에 장부에 기록한 금액
※ 장부금액 : 감가상각누계액 등을 차감한 순액

02 **다음 중 일반적으로 유형자산의 취득원가에 포함시킬 수 없는 것은?** [22년 기출]

① 취득세
② 취득 시 발생한 운송비
③ 설치비
④ 보유 중에 발생한 수선유지비

해설

일반적으로 취득단계에서 발생하는 취득부대비용은 취득원가에 가산하게 되며, 보유단계에서 발생하는 비용은 당기비용으로 회계처리한다. 다만, 보유단계에서 발생하는 비용 중 자본적 지출에 해당하는 경우에는 취득원가에 가산한다.

정답 01 ② 02 ④

03 **(주)삼일은 직전 기말 결산일 현재 장부금액이 3,250,000원인 화물차를 당기 7월 1일에 3,000,000원에 처분하면서 150,000원의 처분이익이 발생하였다. 이 화물차와 관련해서 (주)삼일이 당기에 계상한 감가상각비는 얼마인가?(단, 손상 등 기타 거래는 발생하지 않았다)** [22년 기출]

① 100,000원 ② 150,000원
③ 250,000원 ④ 400,000원

해설

• 회계처리

(차)	현금(자산)	3,000,000	(대) 차량운반구(자산) 장부금액	×××
			유형자산처분이익	150,000

• 상기 회계처리를 통해 처분 당시 차량운반구의 장부금액(= 취득가액 – 감가상각누계액)을 계산하면 2,850,000원이 된다. 전기 말 장부금액이 3,250,000원이었으므로 2,850,000원이 되기 위해서는 당기에 추가적으로 장부금액이 감소(감가상각)된 금액을 400,000원으로 추정할 수 있다.

04 **다음 중 무형자산과 관련하여 가장 올바르지 않은 이야기를 하는 사람은?** [22년 기출]

> 경수 : 무형자산의 인식요건을 충족한 지출은 비용으로 처리하지 않고 자산으로 처리해야 합니다.
> 희경 : 연구활동과 관련된 원가는 무형자산으로 계상하고 상각해야 합니다.
> 철수 : 영업권, 산업재산권, 개발비, 광업권, 어업권 등이 무형자산에 해당됩니다.
> 영희 : 하지만 영업권 중에서도 내부적으로 창출된 영업권은 무형자산으로 인식할 수가 없습니다.

① 경 수 ② 희 경
③ 철 수 ④ 영 희

해설

연구활동과 관련된 원가는 연구비에 해당하는 것으로 발생한 회계기간의 비용으로 인식한다.

03 ④ 04 ② 정답

05 다음 자료에 의해 유동자산과 비유동자산을 계산하면 각각 얼마인가? [22년 기출]

• 현 금	130,000원	• 영업권	350,000원	• 매입채무	89,000원
• 상 품	470,000원	• 자본금	220,000원	• 토 지	75,000원
• 기계장치	720,000원	• 매출채권	180,000원	• 미지급금	25,000원

① 유동자산 780,000원 비유동자산 1,070,000원
② 유동자산 780,000원 비유동자산 1,145,000원
③ 유동자산 855,000원 비유동자산 1,070,000원
④ 유동자산 1,155,000원 비유동자산 1,365,000원

해설

• 유동자산 합계 = 현금 130,000원 + 상품 470,000원 + 매출채권 180,000원 = 780,000원
• 비유동자산 합계 = 기계장치 720,000원 + 영업권 350,000원 + 토지 75,000원 = 1,145,000원
※ 자본금은 자본, 매입채무와 미지급금은 유동부채에 속한다.

06 (주)삼일의 기계장치에 관한 자료가 다음과 같을 경우 정액법을 적용하여 감가상각을 한다면 20X3년 12월 31일의 감가상각누계액은 얼마인가? [22년 기출]

• 취득원가	3,000,000원	• 잔존가치	300,000원
• 내용연수	4년	• 취득일	20X1년 1월 1일

① 675,000원 ② 1,350,000원
③ 2,025,000원 ④ 2,250,000원

해설

• 매년 감가상각비 = $\frac{\text{취득원가 } 3,000,000\text{원} - \text{잔존가치 } 300,000\text{원}}{\text{내용연수 } 4\text{년}}$ = 675,000원
∴ 3년분 감가상각비누계액 = 675,000원 × 3년 = 2,025,000원

07 다음 중 부채의 증가를 초래하는 거래로 가장 올바르지 않은 것은? [22년 기출]

① 상품 3,000,000원을 외상으로 구입하였다.
② 직원 급여 1,000,000원을 지급해야 하나 현금이 부족하여 지급하지 않았다.
③ 기계장치를 구입하기 위해 100,000,000원을 차입하였다.
④ 프로그램용역을 제공하고 용역제공대가 500,000원은 다음 달에 받기로 하였다.

해설

프로그램용역을 제공하였으나 용역제공대가를 받지 아니한 거래는 자산(매출채권 또는 미수금)을 증가시키고, 동시에 수익(매출 또는 용역수익)을 발생시킨다.

정답 05 ② 06 ③ 07 ④

08 다음 자료를 이용하여 20X1년의 감가상각비를 계산하면 얼마인가?(단, 회계기간은 1월 1일부터 12월 31일까지이다) [22년 기출]

- 20X1년 10월 1일　차량운반구를 12,000,000원에 구입하여 20X1년 12월 31일 현재 계속하여 사용 중이다.
- 20X1년 1월 1일　2,000,000원의 건설중인자산이 있었으며, 20X1년 12월 31일 현재 계속 건설 중이다.

※ 감가상각방법은 정액법을 이용하며, 내용연수는 4년, 잔존가치는 0원이다.

① 750,000원　② 875,000원
③ 1,250,000원　④ 3,000,000원

해설

- 차량운반구 감가상각비 = (12,000,000원 − 0원) ÷ 4년 × $\frac{3}{12}$ = 750,000원
- 건설중인자산은 감가상각을 하지 않는다.

09 다음 자료에서 기계장치에 적용한 감가상각방법의 특징으로 가장 옳은 것은? [22년 기출]

품 명	취득금액	연 도	감가상각비	감가상각누계액
기계장치	10,000,000원	1차년도	5,000,000원	5,000,000원
		2차년도	2,500,000원	7,500,000원
		3차년도	1,250,000원	8,750,000원

① 매 기간 균등하게 상각한다.
② 잔존가액을 내용연수로 나누어 계산한다.
③ 시간이 경과함에 따라 상각액이 증가한다.
④ 기초장부금액에 일정한 상각률을 곱하여 계산한다.

해설

매기 감가상각비가 동일하지 않으므로 지문의 자료는 정액법이 아니며, 감가상각 형태를 비추어보았을 때, 취득가액 10,000,000원, 상각률 50%의 정률법 상각자료에 해당한다.

08 ① 09 ④ 정답

10 다음은 (주)USA가 최근에 인수합병한 사업과 관련된 신문기사이다.

(주)삼일은 지난달 미국계 해운사인 (주)USA에 자동차운송사업부문을 2조원에 팔았다. (주)삼일이 넘긴 자동차운송사업부문의 순자산 공정가치는 약 8천억원에 불과하다. 또한 이 계약과 더불어 (주)USA가 인수한 자동차운송사업부문은 (주)삼일의 자회사인 (주)용산자동차의 향후 10년간 모든 해외 운송물량을 독점적으로 수송할 수 있는 계약을 체결하였다.

(주)USA의 회계팀은 위 사건과 관련하여 어떻게 회계처리를 해야 할지 토론을 하고 있다. 가장 올바르지 않은 주장을 한 사람은 누구인가? [22년 기출]

김삼일 : 우리 회사가 이번에 (주)삼일로부터 자동차운송사업부문을 인수합병하기 위해 지급한 총 2조원을 회계처리해야 합니다. 어떻게 처리해야 할까요?

이서울 : 일단 우리가 인수한 순자산의 공정가치는 8천억원인데 2조원을 지급하였으니 추가로 지급한 1.2조원이 자산의 인식요건을 충족한다면 자산으로 기록해야 하겠지요.

박광주 : 추가로 지급한 1.2조원은 향후 10년간 독점적 수송권에 대한 계약의 가치이므로 이를 무형자산으로 처리해야 할 것입니다.

김마포 : 인수합병과 관련해서 순자산공정가치보다 더 지급한 금액이므로 영업권이라는 계정으로 회계처리해야 하겠지요.

최경기 : 이 자동차운반사업부문은 향후 높은 성장이 예상되니 취득한 모든 자산은 감가상각을 할 필요가 없습니다.

① 이서울 ② 박광주
③ 김마포 ④ 최경기

해설

순자산 8,000억원의 사업부문을 2조원에 취득하였으며, 1.2억의 차액은 무형자산 요건을 충족하는 경우 영업권을 계상할 수 있다. 그런데, 추가로 지급한 1.2조원은 향후 10년간 독점적 수송권에 대한 계약의 가치이므로 이는 영업권으로 계상이 가능할 것으로 볼 수 있다. 따라서, 이서울, 박광주, 김마포의 설명은 옳은 설명이다. 그러나, 인수한 사업부문이 높은 성장이 예상되더라도, 취득한 자산 중 감가상각자산의 요건을 충족한 자산들에 대하여는 반드시 감가상각을 하여야 한다. 따라서, 최경기의 설명은 옳지 않다.

11 다음 중 일반적으로 수익적 지출에 해당하는 것으로 가장 옳은 것은? [22년 기출]

① 일상적인 공장설비의 유지·보수
② 건물의 증설비용
③ 엘리베이터 설치비용
④ 난방장치 설치비용

해설

자산의 가치를 증가시키는 활동이 아닌 일상적인 수선활동은 수익적 지출에 해당하는 수선유지비로 인식한다.

정답 10 ④ 11 ①

12 다음 자료에서 건물처분 시 유형자산처분손익을 계산하면 얼마인가? [22년 기출]

- 20X1년 1월 1일 건물 취득(취득가액 10,000,000원, 잔존가액 0원, 내용연수 20년, 정액법 상각)
- 20X2년 12월 31일 사용하던 건물을 8,500,000원에 처분

① 유형자산처분이익 500,000원 ② 유형자산처분손실 500,000원
③ 유형자산처분이익 1,500,000원 ④ 유형자산처분손실 1,500,000원

해설

20X2년 기말 현재 감가상각누계액은 1,000,000원이므로 건물의 장부가액은 9,000,000원이며, 처분손실이 500,000원 발생한다.

13 다음은 (주)삼일의 합병 관련 자료이다. (주)회계의 순자산 공정가치와 영업권은 각각 얼마인가? [22년 기출]

- (주)삼일은 20X1년 3월 1일 (주)회계를 합병하였으며, 인수가격은 40,000,000원이다.
- 20X1년 3월 1일 현재 (주)회계의 자산의 공정가치는 50,000,000원이며 부채의 공정가치는 30,000,000원이다.

	순자산 공정가치	영업권
①	50,000,000원	50,000,000원
②	50,000,000원	0원
③	20,000,000원	20,000,000원
④	20,000,000원	0원

해설

- 피합병법인의 순자산의 공정가치 = 50,000,000원 − 30,000,000원 = 20,000,000원

∴ 영업권 = 40,000,000원 − 20,000,000원 = 20,000,000원

※ 인수가격 중 피합병법인의 순자산의 공정가치를 초과하는 금액을 영업권으로 인식한다.

14 (주)삼일은 12월 말 결산법인이며, 20X1년 4월 1일 1,200,000원에 기계장치를 구입하였다. 기계장치의 내용연수는 4년, 잔존가치는 200,000원으로 추정되었다. (주)삼일이 정액법으로 감가상각할 경우, 20X2년 12월 말 현재 감가상각누계액은 얼마인가? [22년 기출]

① 187,500원 ② 250,000원
③ 375,000원 ④ 437,500원

12 ② 13 ③ 14 ④ 정답

해설

- 20X1년 감가상각비 = (1,200,000원 − 200,000원) ÷ 4 × $\frac{9}{12}$ = 187,500원
- 20X2년 감가상각비 = (1,200,000원 − 200,000원) ÷ 4 = 250,000원

∴ 20X2년 감가상각누계액 = 20X1년 감가상각비 187,500원 + 20X2년 감가상각비 250,000원 = 437,500원

15 다음 중 일반기업회계기준상 무형자산에 관한 설명으로 가장 옳은 것은? [22년 기출]

① 일반기업회계기준에서는 무형자산의 상각방법으로 합리적인 방법을 선택하여 적용하도록 하고 있으나 합리적인 상각방법을 정할 수 없는 경우에는 정률법을 사용한다.

② 무형자산의 상각기간은 독점적 • 배타적인 권리를 부여하고 있는 관계법령이나 계약에 의한 경우를 제외하고는 30년을 초과하지 못한다.

③ 내부적으로 창출한 영업권은 일정 요건을 충족하면 무형자산으로 인정된다.

④ 무형자산이 사용가능한 시점부터 합리적인 기간 동안 상각한다.

해설

① 무형자산의 경우, 합리적인 상각방법을 정할 수 없는 경우에는 정액법을 사용한다.

② 무형자산의 상각기간은 독점적, 배타적인 권리를 부여하고 있는 관계 법령이나 계약에 정해진 경우를 제외하고는 20년을 초과할 수 없다.

③ 내부적으로 창출한 영업권은 무형자산으로 인식하지 아니한다.

16 (주)삼일은 본사건물에 엘리베이터를 설치하고, 이를 수선비로 회계처리하였다. 이러한 회계처리가 (주)삼일의 재무상태표 및 손익계산서에 미치는 영향으로 가장 옳은 것은? [22년 기출]

① 자산 과소계상, 비용 과대계상, 당기순이익 과소계상

② 자산 과대계상, 비용 과소계상, 당기순이익 과대계상

③ 자산 과대계상, 비용 변화 없음, 당기순이익 변화 없음

④ 자산 과소계상, 비용 과소계상, 당기순이익 과대계상

해설

- 정상적인 회계처리

(차) 건물(자산 증가)	×××	(대) 현금(자산 감소) 또는 미지급금(부채 증가)	×××

- 비정상적인 회계처리

(차) 수선비(비용 발생)	×××	(대) 현금(자산 감소) 또는 미지급금(부채 증가)	×××

∴ 비정상적으로 회계처리한 경우, 자산이 과소계상되며, 비용이 과대계상된다. 비용의 과대계상은 당기순이익의 과소계상을 야기한다.

정답 15 ④ 16 ①

17 다음 중 무형자산의 종류로 가장 올바르지 않은 것은? [22년 기출]

① 상표권
② 개발비
③ 특허권
④ 내부적으로 창출된 영업권

해설
내부적으로 창출된 영업권은 무형자산의 인식기준을 충족하지 못하므로 무형자산으로 인식하지 아니한다.

18 다음 중 유형자산에 관한 설명으로 가장 올바르지 않은 것은? [22년 기출]

① 유형자산이란 영업활동에 장기적으로 사용하기 위하여 보유하고 있는 유형의 자산이다.
② 기업회계기준에서는 유형자산의 감가상각방법을 건물・구축물의 경우에는 정액법을, 기계장치 및 차량운반구 등에 대해서는 정률법을 반드시 적용하도록 규정하고 있다.
③ 유형자산에는 토지, 건물, 구축물, 기계장치, 건설중인자산 등이 있다.
④ 유형자산의 취득원가는 매입금액 또는 제조원가에 부수적으로 발생한 취득부대비용을 합한 금액으로 한다.

해설
기업회계기준은 감가상각방법을 결정할 때, 경제적 효익의 발생 형태 등을 고려하여 합리적으로 추정한 방법을 선택할 수 있도록 하고 있다.

19 (주)삼일은 전기 결산일 현재 장부금액이 3,200,000원인 화물차를 20X1년 7월 1일에 3,000,000원에 처분하면서 150,000원의 처분이익이 발생하였다. 이 화물차와 관련해서 (주)삼일이 20X1년에 계상한 감가상각비는 얼마인가? [22년 기출]

① 100,000원
② 200,000원
③ 250,000원
④ 350,000원

해설
• 처분이익 150,000원 = 처분대가 3,000,000원 − 처분일 장부금액
∴ 처분일 장부금액 = 2,850,000원
• 처분일 장부금액 2,850,000원 = 전기말 장부금액 3,200,000원 − 20X1년 감가상각비
∴ 20X1년 감가상각비 = 350,000

17 ④ 18 ② 19 ④ 정답

20 **다음 중 무형자산에 대한 설명으로 가장 올바르지 않은 것은?** [22년 기출]

① 무형자산이란 물리적 형태는 없지만 식별가능하고 기업이 통제하고 있으며 미래 경제적 효익이 있는 비화폐성자산을 의미한다.

② 내부적으로 창출한 영업권은 무형자산으로 인정하지 않는다.

③ 무형자산의 상각 시 합리적인 방법을 선택할 수 없는 경우에는 정액법을 사용한다.

④ 개발비로 인식되는 금액은 전액 발생 즉시 판매비와관리비로 비용화해야 한다.

해설

개발비는 무형자산으로서 무형자산상각을 통하여 비용화한다.

21 **(주)삼일은 화장품제조업을 영위하는 기업이다. 다음 중 일반기업회계기준에 따라 (주)삼일의 재무제표에 자산 – 비유동자산 – 투자자산으로 분류될 계정과목으로 가장 옳은 것은?** [22년 기출]

① 단기금융상품

② 화장품 원료배합용 기계장치

③ 공장 건물

④ 지분법적용투자주식

해설

① 단기금융상품은 유동자산으로 구분한다.
② 화장품 원료배합용 기계장치는 유형자산으로 구분한다.
③ 공장 건물은 유형자산으로 구분한다.

22 **다음 중 유형자산으로 분류하기 위해 충족해야 할 조건으로 가장 올바르지 않은 것은?** [22년 기출]

① 물리적 실체를 가져야 한다.

② 영업활동에 사용할 목적으로 취득하는 자산이다.

③ 1년 이상 장기간 사용할 것을 전제로 취득한 자산이다.

④ 감가상각을 할 수 있어야 한다.

해설

토지는 유형자산이나 감가상각을 하지 않는 대표적인 유형자산이다.

정답 20 ④ 21 ④ 22 ④

23 다음은 (주)삼일의 20X1년 말 시점의 유형자산에 대한 자료이다. (주)삼일의 20X2년 유형자산에 대한 감가상각비를 계산하면 얼마인가?(단, 20X2년 중 취득과 처분은 없으며, 유형자산의 잔존가치는 0원이다) [22년 기출]

유형자산

20X1년 12월 31일 (단위 : 원)

건 물	10,000,000
감가상각누계액	(1,500,000)
	8,500,000
기계장치	6,000,000
감가상각누계액	(1,500,000)
	4,500,000

〈 추가정보 〉

구 분	감가상각방법	비 고
건 물	정액법	내용연수 20년
기계장치	정률법	상각률 0.25

① 1,500,000원 ② 1,625,000원

③ 1,850,000원 ④ 2,125,000원

해설

- 건물 정액법 감가상각비 = (취득원가 10,000,000원 − 잔존가치 0원) ÷ 내용연수 20년 = 500,000원
- 기계장치 정률법 감가상각비 = 장부금액 4,500,000원 × 상각률 0.25 = 1,125,000원

∴ 감가상각비 합계액 = 500,000원 + 1,125,000원 = 1,625,000원

24 다음 중 유형자산의 분류 및 감가상각에 관한 설명으로 가장 옳은 것은? [22년 기출]

① 토지 및 건물 등의 부동산은 항상 유형자산으로 분류된다.

② 건설중인자산은 일종의 가계정 성격으로서 항상 감가상각 대상에서 제외된다.

③ 유형자산의 취득원가와 감가상각대상금액은 항상 일치한다.

④ 동종산업을 영위하는 기업의 동종자산 내용연수는 항상 동일하다.

해설

① 토지 및 건물 등의 부동산은 재고자산 또는 투자부동산으로 분류될 수 있다.

③ 유형자산에 잔존가치가 있는 경우에는 취득원가와 감가상각대상금액이 상이하다.

④ 동종산업을 영위하는 기업이라 하더라도 기업 특유의 가치나 해당 자산의 매각 약정 유무에 따라 내용연수는 상이할 수 있다.

23 ② 24 ② 정답

25 (주)삼일은 20X1년 1월 1일 차량운반구를 20,000,000원에 구입하였다. 차량운반구의 내용연수는 5년, 잔존가치는 없는 것으로 가정하며 정액법으로 상각한다. 해당 차량운반구를 20X3년 7월 1일에 13,000,000원에 처분한 경우 차량운반구의 처분손익은 얼마인가?(당사는 월할상각을 한다고 가정한다) [22년 기출]

① 처분이익 1,000,000원
② 처분손실 1,000,000원
③ 처분이익 3,000,000원
④ 처분손실 3,000,000원

해설

• 20X3년 7월 1일까지의 감가상각누계액 = 20,000,000원 × $\frac{2.5}{5}$ = 10,000,000원

∴ 처분손익 = 처분대가 13,000,000원 − (취득원가 20,000,000원 − 감가상각누계액 10,000,000원)
= 3,000,000원(처분이익)

26 다음은 (주)삼일의 20X1년 재무상태표 자료이다. (주)삼일의 20X1년 12월 31일 유형자산 장부가액은 얼마인가? [22년 기출]

재무상태표

20X1년 12월 31일 (단위 : 원)

유형자산		
비 품	15,000,000	
감가상각누계액	1,900,000	13,100,000
건 물	55,000,000	
감가상각누계액	5,000,000	50,000,000
차량운반구	35,000,000	
감가상각누계액	30,000,000	5,000,000

① 36,900,000원
② 68,100,000원
③ 98,900,000원
④ 105,000,000원

해설

• 장부가액이란 취득가액에서 감가상각누계액을 차감한 순액을 말한다.
∴ 유형자산 장부가액 = 13,100,000원 + 50,000,000원 + 5,000,000원 = 68,100,000원

정답 25 ③ 26 ②

CHAPTER 03

PART 2 계정과목 이해하기

부채계정

부채는 과거 사건에 의하여 발생하였으며 경제적 효익을 갖는 자원이 기업으로부터 유출됨으로써 이행될 것으로 기대되는 현재의무이다. 부채는 재무상태표에 유동부채와 비유동부채로 구분하여 표시한다.

재무상태표

기업명 20X1년 12월 31일 (단위 : 원)

Ⅰ. 유동자산	Ⅰ. **유동부채**
(1) 당좌자산	
(2) 재고자산	Ⅱ. **비유동부채**
Ⅱ. 비유동자산	Ⅰ. 자본금
(1) 투자자산	Ⅱ. 자본잉여금
(2) 유형자산	Ⅲ. 자본조정
(3) 무형자산	Ⅳ. 기타포괄손익누계액
(4) 기타비유동자산	Ⅴ. 이익잉여금

01 유동부채

1 유동부채의 의의

(1) 유동부채란

다음과 같은 부채는 유동부채로 분류하며, 그 밖의 모든 부채는 비유동부채로 분류한다.

① 기업의 정상적인 영업주기 내에 상환 등을 통하여 소멸할 것이 예상되는 매입채무와 미지급비용 등의 부채

② 보고기간* 종료일로부터 1년 이내에 상환되어야 하는 단기차입금 등의 부채

③ 보고기간 후 1년 이상 결제를 연기할 수 있는 무조건의 권리를 가지고 있지 않은 부채, 이 경우 계약상대방의 선택에 따라, 지분상품** 의 발행으로 결제할 수 있는 부채의 조건은 그 분류에 영향을 미치지 아니한다.

여기서 영업주기란 제조업의 경우에 제조과정에 투입될 재화와 용역을 취득한 시점부터 제품의 판매로 인한 현금의 회수완료 시점까지 소요되는 기간을 나타낸다.

* 보고기간 : 재무상태표의 작성대상이 되는 기간. 회계기간이라고도 하며 일반적으로 재무제표는 1년 단위로 작성되므로 1년이 보고기간이 된다. 보고기간이 1월 1일부터 12월 31일까지인 경우 보고기간종료일은 12월 31일이 된다.

** 지분상품 : 기업의 자산에서 모든 부채를 차감한 후의 잔여지분에 대한 계약, 즉 주식을 발행하여 조달하는 자본을 말한다.

(2) 유동부채의 범위

유동부채로 분류하는 계정과목을 예시하면 다음과 같다.

① 단기차입금

② 매입채무(외상매입금, 지급어음)

③ 미지급금

④ 미지급비용

⑤ 이연법인세부채

⑥ 기타(예수금, 선수금, 선수수익 등)

2 매입채무

일반적 상거래에서 발생한 외상매입금과 지급어음을 매입채무라 한다. 여기서 일반적 상거래* 는 그 기업의 사업목적을 위한 경상적** 영업활동에서 발생한 거래, 즉 주된 영업활동에서 발생하는 거래를 말한다.

외상매입금은 일반적 상거래가 외상으로 이루어짐에 따라 발생한 채무를 말하고 지급어음은 일반적 상거래대금을 어음을 발행하여 지급함으로써 발생한 채무를 말한다. 기업실무에서는 기중 거래의 회계처리 시 외상매입금과 지급어음을 각각의 계정으로 구분하여 회계처리하며, 결산 후 재무제표 작성 시 매입채무라는 계정과목으로 통합 표시하게 된다.

* 상거래 : 제품, 상품을 판매하거나 용역(서비스)을 제공하는 것

** 경상적 : 특별한 사정이나 변화가 생기지 않은 일반적이고 일정한 상태

예 제 ▸ 외상매입금과 지급어음

다음 거래를 분개하시오.

7/1	500,000원의 상품을 외상으로 구입하였다.
8/1	1,000,000원의 상품을 구입하고 약속어음을 발행하여 지급하다.
10/1	상기의 어음이 만기가 되어 당좌예금으로 결제하다.

[풀이]

7/1	(차) 상 품	500,000	(대) 외상매입금	500,000
8/1	(차) 상 품	1,000,000	(대) 지급어음	1,000,000
10/1	(차) 지급어음	1,000,000	(대) 당좌예금	1,000,000

3 미지급금

미지급금은 일반적 상거래 이외에서 발생한 채무를 말한다. 예를 들어 판매업의 경우 재고자산 매입액에 대한 미지급액은 일반적 상거래에서 발생한 것이므로 매입채무로 계상하지만 유형자산 취득에 대한 미지급액은 일반적인 상거래가 아니므로 미지급금으로 계상하는 것이다.

예 제 ▸ 미지급금

(주)리젠은 9월 1일 10,000,000원의 기계장치를 구입하고 대금은 2달 후에 지급하기로 하였다.
(주)리젠은 11월 1일 발생한 미지급금을 현금으로 상환하였다.

[풀이]

9/1	(차) 기계장치	10,000,000	(대) 미지급금	10,000,000
11/1	(차) 미지급금	10,000,000	(대) 현 금	10,000,000

4 차입금

차입금은 1년 이내 상환되는 것은 단기차입금으로 분류하여 유동부채로 보며, 1년 이후 상환되는 것은 장기차입금으로서 비유동부채로 본다. 단기차입금에서는 이자가 발생할 수 있는데 이는 이자비용으로 처리된다. 반대로 돈을 빌려준 회사 입장에서는 이것이 채권이 되어 자산으로 분류되고 이자수익을 인식하게 된다. 한편, 현금을 차입하기 위해서 어음을 발행하는 경우에는 이것을 차입금으로 회계처리한다.

	계 정	계정과목
① 빌린 돈	부 채	단기차입금
② 빌린 돈의 이자	비 용	이자비용

	계 정	계정과목
① 빌려준 돈	자 산	단기대여금
② 빌려주고 받은 이자	수 익	이자수익

예 제 ▸ 차입금과 이자비용

(주)리젠은 7월 1일 하나은행으로부터 10,000,000원을 차입하였다. 12월 31일 (주)리젠은 이자 500,000원과 원금 10,000,000원을 지급하였다. (주)리젠과 하나은행의 입장에서 각각 회계처리하라.

[풀이]

1. (주)리젠

7/1	(차)	현 금	10,000,000	(대)	단기차입금	10,000,000
12/31	(차)	이자비용	500,000	(대)	현 금	10,500,000
		단기차입금	10,000,000			

2. 하나은행

7/1	(차)	단기대여금	10,000,000	(대)	현 금	10,000,000
12/31	(차)	현 금	10,500,000	(대)	이자수익	500,000
					단기대여금	10,000,000

5 선수금

선수금은 미래에 재화 또는 용역을 제공하기로 약속하고 상대방으로부터 대금의 전부 또는 일부를 미리 수령한 것을 말한다. 이는 일반적으로 상거래상 미리 받은 것만을 의미한다. 대금을 미리 받은 경우 차후에 상품을 인도해야 하는 의무가 생기는 것이므로 이를 부채로 보는 것이다.

예 제 ▸ 선수금

다음 (주)리젠의 거래에 대한 회계처리를 나타내시오(매출원가 제외).

4월 1일	상품을 판매하기로 하고 100,000원을 계약금으로 받았다.
4월 15일	상품을 인도하고 잔금 400,000원을 현금으로 수령하였다.

[풀이]

4/1	(차)	현 금	100,000	(대)	선수금	100,000
4/15	(차)	현 금	400,000	(대)	매 출	500,000
		선수금	100,000			

6 예수금

예수금이란 선수금과 달리 일반적인 상거래 외 거래로 인하여 일시적으로 현금을 수취하고, 이후 이를 반환하거나 납부하는 때까지 사용하는 계정이다. 예를 들어 직원에게 급여를 지급하면서 소득세를 원천징수하거나 건강보험, 고용보험과 같은 4대 보험료를 예수하는 것이다. 건강보험이나 고용보험, 국민연금의 경우 직원의 급여에서 반액을 징수하여 예수금으로 처리하고 차후 납부 시 회사가 나머지 반액을 부담한다.

예 제 ▸ 예수금-급여

(주)성일은 다음과 같은 거래를 하였다. 이에 따른 일자별 회계처리를 나타내시오.

10월 31일	직원에 대한 급여 2,000,000원 중 소득세 50,000원과 건강보험료 30,000원을 차감하고 1,920,000원을 지급하였다.
11월 10일	소득세와 건강보험료(회사부담분 포함)를 현금으로 납부하였다.

[풀이]

10/31	(차)	급 여	2,000,000	(대)	현 금	1,920,000
					예수금	80,000
11/10	(차)	복리후생비(회사부담분)	30,000	(대)	현 금	110,000
		예수금	80,000			

재고자산의 매출과 매입 시에는 일반적으로 10%의 부가가치세가 과세된다. 부가가치세는 매출세액(매출액의 10%)에서 매입세액(매입액의 10%)을 차감한 잔액을 납부하게 된다. 예를 들어 상품을 700원에 매입하여 1,000원에 판매하는 경우 매출 시에는 1,000원만 받는 것이 아니라 부가가치세인 100원을 추가로 받게 된다. 기업은 총 1,100원의 현금을 수취하였으나 이 중 100원은 추후 부가가치세로 국가에 납부하여야 하므로 예수금이라는 부채로 기록하게 된다. 또한 매입 시에는 700원뿐만 아니라 부가가치세인 70원을 추가로 부담하여야 한다. 이는 추후 매출세액에서 차감하게 되므로 대급금(유동자산)이라는 자산계정을 사용한다.

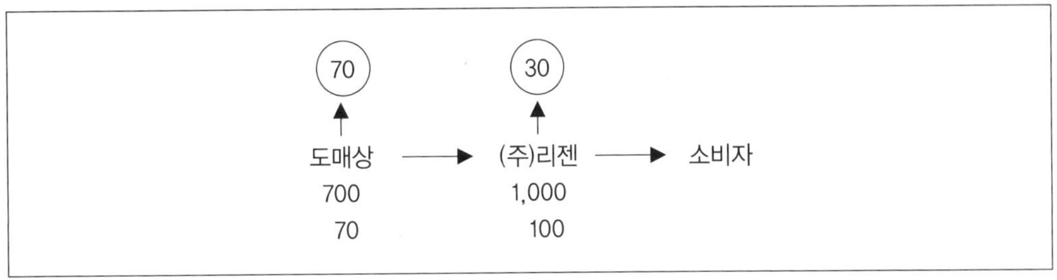

예 제 ▸ 예수금-부가가치세

(주)리젠은 다음과 같은 거래를 하였다. 이에 따른 일자별 회계처리를 나타내시오.

3월 1일 (주)리젠은 도매상으로부터 상품을 700원(VAT 별도)에 현금으로 매입하였다.
3월 15일 (주)리젠은 소비자에게 동 상품을 1,000원(VAT 별도)에 현금으로 판매하였다.
4월 25일 (주)리젠은 동 거래와 관련한 부가가치세를 현금으로 납부하였다.

[풀이]

3/1	(차) 상 품	700	(대) 현 금	770
	부가가치세대급금	70		
3/15	(차) 현 금	1,100	(대) 매 출	1,000
			부가가치세예수금	100
4/25	(차) 부가가치세예수금	100	(대) 부가가치세대급금	70
			현 금	30

7 그 밖의 유동부채

(1) 미지급비용

미지급비용은 이미 발생된 비용으로서 지급되지 아니한 것을 말한다. 일반적으로 보고기간종료일 시점에서 발생주의 원칙에 따라 기간손익을 적정하게 계상하기 위해 비용으로 인식하는 유동부채이다.

예 제 ▸ 미지급비용

다음의 거래내역을 회계처리하시오.

(주)리젠은 공장의 해당 월 임차료를 다음 달 10일에 지급하고 있는데 12월 임차료 3,000,000원에 대하여 다음 연도 1월 10일에 지급할 예정이다. 이를 회계처리하시오.

[풀이]

12/31	(차) 지급임차료	3,000,000	(대) 미지급비용	3,000,000

(2) 선수수익

선수수익은 선불로 지급받은 대가에 대하여 용역제공 등의 의무가 차기 이후까지 계속되는 경우 차기 이후에 제공해야 하는 의무를 부채로 인식한 계정이다. 선수수익을 계상하기 위해서는 지급받은 총대가를 당기분과 차기 이후분으로 구분하고, 당기분은 수익으로 차기 이후분은 선수수익(유동부채)으로 회계처리한다. 일반적으로 선수수익은 결산수정분개를 통해 회계처리한다.

예 제 ▸ 선수수익

다음의 거래내역을 회계처리하시오.

20X1년 7월 1일	건물을 임대하고 1년치 임대료 1,200,000원을 현금으로 지급받았다.
20X1년 12월 31일	선불로 받은 임대료에 대하여 결산수정분개를 하다.
20X2년 6월 30일	20X1년 12월 31일에 회계처리한 선수수익에 대하여 임대료 수익을 인식하다.

[풀이]

20X1년 7/1	(차) 현 금	1,200,000	(대) 임대료수익	1,200,000
20X1년 12/31	(차) 임대료수익	600,000	(대) 선수수익	600,000
20X2년 6/30	(차) 선수수익	600,000	(대) 임대료수익	600,000

(3) 가수금

가수금은 현금이나 예금을 수취하였으나 그 내용이 불분명할 때 사용하는 계정이다. 이는 임시적 계정이므로 차후 현금을 수취하게 된 내용을 파악하여 적절한 과목으로 대체하여야 한다.

예 제 ▸ 가수금

다음의 거래내역을 회계처리하시오.

4월 28일	보통예금 계좌에 1,000,000원이 입금되었으나 내역을 확인할 수 없다.
5월 31일	4월 28일에 입금된 1,000,000원은 외상매출금의 회수로 확인되었다.

[풀이]

4/28	(차) 보통예금	1,000,000	(대) 가수금	1,000,000
5/31	(차) 가수금	1,000,000	(대) 외상매출금	1,000,000

02 비유동부채

1 비유동부채의 의의

(1) 비유동부채란

부채는 유동부채와 비유동부채로 구분되는데 보고기간종료일로부터 1년 이내에 상환* 되지 않는 부채를 비유동부채라 한다. 건물이나 기계장치와 같은 유형자산은 1년 이상 사용하는 자산이므로 이 자산들로 인해 수익이 창출되어 현금을 획득하는 기간도 1년 이상이 된다. 이러한 유형자산을 취득하기 위한 자금을 유동부채를 통해 조달하는 경우 자금상황에 좋지 않은 영향을 줄 수 있으므로 주로 비유동부채를 통해 자금을 조달하거나 상환의무가 없는 자본을 통해 자금을 조달하는 것이 더 효과적이다.

* 상환 : 부채를 갚음

(2) 비유동부채의 범위

비유동부채로 분류하는 계정과목을 예시하면 다음과 같다.

① 장기차입금

② 사 채

③ 퇴직급여충당부채

2 장기차입금

장기차입금이란 차입금 중 상환기일*이 보고기간종료일로부터 1년 이후에 돌아오는 차입금이다. 상환기일이 1년 이내인 것은 유동부채로 분류된다. 만약, 계약당시 상환기일이 1년 이후였다고 하더라도 상환기일이 가까이 오게 되면 상환기일이 1년 이내 도래하게 된다. 이때에는 장기차입금이라 하더라도 유동부채로 분류하게 되는데 이때 사용하는 계정이 유동성장기부채이다.

* 상환기일 : 부채를 갚아야 하는 날. 만기일이라고 한다.

예 제 ▸ 장기차입금

다음의 거래내역을 회계처리하시오.

(주)리젠은 20X1년 1월 1일 연 12% 이자율로 100,000원을 차입하였다. 만기는 3년이고 이자는 매년 말에 지급하기로 하였다. 위의 내용을 회계처리하시오(현재가치평가 생략).

[풀이]

20X1. 1. 1

(차) 현 금	100,000	(대) 장기차입금	100,000

20X1. 12. 31

(차) 이자비용	12,000	(대) 현 금	12,000

20X2. 12. 31

(차) 이자비용	12,000	(대) 현 금	12,000
(차) 장기차입금	100,000	(대) 유동성장기부채	100,000

20X3. 12. 31

(차) 이자비용	12,000	(대) 현 금	12,000
(차) 유동성장기부채	100,000	(대) 현 금	100,000

3 사 채

(1) 사채의 의의

사채란 기업이 자금을 조달하기 위해 사채권을 발행하여 만기일에 원금을 지급하고 일정한 이자를 지급할 것을 약속한 채무증권을 말하며, "회사채"라고도 한다. 기업은 금융감독원에 유가증권 발행신고서를 제출하고, 일반 대중을 상대로 사채를 발행(공모)하거나 특정 개인과 개별적으로 접촉하여 회사채를 매각(사모)한다. 사채는 계약에 따라 일정한 이자가 지급되며, 만기일에 원금이 상환된다. 따라서 사채에는 지급할 이자, 만기일, 만기일에 지급할 원금 등이 표시된다. 사채를 투자한 입장에서는 보유목적에 따라 단기매매증권(유동자산) 또는 매도가능증권・만기보유증권(비유동자산)으로 분류하지만 발행자 입장에서는 비유동부채로 분류한다.

(2) 사채의 발행가액

사채의 발행에는 몇 가지 요소가 있는데 예를 들어 다음과 같은 조건으로 사채가 발행되었다고 하자.

- 액면가액 : 100,000원
- 발행일 : 20X1년 1월 1일
- 상환일 : 20X3년 12월 31일
- 액면이자율 : 10%(매년 말 이자지급)
- 시장이자율(할인율) : 10%

여기서 액면가액이란 사채의 만기가 도래했을 때 지급하여야 하는 금액이다. 발행일과 상환일을 살펴보면 3년 뒤에 만기가 도래하므로 비유동부채로 분류됨을 알 수 있다. 액면이자율이란 정해진 기간마다 이자를 지급하는데 액면금액의 10%로 정해져 있고, 매년 말 지급이므로 매 연도 말마다 액면의 10%인 10,000원의 이자를 지급하도록 하고 있다. 시장이자율이란 일반 투자자들이 사채를 구입하는 대신 다른 곳에 투자하여 받을 수 있는 평균 이자율을 말한다. 본 사채의 이자율과는 같을 수도 있으나 같지 않을 수도 있다.

만약 시장이자율이 액면이자율보다 높다면 사람들은 본 사채보다는 다른 투자처에 투자할 것이므로 사채 발행 시 액면보다 적은 금액으로 발행하여야 할 것이다. 반대로 시장이자율보다 액면이자율이 높다면 다른 투자처보다 본 사채는 높은 이자를 지급하여 주므로 액면금액보다 높은 금액으로 발행할 수 있을 것이다. 이를 표로 정리하면 다음과 같다.

이자율간의 관계	발행유형	액면가액과 발행가액과의 관계
시장이자율 = 액면이자율	액면발행	액면가액 = 발행가액
시장이자율 > 액면이자율	할인발행	액면가액 > 발행가액
시장이자율 < 액면이자율	할증발행	액면가액 < 발행가액

(3) 사채 발행 시의 회계처리

① 사채의 액면발행

사채의 액면발행이란 사채의 액면이자율과 시장이자율이 일치하는 경우의 발행방법을 말한다. 사채의 액면가액이 100,000원이고, 액면발행하는 경우의 회계처리를 나타내면 다음과 같다.

(차) 현 금	100,000	(대) 사 채	100,000

재무상태표

20X1년

비유동부채		
사 채	100,000	

② 사채의 할인발행

사채의 할인발행이란 사채의 액면이자율이 시장이자율보다 낮은 경우의 발행방법을 말한다. 투자자들은 본 사채의 액면이자율이 시장이자율보다 낮으므로 다른 투자처를 더 선호하게 된다. 따라서, 사채를 발행하는 기업이 효과적으로 자금을 조달하기 위해서는 액면가액보다 낮은가액으로 발행하여야 할 것이며, 투자자들도 사채의 액면가액보다 할인된 금액으로 사채를 매입하는 것이 합리적이라 판단할 것이다. 사채의 액면가액이 100,000원이고, 액면이자율이 시장이자율보다 낮아 5,000원 할인발행하는 경우의 회계처리를 나타내면 다음과 같다.

(차) 현 금	95,000	(대) 사 채	100,000
사채할인발행차금	5,000		

재무상태표

20X1년

비유동부채		
사 채	100,000	
사채할인발행차금	(5,000)	95,000

③ 사채의 할증발행

사채의 할증발행이란 사채의 액면이자율이 시장이자율보다 높은 경우의 발행방법을 말한다. 투자자들은 본 사채의 액면이자율이 시장이자율보다 높으므로 다른 투자처보다 본 사채를 더 선호하게 된다. 따라서, 사채를 발행하는 기업이 본 사채를 시장에서 발행하려고 하면 액면가액보다 더 높은 가액으로 발행될 것이며, 투자자들도 사채의 액면가액보다 높은 금액으로 사채를 매입하는 것이 합리적이라 판단할 것이다. 사채의 액면가액이 100,000원이고, 액면이자율이 시장이자율보다 높아 3,000원 할증발행하는 경우의 회계처리를 나타내면 다음과 같다.

(차) 현 금	103,000	(대) 사 채	100,000
		사채할증발행차금	3,000

재무상태표

20X1년

비유동부채		
사 채	100,000	
사채할증발행차금	3,000	103,000

(4) 사채 상환 시의 회계처리

사채의 상환에는 만기상환과 조기상환이 있다. 만기상환은 만기일에 원금을 정상적으로 상환하여서 사채상환손익이 발생하지 않는다. 그러나 만기일이 되기 전에 사채를 갚는 경우인 조기상환의 경우는 상환가액과 장부가액 간의 차이가 생기는데 이를 사채상환손익의 과목으로 영업외손익으로 처리한다. 즉, 이자지급일 사이에 사채를 상환한 경우에는 상환일까지의 이자비용을 인식한 후에 상환일까지의 액면이자와 환입액, 상각액을 고려하여 사채상환손익(영업외손익)을 인식하여야 하는 것이다.

사채의 상환가액 − 사채의 장부가액 = (+) 사채상환손실 / (−) 사채상환이익

4 퇴직급여충당부채

(1) 충당부채의 의의

미래에 지출이 있을 것은 확실하지만, 그 구체적인 금액이나 시기 등이 불확실하여 예상 지출액을 부채로 계상한 것이 충당부채이다. 충당부채와 같이 추정금액을 재무제표에 기록하는 것은 극히 예외적인 것이며, 추정이지만 과거 경영활동의 경험을 근거로 하여 합리적인 금액을 부채로 기록하는 것인데, 다음의 3가지 요건을 충족하는 경우 충당부채로 기록한다.

① 과거사건이나 거래의 결과로 현재의무가 존재한다.

② 당해 의무를 이행하기 위하여 자원이 유출될 가능성이 매우 높다.

③ 그 의무의 이행에 소요되는 금액을 신뢰성 있게 추정할 수 있다.

충당부채에는 퇴직급여충당부채, 판매보증충당부채, 복구충당부채, 공사손실충당부채, 경품충당부채, 반품충당부채 등이 있다. 이들 충당부채 역시 1년을 기준으로 유동부채와 비유동부채로 구분하나, 유동성 구분이 어려운 것은 장기충당부채에 속하는 것으로 할 수 있다.

(2) 퇴직급여충당부채의 의의

기업은 임원이나 종업원이 퇴직하면 퇴직금을 지급하는데 퇴직금은 근무한 기간의 경과에 따라 증가한다. 즉, 퇴직급여는 근로의 제공이라는 과거사건의 결과로 발생하는 현재의무로 의무발생 가능성이 높고 금액을 신뢰성 있게 추정할 수 있으므로 충당부채로 인식한다.

퇴직급여충당부채를 설정하는 이유는 적절한 손익의 대응을 이루기 위해서이다. 한 사원이 회사에서 10년간 근무하고 퇴직 시에 퇴직금으로 50,000,000원을 지급한다면 이는 퇴직시점에 전액 비용으로 처리하여서는 안 된다. 왜냐하면 퇴직금 50,000,000원은 10년간 근무기간에 매년 5,000,000원씩 비용처리하여야 하는 것이다. 이에 대하여 다음과 같이 회계처리한다.

〈근무 시〉

(차)	퇴직급여 (비용의 발생)	5,000,000	(대)	퇴직급여충당부채 (부채의 증가)	5,000,000

〈퇴직 시〉

(차)	퇴직급여충당부채 (부채의 감소)	50,000,000	(대)	현 금 (자산의 감소)	50,000,000

즉, 근무기간동안에 비용처리를 한 뒤 퇴직 시에는 비용처리를 하지 않고 퇴직금을 지급할 수 있게 되어 손익이 적절히 대응되게 된다.

(3) 퇴직급여충당부채의 설정방법

퇴직급여충당부채는 회계연도말 현재 전 임직원이 일시에 퇴직할 경우 지급하여야 할 퇴직금에 상당하는 금액(퇴직금 추계액)으로 계상하도록 하고 있는데 당기말 퇴직금 추계액에서 퇴직급여충당부채의 장부가액을 차감한 금액이다. 퇴직급여충당부채의 장부가액은 전기말 퇴직금 추계액에서 당기에 실제로 지급한 퇴직금을 차감한 금액을 말한다. 단, 당기에 지급한 퇴직금이 전기말 퇴직금 추계액을 초과하는 경우에는 기말 퇴직금 추계액이 그대로 퇴직급여충당부채 추가 설정액이 된다. 전기말 퇴직금 추계액을 초과하여 지급한 금액은 퇴직급여 계정으로 회계처리되기 때문에 퇴직급여충당부채 장부가액을 구하는 데 포함하지 않는다.

> 퇴직급여충당부채 추가 설정액 = 당기말 퇴직금 추계액 − 퇴직급여충당부채의 장부가액
> = 당기말 퇴직금 추계액 − (전기말 퇴직금 추계액 − 당기 퇴직금 지급액)

예 제 ▸ 퇴직급여충당부채

일련의 회계처리를 나타내고 계정별원장에 전기하시오.

> (주)리젠의 20X1년 12월 31일 현재 퇴직금 추계액은 20,000,000원이다.
> (주)리젠은 20X2년 9월 1일에 퇴직금 8,000,000원을 지급하였다.
> 20X2년 말 현재 퇴직금 추계액은 25,000,000원이다.

[풀이]

20X1. 12. 31	(차)	퇴직급여	20,000,000	(대)	퇴직급여충당부채	20,000,000
20X2. 9. 1	(차)	퇴직급여충당부채	8,000,000	(대)	현 금	8,000,000
20X2. 12. 31	(차)	퇴직급여	13,000,000	(대)	퇴직급여충당부채	13,000,000*

* 25,000,000원 − (20,000,000원 − 8,000,000원) = 13,000,000원

퇴직급여충당부채

당기 지급	8,000,000	전기이월	20,000,000
기말 잔액	25,000,000	당기설정	13,000,000

손익계산서

20X2년 1월 1일 ~ 12월 31일

판매비와관리비	
퇴직급여	13,000,000

재무상태표

20X2년 12월 31일

비유동부채	
퇴직급여충당부채	25,000,000

5 퇴직연금제도

(1) 퇴직연금제도의 의의

퇴직연금제도는 사용자의 부담금이 사전에 확정되는 확정기여형(DC ; Defined Contributions)과 근로자의 연금급여가 사전에 확정되는 확정급여형(DB ; Defined Benefits)으로 구분되어 운용된다.

① 확정급여형(DB ; Defined Benefits)

확정급여형(DB)은 사용자가 책임과 권한을 갖고 적립금을 운용하는 제도이다. 따라서 적립금 운용실적*이 나쁜 경우에는 추가 부담이 필요하며 운용실적이 좋은 경우는 부담이 적어질 수 있다. 근로자 측면에서는 사용자 책임 아래 현행 퇴직금과 동일한 급여를 지급받을 수 있어 적립금 운용과 관련된 별도의 수고가 덜어지는 효과가 있다.

* 운용실적 : 자금을 주식이나 채권 등에 투자하여 발생한 이익 또는 손실

② 확정기여형(DC ; Defined Contributions)

확정기여형(DC)은 근로자가 책임과 권한을 갖고 적립금을 운용하는 제도이다. 따라서 적립금 운용실적이 좋은 경우, 보다 많은 급여를 지급받을 수 있으나 운용실적이 나쁜 경우에는 그 결과도 근로자의 몫이 된다. 다만, 매년 발생하는 퇴직금의 100%를 근로자 몫으로 별도 관리하므로 사업장이 도산하더라도 떼일 염려가 없다. 또한 세제혜택을 받으며 근로자가 추가로 불입할 수 있어 이를 토대로 다양한 투자를 통해 충분한 노후자금을 마련할 수 있다.

구 분	회사의 납입액	근로자 수령액	회계처리
확정급여형(DB)	불확정	확 정	납입액을 자산으로 회계처리 퇴직급여충당부채 인식
확정기여형(DC)	확 정	불확정	납입액을 비용으로 회계처리 퇴직급여충당부채 인식 안함

(2) 확정급여형(DB)

일반기업회계기준에서는 퇴직급여충당부채를 보고기간말 현재 전 종업원이 일시에 퇴직할 경우 지급하여야 할 퇴직금(일시퇴직기준 퇴직급여 추계액)에 상당하는 금액으로 계산하며, 회사가 납부한 퇴직연금 부담금을 퇴직연금운용자산으로 회계처리하고, 재무상태표 작성 시 퇴직급여충당부채에서 차감하는 형식으로 표시한다.

① 퇴직연금 적립 시

퇴직연금을 납부한 금액에 대하여는 퇴직연금운용자산으로 회계처리하며, 기말 결산 시 퇴직금추계액에 대하여 퇴직급여충당부채를 설정한다.

(차) 퇴직연금운용자산	×××	(대) 보통예금	×××
(차) 퇴직급여	×××	(대) 퇴직급여충당부채	×××

② 퇴직 시

종업원이 퇴직연금에 대한 수급요건 중 가입기간 요건을 갖추고 퇴사하였으며 퇴직연금의 수령을 선택한 경우 보고기간말 이후 퇴직 종업원에게 지급하여야 할 예상 퇴직연금 합계액의 현재가치를 측정하여 퇴직연금미지급금으로 인식한다.

(차) 퇴직급여충당부채	×××	(대) 퇴직연금미지급금	×××

만약, 보고기간종료일 이후에 퇴직종업원에게 지급하여야 할 예상 퇴직연금 합계액의 현재가치가 변동되는 경우에는 다음과 같이 회계처리한다.

(차) 퇴직급여	×××	(대) 퇴직연금미지급금	×××

이후 지급 시에는 다음과 같이 회계처리한다.

(차) 퇴직연금미지급금	×××	(대) 퇴직연금운용자산	×××

③ 회사가 종업원 퇴직 후에 연금지급의무를 부담하지 않는 경우

퇴직 임원이나 직원이 퇴직연금을 선택하는 경우로써 법인이 퇴직일시금 상당액으로 일시납 연금상품을 구매하도록 하고 회사가 연금지급의무를 부담하지 아니한 경우에는 다음과 같이 회계처리한다. 이 경우에는 기업이 퇴직일시금을 지급함으로써 연금지급에 대한 책임을 부담하지 않는다.

(차) 퇴직급여충당부채	×××	(대) 퇴직연금운용자산	×××

④ 재무상태표의 표시

확정급여형퇴직연금제도에서 퇴직급여와 관련된 자산과 부채를 재무상태표에 표시할 때에는 퇴직급여와 관련된 부채인 퇴직급여충당부채와 퇴직연금미지급금에서 퇴직급여와 관련된 자산인 퇴직연금운용자산을 차감하는 형식으로 표시한다. 퇴직연금운용자산이 퇴직급여충당부채와 퇴직연금미지급금의 합계액을 초과하는 경우에는 그 초과액을 투자자산의 과목으로 표시한다. 퇴직연금미지급금 중 보고기간말로부터 1년 이내의 기간에 지급되는 부분이 있더라도 유동성대체는 하지 아니한다. 다만, 보고기간말로부터 1년 이내의 기간에 지급이 예상되는 퇴직연금 합계액과 부담금을 주석으로 공시한다.

재무상태표

20X2년 12월 31일

비유동부채	
퇴직급여충당부채	×××
퇴직연금미지급금	×××
퇴직연금운용자산	(×××)

(3) 확정기여형(DC)

확정기여형제도를 설정한 경우에는 해당 회계기간에 대하여 회사가 납부하여야 할 부담금(기여금)을 퇴직급여(비용)로 인식하고, 퇴직연금운용자산, 퇴직급여충당부채 및 퇴직연금미지급금은 인식하지 아니한다.

(차) 퇴직급여	×××	(대) 보통예금	×××

(4) 퇴직급여제도의 변경

기존의 퇴직금제도에서 확정급여형퇴직연금제도 또는 확정기여형퇴직연금제도로 변경하는 경우 기존 퇴직급여충당부채에 대한 회계처리는 다음과 같다.

① 퇴직급여제도를 변경하면서 기존 퇴직급여충당부채를 정산하는 경우 기존 퇴직급여충당부채의 감소로 회계처리한다.

② 확정기여형퇴직연금제도가 장래근무기간에 대하여 설정되어 과거 근무기간에 대하여는 기존 퇴직금제도가 유지되는 경우 임금수준의 변동에 따른 퇴직급여충당부채의 증감은 퇴직급여(비용)로 인식한다.

③ 기존의 퇴직금제도에서 과거 근무기간을 포함하여 확정급여형퇴직연금제도로 변경하는 경우, 기존 퇴직급여충당부채에 대해 부담금 납부의무가 발생하더라도 이는 사내적립액을 사외적립액으로 대체할 의무에 지나지 않으므로 별도의 추가적인 부채로 인식하지 아니하고 납부하는 시점에 퇴직연금운용자산으로 인식한다.

예 제 ▸ 퇴직급여제도의 변경

20X1년 1월 1일 (주)리젠은 노동조합의 동의를 얻어 확정급여형퇴직연금제도를 설정하기로 하였다. 새로운 퇴직연금규약에 따르면 가입기간은 퇴직연금제도의 설정 이후의 근무기간으로 하였다. 20X1년 12월 31일 현재 각 제도의 퇴직급여와 관련된 자산과 부채의 내역이 아래와 같을 경우 재무상태표상 이와 관련된 부채를 표시하시오.

구 분	퇴직금제도	확정급여형퇴직연금제도
대상기간	20X0년 12월 31일 이전 근무기간	20X1년 1월 1일 ~ 20X1년 12월 31일
퇴직급여충당부채	20,000,000	18,000,000
퇴직연금미지급금	해당사항 없음	10,000,000
퇴직연금운용자산	해당사항 없음	20,000,000
퇴직보험예치금	10,000,000	해당사항 없음
순부채	5,000,000	500,000

[풀이]

과거근무기간인 20X0년 12월 31일 이전에 대해서는 여전히 퇴직금제도가 유효하고 이후의 기간에 대해서만 확정급여형퇴직연금제도가 설정된다. 따라서 재무상태표에는 다음과 같이 퇴직금제도 및 확정급여형퇴직연금제도의 자산과 부채를 일괄 표시한다.

부분재무상태표

20X1년 12월 31일

비유동부채	
퇴직급여충당부채	38,000,000
퇴직연금미지급금	10,000,000
퇴직연금운용자산	(20,000,000)
퇴직보험예치금	(10,000,000)

03 단원별 기출문제

01 다음 두 거래의 분개 시 대변에 기입되는 계정과목으로 가장 옳은 것은? [22년 기출]

(1) 제조활동에 사용할 기계장치를 800,000원에 구입하고 대금은 3개월 후에 지급하기로 하였다.
(2) 회계용역을 제공하기로 하고 계약금 300,000원을 현금으로 받았다.

	(1)	(2)
①	미지급금	선급금
②	외상매입금	선수금
③	미지급금	선수금
④	외상매입금	선급금

해설

- 외상매입금 : 일반적 상거래와 관련한 매입 시 발생하는 부채를 인식하는 계정이다(재료, 상품 등의 매입 등).
- 미지급금 : 일반적 상거래와 무관하게 발생하는 부채를 인식하는 계정이다(건물, 기계장치, 비품 등과 같은 유형자산의 매입 등).
- 선급금 : 상품・원재료 등의 매입을 위하여 선급한 금액을 인식하는 자산계정이다(지급한 계약금 등)
- 선수금 : 미래에 재화 또는 용역을 제공하기로 약속하고 상대방으로부터 대금의 전부 또는 일부를 미리 수령한 경우를 인식하는 부채계정이다(수령한 계약금 등)

02 다음 자료를 이용하여 유동부채 금액을 계산하면 얼마인가? [22년 기출]

• 미수수익	1,000원	• 가수금	1,000원
• 미지급금	1,500원	• 예수금	1,500원
• 선수수익	1,000원	• 가지급금	1,000원
• 선급비용	1,500원	• 지급어음	1,500원

① 5,500원 ② 6,000원
③ 6,500원 ④ 7,000원

해설

- 유동부채 합계액 = 미지급금 1,500원 + 선수수익 1,000원 + 가수금 1,000원 + 예수금 1,500원 + 지급어음 1,500원 = 6,500원

※ 미수수익, 선급비용, 가지급금은 유동자산에 속한다.

정답 01 ③ 02 ③

03 다음 중 종업원의 퇴직과 관련된 설명으로 빈칸에 들어갈 용어를 올바르게 짝지은 것은?

[22년 기출]

종업원은 입사하여 퇴사할 때까지 회사를 위해 근로를 제공한 대가로 퇴직 시에 퇴직금을 받을 권리가 있다. 이는 근로자퇴직급여보장법에 명시되어 있는 종업원들의 권리이다.
반대로 기업의 입장에서는, 미래에 종업원이 퇴직할 시점에 법에 의해 확정적으로 퇴직금을 지급해야 하므로, 법적인 의무가 존재할 뿐 아니라 종업원의 퇴직시점에 경제적 효익의 유출가능성이 매우 높다. 뿐만 아니라, 퇴직 전 월평균 급여에 근속연수를 곱해서 퇴직금을 지급해야 하므로 예상되는 퇴직금도 측정이 가능하다.
즉, 종업원의 미래 예상되는 퇴직금은 기업이 현재 부담하는 의무로서 미래 경제적 효익의 유출가능성이 매우 높고 금액의 신뢰성 있는 측정이 가능하므로 회계상 (ㄱ)의 정의에 충족된다. 따라서, 기업은 종업원의 퇴직금과 관련된 (ㄱ)(으)로서 이를 (ㄴ)(이)라는 계정과목으로 재무제표에 계상하여야 한다.
그렇다면 (ㄴ)금액은 어떻게 계상되는 것일까? 재무제표에 계상될 (ㄴ)의 금액은 결산일 현재 전 임직원이 퇴사할 경우 지급해야 할 총 퇴직금예상액으로 결정하여야 한다. 우리는 이 예상액을 (ㄷ)이라고 부른다. (ㄷ)을 계산하여 재무제표상 계상되어야 할 (ㄴ)(을)를 확정하였다면, 결산수정분개를 하기 전의 (ㄴ)의 금액과 (ㄷ)과의 차이 금액을 회계처리를 해야 한다. 동 차이 금액을 우리는 다음과 같이 회계처리 한다.

(차) (ㄹ)	×××	(대) (ㄴ)	×××

이로써 우리는 종업원의 퇴직과 관련하여 지급해야 할 근무의 대가를 재무제표상 의무로 인식하고, 그 의무만큼을 손익계산서상 비용으로 처리할 수 있게 된다.

	(ㄱ)	(ㄴ)	(ㄷ)	(ㄹ)
①	부 채	퇴직급여충당부채	퇴직금추계액	퇴직급여
②	자 산	퇴직연금운용자산	퇴직금추계액	지급수수료
③	부 채	퇴직급여충당부채	퇴직금지급액	퇴직급여
④	자 산	퇴직연금운용자산	퇴직금지급액	지급수수료

해설

(ㄱ) 기업이 부담하는 의무는 부채에 해당한다.
(ㄴ) 퇴직급여와 관련된 부채 계정과목은 퇴직급여충당부채이다.
(ㄷ) 결산일 현재 전 임직원이 퇴사할 경우 지급해야 할 총 퇴직금예상액은 퇴직금추계액이라하며, 퇴직금추계액은 퇴직금 추정계산액이라는 의미이다.
(ㄹ) 기말 결산 시 퇴직급여충당부채를 계상하기 위한 수정분개 시 차변계정은 퇴직급여이다.

03 ① 정답

04 다음 자료는 (주)삼일의 20X1년 말 각 부채계정의 금액이다. (주)삼일의 20X1년 기말 재무상태표에 계상될 비유동부채금액은 얼마인가?(단, 사채는 3년 만기로 20X1년 초에 발행) [22년 기출]

• 사 채	25,000,000원	• 사채할인발행차금	3,500,000원
• 장기차입금	15,000,000원	• 매입채무	1,000,000원
• 퇴직급여충당부채	13,200,000원	• 유동성장기부채	1,300,000원

① 36,500,000원

② 37,500,000원

③ 49,700,000원

④ 53,200,000원

해설

• 비유동부채 합계금액 = (사채 25,000,000원 – 사채할인발행차금(차감항목) 3,500,000원) + 장기차입금 15,000,000원 + 퇴직급여충당부채 13,200,000원 = 49,700,000원

※ 매입채무와 유동성장기부채는 유동부채에 속한다.

※ 사채의 잔여만기가 2년이므로 유동성장기부채에 해당하지 않는다.

참고 **유동성장기부채**

본래 비유동부채에 해당하는 장기부채 중 일부 상환금액의 만기가 1년 이내에 도래하는 경우 해당 금액만큼 비유동부채를 감소시키고 유동성장기부채(유동부채)로 계상하는 회계처리를 한다.

(차) 장기부채(비유동부채 감소)	×××	(대) 유동성장기부채(유동부채 증가)	×××

05 다음 중 미지급금 계정을 사용하여 분개할 수 없는 거래로 가장 옳은 것은? [22년 기출]

① 원재료를 1,000,000원에 구입하고 대금은 2개월 후 지급하기로 하다.

② 휴게실용 안마의자를 300,000원에 무이자 할부로 구입하다.

③ 사무용 비품 20,000원을 구입하고 대금은 월말에 지급하기로 약속하다.

④ 전월 회식비로 결제한 카드대금 150,000원이 보통예금에서 자동이체되다.

해설

원재료를 1,000,000원에 구입하고 대금을 2개월 후에 지급하기로 한 거래는 자산(원재료)을 증가시키는 동시에 부채(외상매입금)을 증가시킨다. 원재료는 주된 영업활동에 필요한 것으로서 미지급금이 아닌 외상매입금으로 인식하여야 한다. 이 외의 보기는 주된 영업활동과 무관한 매입의 과정에서 발생한 부채에 해당하므로 미지급금으로 인식한다.

정답 04 ③ 05 ①

06 다음 중 비유동부채로 계상할 수 없는 것은? [22년 기출]

① 상품을 구입하면서 당기에 교부한 6개월 만기의 어음 금액
② 종업원의 퇴직금 지급을 위해 계상한 퇴직급여충당부채
③ 유휴창고를 3년간 임대하기로 하고 수령한 임대보증금
④ 자금조달을 위하여 당기에 발행한 3년 만기의 사채

해설

상품을 구입하면서 당기에 교부한 6개월 만기의 어음은 만기가 1년 이내이므로 유동부채로 인식한다.

07 다음은 (주)삼일의 20X1년 7월 1일에 발생한 차입금 관련 자료이다. 날짜별 회계처리 중 가장 올바르지 않은 것은? [22년 기출]

ㄱ. 차입금 : 30,000,000원
ㄴ. 만 기 : 3년(원금 만기 일시 상환조건)
ㄷ. 이자율 : 12%*, 매년 6월 30일 이자지급조건
* 시장이자율과 액면이자율은 동일하다고 가정한다.

① 20X1년 7월 1일

(차) 현 금	30,000,000	(대) 장기차입금	30,000,000

② 20X1년 12월 31일

(차) 이자비용	1,800,000	(대) 미지급비용	1,800,000

③ 20X2년 6월 30일

(차) 이자비용	3,600,000	(대) 현 금	3,600,000

④ 20X2년 12월 31일

(차) 이자비용	1,800,000	(대) 미지급비용	1,800,000

해설

• 20X2년 6월 30일 회계처리

(차) 이자비용	1,800,000	(대) 현 금	3,600,000
미지급비용	1,800,000		

• 이자비용 : 20X2년 1월 1일 ~ 20X2년 6월 30일 발생이자
• 미지급비용 : 20X1년 7월 1일 ~ 20X1년 12월 31일 발생이자

06 ① 07 ③ 정답

08 다음의 거래가 재무상태표 항목에 미치는 영향을 바르게 나타낸 것은? [22년 기출]

ㄱ. 액면 5,000원의 주식 10주를 1주당 6,000원에 발행하였다.
ㄴ. 배당금 20,000원을 지급하기로 결의하고 즉시 현금지급하였다.

	자본잉여금	이익잉여금
①	증 가	감 소
②	불 변	불 변
③	감 소	불 변
④	불 변	감 소

해설

ㄱ. (차) 현 금	60,000	(대)	자본금	50,000
			주식발행초과금	10,000
ㄴ. (차) 미처분이익잉여금	20,000	(대)	현 금	20,000

※ 주식발행초과금은 자본잉여금에 해당하며, 미처분이익잉여금은 이익잉여금에 해당한다.

09 다음 중 유동부채에 대한 설명으로 가장 올바르지 않은 것은? [22년 기출]

① 선수금은 일정기간 동안 계속적으로 용역을 제공하기로 약정하고, 수취한 수익 중 차기 이후에 속하는 금액을 의미한다.
② 예수금은 거래처 또는 종업원으로부터 일시적으로 현금을 수취하고 후에 이를 다시 반환하거나 해당기관에 납부할 때까지 기록하기 위하여 사용하는 계정이다.
③ 미지급비용은 이자비용이나 임차료처럼 비용이 발생하였으나 현금을 지급하지 않은 경우 발생기준에 따라 기간경과분에 해당하는 비용을 당기에 인식할 때 사용하는 부채계정이다.
④ 당기법인세부채는 법인세를 기중에 원천징수하거나 중간예납 등을 통해 선급한 법인세를 제외하고 보고기간 말에 인식하는 미지급법인세를 말한다.

해설

일정기간 동안 계속적으로 용역을 제공하기로 약정하고 수취한 수익 중 차기 이후에 속하는 금액으로서 기간귀속의 구분에 따른 부채는 선수수익이다.

정답 08 ① 09 ①

10 다음 중 비유동부채에 해당하는 것을 모두 고른 것은? [22년 기출]

> ㄱ. 자금조달을 위하여 당기에 발행한 3년 만기의 사채
> ㄴ. 당기 유상증자로 유입된 현금 중 주식의 액면금액을 초과하는 부분
> ㄷ. 당기 중 상품을 구입하면서 교부한 2년 만기의 어음
> ㄹ. 임직원의 퇴직에 대비하여 설정한 퇴직급여충당부채

① ㄱ, ㄴ, ㄷ ② ㄱ, ㄴ, ㄹ
③ ㄱ, ㄷ, ㄹ ④ ㄴ, ㄷ, ㄹ

해설
ㄱ. 만기가 1년을 초과하는 장기사채 : 비유동부채
ㄴ. 주식발행초과금 : 자본
ㄷ. 만기가 1년을 초과하는 장기어음 : 비유동부채
ㄹ. 퇴직급여충당부채 : 비유동부채

11 다음의 연속된 거래에서 미지급금 계정에 관한 내용으로 가장 옳은 것은?(단, 제시된 거래 이외의 거래는 없다) [22년 기출]

> • 7월 1일 (주)삼일은 (주)서울로부터 10,000,000원의 업무용 차량을 구입하고 3달 후 대금을 지급하기로 하다.
> • 8월 10일 차량 구입대금 중 5,000,000원을 현금으로 지급하다.

①

미지급금			
7/1	10,000,000		
8/10	5,000,000		

②

미지급금			
		8/10	5,000,000

③

미지급금			
7/1	10,000,000	8/10	5,000,000

④

미지급금			
8/10	5,000,000	7/1	10,000,000

해설
미지급금(부채)이 7월 1일 10,000,000원 발생하고, 8월 10일 5,000,000원 감소하였다.

10 ③ 11 ④ 정답

12 상품매매업을 영위하는 (주)삼일은 20X1년 12월 29일에 상품을 외상으로 매입하였으나 이에 대한 회계처리를 누락하였다. 이로 인하여 20X1년 말 (주)삼일의 재무상태표에 미치는 영향으로 가장 옳은 것은? [22년 기출]

	재고자산	매입채무
①	과소계상	과소계상
②	과소계상	과대계상
③	과대계상	과소계상
④	영향없음	영향없음

해설

• 정상 회계처리

(차) 재고자산(자산의 증가)	×××	(대) 매입채무(부채의 증가)	×××

※ 상기 회계처리 누락 시, 자산의 과소계상, 부채의 과소계상이 동시에 발생한다.

13 (주)삼일이 액면금액 100,000원의 사채를 105,000원에 발행하였을 경우 발행시점의 회계처리로 가장 옳은 것은? [22년 기출]

	차변	금액	대변	금액
①	(차) 현 금	100,000	(대) 사 채	100,000
②	(차) 현 금	100,000	(대) 사 채	105,000
	사채할인발행차금	5,000		
③	(차) 현 금	105,000	(대) 사 채	100,000
			사채할증발행차금	5,000
④	(차) 현 금	100,000	(대) 사 채	105,000
	사채할증발행차금	5,000		

해설

사채의 할증발행에 해당하므로 사채할증발행차금이 발생한다.

정답 12 ① 13 ③

14 다음 중 사채와 주식에 관한 설명으로 가장 옳은 것은? [22년 기출]

① 회사 해산 시에 채권자는 잔여재산에 대하여만 청구권을 가진다.
② 주주가 의결권을 행사함으로써 회사의 경영에 참가하는 것은 실질적으로 불가능하다.
③ 사채권자와 주주는 이익발생여부와 관계없이 각각 확정적인 이자와 배당금을 지급받는다.
④ 사채는 만기가 되면 상환되나, 보통주자본금은 감자나 해산 등의 절차를 밟지 않는 한 반환되지 않는다.

해설

① 회사 해산 시, 사채권자는 타 채권자와 동등한 우선순위를 갖고, 주주는 잔여재산에 대한 청구권만을 갖는다.
② 주주는 의결권이 부여된 주식을 보유함으로서 경영에 참여할 권리를 획득한다.
③ 사채권자는 확정적인 이자를 수취하나, 주주는 배당결의 여부에 따라 배당금을 수취한다.

15 다음 중 퇴직급여충당부채 관련 회계처리에 관한 설명으로 가장 올바르지 않은 것은? [22년 기출]

① 퇴직금은 '퇴직급여 보장에 관한 법률'이나 회사의 내부규정에 따라 지급하는데 기본적인 계산구조는 '평균급여 × 근속연수'이다.
② 재무상태표에 계상할 퇴직급여충당부채는 보고기간 말 현재 전 종업원이 일시에 퇴직할 경우 지급하여야 할 퇴직금에 상당하는 금액으로 한다.
③ 퇴직급여충당부채는 기말시점으로부터 1년 내에 지급될 것으로 예측되는 부분과 그렇지 않은 부분을 구분하여 각각 유동부채와 비유동부채로 구분하여야 한다.
④ 기초 퇴직급여충당부채에서 당기 퇴직한 종업원에게 실제로 지급한 퇴직금을 차감한 잔액과 당기 말 퇴직급여충당부채로 설정되어야 할 금액과의 차액을 당기 퇴직급여로 계상한다.

해설

퇴직급여충당부채는 그 지급시기를 합리적으로 추정할 수 없으므로 전액 비유동부채에 해당한다.

14 ④ 15 ③ 정답

16 (주)삼일은 20X1년 12월 1일 건물을 임대해주고 6개월분의 임대료로 1,800,000원을 현금으로 받았다. 또한 종업원 급여지급 시 총급여 500,000원 중에 근로소득세 30,000원과 건강보험료 20,000원을 차감한 450,000원을 지급하였다. 그 외의 다른 거래는 없다고 가정하였을 때 (주)삼일의 20X1년 12월 31일의 부채 증가액은 총 얼마인가? [22년 기출]

① 350,000원
② 1,500,000원
③ 1,550,000원
④ 2,300,000원

해설

• 선수임대료(부채) = 1,800,000원 × $\frac{5}{6}$ = 1,500,000원

• 예수금(부채) = 30,000원 + 20,000원 = 50,000원
∴ 부채 증가액 = 선수임대료 1,500,000원 + 예수금 50,000원 = 1,550,000원

17 다음 거래에서 (주)삼일의 20X2년 12월 31일의 회계처리 시 대변에 나타날 수 있는 계정으로 가장 옳은 것은? [22년 기출]

• 20X1년 1월 1일	(주)삼일은 은행으로부터 3년을 기한으로 10,000,000원을 차입하고 만기일에 현금으로 상환하기로 하였다.
• 20X2년 12월 31일	상환기일이 1년 이내로 도래하여 대체분개를 하였다.

① 사 채
② 단기차입금
③ 장기차입금
④ 유동성장기부채

해설
• 20X2년 12월 31일 회계처리

(차) 장기차입금	10,000,000	(대) 유동성장기부채	10,000,000

정답 16 ③ 17 ④

18 다음의 회계처리가 재무제표에 미치는 영향으로 가장 옳은 것은? [22년 기출]

(차) 매입채무	100,000	(대) 현 금	100,000

ㄱ. 유동자산이 감소한다.
ㄴ. 당기순이익은 불변이다.
ㄷ. 유동부채가 증가한다.
ㄹ. 재고자산이 증가한다.

① ㄱ, ㄴ
② ㄴ, ㄷ
③ ㄴ, ㄹ
④ ㄷ, ㄹ

해설

ㄱ. 유동자산(현금)이 감소한다.
ㄴ. 당기순이익은 영향이 없다.
ㄷ. 유동부채(매입채무)가 감소한다.
ㄹ. 재고자산은 변동하지 않는다.

19 다음 거래를 분개할 경우 대변에 나타날 계정과목으로 가장 옳은 것은? [22년 기출]

(주)삼일은 (주)대구에 2,000,000원의 상품을 매입하고 현금 1,900,000원을 지급하였다. 단, 이전에 계약서를 작성하며 계약금 100,000원을 현금으로 지급한 상태이다.

① 재고자산
② 현금, 매출
③ 현금, 선수금
④ 현금, 선급금

해설

(차) 상품(재고자산)	2,000,000	(대) 현 금	1,900,000
		선급금	100,000

18 ① 19 ④ 정답

20 다음 중 퇴직급여충당부채에 관한 설명으로 가장 옳은 것은? [22년 기출]

① 퇴직급여충당부채는 유동부채로 분류한다.
② 임직원의 퇴직시점에서 전액을 비용처리하는 실현주의에 기초한다.
③ 결산일 현재 전 임직원이 일시에 퇴사할 경우 지급해야할 퇴직급예상액을 설정한다.
④ 퇴직급여충당부채는 지불할 퇴직급여를 대신하여 차변에 설정한다.

해설

① 퇴직급여충당부채는 비유동부채로 분류한다.
② 임직원이 재직하는 동안 퇴직금추계액을 기준으로 충당부채를 계상하며 비용처리한다.
④ 퇴직급여충당부채는 부채로서 대변에 설정한다.

21 다음 중 부채에 관한 설명으로 가장 올바르지 않은 것은? [22년 기출]

① 유형자산을 구입하고 대금을 지급하지 않은 것은 미지급금에 해당한다.
② 차용증서에 의하여 금전을 빌릴 때 발생하는 부채를 차입금이라 한다.
③ 상품매매업을 영위하는 기업이 판매할 상품을 구입하고 지급하지 않은 금액은 외상매입금에 해당한다.
④ 선수수익은 상품을 매출하기로 하고 수령한 계약금에 대한 부채 계정이다.

해설

선수수익은 용역 등을 제공하기로 약정하고 용역 제공에 앞서 먼저 수령한 금전 등을 말한다.

22 다음의 조건으로 사채를 발행할 경우 사채발행과 관련된 분개에서 차변에 나타날 계정과목으로 가장 옳은 것은? [22년 기출]

• 만기	3년
• 시장이자율	12%
• 액면이자율	10%

① 현금, 사채할증발행차금
② 현금, 사채할인발행차금
③ 현금
④ 사채, 사채할인발행차금

해설

• 시장이자율보다 액면이자율이 낮으므로 불리한 조건으로 사채를 발행(할인발행)하게 된다.

(차)	현 금	×××	(대) 사 채	×××
	사채할인발행차금	×××		

정답 20 ③ 21 ④ 22 ②

PART 2 계정과목 이해하기

CHAPTER 04 자본계정

자본은 기업의 자산에서 모든 부채를 차감한 후의 잔여지분이다. 자본은 자본금, 자본잉여금, 자본조정, 기타포괄손익누계액, 이익잉여금으로 구분한다.

재무상태표

기업명	20X1년 12월 31일 (단위 : 원)
Ⅰ. 유동자산	Ⅰ. 유동부채
(1) 당좌자산	
(2) 재고자산	Ⅱ. 비유동부채
Ⅱ. 비유동자산	Ⅰ. **자본금**
(1) 투자자산	Ⅱ. **자본잉여금**
(2) 유형자산	Ⅲ. **자본조정**
(3) 무형자산	Ⅳ. **기타포괄손익누계액**
(4) 기타비유동자산	Ⅴ. **이익잉여금**

01 자본의 의의

1 자본이란

자본은 기업자산에 대한 소유주의 청구권으로서, 자산총액에서 부채총액을 차감한 잔액이다(자본 = 자산총액 − 부채총액). 즉, 주주지분은 자산과 부채의 평가결과에 따라 부차적으로 산출되는 잔여지분의 성격을 갖는다. 재무상태표 대변은 부채와 자본으로서 자산에 대한 자금조달의 원천이며, 동시에 자산에 대한 청구권을 나타낸다. 부채는 채권자의 청구권이고, 자본은 소유주의 청구권이다. 이때 채권자가 우선적 권리를 갖기 때문에 자본은 자산에서 부채를 차감한 잔액이 된다. 따라서 자본을 잔여지분, 순자산, 소유주 지분이라고도 부른다.

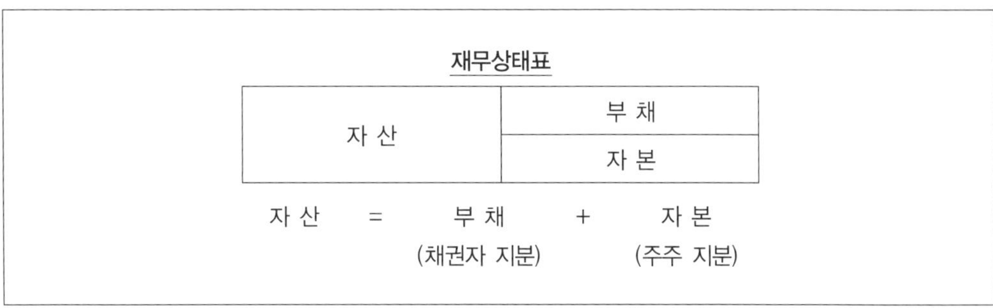

2 부채와 자본의 비교

부채와 자본은 모두 회사의 자산에 대한 청구권을 의미한다. 그러나 그 청구권의 우선순위에 있어서는 부채가 우선권을 가진다. 다음의 재무상태표를 참고해 보자.

재무상태표

100(자산)	40(부채)
	60(자본)

만약 (주)부실이 회사를 청산하여 재산을 분배한다고 가정하자. 먼저 기업의 자산을 모두 처분하여 현금화한 뒤 채권자와 주주에게 나누어 주어야 한다. 이때 자산을 처분한 금액이 100원이라면 아무런 문제가 없으나 만약 자산을 처분하여 현금화된 금액이 70원이었다고 가정하자. 이를 채권자와 주주 중 채권자는 우선적 청구권을 가지므로 40원 모두를 받게 되며 주주는 잔여재산인 30원만을 받게 된다. 기업을 경영하다가 폐업을 하고 기업재산을 처분하는 경우 채무를 먼저 변제하고 소유주는 남은 차액을 가져가야 하는 것은 당연한 이치이다. 따라서 채권자는 기업의 자산에 대하여 우선적 청구권을 가지며 주주는 잔여재산의 청구권을 가진다.

또한 부채에는 만기일이 존재하며 기업은 그 부채를 상환하여야 할 의무가 있다. 그러나 자본의 경우 만기일이 없으며 이는 기업이 상환하여야 할 성격이 아니다. 또한 부채에 대하여는 기업의 순이익과 관련 없이 사전에 약정된 이자율에 따른 이자를 지급하나, 자본의 경우 순이익 중 일부를 배당으로 지급한다.

구 분	부 채	자 본
청구권한	우선적 청구권	잔여재산 청구권
만기일	있 음	없 음
상환의무	있 음	없 음
대가지급	약정이자	이익배당
경영참여	없 음	주주총회 의결권

3 자본의 분류

법률적 관점에서는 자본을 법정자본과 잉여금으로 분류한다. 법정자본은 자본금이라고 하며, 채권자 보호 등의 관점에서 회사가 유지하여야 할 자산가액의 최저한도를 의미한다. 그리고 잉여금은 자본잉여금과 이익잉여금으로 구분되는데 자본잉여금은 자본금을 초과하여 출자한 금액을 의미하며, 이익잉여금은 회사가 벌어들인 이익 중 회사에 남아있는 금액을 말한다. 일반기업회계기준에서는 현재 자본을 자본금, 자본잉여금, 자본조정, 기타포괄손익누계액, 이익잉여금으로 구분하고 있다.

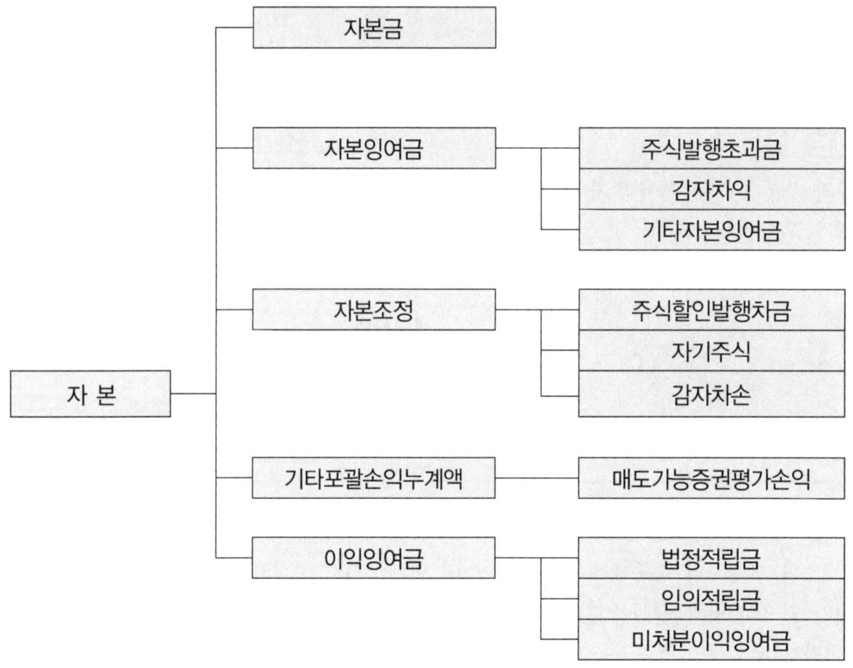

02 자본금

1 자본금의 의의

자본금이란 회사의 주주가 투자한 금액으로서 주주의 지분을 표시하는 금액이다. 또한 채권자 보호 등의 관점에서 회사가 유지하여야 할 자산가액의 최저한도를 의미한다. 이러한 자본금은 회사가 발행한 주식의 액면가액* 합계로 나타낸다. 예를 들어 주식의 액면가액이 5,000원인 주식 10,000주를 발행하였다면 자본금은 50,000,000원(@5,000원 × 10,000주)이 된다.

자본금 = 발행주식수 × 1주당 액면가액

* 액면가액 : 주식이나 사채에 표시되어 있는 금액

2 주식의 발행

(1) 일반적인 주식발행

주주로부터 현금을 수령하고 주식을 발행하는 경우에 주식의 발행금액이 액면금액보다 크다면 그 차액을 주식발행초과금으로 하여 자본잉여금으로 회계처리한다. 발행금액이 액면금액보다 작다면 그 차액을 주식발행초과금의 범위 내에서 상계처리하고, 미상계된 잔액이 있는 경우에는 자본조정의 주식할인발행차금으로 회계처리한다. 이익잉여금(결손금) 처분(처리)으로 상각되지 않은 주식할인발행차금은 향후 발생하는 주식발행초과금과 우선적으로 상계한다.

(2) 주식발행의 회계처리

주식을 발행하여 수령하는 현금의 금액을 주식발행가액이라 하며, 액면가액(액면가 × 발행주식수)과 비교하여 그 크기에 따라 액면발행, 할증발행, 할인발행으로 구분한다. 주식발행가액이 액면가액을 초과할 때 차액을 주식발행초과금으로 처리하며 자본잉여금으로 분류한다. 주식발행가액이 액면가액에 미달될 경우 주식할인발행차금으로 처리하고 자본조정으로 분류하여 자본을 차감하는 형식으로 기재한다.

① 액면발행 :	(차) 현 금	×××	(대) 자본금	×××
② 할증발행 :	(차) 현 금	×××	(대) 자본금	×××
			주식발행초과금 (자본잉여금)	×××
③ 할인발행 :	(차) 현 금	×××	(대) 자본금	×××
	주식할인발행차금 (자본조정)	×××		

예 제 ▸ 주식의 발행

(주)리젠은 액면 5,000원인 주식 1,000주를 발행하였다. 발행가액이 각각 다음과 같을 때 회계처리와 부분재무상태표를 작성하시오.

1. 1주당 발행가액 5,000원
2. 1주당 발행가액 7,000원
3. 1주당 발행가액 4,000원

[풀이]

1. 액면발행

(차) 현 금	5,000,000	(대) 자본금	5,000,000

부분재무상태표

자 본	
Ⅰ. 자본금	5,000,000
총 자본액	5,000,000

2. 할증발행

(차) 현 금	7,000,000	(대) 자본금	5,000,000
		주식발행초과금	2,000,000

부분재무상태표

자 본	
Ⅰ. 자본금	5,000,000
Ⅱ. 자본잉여금	
1. 주식발행초과금	2,000,000
총 자본액	7,000,000

3. 할인발행

(차) 현 금	4,000,000	(대) 자본금	5,000,000
주식할인발행차금	1,000,000		

부분재무상태표

자 본	
Ⅰ. 자본금	5,000,000
⋮	
Ⅲ. 자본조정	
1. 주식할인발행차금	(1,000,000)
총 자본액	4,000,000

3 신주발행비

지분상품을 발행하거나 취득하는 과정에서 등록비 및 기타 규제 관련 수수료, 법률 및 회계자문 수수료, 주권인쇄비* 및 인지세**와 같은 여러 가지 비용이 발생한다. 이러한 자본거래 비용 중 자본거래가 없었다면 회피가능하고 자본거래에 직접 관련되어 발생한 추가비용에 대해서는 관련된 법인세효과를 차감한 금액을 주식발행초과금에서 차감하거나 주식할인발행차금에 가산한다. 중도에 포기한 자본거래 비용은 당기손익으로 인식한다.

* 주권인쇄비 : 주식을 발행하여 상품권과 같은 형태의 증서로 주주에게 제공하는 경우 이러한 주식증서를 인쇄하는데 들어가는 비용

** 인지세 : 주권을 발행하기 위해서는 주권의 장수당 일정금액의 인지세를 세금으로 국가에 내야 한다.

예 제 ▸ 신주발행비

(주)리젠은 액면 5,000원인 주식 1,000주를 발행하고 신주발행비로 500,000원을 지출하였다. 발행가액이 각각 다음과 같을 때 회계처리를 나타내시오.

1. 1주당 발행가액 5,000원
2. 1주당 발행가액 7,000원
3. 1주당 발행가액 4,000원

[풀이]

1. 1주당 발행가액 5,000원

(차)	현 금	4,500,000	(대)	자본금	5,000,000
	주식할인발행차금	500,000			

2. 1주당 발행가액 7,000원

(차)	현 금	6,500,000	(대)	자본금	5,000,000
				주식발행초과금	1,500,000

3. 1주당 발행가액 4,000원

(차)	현 금	3,500,000	(대)	자본금	5,000,000
	주식할인발행차금	1,500,000			

예 제 ▸ 동일 주식의 발행 시 회계처리(연결되는 회계처리)

다음의 거래내역을 회계처리하시오.

1. (주)한국은 액면 5,000원인 주식 1,000주를 20X1년 1월 1일에 1주당 8,000원으로 발행하였다.
2. (주)한국은 액면 5,000원인 주식 500주를 20X1년 6월 30일 1주당 3,000원으로 발행하였다.

[풀이]

1. (차)	현 금	8,000,000	(대) 자본금	5,000,000
			주식발행초과금	3,000,000
2. (차)	현 금	1,500,000	(대) 자본금	2,500,000
	주식발행초과금	1,000,000		

※ 동일한 기업에서의 주식발행 시 발생한 주식발행초과금이 있다면 먼저 주식할인발행차금과 상계한다.

03 자본잉여금

1 자본잉여금의 의의

자본잉여금이란 주식의 발행, 주식의 소각 등 주주와의 자본거래에서 발생하는 잉여금이다. 일반기업회계기준에서 자본잉여금을 주식발행초과금, 감자차익, 기타자본잉여금으로 구분하고 있다. 자본잉여금은 자본거래, 즉 자본을 조달하거나 감소시키는 거래로부터 발생한 잉여금이다. 따라서 손익거래로 인한 이익잉여금과는 구분되며, 손익계산서를 거치지 않고 직접 재무상태표에 반영된다. 자본잉여금은 크게 주식발행초과금과 감자차익, 기타자본잉여금으로 구분된다.

자본잉여금
- 주식발행초과금
- 감자차익
- 기타자본잉여금
  - 자기주식처분이익
  - 기 타

2 주식발행초과금

주식발행가액(증자의 경우에 신주발행수수료 등 신주발행을 위하여 직접 발생한 기타의 비용을 차감한 후의 가액을 말한다)이 액면가액을 초과하는 경우 당해 초과액을 말한다.

3 감자차익

기업은 기업규모를 전체적으로 줄이거나 결손보전을 위하여 자본금을 감소시키게 된다. 이렇게 자본금을 감소시키는 것을 감자라 하는데 감자는 주주들로부터 주식을 회수하여 소각하는 방법으로 하며, 이는 상법상의 엄격한 절차에 의하여야 한다. 자본금을 감소시킬 때에 주주들이 소유한 주식을 소각하고 주금을 반환하는 경우가 있다. 이때 감소되는 자본금보다 적은 금액을 반환하여 주게 될 때 발생하는 잉여금이 감자차익이다.

예 제 ▸ 유상감자

다음 (주)리젠의 자료를 참고로 하여 일자별 회계처리를 나타내시오.

1월 5일	액면 5,000원의 주식 1,000주를 1주당 5,000원에 발행하였다.
6월 1일	100주의 주식을 소각하며 감자대가로 주주들에게 주당 4,000원을 지급하였다.

[풀이]

1/5	(차) 현 금	5,000,000	(대) 자본금	5,000,000
6/1	(차) 자본금	500,000	(대) 현 금	400,000
			감자차익 (자본잉여금)	100,000

4 기타자본잉여금

기타자본잉여금이란 주식발행초과금, 감자차익 이외의 자본잉여금을 말하는데 대표적인 예로 자기주식처분이익이 있다. 자기주식처분이익이란 자기주식을 매입해서 처분할 때 차이에 의해 발생한다.

① **자기주식처분이익** : 처분가액 > 취득가액(기타자본잉여금)

② **자기주식처분손실** : 처분가액 < 취득가액(자본조정)

자기주식처분손실이 발생한 경우 이미 계상되어 있는 자기주식처분이익과 상계처리하고 잔액만을 자본조정으로 기재한다. 자기주식의 회계처리에 대하여는 자본조정에서 자세히 살펴본다.

04 자본조정

1 자본조정의 의의

자본조정이란 자본금, 자본잉여금 이외의 임시적인 성격의 자본 항목으로 볼 수 있다. 자본조정 계정은 자본의 자본잉여금 다음에 그 내용을 구분하여 자본에 가산 또는 차감하는 형식으로 표시된다. 일반기업회계기준에서는 자본조정 항목으로 주식할인발행차금, 자기주식, 감자차손 등을 열거하고 있다.

2 주식할인발행차금

주식발행가액이 액면가액에 미달될 경우 주식할인발행차금으로 처리하고 자본조정으로 분류하여 자본을 차감하는 형식으로 기재한다.

예 제 ▸ 주식할인발행차금

(주)훈민은 액면 5,000원인 주식 10,000주를 1주당 4,000원에 발행하고 신주발행비로 2,000,000원을 지출하였다. 회계처리를 나타내시오.

[풀이]

(차) 현 금	38,000,000	(대) 자본금	50,000,000
주식할인발행차금	12,000,000		

3 자기주식

(1) 자기주식의 취득

자기주식이란 기업이 여러 가지 목적으로 회사가 기발행한 주식을 재취득하여 보유하고 있는 것을 말한다. 자기주식을 취득한 것은 유통주식수를 감소시키며, 자본의 감소를 가져오므로 자본조정으로 분류하여 자본의 차감계정으로 분류한다.

예 제 ▸ 자기주식의 취득

(주)미래는 20X1년 1월 5일 액면 5,000원의 주식 1,000주를 1주당 5,000원에 발행하였다. (주)미래는 5월 1일 자기주식 100주를 5,000원에 구입하였다. 회계처리와 부분재무상태표를 작성하시오.

[풀이]

1/5	(차) 현 금	5,000,000	(대) 자본금	5,000,000
5/1	(차) 자기주식	500,000	(대) 현 금	500,000

부분재무상태표

자 본	
Ⅰ. 자본금	5,000,000
⋮	
Ⅲ. 자본조정	
1. 자기주식	(500,000)
총 자본액	4,500,000

(2) 자기주식의 처분

자기주식을 처분하는 경우 처분금액이 장부금액보다 크다면 그 차액을 자기주식처분이익으로 하여 자본잉여금으로 회계처리한다. 처분금액이 장부금액보다 작다면 그 차액을 자기주식처분이익의 범위 내에서 상계처리하고, 미상계된 잔액이 있는 경우에는 자본조정의 자기주식처분손실로 회계처리한다. 이익잉여금(결손금) 처분(처리)으로 상각되지 않은 자기주식처분손실은 향후 발생하는 자기주식처분이익과 우선적으로 상계한다.

① 자기주식처분이익 : 처분가액 > 취득가액(기타자본잉여금)

② 자기주식처분손실 : 처분가액 < 취득가액(자본조정)

예 제 ▸ 자기주식의 처분

다음의 거래내역을 회계처리하시오.

> (주)리젠은 20X1년 1월 5일 액면 5,000원의 주식 1,000주를 1주당 5,000원에 발행하였다. (주)리젠은 5월 1일 자기주식 100주를 500,000원에 구입하였다. (주)리젠은 5월 15일 동 주식을 700,000원에 매각한 경우와 400,000원에 매각한 경우로 나누어 일자별 분개와 부분재무상태표를 나타내시오.

[풀이]

1. 주식을 700,000원에 매각한 경우

1/5	(차) 현 금	5,000,000	(대)	자본금	5,000,000
5/1	(차) 자기주식	500,000	(대)	현 금	500,000
5/15	(차) 현 금	700,000	(대)	자기주식	500,000
				자기주식처분이익	200,000

부분재무상태표

자 본	
Ⅰ. 자본금	5,000,000
⋮	
Ⅱ. 자본잉여금	
1. 기타자본잉여금	200,000
총 자본액	5,200,000

2. 주식을 400,000원에 매각한 경우

1/5	(차) 현 금	5,000,000	(대) 자본금	5,000,000
5/1	(차) 자기주식	500,000	(대) 현 금	500,000
5/15	(차) 현 금	400,000	(대) 자기주식	500,000
	자기주식처분손실	100,000		

부분재무상태표

자 본	
Ⅰ. 자본금	5,000,000
⋮	
Ⅲ. 자본조정	
1. 자기주식처분손실	(100,000)
총 자본액	4,900,000

4 감자차손

감자차손이란 자본금을 감소시킬 때 주주들에게 지급한 감자대가가 자본금보다 큰 경우 발생하는 손실을 말한다.

예 제 ▸ 감자차손

다음 (주)리젠의 자료를 참고로 하여 일자별 회계처리를 나타내시오.

1월 5일	액면 5,000원의 주식 1,000주를 1주당 5,000원에 발행하였다.
10월 1일	200주의 주식을 소각하며 감자대가로 주주들에게 주당 7,000원을 지급하였다.

[풀이]

1/5	(차) 현 금	5,000,000	(대) 자본금	5,000,000
10/1	(차) 자본금	1,000,000	(대) 현 금	1,400,000
	감자차손	400,000		
	(자본조정)			

05 기타포괄손익누계액

1 기타포괄손익누계액의 의의

기타포괄손익누계액이란 당기손익에 포함되지 않지만 자본 항목에 포함되는 평가손익의 잔액이며, 대표적인 항목으로 매도가능증권평가손익이 있다. 매도가능증권평가손익은 매도가능증권을 공정가치에 의하여 평가하는 경우 그 평가손익을 말하며, 이는 손익계산서에 반영하여 당기손익에 포함하지 않고, 자본에 가감하는 형식으로 표시한다. 매도가능증권에서 발생한 평가손익은 미실현보유손익이므로 이는 당기손익에 포함하지 않으나, 이에 대한 정보를 정보이용자에게 공시하고, 이를 평가시점이 아닌 처분시점이 속하는 시점의 손익에 반영하기 위하여 자본 항목으로 분류한다.

06 이익잉여금

1 이익잉여금의 의의

이익잉여금이란 손익거래에서 발생한 이익으로서 배당금 등으로 사외에 유출되지 않고 사내에 유보된 금액을 말하며, 유보이익이라고도 한다. 이러한 이익잉여금은 처분절차를 거쳐 주주에게 나누어 주거나 사내에 유보시키게 된다. 이익잉여금의 처분내용을 보여주는 보고서가 이익잉여금처분계산서이며, 이익잉여금처분계산서는 주석으로 공시한다.

잉여금의 처분은 보고기간종료일(일반적으로 매년 12월 31일) 이후에 주주총회에서 확정된다. 따라서 이익잉여금처분계산서에 포함된 처분내용, 즉 배당 등은 재무상태표일 현재 아직 확정되지 않았으므로 재무상태표에 부채로 인식하지 않으며, 재무상태표에는 이익잉여금 미처분의 재무상태를 표시한다. 즉, 당기말 재무상태표에는 이익잉여금이 처분되기 전의 금액을 보고하므로 이익잉여금을 어떻게 처분할 것인지에 대한 정보를 제공하는 것이 이익잉여금처분계산서인 것이다. 한편, 결손이 누적되어 있는 경우에는 결손금처리계산서를 작성한다. 이익잉여금처분계산서(또는 결손금처리계산서)는 재무상태표의 보충정보로서 필요한 경우에 주석에 기재하여 공시한다.

재무상태표		이익잉여금처분계산서	
자 본		Ⅰ. 미처분이익잉여금	×××
Ⅰ. 자본금	×××		
		전기이월미처분이익잉여금	×××
Ⅴ. 이익잉여금		당기순이익	×××
1. 법정적립금	×××		
2. 임의적립금	×××	Ⅱ. 이익잉여금처분액	×××
3. 미처분이익잉여금	××× ◀	Ⅲ. 차기이월미처분이익잉여금	×××

2 잉여금의 처분

이익잉여금처분계산서

제××기 20X1년 1월 1일부터　20X1년 12월 31일까지

(주)미래　　처분확정일 20X2년 3월 1일　　(단위 : 원)

구 분	제×(당)기 금 액	
Ⅰ. 미처분이익잉여금		4,000,000
1. 전기이월미처분이익잉여금	1,000,000	
2. 전기오류수정손익	0	
3. 당기순이익 (또는 당기순손실)	3,000,000	
Ⅱ. 임의적립금 등의 이입액	800,000	800,000
합 계(Ⅰ + Ⅱ)		4,800,000
Ⅲ. 이익잉여금처분액		2,100,000
1. 이익준비금	100,000	
2. 기타법정적립금	0	
3. 배당금		
가. 현금배당	1,000,000	
나. 주식배당	600,000	
4. 사업확장적립금	400,000	
차기이월미처분이익잉여금(Ⅰ + Ⅱ − Ⅲ)		2,700,000

(1) 미처분이익잉여금

미처분이익잉여금이란 잉여금을 처분하기 전에 처분가능한 잉여금으로서 전기로부터 이월된 잉여금 1,000,000원과 당기순이익 3,000,000원을 합한 금액이다. 전기로부터 이월된 잉여금이란 전기의 당기순이익 등에서 이익잉여금의 처분을 반영하고 남은 것이 당기로 이월된 것이다.

(2) 임의적립금 등의 이입액

회사가 법의 규정에 의하여 강제적으로 적립한 금액이 아닌 임의적립금 등의 이입액에 대하여는 미처분잉여금과 합산하여 당기의 처분가능 이익잉여금을 구성한다.

(3) 이익준비금

법정적립금은 법에 의하여 이익잉여금 중 일정액을 강제로 적립하여야 하는 금액을 말한다. 법정적립금의 사례로는 이익준비금이 있는데 주식회사는 자본금의 1/2에 달할 때까지 매 결산기의 현금배당액의 1/10 이상의 금액을 이익준비금으로 적립하여야 한다. 위에서는 현금배당액이 1,000,000원이므로 100,000원을 적립하였는데 이에 대한 회계처리를 나타내면 다음과 같다.

(차)	미처분이익잉여금 (이익잉여금의 감소)	100,000	(대)	이익준비금 (이익잉여금의 증가)	100,000

이는 이익잉여금 내부에서의 계정 재분류에 해당하므로 이익잉여금은 물론 기업의 순자산에 변동을 주지 않는다. 다만, 이익잉여금 중 일정액을 배당할 수 없도록 처분하여 계정을 달리하는 것이다.

(4) 임의적립금

임의적립금이란 적립이 강제되어 있지는 않으나 회사의 특별한 목적을 위해 적립하는 적립금이다. 예를 들어 사업확장적립금의 경우 수년 이내 공장부지를 늘리거나 투자를 통해 사업범위의 확장을 준비하기 위하여 적립하는 금액이다. 이러한 임의적립금은 처분절차를 거친 뒤 다음 기에 다시 처분가능한 이익잉여금으로 합산된다. 위에서는 사업확장적립금으로 400,000원을 처분하였는데 이에 대한 회계처리를 나타내면 다음과 같다.

(차)	미처분이익잉여금 (이익잉여금의 감소)	400,000	(대)	사업확장적립금 (이익잉여금의 증가)	400,000

이 역시 이익잉여금 내부에서의 계정 재분류에 해당하지만 위의 'Ⅱ. 임의적립금 등의 이입액'에서 살펴보듯이 다음 기의 잉여금 처분 시 미처분이익잉여금으로 이입하여 기업 의사에 따라 배당금 등 이익처분의 재원으로 활용할 수 있다.

(5) 배 당

배당은 회사가 벌어들인 수익을 주주들에게 배분하는 과정으로 현금배당과 주식배당이 있다. 현금배당은 배당금을 현금으로 지급하는 것이고, 주식배당은 배당금을 주식으로 교부하는 것이다. 이에 대한 회계처리는 잉여금을 처분하는 시점과 배당금을 지급하는 시점으로 나누어진다.

① 현금배당

• 잉여금 처분 시

(차)	미처분이익잉여금 (이익잉여금의 감소)	1,000,000	(대)	미지급배당금 (부채의 증가)	1,000,000

• 배당금 지급 시

(차)	미지급배당금 (부채의 감소)	1,000,000	(대)	현 금 (자산의 감소)	1,000,000

② 주식배당

• 잉여금 처분 시

(차)	미처분이익잉여금 (이익잉여금의 감소)	600,000	(대)	미교부주식배당금 (자본조정의 증가)	600,000

• 배당금 지급 시

(차)	미교부주식배당금 (자본조정의 감소)	600,000	(대)	자본금 (자본금의 증가)	600,000

현금배당은 차후 배당금 지급 시 현금을 지급할 것이므로 처분시점에 미지급배당금이란 부채로 계상한다. 그러나 주식배당은 배당금을 지급하는 것이 아닌 자본금이 증가하게 되므로 처분시점에 자본의 임시계정이라 할 수 있는 자본조정으로 처리하게 된다.

(6) 차기이월미처분이익잉여금

처분가능한 이익잉여금 중 처분내용을 반영하고 남은 잉여금은 다음 기로 넘어가게 되는데 이를 차기이월이익잉여금이라 한다. 즉, 처분가능 이익잉여금에서 잉여금 처분액을 차감한 잔액이 된다. 한편, 위에서 살펴본 대로 재무상태표에는 미처분이익잉여금이 기록된다.

예 제 ▸ 이익잉여금처분계산서

(주)리젠은 20X1년 1월 1일 설립하여 영업활동을 시작하였다. 다음의 거래에 대하여 일자별 회계처리를 나타내고, 20X1년과 20X2년의 이익잉여금처분계산서를 작성하시오.

〈20X1년〉

1. 당기순이익으로 5,000,000원을 보고하다.
2. 주주총회에서(20X2. 3. 1) 다음과 같이 잉여금의 처분을 결의하다.

이익준비금	300,000원
현금배당	3,000,000원
사업확장적립금 설정액	500,000원

〈20X2년〉

1. 3월 14일 배당금 3,000,000원을 현금지급하다.
2. 당기순이익으로 8,500,000원을 보고하다.
3. 주주총회에서(20X3. 3. 10) 다음과 같이 잉여금의 처분을 결의하다.

사업확장적립금 이입(환입)액	400,000원
이익준비금	600,000원
현금배당	6,000,000원

〈20X3년〉

1. 3월 25일 배당금 6,000,000원을 현금으로 지급하다.

[풀이]

1. 회계처리

일 자	회계처리				
〈20X1년〉					
12월 31일	(차) 집합손익	5,000,000	(대)	미처분이익잉여금	5,000,000
〈20X2년〉					
3월 1일	(차) 미처분이익잉여금	3,800,000	(대)	이익준비금	300,000
				미지급배당금	3,000,000
				사업확장적립금	500,000
3월 14일	(차) 미지급배당금	3,000,000	(대)	현 금	3,000,000
12월 31일	(차) 집합손익	8,500,000	(대)	미처분이익잉여금	8,500,000
〈20X3년〉					
3월 10일	(차) 사업확장적립금	400,000	(대)	미처분이익잉여금	400,000
	(차) 미처분이익잉여금	6,600,000	(대)	이익준비금	600,000
				미지급배당금	6,000,000
3월 25일	(차) 미지급배당금	6,000,000	(대)	현 금	6,000,000

2. 이익잉여금처분계산서

이익잉여금처분계산서

20X1. 1. 1 ~ 20X1. 12. 31

(주)리젠	처분확정일 20X2. 3. 1	(단위 : 원)
Ⅰ. 미처분이익잉여금		5,000,000
1. 당기순이익	5,000,000	
Ⅱ. 임의적립금 등의 이입액		
합 계		5,000,000
Ⅲ. 이익잉여금처분액		3,800,000
1. 이익준비금	300,000	
2. 배당금	3,000,000	
3. 사업확장적립금	500,000	
차기이월미처분이익잉여금		1,200,000

이익잉여금처분계산서

20X2. 1. 1 ~ 20X2. 12. 31

(주)리젠	처분확정일 20X3. 3. 10	(단위 : 원)
Ⅰ. 미처분이익잉여금		9,700,000
1. 전기이월미처분이익잉여금	1,200,000	
2. 당기순이익	8,500,000	
Ⅱ. 임의적립금 등의 이입액		400,000
합 계		10,100,000
Ⅲ. 이익잉여금처분액		6,600,000
1. 이익준비금	600,000	
2. 배당금	6,000,000	
차기이월미처분이익잉여금		3,500,000

04 단원별 기출문제

01 다음 중 자본에 관한 내용으로 가장 올바르지 않은 것은? [22년 기출]

① 자본금은 '발행주식수 × 1주당 발행가액'으로 계산한다.
② 주식발행초과금은 자본잉여금으로 회사의 설립 시 또는 증자 시에 주식의 액면금액을 초과하여 납입된 금액을 말한다.
③ 이익잉여금은 손익거래에서 발생한 이익 중에서 배당을 하지 않고 기업내부에 유보되어 있는 금액을 말한다.
④ 자본조정은 자본거래에 해당하여 자본을 증감시키지만 자본금, 자본잉여금으로 분류할 수 없는 항목이다.

해설
자본금은 '발행주식수 × 1주당 액면금액'으로 계산한다.

02 20X1년 1월 1일 보통주 50주(주당 액면금액 10,000원)를 주당 11,000원에 할증발행하는 과정에서 발행수수료와 증자 등기비용 등으로 30,000원이 발생하였다. 위 거래를 적절하게 분개한 것은 무엇인가? [22년 기출]

①	(차) 현 금	550,000	(대) 자본금	550,000
②	(차) 현 금	550,000	(대) 자본금	500,000
			주식발행초과금	50,000
③	(차) 현 금	520,000	(대) 자본금	500,000
			주식발행초과금	20,000
④	(차) 현 금	550,000	(대) 자본금	550,000
	배당금	30,000	현 금	30,000

해설
- 자본금 = 발행주식수 50원 × 1주당 액면금액 10,000원 = 500,000원
- 주식발행초과금 = {(1주당 발행금액 11,000원 − 1주당 액면금액 10,000원) × 발행주식수 50주} − 주식발행비용 30,000 = 20,000원

※ 발행금액이 액면금액을 초과하는 부분은 주식발행초과금이라 한다.
※ 주식의 발행에 직접 관련되어 발생하는 제반 비용은 주식발행초과금에서 차감하거나 주식할인발행차금에 가산한다.

01 ① 02 ③ 정답

03 다음 중 괄호 안에 공통으로 들어갈 항목으로 가장 옳은 것은? [22년 기출]

• ( )은 자본거래로 인한 자본의 증가분 중 법정자본금(액면금액)을 초과하는 잉여금을 말한다.
• ( )은 이익잉여금과는 달리 자본거래에서 발생하므로 손익계산서를 거치지 않고 자본계정에 직접 가감되는 특징을 가지고 있다.

① 자본금 ② 자본잉여금
③ 자본조정 ④ 기타포괄손익누계액

해설

손익거래로 인한 잉여금은 이익잉여금으로, 자본거래로 인한 잉여금은 자본잉여금으로 분류한다. 대표적인 자본잉여금에는 주식발행초과금이 있는데, 주주가 회사에 자본금을 납입할 때 액면가액 이상으로 납입하는 경우 발생하는 그 액면 초과액을 말한다. 이렇게 자본의 출자 또는 환급과 같은 주주와 거래하는 자본거래에서 발생하는 잉여금을 자본잉여금이라 한다.

04 다음의 자본계정 중 그 분류가 다른 하나는 무엇인가? [22년 기출]

① 감자차손 ② 자기주식
③ 주식발행초과금 ④ 주식할인발행차금

해설

주식발행초과금은 자본잉여금에 해당하고, 나머지는 자본조정에 해당한다.

05 다음의 자료를 분개할 경우 이익잉여금 처분사항 확정시점의 회계처리로 가장 옳은 것은? [22년 기출]

〈(주)삼일의 이익잉여금에 대한 주주총회 처분 확정 내역〉
• 현금배당 : 40,000,000원
• 법정적립금 : 상법규정에 의한 현금배당액의 1/10

①	(차) 미지급배당금	40,000,000	(대)	현 금	40,000,000
	미처분이익잉여금	4,000,000		이익준비금	4,000,000
②	(차) 미처분이익잉여금	44,000,000	(대)	사업확장적립금	4,000,000
				현 금	40,000,000
③	(차) 미처분이익잉여금	44,000,000	(대)	이익준비금	4,000,000
				미지급배당금	40,000,000
④	(차) 미처분이익잉여금	44,000,000	(대)	재무구조개선적립금	4,000,000
				미지급배당금	40,000,000

정답 03 ② 04 ③ 05 ③

해설

현금배당의 확정으로 미처분이익잉여금(자본)을 40,000,000원 감소시키면서 동일한 금액을 미지급배당금(부채)로 인식하고, 법정적립금의 적립으로 미처분이익잉여금(자본) 4,000,000원을 이익준비금(자본)으로 적립(이동)한다.

06 다음 중 자본에 대한 설명으로 가장 올바르지 않은 것은? [22년 기출]

① 법정자본금은 발행주식총수에 주당 발행가액을 곱하여 산정된 금액이다.
② 주식발행초과금은 주식의 발행가액이 액면금액을 초과하는 금액이다.
③ 이익잉여금은 영업활동에 의하여 획득된 이익 중 사외유출되지 않고 기업 내부에 유보된 이익이다.
④ 자기주식은 회사가 일단 발행한 자기회사의 주식을 다시 취득한 것

해설

법정자본금은 발행주식 총수에 주당 액면가액을 곱하여 산정된 금액이다.

07 다음 중 빈칸에 들어갈 항목으로 가장 옳은 것은? [22년 기출]

> (　　)은 자본을 감소하는 과정에서 발생한 것으로 자본감소액이 자본을 감소하는데 소요되는 금액을 초과하는 경우 그 차액을 말한다.

① 감자차익　　② 감자차손
③ 주식할인발행차금　　④ 자본조정

해설

자본을 감소시키기 위해서는 주주가 과거에 납입했던 자본금을 돌려주어야 한다. 이 때 감소되는 자본금보다 적은 금액을 주주에게 반환하는 경우 그 차액을 감자차익이라 한다.

08 다음의 자본계정 중 분류가 다른 하나는 무엇인가? [22년 기출]

① 주식할인발행차금　　② 매도가능증권평가손실
③ 자기주식　　④ 감자차손

해설

① 주식할인발행차금 : 자본조정
② 매도가능증권평가손실 : 기타포괄손실
③ 자기주식 : 자본조정
④ 감자차손 : 자본조정

06 ① 07 ① 08 ② 정답

09 다음의 거래가 재무상태표상의 자본 항목 중 자본금과 자본잉여금에 미치는 영향으로 가장 옳은 것은? [22년 기출]

(주)삼일은 기중에 주식 10,000주(1주당 액면금액 3,000원)을 1주당 2,000원으로 매입소각하였다.

	자본금	자본잉여금
①	증 가	증 가
②	증 가	감 소
③	감 소	감 소
④	감 소	증 가

해설

- 소각한 주식의 액면금액만큼 자본금이 감소한다(10,000주 × 3,000원 = 30,000,000원).
- 동시에 액면금액보다 저가로 매입하여 소각하였으므로 감자차익(자본잉여금)이 증가한다(10,000주 × 1,000원 = 10,000,000원).

10 다음 중 사채와 주식의 비교설명으로 가장 옳은 것은? [22년 기출]

① 사채권자와 주주는 이익발생여부와 관계없이 각각 확정적인 이자와 배당금을 지급받는다.
② 사채는 만기가 되면 상환되나, 자본금은 감자나 해산절차 등의 절차를 밟지 않는 한 반환되지 않는다.
③ 회사 해산 시에 주주는 타 채권자와 동등한 순위를 갖지만, 사채권자는 잔여재산에 대하여만 청구권을 가진다.
④ 사채권자는 경영참가권이 있으나, 주주는 주주총회에서 의결권이 없다.

해설

① 사채권자는 확정적인 이자를 수취하나, 주주는 배당결의 여부에 따라 배당금을 수취한다.
③ 회사 해산 시, 사채권자는 타 채권자와 동등한 우선순위를 갖고, 주주는 잔여재산에 대한 청구권만을 갖는다.
④ 사채권자는 경영에 대한 참가의 권한이 없으며, 주주는 주주총회 의결권을 비롯하여 경영에 대한 참가의 권한을 갖는다.

11 다음 중 괄호 안에 들어갈 단어로 가장 옳은 것은? [22년 기출]

(　　)은 채권자를 보호하고 회사의 재무적 기초를 견고히 하고자 상법의 규정에 의하여 강제적으로 적립하는 법정적립금이다. 주식회사는 자본금의 2분의 1이 될 때까지 매 결산기의 현금배당액의 10분의 1 이상의 금액을 (　　)으로 적립하여야 한다.

① 이익준비금　　② 대손준비금
③ 사업확장적립금　　④ 기업합리화적립금

정답 09 ④　10 ②　11 ①

12 다음 중 주식배당에 대한 설명으로 가장 올바르지 않은 것은? [22년 기출]

① 미처분이익잉여금을 현금으로 배당하는 것이 아니라 신주를 발행하여 교부하는 것이다.
② 배당지급에 소요되는 자금을 사내에 유보하는 효과가 있다.
③ 이익배당을 한 것과 동일한 효과가 있다.
④ 배당 후 이익잉여금은 증가한다.

해설

• 주식배당 시 회계처리

(차) 미처분이익잉여금(자본 감소)	×××	(대) 자본금(자본 증가)	×××

∴ 배당 후 이익잉여금은 감소한다.

13 (주)삼일은 20X1년 3월 9일에 주식 10주(주당 액면금액 500원)를 주당 350원으로 매입 소각하여 다음과 같이 회계처리하였다. A, B에 관한 설명으로 가장 올바르게 짝지은 것은? [22년 기출]

(차) (A)	5,000	(대) 현 금	3,500
		(B)	1,500

ㄱ. 발행주식의 액면금액 합계이다.
ㄴ. 벌어들인 이익 중 회사에 남아 있는 금액이다.
ㄷ. 회사 설립 또는 증자시에 주식의 액면금액을 초과하여 납입된 금액이다.
ㄹ. 자본감소액이 자본을 감소하는데 소요되는 금액을 초과하는 경우 그 차액을 의미한다.

	(A)	(B)
①	ㄷ	ㄱ
②	ㄱ	ㄷ
③	ㄷ	ㄹ
④	ㄱ	ㄹ

해설

A : 자본금
B : 감자차익
ㄱ. 자본금에 대한 설명이다.
ㄴ. 이익잉여금에 대한 설명이다.
ㄷ. 주식발행초과금에 대한 설명이다.
ㄹ. 감자차익에 대한 설명이다.

12 ④ 13 ④ 정답

14 20X1년 1월 1일 보통주 30주(주당 액면금액 5,000원)를 주당 3,000원에 매입하여 즉시 소각하였다. 위 거래를 분개한 것으로 가장 옳은 것은? [22년 기출]

① (차)	자본금	90,000	(대) 현 금	90,000
② (차)	자본금	150,000	(대) 현 금	90,000
			감자차익	60,000
③ (차)	현 금	90,000	(대) 자본금	150,000
	주식할인발행차금	60,000		
④ (차)	자기주식	150,000	(대) 현 금	150,000

해설

감자를 위한 현금지급액을 초과하여 자본금이 소각되는 경우에는 그 차액을 감자차익(자본잉여금)으로 인식한다.

15 다음은 (주)삼일의 20X1년 말 재무상태표에서 발췌한 자본의 계정 잔액이다. 당해 이익잉여금으로 보고될 금액으로 가장 옳은 것은? [22년 기출]

• 자본금	10,000,000원
• 주식발행초과금	20,000,000원
• 임의적립금	30,000,000원
• 자기주식	1,000,000원
• 미처분이익잉여금	10,000,000원
• 이익준비금	3,000,000원

① 40,000,000원

② 42,000,000원

③ 43,000,000원

④ 44,000,000원

해설

• 이익잉여금 합계 = 임의적립금 30,000,000원 + 미처분이익잉여금 10,000,000원 + 이익준비금 3,000,000원
= 43,000,000원

※ 자본금은 자본금, 주식발행초과금은 자본잉여금, 자기주식은 자본조정에 속한다.

정답 14 ② 15 ③

16 (주)삼일은 당기 중에 주식 10주(주당 액면금액 500원)를 주당 350원에 발행하고 다음과 같이 회계처리하였다. A, B에 관한 설명으로 가장 올바르게 짝지은 것은? [22년 기출]

(차) 현 금	3,500	(대) (A)	5,000
(B)	1,500		

ㄱ. 발행주식의 액면금액 합계이다.
ㄴ. 벌어들인 이익 중 회사에 남아 있는 금액이다.
ㄷ. 자본거래 중 자본금 및 자본잉여금으로 분류할 수 없는 항목에 해당한다.
ㄹ. 아직 손익으로 확정할 수는 없으나 포괄적인 의미에서 잠재적 손익으로 분류한다.

	(A)	(B)
①	ㄷ	ㄱ
②	ㄱ	ㄷ
③	ㄷ	ㄹ
④	ㄱ	ㄹ

해설

• A는 자본금, B는 주식할인발행차금(자본조정)에 해당한다.
ㄱ. 자본금에 대한 설명이다.
ㄴ. 이익잉여금에 대한 설명이다.
ㄷ. 자본조정에 관한 설명이다.
ㄹ. 기타포괄손익에 대한 설명이다.

17 다음 중 자본의 구성요소에 관한 설명으로 가장 올바르지 않은 것은? [22년 기출]

① 유상증자가 이루어질 경우 회사의 자본금은 언제나 증가한다.
② 기타포괄손익누계액은 포괄적인 잠재손익으로 자기주식처분손익 등이 있다.
③ 자본잉여금은 자본거래로 인한 자본의 증가분으로 감자차익 등이 있다.
④ 이익잉여금은 회사가 벌어들인 이익 중 사내에 남아있는 금액으로 부의(−) 금액일 경우 결손금으로 표시한다.

해설

자기주식처분손익은 실현된 자본거래에 따른 손익으로서 자본잉여금 또는 자본조정에 반영한다.

16 ② 17 ② 정답

18 다음의 거래가 재무상태표상 자본항목에 미치는 영향으로 가장 옳은 것은? [22년 기출]

> ㄱ. 주가 방어 목적으로 자기주식을 시장가격에 100주 매입하였다.
> ㄴ. 미처분이익잉여금 중 일부를 임의적립금으로 이입하였다.

	자본금	이익잉여금
①	감 소	불 변
②	불 변	불 변
③	감 소	감 소
④	증 가	감 소

해설

ㄱ.	(차) 자기주식(자본조정)	×××	(대) 현 금	×××
ㄴ.	(차) 미처분이익잉여금(이익잉여금)	×××	(대) 임의적립금(이익잉여금)	×××

19 다음 중 수익에 관한 설명으로 가장 옳은 것은? [22년 기출]

① 대가를 현금 이외의 자산으로 받는 경우 제공한 자산의 공정가치로 수익을 인식하는 것이 원칙이다.

② 수익인식시기의 결정기준은 실현주의이다.

③ 이자수익은 모든 기업에서 영업외손익으로 분류된다.

④ 재화를 판매한 경우 수익금액을 신뢰성 있게 측정할 수 없어도 경제적 효익의 유입가능성이 높다면 수익을 인식할 수 있다.

해설

① 대가를 현금 이외의 자산으로 받는 경우에는 원칙적으로 수취한 자산의 공정가치로 수익을 인식한다.
③ 이자수익은 금융업을 제외한 기업에서 영업외수익으로 분류된다.
④ 수익을 인식하기 위해서는 자원의 유입가능성이 높고, 금액을 신뢰성 있게 측정할 수 있어야 한다.

정답 18 ② 19 ②

20 20X1년 1월 1일 보통주 100주(주당 액면금액 10,000원)를 주당 11,000원에 할증발행하는 과정에서 발행수수료와 증자등기비용 등으로 30,000원이 발생하였다. 위 거래를 적절하게 분개한 것은 무엇인가? [22년 기출]

① (차) 현 금	1,100,000	(대)	자본금	1,100,000
② (차) 현 금	1,100,000	(대)	자본금	1,000,000
			주식발행초과금	100,000
③ (차) 현 금	1,070,000	(대)	자본금	1,000,000
			주식발행초과금	70,000
④ (차) 현 금	1,100,000	(대)	자본금	1,000,000
지급수수료비용	30,000		주식발행초과금	100,000
			현 금	30,000

해설

주식발행에 관한 부수적 비용은 주식발행초과금에서 직접 차감한다.

21 다음 중 이익잉여금의 계정과목별 설명에 관한 것으로 가장 올바르지 않은 것은? [22년 기출]

① 이익잉여금이란 이익창출활동에 의해 벌어들인 이익 중 사외에 유출되지 않고 사내에 남아 있는 부분을 축적한 것으로 자본거래의 결과로 발생한 것이다.

② 이익잉여금이 어떻게 처분되었고, 처분 후 잔액이 얼마인가를 알려주기 위해 이익잉여금처분계산서를 작성하며, 상법 등 관련 법규에서 요구하는 경우 주석으로 공시한다.

③ 채권자 보호를 위해 자본금의 1/2에 달할 때까지 매 결산기 현금배당액의 1/10 이상을 이익준비금으로 적립하여야 한다.

④ 주주총회에서 현금배당을 결정하는 경우 배당 지급일까지 미지급배당금을 부채로 기록한다.

해설

이익잉여금이란 이익창출활동에 의해 벌어들인 이익 중 사외에 유출되지 않고 사내에 남아 있는 부분을 축적한 것으로서 자본거래의 결과가 아닌 손익거래의 결과로 발생한 것이다.

20 ③ 21 ① 정답

PART 2 계정과목 이해하기

CHAPTER 05 수익과 비용

01 수익과 비용의 의의

1 수익과 비용의 개념

(1) 수 익

수익은 경제적 효익의 총유입이다. 경제적 효익의 유입은 순자산의 증가로 표현할 수 있는데, 순자산 증가는 자산의 증가나 부채의 감소 형태로 나타난다. 수익은 다시 수익과 이득으로 나누어 볼 수 있다. 수익은 주된 영업활동에서 발생한 효익의 유입을 의미하고, 이득은 일시적이거나 우연적인 거래로부터 발생한 효익의 유입을 의미한다.

(2) 비 용

비용이란 경제적 효익이 회사 외부로 유출되는 것인데 자산의 감소나 부채의 증가 형태로 나타난다. 비용은 다시 비용과 손실로 나누어 볼 수 있다. 비용은 주된 영업활동에서 발생한 효익의 유출액을 의미하고, 손실은 일시적이거나 우연적인 거래로부터 발생한 효익의 유출액을 의미한다.

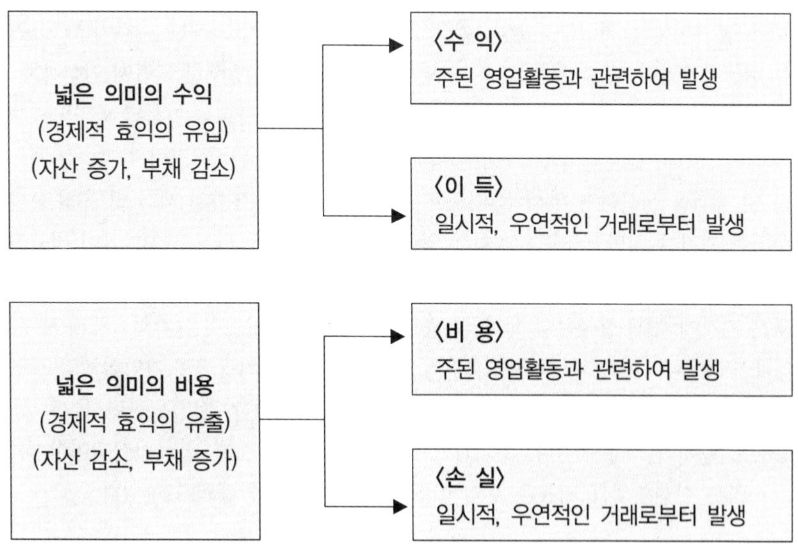

2 수익과 비용의 종류

(1) 수 익

구 분	내 용
매출액	상품 · 제품의 판매 또는 용역의 제공으로 실현된 금액
영업외수익	영업활동 이외의 보조적 또는 부수적인 활동에서 순환적으로 발생하는 수익 예 배당금수익, 임대료, 유가증권처분이익, 투자자산처분이익, 유형자산처분이익 등

(2) 비 용

구 분	내 용
매출원가	판매된 상품 · 제품의 원가
판매비와관리비	판매활동 및 회사의 유지 · 관리활동에 관련된 비용 예 급여, 복리후생비, 임차료, 접대비, 세금과공과금, 광고선전비 등
영업외비용	영업활동 이외의 보조적 또는 부수적인 활동에서 순환적으로 발생하는 비용 예 이자비용, 단기매매증권처분손실, 재고자산감모손실, 기부금, 외환차손
법인세비용	당기 법인세부담액 등으로 인한 비용

3 수익의 측정과 인식

(1) 발생주의

재무제표는 발생기준에 따라 작성된다. 발생주의 회계는 재무회계의 기본적 특징으로서 재무제표의 기본요소의 정의 및 인식, 측정과 관련이 있다. 발생주의 회계의 기본적인 논리는 발생기준에 따라 수익과 비용을 인식하는 것이다. 발생기준은 기업실체의 경제적 거래나 사건에 대해 관련된 수익과 비용을 그 현금유출입이 있는 기간이 아니라 당해 거래나 사건이 발생한 기간에 인식하는 것을 말한다. 발생주의 회계에서는 현금유출입이 수반되지 않는 자산과 부채 항목이 인식될 수 있다. 그러므로 발생주의 회계와 현금주의 회계의 주된 차이는 수익과 비용을 인식하는 시점이 다르다는 데 있다. 기업실체가 재화 및 용역을 생산하기 위해 설비 등에 투자하는 기간과 생산된 재화 및 용역을 판매하여 수익으로 회수하는 기간은 일반적으로 일치하지 않는 경우가 많다. 설비투자에 현금이 지출되는 시점에서부터 판매된 제품의 대가가 현금으로 회수될 때까지는 상당한 기간이 소요될 수 있다. 그러므로 1년 정도의 짧은 기간에 대해 현금유입과 현금유출만을 단순 대비하는 것은 기업실체의 재무적 성과를 적절히 나타내지 못할 수 있다. 그러나 발생주의 회계에서는 회계기간별로 기업실체의 경영성과를 적절히 측정하기 위하여 발생과 이연의 절차를 통해 수익과 비용을 기간별로 관련시키고 동시에 자산과 부채의 증감도 함께 인식하게 된다. 수익과 비용은 발생주의 회계에 따라 인식되어야 하며, 구체적인 기준으로 수익은 실현주의를 비용은 수익 · 비용 대응의 원칙을 채택하고 있다.

(2) 수익의 인식요건 - 실현주의

수익을 인식하는 기준은 실현주의에 의하는데, 실현주의란 다음의 두 가지를 충족할 때 수익을 인식하는 방법이다.

① 실현요건

수익은 실현되었거나 또는 실현가능한 시점에서 인식된다. 수익이 실현가능하다는 것은 수익의 발생과정에서 수취 또는 보유한 현금 또는 현금청구권을 합리적으로 측정할 수 있음을 의미한다.

② 가득요건

수익은 그 가득과정이 완료되어야 인식된다. 기업의 수익 획득활동은 재화의 생산 또는 인도, 용역의 제공 등으로 나타나며, 수익창출에 따른 경제적 효익을 이용할 수 있다고 주장하기에 충분한 정도의 활동을 수행하였을 때 당해 수익이 가득된 것으로 본다. 즉, 수익을 얻기 위한 회사의 의무를 이행했을 때 가득요건을 충족하게 된다.

(3) 수익의 인식시점

기업회계기준서에서는 실현요건과 가득요건을 재화의 판매, 용역의 제공 등 거래형태별로 구분하여 각각 상세히 설명하고 있다. 수익의 획득을 위한 구매, 생산 판매, 대금회수의 과정속에서 수익을 인식하는 시점을 나타내면 다음과 같다.

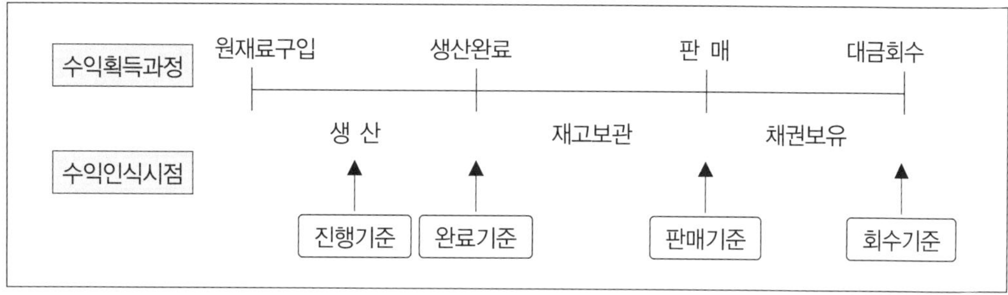

① 판매기준

재화의 판매의 경우 수익을 상품 및 제품의 판매시점에서 인식하는데, 일반적으로 대부분의 수익창출활동에 있어 판매가 이루어지면 거래를 통하여 회사가 부담하는 의무를 대부분 이행하게 된다. 또한 상품 및 제품의 판매시점에서는 교환거래가 발생하여 측정이 가능하기 때문에 수익의 인식요건인 실현요건과 가득요건을 모두 만족시킨다고 할 수 있다.

② 진행기준

용역의 제공으로 인한 수익은 용역제공거래의 성과를 신뢰성 있게 추정할 수 있을 때 진행기준에 따라 인식한다. 진행기준이라 함은 용역이 제공되고 있는 기간동안 용역의 제공 정도에 따라 수익을 인식하는 방법을 말한다. 진행기준을 적용하는 방법 중 하나로 도급금액에 공사진행률을 곱하여 공사수익을 인식하고 동 공사수익에 대응하여 실제로 발생한 비용을 공사원가로 계상하는 것이다.

예 제 ▸ 진행기준

(주)리젠이 다음 공사와 관련하여 매년 인식할 공사손익을 계산하시오.

공사기간 : 3년(20X1년 ~ 20X3년)
계약금액 : 36,000,000원
공사예정원가 : 30,000,000원
공사는 매년 1/3씩 진행된다.

[풀이]

구 분	20X1년	20X2년	20X3년
매출액(수익)	12,000,000원	12,000,000원	12,000,000원
공사원가(비용)	10,000,000원	10,000,000원	10,000,000원
이 익	2,000,000원	2,000,000원	2,000,000원

(4) 수익의 측정

수익은 재화의 판매, 용역의 제공이나 자산의 사용에 대하여 받았거나 또는 받을 판매대가의 공정가치* 로 측정한다. 대부분의 경우 판매대가는 현금 또는 현금성자산의 금액이다. 매출에누리와 할인 및 환입은 수익에서 차감한다.

* 공정가치 : 판매자와 구매자가 모두 관련되는 거래에 관한 충분한 정보를 가지고 있으며 합리적으로 판단한다고 가정했을 때 거래될 수 있는 가격

4 비용의 인식

비용의 인식이란 비용이 귀속되는 회계기간을 결정하는 것이다. 비용을 인식하는 방법으로는 발생주의를 기본으로 한다. 즉, 회사의 경영활동을 통해 순자산의 감소가 발생할 때마다 이를 인식해야 한다. 그러나 현실적으로 이를 엄격히 적용하는 것은 어렵기 때문에 수익이 인식된 시점에서 수익과 관련하여 비용을 인식하는데 이를 수익·비용 대응의 원칙이라고 한다. 수익·비용 대응의 원칙에 따라 비용을 인식하는 방법에는 직접대응, 기간배분, 기간대응이 있다.

(1) 직접대응

수익과 이를 실현하기 위하여 발생된 비용의 인과관계를 명확히 파악하여 수익인식시점에 비용을 인식하는 것을 말한다. 매출원가나 판매수수료의 경우 실현된 수익과 발생된 비용의 인과관계가 명확하여 직접 대응하는 것이다.

(2) 기간배분

특정수익과 직접적인 인과관계를 명확히 파악할 수 없으나 발생한 비용이 장기간에 걸쳐 수익창출에 기여하는 경우 이를 기간배분한다. 즉, 수익창출에 기여한 것으로 판단되는 기간 동안 합리적이고 체계적인 방법에 따라 비용을 배분한다. 유형·무형자산의 감가상각이 이에 해당한다.

(3) 기간대응

기간대응이란 위 (1)과 (2)의 방법으로는 수익과 비용을 대응시킬 수 없는 경우 발생한 기간에 전액 비용으로 인식하는 것을 말한다. 예를 들어 광고선전비의 경우 발생한 비용이 수익에 영향을 미치는 것은 당연한 사실이나 어느 기간에 어느 만큼의 비용이 수익과 관련이 있는지를 파악하기 어렵다. 이러한 비용을 발생한 기간의 비용으로 전액 인식하는 것이다.

02 영업이익

매출액에서 매출원가를 차감하면 매출총이익이 계산되고 매출총이익에서 판매관리비를 차감하면 영업이익이 계산된다.

1 매출액

매출액이란 회사가 주된 목적으로 하는 영업활동을 통해 벌어들인 수익을 말한다. 이는 회사의 업종이 무엇이냐에 따라 그 내용이 달라질 수 있다. 예를 들어 상품을 판매하는 도매업의 경우 상품의 판매액은 매출액이고, 이자수익은 영업외수익이 된다. 그러나 은행의 경우 이자수익은 매출액으로 분류된다. 각 업종별 매출액의 대표적인 사례는 다음과 같다.

업 종	매 출
상품매매업	상품 판매액
제품제조업	제품 판매액
은 행	이자수익
부동산임대업	임대료수익

기업회계 기준상 매출액을 계산하는 방법은 총매출액에서 매출에누리, 매출환입, 매출할인을 차감한 금액으로 한다.

매출액 = 총매출 – 매출에누리 – 매출환입 – 매출할인

(1) 매출에누리

대량매입과 같은 거래조건 또는 상품에 결함이 있는 사유 등에 따라 판매대금을 감해주는 것을 말한다.

(2) 매출환입

매출한 상품에 결함 등의 사유로 반품된 것을 말한다.

(3) 매출할인

외상매출 시 일정기한 안에 외상대금을 조기 변제하는 경우 약정된 할인율로 매출액을 감해주는 것을 말한다.

예 제 ▸ 매출에누리 · 환입 · 할인

(주)리젠은 5월 10일 (주)강북에 상품 5,000,000원을 외상으로 매출하였다. 5월 15일에 상품 400,000원이 불량품으로 판명되어 반품되었다. 5월 20일에 (주)강북으로부터 외상매출금을 회수하였고, 조기회수에 따라 2%를 할인하였다. 일자별 회계처리를 나타내시오.

[풀이]

5/10	(차)	외상매출금	5,000,000	(대)	매 출	5,000,000
5/15	(차)	매출환입	400,000	(대)	외상매출금	400,000
5/20	(차)	현 금	4,508,000	(대)	외상매출금	4,600,000
		매출할인	92,000			

2 매출원가

매출원가란 기업이 정상적인 영업활동 과정에서 실현시킨 매출에 직접 대응되는 비용을 말한다. 매출원가의 산정은 기초상품재고액에 당기매입액을 합한 금액에 기말상품재고액을 차감하여 계산된다. 따라서 기말상품재고액을 결정하는 것이 더욱 중요하다.

매출원가 = 기초상품재고액 + 당기매입액 − 기말상품재고액

매출원가가 계산된 과정을 보여 주기 위하여 손익계산서에는 다음과 같이 표시한다.

II. 매출원가		×××
1. 기초상품(또는 제품)재고액	×××	
2. 당기매입액 (또는 제품 제조원가)	×××	
3. 기말상품(또는 제품)재고액	×××	

그리고 당기매입액은 당기총매입액에서 매입에누리와 환출 및 할인을 차감한 금액으로 한다.

(1) 매입에누리

매입한 상품 등에 결함이 있는 경우 상품을 반환하거나 판매자와 협의하여 가격을 할인받은 것

(2) 매입환출

구입한 상품을 반환하는 것

(3) 매입할인

외상매입금을 조기에 상환해 줌으로써 할인받는 것. 기업회계기준에서는 매입원가에서 차감하도록 하고 있다.

3 판매비와관리비

판매비와관리비는 상품과 용역의 판매활동 또는 기업의 관리와 유지에서 발생하는 비용으로 매출원가에 속하지 아니하는 영업비용을 말한다. 판매비는 판매활동과 관련하여 발생하는 비용이며 관리비는 회사 전체의 관리 및 유지에 필요한 비용을 말한다.

(1) 급 여

근로제공의 대가로 회사의 직원에게 지급하는 금전으로써 임원급여・급여와 임금・제수당

예 제 ▸ 급여의 지급

(주)리젠은 7월 31일 직원에 대한 급여 10,000,000원 중 소득세 400,000원과 건강보험료와 국민연금 750,000원을 차감하고 지급하였다. 8월 10일에 소득세를 현금으로 납부하였고, 8월 11일에 건강보험료와 국민연금을 납부하였다(회사부담분 포함).

[풀이]

7/31	(차)	급 여	10,000,000	(대)	현 금	8,850,000
					예수금	1,150,000
8/10	(차)	예수금	400,000	(대)	현 금	400,000
8/11	(차)	예수금	750,000	(대)	현 금	1,500,000
		복리후생비(회사부담분)	750,000			

(2) 퇴직급여

근속기간이 경과함에 따라 증가하는 퇴직급여충당부채를 설정하고 퇴직금을 비용으로 인식하기 위한 계정

(3) 복리후생비

근로환경의 개선 및 업무능률의 향상을 위하여 지출하는 노무비적인 성격을 갖는 비용

(4) 여비교통비

근로자가 업무수행을 위해 사외로 출장하는 경우에 발생되는 여비와 교통비 항목의 제비용을 처리하는 계정

(5) 통신비

전화, 우편, 팩스사용료, 증권통신서비스료, 이동통신전화료, 전용회선사용료, 인터넷 사용료 등을 처리하는 계정

(6) 세금과공과금

국가나 지방자치단체가 기업에 대하여 부과하는 조세와 공과금, 벌금, 과징금 등

(7) 감가상각비

유형자산의 취득원가를 기간손익에 반영하기 위하여 배분한 금액

(8) 임차료

부동산이나 동산을 빌린 것에 대한 대가로 그 소유자에게 지급하는 금액

(9) 수선비

보유 중인 자산의 유지관리에 소요된 비용 중 정상적인 가동을 위한 원상회복이나 본래의 기능을 유지할 수 있도록 하는 경상적인 지출을 처리하는 계정

(10) 차량유지비

회사 소유 차량을 운행하면서 소요되는 실제 유류대 등의 비용을 처리하는 계정

(11) 경상연구개발비

신제품・신기술의 연구와 개발 등을 위하여 실시하는 실험・연구 등의 활동으로 인하여 발생하는 비용

(12) 대손상각비

일반적 상거래상 발생한 채권 중 회수가 불가능한 채권과 대손추산액을 처리하는 계정

(13) 수수료비용

용역을 공급받고 지급하는 수수료로서, 금융수수료, 장부 기장료, 경비수수료 등을 말한다.

03 법인세비용차감전순손익

영업이익에서 영업외수익을 가산하고 영업외비용을 차감하면 법인세비용차감전순손익이 계산된다. 영업외손익이란 매출수익을 얻기 위한 주된 영업활동 이외의 보조적 또는 부수적인 영업활동에서 순환적으로 발생하는 손익을 말한다.

1 영업외수익

(1) 이자수익

판매업, 제조업 등 금융업 이외의 업종을 영위하는 회사가 일시적인 유휴자금을 대여하고 받는 이자 및 할인료를 말한다. 예금이자, 대여금의 이자, 유가증권의 이자, 어음할인 형식의 대여금의 할인료, 현재가치할인차금 환입액 등을 포함한다. 이자수익은 실제 현금수령액뿐만 아니라 기간이 경과함에 따라 발생한 미수이자까지 포함한다. 기업회계상 이자수익의 수익계상은 발생주의에 의한다.

(2) 배당금수익

배당금이라 함은 주식이나 출자금 등의 단기투자자산 및 장기투자자산과 관련하여 피투자회사의 이익이나 잉여금의 분배로 받는 경제적 이익을 말한다.

예 제 ▸ 배당금수익

20X3년 (주)리젠이 보유하고 있는 유가증권은 다음과 같다.

(주)미래의 보통주(액면가액 5,000원) 500주

20X3년 3월 1일 (주)미래로부터 보통주 1주당 300원의 현금배당을 지급받았을 경우를 분개하시오.

[풀이]

자산 증가		수익 발생	
(차) 현 금	150,000	(대) 배당금수익	150,000

(3) 임대료

임대료라 함은 기업이 동산 또는 부동산을 주된 영업목적 이외의 목적으로 타인에게 임대하여 사용하게 하고 일정기간마다 그 사용대가로 받는 수익을 말하는 것으로서, 이러한 투자로 인하여 발생하는 임대료수익은 영업외수익으로 처리하여야 한다.

(4) 유가증권처분이익

유가증권을 처분함으로써, 처분가액이 장부가액을 초과하는 경우 그 차익을 처리하는 계정이라 할 수 있다.

단기매매증권처분손익 = 처분가액 − 처분일 장부가액

〈회계처리〉

① 단기매매증권에 처분이익이 발생한 경우

(차)	현 금	×××	(대) 단기매매증권	×××
			단기매매증권처분이익 (영업외수익)	×××

② 단기매매증권에 처분손실이 발생한 경우

(차)	현 금	×××	(대) 단기매매증권	×××
	단기매매증권처분손실 (영업외비용)	×××		

예 제 ▸ 유가증권처분이익

20X1년 5월 1일 (주)리젠이 보유하고 있던 유가증권(장부가액 980,000원)을 1,100,000원에 처분하였다. 이때 발생한 수수료 등이 5,000원인 거래에 대하여 분개하시오.

[풀이]

자산 증가			자산 감소 / 수익 발생	
(차)	현 금	1,095,000*	(대) 유가증권	980,000
			유가증권처분이익	115,000

* 처분가액 1,100,000원 − 수수료비용 5,000원 = 1,095,000원

(5) 단기매매증권평가이익

단기매매증권은 단기간에 처분할 목적으로 보유하고 있는 자산이므로 외부에 판매됨으로써 기업에 효익을 제공한다. 따라서 기말 현재 보유하고 있는 단기매매증권에 대해서는 공정가치가 변동함에 따라 이를 평가할 필요가 있다. 단기매매증권을 평가하는 경우에 발생하는 평가손익은 영업외손익으로 분류되며, 평가이익과 평가손실이 동시에 발생하는 경우에는 이를 서로 상계하여 순액으로 보고한다.

단기매매증권평가손익 = 보고기간종료일의 공정가액 − 평가 전 장부가액

〈회계처리〉

① 단기매매증권에 평가이익이 발생한 경우

(차) 단기매매증권	×××	(대) 단기매매증권평가이익 (영업외수익)	×××

② 단기매매증권에 평가손실이 발생한 경우

(차) 단기매매증권평가손실 (영업외비용)	×××	(대) 단기매매증권	×××

예 제 ▸ 단기매매증권평가이익

다음은 (주)리젠이 보유한 (A)회사의 주식이다. 20X1년 8월 1일과 20X1년 12월 31일 해당 단기매매증권에 대하여 분개하시오.

취득일	취득가액	20X1년 12월 31일 공정가액
20X1년 8월 1일	5,000,000(500주)	주당 15,000원

[풀이]

1. 20X1년 8월 1일

자산 증가		자산 감소	
(차) 단기매매증권	5,000,000	(대) 현 금	5,000,000

2. 20X1년 12월 31일

자산 증가		수익 발생	
(차) 단기매매증권	2,500,000	(대) 단기매매증권평가이익	2,500,000

(6) 외환차익

외환차익이라 함은 기업이 보유하고 있던 외화자산을 회수할 때 원화로 회수하는 금액이 그 외화자산의 장부가액보다 큰 경우, 혹은 외화부채를 상환할 때 원화로 상환하는 금액이 그 외화부채의 장부가액보다 낮은 경우에 발생하는 금융상의 이익을 말한다. 그 반대의 경우에는 외환차손이 발생하며 이는 영업외비용으로 분류된다.

〈회계처리〉

① 외환차익이 발생한 경우

(차)	현 금	×××	(대)	외화매출채권	×××
				외환차익 (영업외수익)	×××

② 외환차손이 발생한 경우

(차)	현 금	×××	(대)	외화매출채권	×××
	외환차손 (영업외비용)	×××			

(7) 외화환산이익

외화환산이익은 결산일에 화폐성 외화자산 또는 화폐성 외화부채를 환산하는 경우 환율의 변동으로 인하여 발생하는 환산손익을 기재한다. 환율의 변동이란 직전 회계연도말 또는 외화표시채권・채무의 발생시점의 환율과 당해 회계연도말 현재 환율의 차이를 의미한다. 이는 외환차익과는 달리 실제 환전에 따른 차익이 아닌 환산에 의한 이익이므로 미실현손익에 해당한다. 이 또한 반대의 경우에는 외화환산손실이 발생하며 영업외비용으로 분류한다.

〈회계처리〉

① 외화환산이익이 발생한 경우

(차)	외화매출채권	×××	(대)	외화환산이익 (영업외수익)	×××

② 외화환산손실이 발생한 경우

(차)	외화환산손실 (영업외비용)	×××	(대)	외화매출채권	×××

예 제 ▸ 외화자산

다음은 (주)미래의 거래 자료이다. 이에 따른 회계처리를 나타내시오.

- 20X1년 11월 1일 : 미국에 있는 $10,000의 상품을 외상으로 판매하였다.
- 20X2년 2월 10일 : 동 금액을 은행에서 현금으로 수취하였다.
- 환율정보

  20X1년 11월 1일 : 1,300원/$

  20X1년 12월 31일 : 1,400원/$

  20X2년 2월 10일 : 1,450원/$

[풀이]

20X1. 11. 1

(차) 외상매출금	13,000,000	(대) 매 출	13,000,000

20X1. 12. 31

(차) 외상매출금	1,000,000	(대) 외화환산이익	1,000,000*

* $10,000 × (1,400원 − 1,300원) = 1,000,000원

20X2. 2. 10

(차) 현 금	14,500,000*	(대) 외상매출금	14,000,000
		외환차익	500,000

* $10,000 × 1,450원 = 14,500,000원

예 제 ▸ 외화부채

다음은 (주)미래의 거래 자료이다. 이에 따른 회계처리를 나타내시오.

- 20X1년 11월 1일 : 미국에 있는 씨티은행으로부터 $10,000를 차입하다.
- 20X2년 2월 10일 : 동 차입금을 상환하다.
- 환율정보

  20X1년 11월 1일 : 1,300원/$

  20X1년 12월 31일 : 1,400원/$

  20X2년 2월 10일 : 1,450원/$

[풀이]

20X1. 11. 1

(차) 현 금	13,000,000	(대) 단기차입금	13,000,000

20X1. 12. 31

(차) 외화환산손실	1,000,000*	(대) 단기차입금	1,000,000

* $10,000 × (1,400원 − 1,300원) = 1,000,000원

20X2. 2. 10

(차) 단기차입금	14,000,000	(대) 현 금	14,500,000*
외환차손	500,000		

* $10,000 × 1,450원 = 14,500,000원

(8) 투자자산처분이익

투자자산처분이익이라 함은 투자자산을 처분함에 있어서 그 처분가액이 장부가액을 초과하는 경우 그 초과액을 처리하는 계정을 말한다.

> 투자자산처분손익 = 처분가액 − 처분일 장부가액

〈회계처리〉

① 투자자산처분이익이 발생한 경우

(차) 현 금	×××	(대) 토지 등	×××
		투자자산처분이익 (영업외수익)	×××

② 투자자산처분손실이 발생한 경우

(차) 현 금	×××	(대) 토지 등	×××
투자자산처분손실 (영업외비용)	×××		

(9) 유형자산처분이익

유형자산처분이익은 토지・건물・기계장치와 같은 유형자산을 처분하는 경우의 처분가액이 장부가액보다 많은 경우에 발생하는 차액을 말한다. 여기에서 유형자산의 장부가액이라 함은 당해 자산의 취득가액에서 감가상각누계액을 차감한 금액을 말한다.

> 유형자산처분손익 = 처분가액 − 처분일 장부가액

〈회계처리 – 감가상각자산의 경우〉

① 유형자산처분이익이 발생한 경우

(차) 현 금	×××	(대) 건물 등	×××
감가상각누계액	×××	유형자산처분이익 (영업외수익)	×××

② 유형자산처분손실이 발생한 경우

(차) 현 금	×××	(대) 건물 등	×××
감가상각누계액	×××		
유형자산처분손실 (영업외비용)	×××		

예 제 ▸ 유형자산처분이익

(주)리젠은 20X2년 1월 1일 보유한 기계장치(취득금액 1,000,000원, 20X1년 말 감가상각누계액 600,000원)를 500,000원에 현금을 지급받고 매각하였다. 해당 거래에 대하여 분개하시오.

[풀이]

(차) 현 금	500,000	(대) 기계장치	1,000,000
감가상각누계액	600,000	유형자산처분이익	100,000

(10) 사채상환이익

사채상환이익이라 함은 자사가 발행한 사채를 조기상환하는 경우에 당해 사채의 액면가액보다 그 사채의 상환에 소요된 자금이 적은 경우에 발생하는 이익을 말한다.

예 제 ▸ 사채상환이익

다음은 (주)리젠의 사채관련 자료이다. 해당 사채를 당기에 중도상환한 경우 당기 손익계산서에 계상될 사채상환손익을 구하면 얼마인가?

사채 액면가액	1,000,000원
상환 시 사채할인발행차금 잔액	38,000원
사채 상환가액	950,000원

[풀이]

사채의 장부가액 : 1000,000원 – 38,000원 = 962,000원

사채상환이익 : 962,000원 – 950,000원 = 12,000원

(11) 자산수증이익

경영자나 주주 등 회사 외부의 자로부터 자산을 무상으로 증여받은 경우의 이익을 말한다.

예 제 ▸ 자산수증이익

(주)리젠은 주주로부터 시가 1억원의 건물을 증여받았다. 이에 대한 회계처리를 나타내시오.

[풀이]

(차) 건 물	100,000,000	(대) 자산수증이익	100,000,000

(12) 채무면제이익

채권자로부터 부채를 갚지 않을 수 있도록 탕감받은 경우의 이익을 말한다.

예 제 ▸ 채무면제이익

(주)리젠은 하나은행으로부터 차입한 차입금 1억원 중 40,000,000원을 탕감받았다. 이에 대한 회계처리를 나타내시오.

[풀이]

(차) 차입금	40,000,000	(대) 채무면제이익	40,000,000

(13) 잡이익

잡이익이라 함은 영업활동에 간접적으로 관계가 있는 수익으로서, 기업회계기준에 열거되어 있는 영업외수익 중 그 발생빈도가 드물고 금액적으로도 중요성이 없는 것, 또는 다른 영업외수익 항목에 포함시키기가 적절하지 아니하다고 인정되는 것 등을 일괄하여 처리하는 계정을 말한다.

2 영업외비용

(1) 이자비용

이자비용이라 함은 기업이 타인자금을 사용하였을 경우에 이에 대한 대가로서 지급하는 것을 말하며, 여기에는 당좌차월 및 장·단기차입금에 대한 이자, 회사채이자 및 사채할인발행차금상각액 등을 포함한다.

(2) 기타의대손상각비

기타의대손상각비란 일반적 상거래에서 발생한 매출채권 이외의 채권, 즉 대여금·미수금·기타 이와 유사한 채권에 대한 대손액을 처리하는 계정을 말하며, 기업회계기준에서는 매출채권에 대한 대손금을 판매비와관리비로 처리하고 기타의 채권에 대한 대손금은 영업외비용으로 처리하도록 규정하고 있다.

(3) 유가증권처분손실

유가증권처분손실이란 유가증권을 처분함으로써, 처분가액이 장부가액에 미달하는 경우 그 차액을 처리하는 계정이다.

(4) 단기매매증권평가손실

단기매매증권의 시가법에 의한 기말평가 시 시가가 장부가액보다 낮은 경우 그 차액을 처리하는 계정이다.

(5) 재고자산감모손실

재고자산의 수량 감소분 중 정상감모손실은 매출원가에 포함하나 비정상감모손실은 영업외비용으로 처리한다.

(6) 외환차손

외환차손이라 함은 기업이 보유하고 있던 외화자산을 회수할 때 원화로 회수하는 금액이 그 외화자산의 장부가액보다 적은 경우, 혹은 외화부채를 상환할 때 원화로 상환하는 금액이 그 외화부채의 장부가액보다 많은 경우에 발생하는 금융상의 손실을 말한다.

(7) 외화환산손실

기말 화폐성 외화자산(부채)을 기말 현재의 환율로 평가 시 장부가액보다 기말 환산가액이 적은(많은) 경우 그 차액을 처리하는 계정을 말한다.

(8) 기부금

기부금이라 함은 기업의 정상적인 사업활동과는 직접적인 관계가 없으면서도 상대방으로부터 아무런 대가를 받지 아니하고 금전·기타의 자산 등 경제적인 이익을 타인에게 무상으로 제공하는 경우의 그 금전액 또는 금전 이외의 자산가액 등을 말한다. 무상 지출액이란 점에서는 접대비와 유사하나 회사의 영업활동과 관련이 없는 지출은 기부금으로 분류된다.

(9) 투자자산처분손실

투자자산 처분 시 처분가액이 장부가액에 미달하는 경우 그 차액을 처리하는 계정이다.

(10) 유형자산처분손실

사업에 사용하는 토지·건물 등의 유형자산 처분 시 처분가액이 장부가액에 미달하는 경우 그 차액을 처리하는 계정을 말한다.

(11) 사채상환손실

사채를 만기 이전에 상환 시 사채관련 장부가액보다 상환금액이 더 큰 경우 그 초과하여 지급한 금액을 처리하는 계정을 말한다.

04 당기순이익

법인세비용차감전순이익에서 법인세비용을 차감하면 당기순이익이 계산된다.

1 법인세비용

회사가 영업활동을 통해 얻은 이익에 대하여 내는 세금을 법인세라 한다. 법인세가 이익에 대한 세금이므로 이익이 많으면 법인세비용도 많아지고, 이익이 적으면 법인세비용도 적어지게 된다. 그러나, 기업회계상의 당기순이익과 법인세 계산의 기초가 되는 소득과는 차이가 있기 때문에 완전히 같다고 할 수는 없다. 법인세비용은 영업활동과 관련하여 발생하는 자산의 유출액이므로 그 해의 이익과 대응하여 비용으로서 인식되어야 한다.

법인세는 1년에 두 번을 납부하는데 6개월 지난 뒤에 반년치에 대하여 중간예납세액을 납부하고 결산일이 지난 뒤에 1년치에 대하여 세금을 납부한다. 이에 대한 회계처리를 예시하면 다음과 같다.

〈중간예납 시〉

(차) 선납세금	×××	(대) 현 금	×××

〈결산 시〉

(차) 법인세비용	×××	(대) 선납세금	×××
		미지급법인세	×××

〈실제납부 시〉

(차) 미지급법인세	×××	(대) 현 금	×××

05 단원별 기출문제

01 다음 자료에 의하여 당기의 매출액을 계산하면 얼마인가? [22년 기출]

• 매출원가	2,000,000원
• 판매비와관리비	500,000원
• 영업이익	500,000원

① 2,000,000원
② 2,500,000원
③ 2,800,000원
④ 3,000,000원

해설

• 영업이익 500,000원 = 매출액 − 매출원가 2,000,000원 − 판매비와관리비 500,000원
∴ 매출액 = 3,000,000원

02 다음 중 재무상태표와 손익계산서의 계정과목에 대한 설명으로 가장 옳은 것은? [22년 기출]

① 은행은 자금의 대여와 차입을 주된 수입원으로 하므로 일반 기업들과 달리 이자수익을 매출액으로 인식한다.
② 영업과 관련하여 사용하던 기계장치를 처분하여 발생하는 유형자산처분이익은 영업외수익으로 분류할 수 없다.
③ 화폐성 외화자산, 부채를 결산시점에 계속 보유하고 있는 경우 환율의 변동으로 이익이 발생할 수 있으나, 아직 실현되지 않았으므로 기타포괄손익으로 인식하여야 한다.
④ 주주로부터 자산을 무상으로 증여 받은 경우에는 추가 출자로 보아 증여재산의 가액을 자본으로 인식한다.

해설

② 자산의 처분 손익은 해당 자산이 해당 기업에서 제작한 제품이거나, 판매를 목적으로 매입한 상품이 아닌 한 영업손익으로 반영할 수 없다. 따라서 영업활동에 사용한 기계장치라 하더라도 해당 기계장치의 처분손익은 영업외손익에 반영되어야 한다.
③ 회계기간 말 현재 보유한 화폐성 외화자산부채의 평가손익을 당기손익에 반영한다.
④ 주주로부터 자산을 무상으로 수증하는 과정에서 주식의 발행 등이 동반되지 않는 한 이는 무상으로 자산을 취득한 것이므로 자산으로 인식하고 자산수증이익(수익)을 인식한다.

정답 01 ④ 02 ①

03 다음의 자료를 이용하여 손익계산서에 표시될 매출원가를 계산하면 얼마인가? [22년 기출]

• 기초상품재고액	250,000원
• 당기총매입액	900,000원
• 매입운임	70,000원
• 매입환출	20,000원
• 기말상품재고액	350,000원

① 780,000원　② 800,000원
③ 850,000원　④ 870,000원

해설

• 당기순매입액 = 당기총매입액 900,000원 + 매입운임 70,000원 − 매입환출 20,000원 = 950,000원
∴ 매출원가 = 기초상품재고액 250,000원 + 당기매입액 950,000원 − 기말재고액 350,000원 = 850,000원

04 다음은 컴퓨터부품 제조업을 영위하는 (주)삼일의 20X1년 중 지출내역을 요약한 것이다. (주)삼일의 20X1년 손익계산서상 판매비와관리비는 얼마인가? [22년 기출]

ㄱ. 판매직사원 급여	1,000,000원
ㄴ. 판매직사원 퇴직급여	1,500,000원
ㄷ. 이자비용	350,000원
ㄹ. 접대비	140,000원
ㅁ. 토지취득과 관련된 취득세	320,000원
ㅂ. 본사건물 감가상각비	360,000원
※ 위 항목 중 매출원가에 포함된 비용은 없음	

① 2,860,000원　② 3,000,000원
③ 3,200,000원　④ 3,530,000원

해설

• 판매비와관리비 합계 = 판매직사원 급여 1,000,000원 + 판매직사원 퇴직급여 1,500,000원 + 접대비 140,000원 + 본사건물 감가상각비 360,000원 = 3,000,000원
※ 이자비용은 영업외비용, 토지취득과 관련된 취득세는 토지(유형자산)에 속한다.

03 ③　04 ②　정답

05 다음 공사와 관련하여 20X1년에 인식해야 할 공사이익을 계산하면 얼마인가? [22년 기출]

ㄱ. 공사기간 : 20X1년 1월 1일 ~ 20X3년 12월 31일(3년)
ㄴ. 총계약도급금액 : 120,000,000원
ㄷ. 총공사예정원가 : 100,000,000원
ㄹ. 20X1년에 발생한 공사원가는 25,000,000원이다.

① 5,000,000원 ② 15,000,000원
③ 25,000,000원 ④ 30,000,000원

해설

• 20X1년 누적진행률 = $\frac{\text{누적발생공사원가 25,000,000원}}{\text{총공사예정원가 100,000,000원}}$ = 25%

• 20X1년 공사수익 = 총공사도급금액 120,000,000원 × (누적진행률 25% − 직전누적진행률 0%) = 30,000,000원
∴ 20X1년 공사이익 = 공사수익 30,000,000원 − 공사원가 25,000,000원 = 5,000,000원

06 다음 중 제조업을 영위하는 (주)삼일의 영업이익에 영향을 주는 거래로 가장 옳은 것은? [22년 기출]

① 자금을 대여한 대가로 이자를 받았다.
② 단기매매증권을 공정가치로 평가하여 이익이 발생하였다.
③ 제품을 생산하는 기계장치의 감가상각비를 인식하였다.
④ 유형자산을 처분하여 이익이 발생하였다.

해설

제품을 생산하는 기계장치의 감가상각비는 매출원가에 해당하는 제조간접원가이므로 영업이익을 감소시킨다.

07 다음 자료를 이용하여 손익계산서에 표시될 상품매출원가를 계산하면 얼마인가? [22년 기출]

• 기초 상품재고액	50,000원
• 기말 상품재고액	100,000원
• 상품 총매입액	300,000원

① 100,000원 ② 250,000원
③ 350,000원 ④ 400,000원

해설

매출원가 = 기초재고액 50,000원 + 당기매입액 300,000원 − 기말재고액 100,000원 = 250,000원

정답 05 ① 06 ③ 07 ②

08 **다음 중 수익에 관한 설명으로 가장 올바르지 않은 것은?** [22년 기출]

① 수익은 기업의 통상적인 경영활동에서 발생하는 경제적 효익의 총유입을 의미한다.
② 대부분의 기업은 수익인식요건을 가장 잘 만족하는 대금회수시점에 수익을 인식한다.
③ 수익은 수익획득과정이 완료되거나 실질적으로 거의 완료되었으며, 수익획득활동으로 인한 현금 또는 현금청구권을 합리적으로 측정할 수 있어야 인식할 수 있다.
④ 수익의 측정이란 손익계산서에 계상할 수익의 금액을 화폐액으로 측정하는 것으로 대가를 현금 이외의 자산으로 받는 경우 취득한 자산의 공정가치로 인식한다.

해설

대부분의 기업은 수익인식요건을 만족하는 실현주의에 따라 인도시점에 수익을 인식한다.

09 **12월말 결산법인인 (주)서울은 20X1년 1월 1일에 (주)용산과 다음과 같은 건설공사계약을 체결하였다.**

ㄱ. 공사기간 : 4년(20X1년 1월 1일 ~ 20X4년 12월 31일)
ㄴ. 공사계약금액 : 80,000,000원
ㄷ. 공사예정원가 : 60,000,000원
ㄹ. 공사는 매년 25%씩 진행된다.

다음 중 (주)서울의 건설공사계약에 관한 설명으로 가장 올바르지 않은 것은? [22년 기출]

① 20X1년에 인식할 공사관련 매출액은 20,000,000원이다.
② 건설공사는 수익인식기준 중 진행기준을 적용하여 진행률에 따라 매출을 인식한다.
③ 20X2년에 인식할 공사이익은 5,000,000원이다.
④ 공사가 완료되는 20X4년에는 계약금액인 80,000,000원을 매출로 인식한다.

해설

공사가 완료되는 20X4년에는 계약금액인 80,000,000원의 25%를 매출로 인식한다.

08 ② 09 ④ 정답

10 기업은 수익 · 비용 대응의 원칙에 따라 일정한 회계기간의 비용을 인식하고 있다. 이 중 인과관계에 따라 직접대응하는 방법에 해당하는 비용 항목으로 가장 옳은 것은? [22년 기출]

① 매출원가
② 감가상각비
③ 광고선전비
④ 접대비

해설
매출원가는 제품 또는 상품의 판매에 따른 인도라는 특정 사건에 직접대응되는 비용이다.

11 다음 자료에 의해 판매비와관리비를 계산하면 얼마인가?(단, 금융업에 해당하지 않음) [22년 기출]

• 퇴직급여	10,000원	• 접대비	20,000원	• 연구비	10,000원
• 기부금	5,000원	• 잡손실	16,000원	• 이자비용	3,000원

① 40,000원
② 45,000원
③ 46,000원
④ 49,000원

해설
• 판매비와관리비 = 퇴직급여 10,000원 + 접대비 20,000원 + 연구비 10,000원 = 40,000원
※ 기부금과 잡손실 그리고 이자비용은 영업외비용에 속한다.

12 다음 중 수익에 관한 설명으로 가장 올바르지 않은 것은? [22년 기출]

① 수익은 기업의 통상적인 경영활동에서 발생하는 경제적 효익의 총유입을 말한다.
② 판매대가를 현금 이외의 자산으로 받는 경우 해당 자산을 현금화시키기 전까지는 수익을 인식할 수 없다.
③ 기업이 주된 영업활동으로 발생시키는 수익은 매출액으로 분류한다.
④ 기업이 영업활동이 아닌 부수적인 활동에서 발생시킨 수익은 영업외수익으로 분류한다.

해설
판매대가의 수령 여부와 무관하게 통상적으로 인도가 이루어진 시점에 실현주의에 따른 수익인식요건을 충족하며 수익을 인식한다.

정답 10 ① 11 ① 12 ②

13 20X1년 중 (주)삼일은 제품 200개를 개당 100,000원에 판매하였다. 이 중 10개가 불량품으로 판명되어 반품되었으며, 5개는 질이 떨어져서 정상적으로 판매할 수 없으므로 개당 50,000원씩 깎아주었다. (주)삼일이 해당 거래에 대하여 20X1년 매출액으로 인식할 금액은 얼마인가? [22년 기출]

① 18,750,000원

② 19,000,000원

③ 19,850,000원

④ 20,000,000원

해설

- 정상품 매출 = 185개 × 100,000원 = 18,500,000원
- 하자품 매출 = 5개 × (100,000원 − 50,000원) = 250,000원

∴ 매출합계 : 18,750,000원

14 (주)삼일의 판매비와관리비에는 다음과 같은 비용들이 포함되어 있다. 판매비와관리비에 계상될 올바른 금액은 얼마인가?(단, 아래 비용은 제조활동과 관련이 없다고 가정한다) [22년 기출]

ㄱ. 관리직 사원 급여	20,000,000원
ㄴ. 사무실 임차료	6,000,000원
ㄷ. 접대비	8,000,000원
ㄹ. 유형자산처분손실	4,000,000원
합 계	38,000,000원

① 26,000,000원 ② 28,000,000원

③ 34,000,000원 ④ 38,000,000원

해설

- 판매비와관리비 합계 = 관리직 사원 급여 20,000,000원 + 사무실 임차료 6,000,000원 + 접대비 8,000,000원 = 34,000,000원

※ 유형자산처분손실은 영업외비용에 속한다.

13 ① 14 ③ 정답

15 다음 자료를 이용하여 제조업을 영위하는 (주)삼일의 당기매출원가를 계산하면 얼마인가? [22년 기출]

• 당기 총매출액	6,000,000원
• 당기 총매입액	4,000,000원
• 매입할인	500,000원
• 기초제품재고액	400,000원

※ 기말제품재고액은 당기 총매출액의 10%를 보유한다.

① 3,850,000원 ② 3,800,000원
③ 3,300,000원 ④ 3,000,000원

해설

• 당기순매입액 = 4,000,000원 − 500,000원 = 3,500,000원
• 기말재고액 = 6,000,000원 × 10% = 600,000원
∴ 매출원가 = 기초재고액 400,000원 + 당기매입액 3,500,000원 − 기말재고액 600,000원 = 3,300,000원

16 다음에서 판매비와관리비가 매출원가의 10%일 경우 기초상품재고액은 얼마인가? [22년 기출]

• 매입할인	20,000원
• 당기상품매입액	2,300,000원
• 기말상품재고액	290,000원
• 매입에누리및환출	80,000원
• 판매비와관리비	200,000원
• 매입운임	40,000원

※ 단, 위의 당기상품매입액은 위 사항들이 조정되기 전 금액이다.

① 30,000원 ② 50,000원
③ 90,000원 ④ 130,000원

해설

• 매출원가 = 판매비와관리비 200,000원 ÷ 10% = 2,000,000원
• 당기순매입액 = 당기총매입액 2,300,000원 − 매입할인 20,000원 − 매입에누리및환출 80,000원 + 매입운임 40,000원 = 2,240,000원
• 매출원가 2,000,000원 = 기초재고액 + 당기매입액 2,240,000원 − 기말재고액 290,000원
∴ 기초재고액 = 50,000원

정답 15 ③ 16 ②

17 다음 중 제조업을 영위하는 기업의 영업이익에 영향을 미치는 계정과목으로만 짝지어진 것은? [22년 기출]

① 상품매출, 대손상각비, 단기매매증권평가이익
② 제품매출, 세금과공과, 복리후생비
③ 외화환산손실, 용역매출, 이자수익
④ 매출원가, 임차료, 사채상환이익

해설

① 단기매매증권평가이익은 영업외비용에 해당한다.
③ 외화환산손실 및 이자수익은 영업외손익에 해당한다.
④ 사채상환이익은 영업외수익에 해당한다.

18 다음 거래에 대한 분개 시 차변과 대변의 계정과목으로 가장 옳은 것은? [22년 기출]

> 보유하고 있던 사채에 대한 이자 50,000원을 현금으로 수령하였다.

	차 변	대 변
①	현 금	사 채
②	사 채	이자수익
③	현 금	이자수익
④	이자수익	사 채

해설

(차) 현금(자산 증가) 50,000 (대) 이자수익(수익 발생) 50,000

19 다음 자료에 의해 영업외비용을 계산하면 얼마인가?(단, 금융업에 해당하지 않음) [22년 기출]

• 퇴직급여	10,000원	• 접대비	20,000원	• 연구비	10,000원
• 기부금	5,000원	• 잡손실	16,000원	• 이자비용	3,000원

① 19,000원　② 24,000원
③ 34,000원　④ 44,000원

해설

• 영업외비용 합계 = 기부금 5,000원 + 잡손실 16,000원 + 이자비용 3,000원 = 24,000원
※ 퇴직급여, 접대비, 연구비는 판매비와관리비에 속한다.

17 ② 18 ③ 19 ② 정답

20 다음 자료를 이용하여 유통업을 영위하는 (주)삼일의 당기 영업이익을 계산하면 얼마인가?

[22년 기출]

ㄱ. 매출액	250,000원
ㄴ. 기초상품재고액	15,000원
ㄷ. 당기상품매입액	180,000원
ㄹ. 기말상품재고액	20,000원
ㅁ. 광고선전비	15,000원
ㅂ. 유형자산처분이익	10,000원
ㅅ. 이자수익	8,000원

① 52,000원

② 60,000원

③ 68,000원

④ 76,000원

해설

• 매출원가 = 기초재고액 15,000원 + 당기매입액 180,000원 − 기말재고액 20,000원 = 175,000원

∴ 영업이익 = 매출액 250,000원 − 매출원가 175,000원 − 판매비와관리비 15,000원 = 60,000원

21 다음 건설공사와 관련하여 20X2년에 인식해야 할 공사수익은 얼마인가? [22년 기출]

가. 공사기간 : 20X1년 1월 1일 ~ 20X4년 12월 31일(4년)
나. 총도급금액 : 30,000,000원
다. 총공사예정원가 : 25,000,000원
라. 20X1년 발생 공사원가 : 6,000,000원, 20X2년 발생 공사원가 6,500,000원

① 5,000,000원

② 7,200,000원

③ 7,800,000원

④ 15,000,000원

해설

공사수익 = 총도급금액 × (당기말 누적진행률 − 전기말 누적진행률)

$$= 30{,}000{,}000\text{원} \times \left(\frac{12{,}500{,}000\text{원}}{25{,}000{,}000\text{원}} - \frac{6{,}000{,}000\text{원}}{25{,}000{,}000\text{원}}\right)$$

= 30,000,000원 × (50% − 24%)

= 7,800,000원

정답 20 ② 21 ③

22 (주)삼일의 20X1년 1월 1일 매출채권 기초잔액은 125,000원이며 12월 31일 매출채권 기말잔액은 150,000원이었다. 회사의 매출은 모두 외상매출로 이루어지며, 20X1년 1년간 현금회수액이 1,500,000원이라고 할 때 (주)삼일이 20X1년의 매출로 계상할 금액은 얼마인가?(단, 당기 중 대손은 발생하지 않았다) [22년 기출]

① 1,450,000원
② 1,475,000원
③ 1,525,000원
④ 1,550,000원

해설

• 현금수취액 1,500,000원 = 기초잔액 125,000원 + 당기매출액 − 기말잔액 150,000원
∴ 당기매출액 = 1,525,000원

23 다음 자료를 이용하여 도매업을 영위하는 (주)삼일의 당기 매출총이익을 계산하면 얼마인가? [22년 기출]

• 당기상품 총매출액	6,000,000원
• 기초상품재고액	300,000원
• 기말상품재고액	400,000원
• 당기상품 총매입액	4,000,000원
• 매출할인	200,000원

① 1,800,000원
② 1,900,000원
③ 2,000,000원
④ 2,200,000원

해설

• 순매출액 = 총매출액 6,000,000원 − 매출할인 200,000원 = 5,800,000원
• 매출원가 = 기초재고 300,000원 + 당기매입 4,000,000원 − 기말재고 400,000원 = 3,900,000원
∴ 매출총이익 = 매출액 5,800,000원 − 매출원가 3,900,000원 = 1,900,000원

22 ③ 23 ② 정답

24 다음 중 빈칸에 들어갈 항목으로 가장 옳은 것은? [22년 기출]

화폐성외화자산 · 부채를 결산시점에서도 계속 보유하고 있을 경우 환율변동으로 인하여 발생하는 이익을 (　　)라고 한다.

① 외환차익
② 외화환산이익
③ 투자자산처분이익
④ 자산수증이익

해설
외화자산 · 부채에 대하여는 결산일에 화폐성 외화자산 또는 화폐성 외화부채를 환산하여 환율의 변동으로 인하여 발생하는 손익을 외화환산손익으로 처리한다. 환율의 변동이란 직전 회계연도 말 또는 외화표시 채권 · 채무의 발생시점의 환율과 당해 회계연도 말 현재 환율의 차이를 의미한다. 이는 외환차익과는 달리 실제 환전에 따른 차익이 아닌 환산에 의한 이익이므로 미실현손익에 해당한다. 이 또한 반대의 경우에는 외화환산손실이 발생하며 영업외비용으로 분류한다.

25 다음 중 제조업을 영위하는 (주)삼일의 비용에 대해 가장 올바르지 않은 주장을 하는 사람은 누구인가? [22년 기출]

① 진희 : 감가상각비는 수익을 창출하는 과정에 사용될 것으로 기대되는 기간 동안 체계적이고 합리적인 방법으로 배분한다.
② 영수 : 매출원가는 매출액과 직접대응되는 원가이다.
③ 철수 : 기부금은 일반적으로 판매비와관리비로 분류한다.
④ 영희 : 이자비용은 일반적으로 영업외비용으로 분류한다.

해설
기부금은 회사의 영업활동과 관계없는 비용으로서 영업외비용으로 구분한다.

정답 24 ② 25 ③

26 **다음 중 (주)삼일의 20X1년 당기순이익에 영향을 미치는 거래로 가장 옳은 것은?** [22년 기출]

① 20X1년 2월 중 토지를 10,000,000원에 매입하였다.

② 20X1년 6월 중 주식 100주를 유상증자(액면발행)하였다.

③ 20X1년 8월 중 단기차입금의 만기가 도래하여 원금 30,000,000원을 상환하였다.

④ 20X1년 6월 중 대주주인 김한강으로부터 시가 20,000,000원 상당액에 해당하는 (주)남산의 주식을 증여받았다.

해설

① 토지(자산)의 증가와 현금(자산)의 감소가 나타므로 당기손익에 영향이 없다.
② 자본거래에 해당하여 당기손익에 영향이 없다.
③ 단기차입금(부채)의 감소와 현금(자산)의 증가가 나타나므로 당기손익에 영향이 없다.

27 **다음 중 아래에서 설명하고 있는 회계처리와 가장 관련 있는 회계원칙은 무엇인가?** [22년 기출]

• 유형자산은 실제 취득 시 비용으로 처리하지 않고 경제적 내용연수에 걸쳐 감가상각한다.
• 퇴직급여는 매 회계연도 말 퇴직급여충당금을 설정하면서 인식된다.

① 수익 · 비용 대응의 원칙

② 업종별 관행의 인정

③ 보수주의

④ 완전공시의 원칙

해설

수익 · 비용 대응의 원칙이란 수익이 인식된 시점에서 수익과 관련하여 비용을 인식하는 것을 말하며, 수익 · 비용 대응의 원칙에 따라 비용을 인식하는 방법에는 직접대응, 기간배분, 기간대응이 있다. 특정수익과 직접적인 인과관계를 명확히 파악할 수 없으나 발생한 비용이 장기간에 걸쳐 수익창출에 기여하는 경우 이를 기간배분한다. 즉, 수익창출에 기여한 것으로 판단되는 기간 동안 합리적이고 체계적인 방법에 따라 비용을 배분하며 유형 · 무형자산의 감가상각이 이에 해당한다. 또한, 직원이 퇴직하는 경우 지급하는 퇴직금을 퇴직시점에 전액 비용처리 하는 것이 아니라, 그 직원이 근무를 제공하면서 수익창출에 기여한 기간에 지속적으로 퇴직금 추정계산액을 산정하여 기말 결산에 퇴직급여충당부채를 설정하여 비용과 부채로 계상하는 것도 수익 · 비용 대응의 원칙에 대한 설명이다.

26 ④ 27 ① 정답

28 (주)삼일은 디지털카메라를 제조하여 판매하는 회사로서 매출확대를 위해 아래와 같이 다양한 방법을 사용하여 제품을 판매하고 있다. 수익인식기준에 근거하여 (주)삼일이 당기에 인식해야 할 매출액을 계산하면 얼마인가? [22년 기출]

ㄱ. TV홈쇼핑을 통해 시용판매한 금액	25,000,000원
(무료체험기간이 종료되지 않은 시용품 판매액 10,000,000원 포함)	
ㄴ. Z마켓을 통해 판매한 제품	9,000,000원
(단, 파손으로 반품된 금액 2,500,000원이 포함되어 있으며, 그 외의 반품예상액은 없음)	
ㄷ. 위탁매매업자인 L마트에 위탁판매한 제품	6,000,000원
(단, L 마트가 소비자에게 아직 판매하지 못한 금액 1,500,000원 포함)	

① 24,500,000원

② 26,000,000원

③ 29,000,000원

④ 31,000,000원

해설

ㄱ. 시용판매의 경우, 공급받은 자가 구입의 의사를 표시하였을 때 수익으로 인식하며, 통상적으로 무료체험기간 이 종료되지 않은 경우 판매되지 아니한 것으로 본다.

ㄴ. 파손으로 인한 반품은 매출환입이라 하며 수익인식금액에서 차감한다.

ㄷ. 위탁매매업자가 판매 중인 상품은 위탁매매업자가 소비자에게 판매한 때에 비로소 수익으로 인식한다.

29 다음의 거래가 손익계산서상 영업이익과 당기순이익에 미치는 영향은 얼마인가? [22년 기출]

(주)삼일은 20X1년 당기 중 유형자산처분이익이 500,000원 발생하였다.

	영업이익	당기순이익
①	증 가	증 가
②	영향 없음	증 가
③	영향 없음	영향 없음
④	증 가	영향 없음

해설

유형자산처분이익은 영업외수익으로서 영업이익에는 영향을 주지 아니하며, 당기순이익은 증가시킨다.

정답 28 ② 29 ②

30 도 · 소매업을 영위하는 (주)삼일의 20X1년 비용이 다음과 같다면, (주)삼일의 20X1년 손익계산서에 계상될 판매비와관리비는 얼마인가?(단, 결산수정분개는 모두 반영되었다) [22년 기출]

ㄱ. 상품매입	2,500,000원
ㄴ. 급여(관리사원)	1,200,000원
ㄷ. 퇴직급여(관리사원)	150,000원
ㄹ. 배당금	200,000원
ㅁ. 이자비용	100,000원
ㅂ. 임차료(본사건물)	280,000원
ㅅ. 접대비	120,000원
ㅇ. 기부금	300,000원

① 1,750,000원
② 2,050,000원
③ 2,350,000원
④ 4,250,000원

해설

• 판매비와관리비 합계 = 급여(관리사원) 1,200,000원 + 퇴직급여(관리사원) 150,000원 + 임차료(본사건물) 280,000원 + 접대비 120,000원 = 1,750,000원

※ 상품매입은 매출원가, 배당금은 자본, 이자비용과 기부금은 영업외비용에 속한다.

31 다음 중 제조업을 영위하는 (주)삼일의 영업이익에 영향을 주는 거래가 아닌 것은? [22년 기출]

① 당기에 용역매출이 30,000,000원 발생하였다.
② 종업원에 대한 교육훈련비 500,000원을 현금 지급하였다.
③ 유가증권(장부금액 10,000,000원)을 9,800,000원으로 평가하였다.
④ 신제품 출시로 인하여 광고선전비 1,000,000원을 현금 지출하였다.

해설

유가증권의 평가손익은 영업외손익에 해당하여 영업손익에 영향을 미치지 아니한다.

30 ① 31 ③ 정답

PART 03
결산과 재무제표

많이 보고 많이 겪고 많이 공부하는 것은 배움의 세 기둥이다.

– 벤자민 디즈라엘리 –

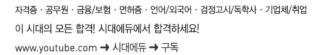

PART 3 결산과 재무제표

CHAPTER 01 결 산

01 결산의 의의

1 결산이란

지금까지는 기업의 경영활동을 분개를 통하여 장부에 기록하는 과정에 대하여 알아보았다. 그러나 분개를 통한 기록만으로는 기업의 정보를 적절히 보고할 수 없다. 정보이용자들에게 재무보고를 하기 위해서는 재무제표를 작성하여야 하는데 재무상태표의 경우 일정시점의 재무상태(자산, 부채, 자본)를 기록하여야 하며, 손익계산서는 일정기간의 경영성과(수익, 비용)를 기록하여야 한다. 즉, 재무제표의 작성은 일정기간을 기준으로 이루어져야 하며, 이를 나타낸 것이 회계기간이다. 회계기간은 일반적으로 1년을 기준으로 이루어지며, 1월 1일에서 12월 31일까지 1년으로 정하는 경우가 많다.

결산이란 일정시점에 장부를 마감하고 재무상태와 경영성과를 파악하여 재무제표를 작성하는 것을 말한다. 거래의 기록부터 시작하여 결산수정을 거쳐 재무제표를 작성하는 과정은 일반적으로 다음과 같은 절차에 의하여 이루어진다.

① 거래의 기록(분개)

② 총계정원장에 전기

③ 수정전 시산표의 작성

④ 결산수정분개

⑤ 수정후 시산표의 작성

⑥ 장부의 마감

⑦ 재무제표의 작성

2 결산수정사항

결산을 통하여 재무제표를 작성하기 위해서는 결산수정분개를 하여야 한다. 수정분개를 하는 이유는 두 가지이다. 하나는 재무제표 작성을 위하여 자산, 부채를 적절히 평가하는 것이다. 다른 한 가지는 발생주의에 따른 손익의 귀속시기 결정으로 인한 수정분개 사항이다.

(1) 손익의 귀속시기*의 결정

회계는 발생주의에 의하여 손익을 인식한다. 그런데, 기중 거래의 기록에서 현금주의에 의하여 기록되지 않은 손익이 있는 경우 이를 결산시점에 정리하여야 한다. 예를 들어 매월 사무실 임차료를 다음달 5일에 지급하는 경우, 12월 31일 현재 12월 임차료를 아직 지급하지 않았으므로 비용으로 회계처리되지 않는다. 그러나 이는 이미 발생되어 있는 비용이므로 결산수정분개를 통하여 인식하여야 한다. 이와 같은 항목으로는 선급비용, 선수수익, 미지급비용, 미수수익이 있다.

* 귀속시기 : 수익과 비용이 인식되는 회계기간

(2) 자산 · 부채의 평가

회계에서 자산 · 부채는 본래 평가하지 않는 것이 원칙이다. 역사적 원가주의에 따르면 자산과 부채는 취득 후 가치가 변동하여도 이에 대한 평가손익을 인식하지 않는다. 왜냐하면 취득원가(역사적 원가)는 객관적 정보이기 때문에 그렇다. 공정가치법에 따라 자산을 평가하고 기록하는 경우, 이는 평가하는 이의 주관적 결정에 따라 각기 다른 정보가 될 가능성이 많기 때문에 신뢰성 있는 객관적 정보는 취득원가가 되는 것이다.

그러나 목적적합한 정보의 공시를 위하여 기말시점에 적절한 금액으로 평가를 하여야 하는 경우가 있다. 예를 들어 시장성 있는 단기매매증권의 경우 불특정 다수가 거래를 하는 유가증권시장이 존재하며, 이곳에서 파악되는 공정가치는 검증가능한 공정가치이므로 객관성 또한 확보될 수 있으므로 이를 평가하는 것이다. 또한 매출채권 등 채권에 대하여 대손충당금을 설정하고, 사채에 대하여 할인 · 할증발행차금을 상각하는 것, 감가상각비를 계상하는 것 등이 결산시점에 이루어져야 할 내용이다.

(3) 기타의 결산 항목

결산 시에는 그 밖에도 감가상각, 충당부채의 설정 등을 행하여야 한다. 감가상각은 매입한 자산의 원가를 배분하는 과정으로, 결산시점에 적절한 방법으로 처리하여야 한다. 또한 수익 · 비용 대응의 원칙에 따라 비용을 기간별로 배분하기 위하여 퇴직급여충당부채 등을 설정하여야 한다.

본 장에서는 먼저 위에서 언급된 결산 항목에 대하여 구체적으로 살펴보고, 종합사례를 통하여 결산절차에 따라 설명하고자 한다.

02 손익귀속시기의 결정

1 의 의

손익의 귀속시기와 관련된 결산수정사항은 수익의 발생, 비용의 발생, 수익의 이연, 비용의 이연이다. 수익의 발생이란 이미 발생하였으나 기록되지 않은 수익에 대하여 수익을 인식하고 미수수익으로 처리하는 것이다. 비용의 발생이란 이미 발생하였으나 기록되지 않은 비용에 대하여 비용을 인식하고 미지급비용으로 처리하는 것이다. 수익의 이연이란 이미 수익으로 인식하였으나 기간이 경과되지 않은 것에 대하여 선수수익이라는 부채로 기록하고 다음 회계기간의 수익으로 연기시키는 것이다. 비용의 이연이란 이미 비용으로 인식하였으나 기간이 경과되지 않은 것에 대하여 선급비용이라는 자산으로 기록하고 다음 회계기간의 비용으로 연기시키는 것이다.

손익의 귀속 시기를 결정	수익의 발생	미수수익(자산)
	수익의 이연	선수수익(부채)
	비용의 발생	미지급비용(부채)
	비용의 이연	선급비용(자산)

2 미수수익

당기에 속하는 수익으로서 아직 현금으로 수취하지 못한 수익이 있는 경우에는 이를 당기의 수익에 가산하는 동시에 자산계정인 미수수익으로 계상해야 한다. 아직 수익에 대한 대가를 지급받지는 않았지만 발생주의의 개념에 의하여 수익이 발생된 회계기간에 이를 인식하는 것이다. 수익은 발생했는데 이에 대한 대가를 지급받지 못했다는 이유로 수익을 인식하지 않는다면 회사의 손익에는 어떤 영향을 미칠까?

➜ 수익이 발생한 해 : 수익 과소계상
➜ 대가를 지급받는 해 : 수익 과대계상

11월 1일에 만기 3개월, 연 이자율 12%의 조건으로 관계회사에 1,000,000원을 대여하였다고 하면, 대여금에 대한 이자발생액 중 당기의 귀속분은 다음과 같게 된다.

1,000,000원	×	12%	×	2/12	=	20,000원
단기대여금		연 이자율		기 간		이자수익

비록 현금은 유입되지 않았으나 이를 수익으로 인식하지 않는다면 발생주의 개념에 벗어나는 것이다. 따라서 다음과 같이 수정분개를 하여야 한다.

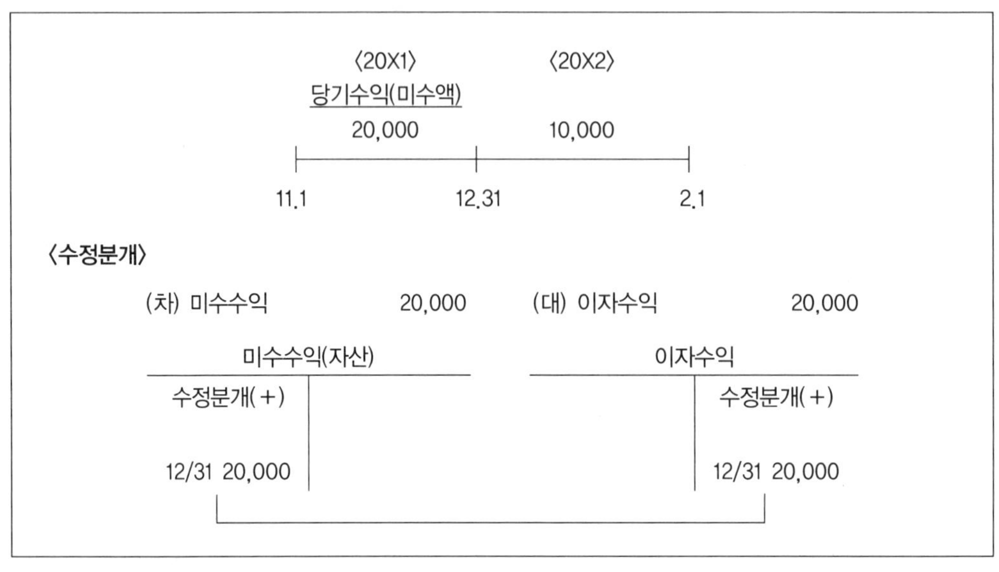

예 제 ▸ 미수수익

20X1년 4월 1일 연 이자율 12%, 매년 3월 31일을 이자수령일로 하여 1,000,000원을 대여해 준 경우 20X1년 4월 1일과 12월 31일의 회계처리를 나타내라.

[풀이]

20X1. 4. 1

(차) 대여금	1,000,000	(대) 현 금	1,000,000

20X1. 12. 31

(차) 미수수익	90,000	(대) 이자수익	90,000

3 선수수익

만일 1년분의 임대료를 미리 받았다고 가정하자. 이때 수취한 임대료 전액을 수취시점에 수익으로 인식한다면 회사의 손익에는 어떤 영향을 미칠까?

➜ 수취하는 해 : 수익 과대계상
➜ 그 다음 해 : 수익 과소계상

20X1년 9월 1일에 사무실 임대계약을 맺고 1년분 임대료 240,000원을 미리 받았을 때 이에 대한 회계처리를 나타내면 다음과 같다.

(차) 현 금	240,000	(대) 임대료	240,000

12월 31일자 수정전 잔액시산표에는 임대료수익 240,000원이 계상된다. 그러나 임대계약기간은 20X1년 9월 1일부터 20X2년 8월 31일인데 1년분 임대료 전액을 20X1년에 모두 수익으로 인식한다는 것은 논리적이지 못하다.

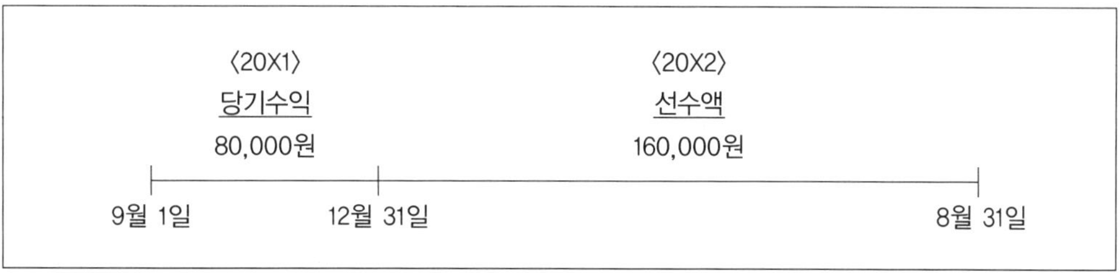

따라서 다음과 같은 수정분개가 필요하다.

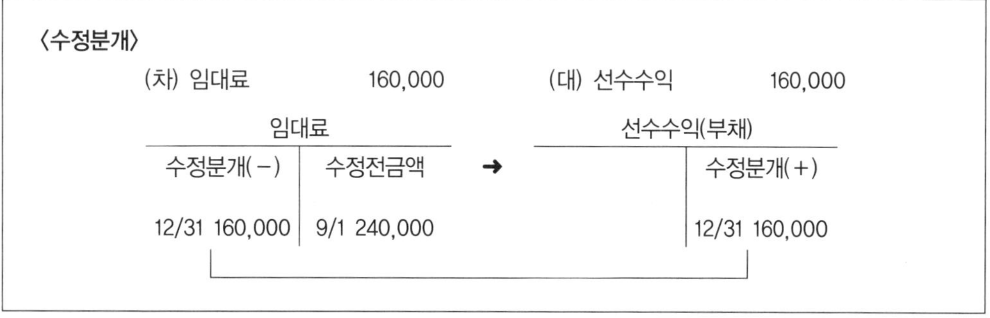

예 제 ▸ 선수수익

20X1년 4월 1일 건물을 임대하고 1년분 임대료 120,000원을 현금으로 미리 받은 경우 20X1년 4월 1일과 12월 31일의 회계처리를 나타내라.

[풀이]

20X1. 4. 1

(차) 현 금	120,000	(대) 임대료	120,000

20X1. 12. 31

(차) 임대료	30,000	(대) 선수수익	30,000

4 미지급비용

당기에 속하는 비용으로서 미지급분이 있으면 이를 당기의 비용에 가산하고 부채계정인 미지급비용으로 처리해야 한다. 이는 아직 지불되지 않았지만 발생주의 개념에 의하여 비용이 발생된 회계기간에 이를 계상하는 것이다. 발생한 비용을 미지급했다는 이유로 비용으로 인식하지 않는다면 회사의 손익에 어떤 영향을 미칠까?

> ➜ 비용이 발생한 해　:　비용 과소계상
> ➜ 비용을 지급하는 해　:　비용 과대계상

12월 1일에 만기가 3개월, 연 이자율 12%의 이자 지급조건으로 1,000,000원을 차입하였다면 12월 31일 현재 발생한 이자비용은 다음과 같을 것이다.

1,000,000원	×	12%	×	1/12	=	10,000원
단기차입금		연 이자율		기 간		이자비용

비록 현금의 지급은 없었으나, 이를 지급하지 않았다고 하여 비용으로 인식하지 않는다면 발생주의의 개념에 벗어나는 것이다. 따라서 다음과 같은 수정분개가 필요하다.

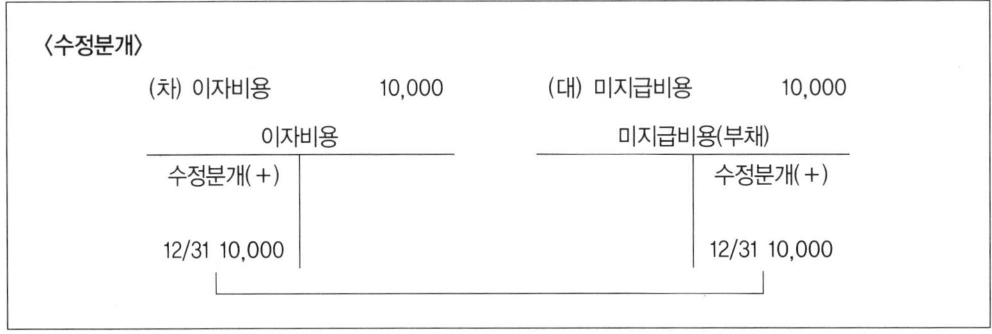

예 제 ▸ 미지급비용

20X1년 4월 1일 연 이자율 12%, 매년 3월 31일 이자지급 조건으로 은행에서 1,000,000원을 차입한 경우 20X1년 4월 1일과 12월 31일의 회계처리를 나타내라.

[풀이]

20X1. 4. 1

(차) 현 금	1,000,000	(대) 차입금	1,000,000

20X1. 12. 31

(차) 이자비용	90,000	(대) 미지급비용	90,000

5 선급비용

보험료는 일반적으로 6개월분이나 1년분을 한꺼번에 납부하는 것이 보통이다. 이 경우 납부하는 보험료 전액을 지급하는 시점에 비용으로 인식한다면 당해 회사의 손익에는 어떤 영향을 미칠까?

> ➜ 지급하는 해 : 비용 과대계상
> ➜ 그 다음 해 : 비용 과소계상

20X1년 9월 1일에 자동차 보험계약을 맺고 1년분 보험료 120,000원을 미리 지급하였을 때의 분개는 다음과 같이 나타낸다.

(차) 보험료	120,000	(대) 현 금	120,000

이 경우 12월 31일자 수정전 잔액시산표에는 보험료가 120,000원으로 계상된다. 그러나 보험기간은 20X1년 9월 1일부터 20X2년 8월 31일인데 납부한 보험료 전액을 20X1년에 모두 비용으로 인식한다는 것은 논리적이지 못하다.

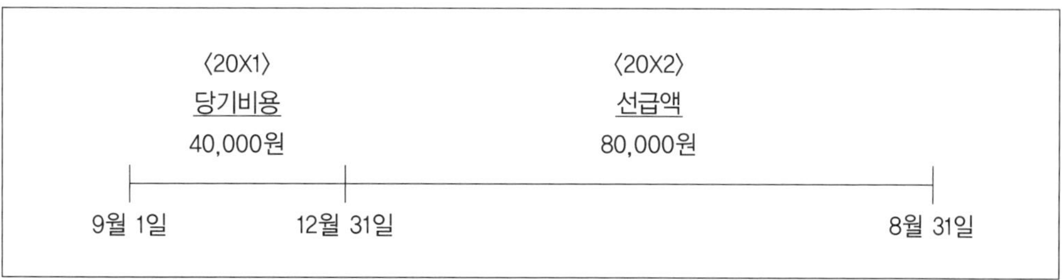

따라서 다음과 같은 수정분개가 필요하다.

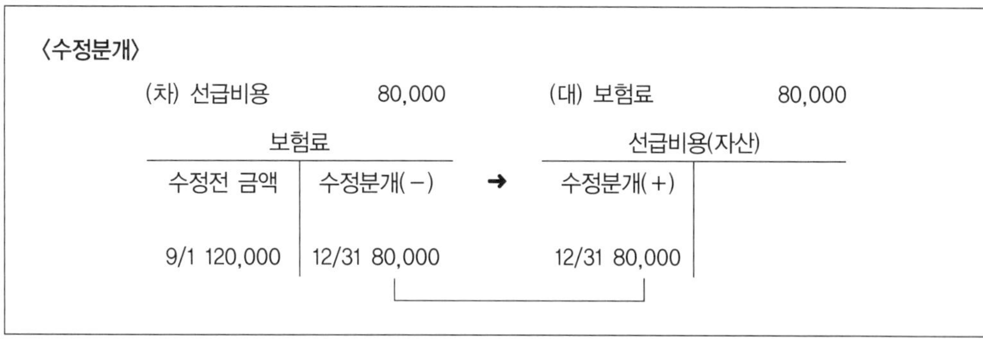

예 제 ▸ 선급비용

20X1년 4월 1일에 1년분 보험료 120,000원을 현금으로 지급한 경우 20X1년 4월 1일과 12월 31일의 회계처리를 나타내라.

[풀이]

20X1. 4. 1

(차) 보험료	120,000	(대) 현 금	120,000

20X1. 12. 31

(차) 선급비용	30,000	(대) 보험료	30,000

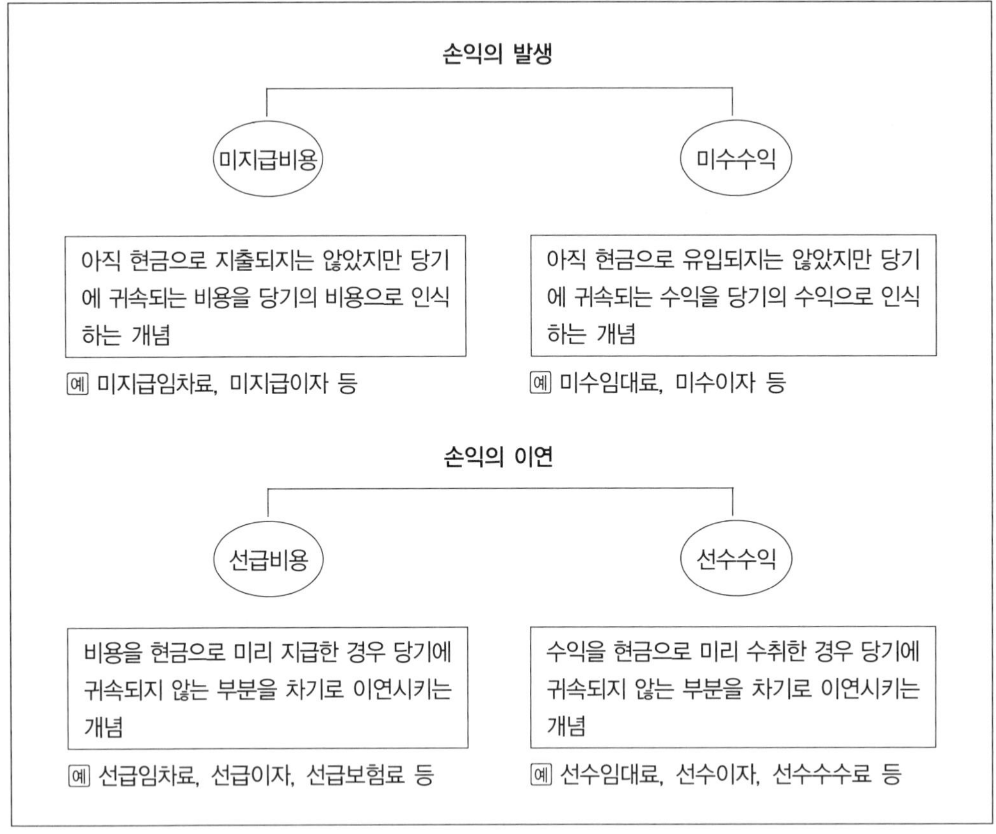

손익의 발생
미지급비용
미수수익
아직 현금으로 지출되지는 않았지만 당기에 귀속되는 비용을 당기의 비용으로 인식하는 개념
예 미지급임차료, 미지급이자 등
아직 현금으로 유입되지는 않았지만 당기에 귀속되는 수익을 당기의 수익으로 인식하는 개념
예 미수임대료, 미수이자 등
손익의 이연
선급비용
선수수익
비용을 현금으로 미리 지급한 경우 당기에 귀속되지 않는 부분을 차기로 이연시키는 개념
예 선급임차료, 선급이자, 선급보험료 등
수익을 현금으로 미리 수취한 경우 당기에 귀속되지 않는 부분을 차기로 이연시키는 개념
예 선수임대료, 선수이자, 선수수수료 등

03 자산 · 부채의 평가

1 매출채권

(1) 외상매출금과 받을어음

매출채권은 외상매출금과 받을어음으로 구성된다. 따라서 거래처별로 외상매출금 잔액을 정리하면서 기중에 받을어음을 받았다면 각 어음에 대한 처리도 정리한다. 받을어음을 회사에서 직접 보관하고 있다면 실사를 하여 보관 중인 어음과 어음대장 및 총계정원장이 일치하는지 여부를 확인하여야 한다. 받을어음도 유가증권과 마찬가지로 유용 등 부정발생 위험이 있으므로 금융기관에 맡겨 위탁 · 보관하는 경우가 많다. 이 경우 금융기관에 어음잔액증명서를 요청하여 회사의 장부와 일치 여부를 확인하여야 한다.

(2) 매출의 귀속시기 조정

상품을 외상으로 판매하는 경우 수익인 매출을 인식하는 시점에 대해서 ① 상품을 판매한 시점에서 인식해야 한다는 견해와 ② 매출대금을 회수하는 시점에서 인식해야 한다는 견해가 있다. 이에 대해 일반적으로 상품매출은 실현주의를 바탕으로 상품이 판매되는 시점에 수익으로 인식하고, 결산담당자는 결산 시 결산일을 전후한 기간의 매출에 대해서 그 기간 귀속이 적정한지 검토해야 한다.

또한 세금계산서를 먼저 교부한 경우 ① 세금계산서 발급시기에 매출을 인식해야 한다는 견해와 ② 상품을 인도해준 날에 인식해야 한다는 견해가 있지만 위와 마찬가지로 실현주의를 바탕으로 상품이 인도되는 시점에 수익으로 인식한다. 우리나라 부가가치세법에서는 세금계산서를 선교부할 경우에도 일정한 경우에 한하여 세금계산서 발급시기를 공급시점으로 인정하지만 회계상으로는 인정되지 않는다.

예 제 ▸ 매출의 귀속시기 조정

(주)리젠의 경리담당자는 결산절차를 수행하던 중 회계담당자가 20X3년 1월 5일에 상품을 300,000원에 인도하기로 약정을 하고 세금계산서는 계약일인 20X2년 12월 27일로 발행 교부하고 외상매출로 회계처리하였다. 이 경우의 20X2년의 결산수정분개를 하시오.

[풀이]

상품을 외상으로 판매하는 경우 수익인 매출을 인식하는 시점은 실현주의를 바탕으로 상품이 판매되는 시점에 수익으로 인식하기 때문에 20X2년의 매출을 취소하고 20X3년의 매출로 인식해야 한다. 따라서 20X2년 결산수정분개는 기존의 회계담당자가 수행한 분개를 역으로 분개해야 한다.

20X2. 12. 31

(차) 매 출	300,000	(대) 매출채권	300,000

(3) 대손충당금

기업의 수취채권은 때때로 채무자의 파산・채무자의 지급능력 저하 등의 사유로 회수불가능하게 되는 경우가 있다. 회수가 불가능하게 될 것으로 예상되는 채권에 대하여는 대손충당금을 설정하여 그 내용을 적절히 표시하여야 한다. 이렇게 대손을 예상하고 대손충당금과 대손상각비를 계상하는 회계처리는 결산시점에 진행하는 것이다.

결산시점에는 대손예상액을 추정하여 대손충당금을 설정하고 이를 각 채권에서 차감하는 형식으로 표시한다. 기중 거래에서 대손이 발생하면 이는 비용으로 처리하지 않고 대손충당금과 상계한다. 만약 대손처리했던 채권이 회수되었다면 대손충당금을 증가시키면 된다. 이때 결산시점의 대손충당금 설정액은 다음과 같이 계산한다.

대손충당금 추가 설정액 = 추정한 대손충당금 − 장부상 대손충당금 잔액

① 결산수정분개

㉠ 추정한 대손충당금 > 장부상 대손충당금

(차) 대손상각비	×××	(대) 대손충당금	×××

㉡ 추정한 대손충당금 < 장부상 대손충당금

(차) 대손충당금	×××	(대) 대손충당금환입	×××

② 대손확정 시

(차) 대손충당금	×××	(대) 매출채권	×××

③ 재무상태표상 표시방법

매출채권	×××	
대손충당금	(×××)	×××
		↳ 대손충당금 차감 후 순매출채권 금액

예 제 ▸ 대손충당금

다음은 (주)리젠의 대손에 관한 자료이다. 회계처리를 나타내시오.

1월 1일	전기로부터 이월된 대손충당금의 대변 잔액은 300,000원이다.
6월 1일	전기에 매출한 130,000원의 매출채권이 회수불가능한 것으로 판명되었다.
12월 31일	기말 현재의 외상매출금 잔액은 50,000,000원이며 과거의 경험에 의하면 외상매출금 잔액의 1%가 대손으로 예상된다.

[풀이]

6/1	(차) 대손충당금	130,000	(대) 매출채권	130,000
12/31	(차) 대손상각비	330,000	(대) 대손충당금	330,000*

* (50,000,000원 × 1%) − (300,000원 − 130,000원) = 330,000원

대손충당금

당기 대손액	130,000	전기이월	300,000
기말 잔액	500,000	당기 설정	330,000

부분재무상태표

자 산			
매출채권	50,000,000		
대손충당금	(500,000)	49,500,000	

2 재고자산

기말결산시점에 재고자산과 관련해서는 두 가지의 정리사항이 나온다. 하나는 기말재고자산을 실사* 하여 평가하고 이를 매출원가로 대체하는 것이다. 또 하나는 장부상 수량 및 금액과 실제 재고자산을 비교하여 재고자산감모손실 또는 재고자산평가손실을 계상하는 것이다.

* 실사 : 실제수량을 파악하기 위하여 재고자산을 일일이 눈으로 파악하고 숫자를 세는 것

(1) 재고자산의 실사

매출원가를 계산하기 위해서는 기말재고자산의 수량과 금액을 확인해야 한다. 회사에서는 결산일 영업이 종료된 후 재고자산을 실제로 확인하는 실사를 실시한다. 이때 재고자산은 회사의 창고에 있는 것이 일반적이지만, 간혹 다른 회사의 창고에 보관되는 경우도 있다. 재고자산을 실사할 때에는 도난된 재고의 수량이나, 재고의 파손 또는 부패 여부에 대하여 확인하여야 한다. 또한, 실사과정에서 중복실사나 누락 등이 발생하지 않도록 하기 위해 재고조사표를 부착하면서 실사를 진행하게 된다.

(2) 매출원가의 계산

매출원가란 상품을 판매하는 경우 그 상품에 대한 원가를 말한다. 계속기록법의 경우 매출원가를 매출시마다 인식하지만 이는 실무상 적용하기가 매우 번거로우므로 실지재고조사법에 의한다. 실지재고조사법을 적용할 경우 기말에 재고금액을 실사하여 매출원가를 계산하는 방법을 사용한다.

매출원가 = 기초재고액 + 당기매입액 − 기말재고액

기말재고자산을 실사하여 매출원가를 계산하는 결산회계처리를 나타내면 다음과 같다.

① 기초상품재고를 매입 계정으로 대체

(차) 매 입	×××	(대) 상 품	×××

② 기말상품재고를 매입 계정에서 상품 계정으로 대체

(차) 상 품	×××	(대) 매 입	×××

③ 남아있는 매입 계정을 매출원가로 대체

(차) 매출원가	×××	(대) 매 입	×××

예 제 ▸ 매출원가 계산

(주)리젠은 실지재고조사법을 적용하고 있다. 20X1년 말 현재 재고자산과 관련된 수정전 시산표가 다음과 같고 기말재고자산 실사 후 기말상품이 200,000원이다.

1. 매출원가를 계산하시오.
2. 결산수정분개를 나타내시오.

합계잔액시산표

(주)리젠 제××기 20X1년 12월 31일 현재 (단위 : 원)

차변 금액		계정과목	대변 금액	
잔 액	합 계		합 계	잔 액
100,000	100,000	상 품		
800,000	800,000	매 입		
20,000,000	20,000,000	토 지 ⋮		

[풀이]

1. 매출원가

100,000원 + 800,000원 − 200,000원 = 700,000원

기초재고액 + 당기매입액 − 기말재고액 = 매출원가

2. 결산수정분개

(차) 매 입	100,000	(대) 상 품	100,000
(차) 상 품	200,000	(대) 매 입	200,000
(차) 매출원가	700,000	(대) 매 입	700,000

(3) 재고자산의 평가

보통 장부상 재고금액과 재고실사의 결과가 일치하지 않는데 이는 재고의 보관 중에 훼손, 도난, 분실이 발생하기 때문이다. 또한 기말재고는 평가를 통해 순실현가능가액을 파악하고 진부화* 여부를 결정해야 한다.

재고자산은 보통 '수량 × 가격'으로 나타나는데 기말 평가과정에서 장부상 금액과 차이는 우선 ① 수량에서 조정하고 다음으로 ② 가격에서 조정한다. 수량에서 조절하는 것을 '감모'라 하고 가격에서 조정하는 것을 '평가'라 한다. 기업회계에서는 비정상적 감모를 감모손실(영업외비용)로 처리하고, 정상감모손실은 매출원가로 처리한다. 또한 평가손실도 매출원가 계정에 가산하여야 한다.

* 진부화 : 시간의 경과나 외부 충격 등 환경적인 요인에 의해 가치가 하락하는 현상

예 제 ▸ 재고자산평가손실과 감모손실

다음은 (주)리젠의 재고자산에 관한 자료이다. 감모된 수량 중 30개는 정상적인 것으로 밝혀졌다. 다음 자료를 바탕으로 재고자산과 관련된 회계처리를 하여라.

- 장부상 수량 : 200개
- 단위당 취득단가 : 150원
- 실제수량 : 150개
- 단위당 순실현가능가액 : 130원

[풀이]

(1) 재고자산감모손실

① 정상감모손실 30개 × @150원 = 4,500원

② 비정상감모손실 20개 × @150원 = 3,000원

(2) 재고자산평가손실

150개 × (@150원 − @130원) = 3,000원

(3) 분 개

① 재고자산감모손실

(차)	매출원가	4,500	(대) 재고자산	7,500
	재고자산감모손실	3,000		

② 재고자산평가손실

(차)	매출원가	3,000	(대) 재고자산평가충당금	3,000

부분재무상태표

재고자산	22,500	
재고자산평가충당금	(3,000)	19,500

(4) 재고자산의 기간귀속

(주)대한이 (주)민국으로부터 상품을 매입하였으나 결산일 현재 아직 (주)대한에 도착하지 아니하고 운송 중인 경우에 해당 상품을 (주)대한의 재고자산에 포함시켜야 하는지 (주)민국의 재고자산에 포함시켜야 하는지가 문제된다. 이에 대해서는 법률적인 소유권의 유무에 따라서 재고자산 포함여부를 결정한다. 법률적인 소유권 유무는 매입계약조건에 따라 다르다. 선적지 인도조건은 상품이 선적된 시점에 소유권이 매입자에게 이전되는 계약으로서, 상품이 선적된 후에 발생하는 모든 위험은 구매자가 부담하기 때문에 운송 중인 상품은 (주)대한의 재고자산에 포함되어야 한다. 그러나 도착지 인도조건은 상품이 도착한 시점에 소유권이 매입자에게 이전되는 계약으로서, 상품이 목적지에 도착하기 전까지 발생하는 모든 위험은 판매자가 부담하기 때문에 운송 중인 상품은 (주)민국의 재고자산에 포함되어야 한다.

예 제 ▸ 재고자산의 기간귀속

다음은 (주)리젠의 거래 자료이다. 이에 따른 회계처리를 나타내시오.

(주)리젠은 20X1년 12월 29일 (주)미래에 상품(원가 : 150,000원)을 250,000원에 외상으로 판매하면서 매출을 인식하였다. 해당 상품은 매매계약서상에 도착지 인도조건으로 계약되었으며, 20X2년 1월 4일에 (주)미래에 도착하였다. 이러한 경우 (주)리젠이 20X1년 수행해야 할 결산수정분개를 하시오.

[풀이]

도착지 인도조건으로 계약했기 때문에 결산일 현재 운송 중인 상품은 (주)미래의 재고자산이 아닌 (주)리젠의 재고자산에 포함되어야 한다. 따라서 결산수정분개 시 20X1년 12월 29일에 인식한 회계처리를 취소하는 수정분개를 해야한다.

20X1년 12월 29일

(차) 매출채권	250,000	(대) 매 출	250,000
(차) 매출원가	150,000	(대) 상 품	150,000

20X1년 12월 31일

(차) 매 출	250,000	(대) 매출채권	250,000
(차) 상 품	150,000	(대) 매출원가	150,000

3 외화자산 · 부채

외화자산 · 부채에 대하여는 결산일에 화폐성 외화자산 또는 화폐성 외화부채를 환산하여 환율의 변동으로 인하여 발생하는 손익을 외화환산손익으로 처리한다. 환율의 변동이란 직전 회계연도말 또는 외화표시 채권 · 채무의 발생시점의 환율과 당해 회계연도말 현재 환율의 차이를 의미한다. 이는 외환차익과는 달리 실제 환전에 따른 차익이 아닌 환산에 의한 이익이므로 미실현손익에 해당한다. 이 또한 반대의 경우에는 외화환산손실이 발생하며 영업외비용으로 분류한다.

예 제 ▸ 외화자산

다음은 (주)리젠의 거래 자료이다. 이에 따른 회계처리를 나타내시오.

- 20X1년 11월 1일 : 미국에 있는 $10,000의 상품을 외상으로 판매하였다.
- 20X2년 2월 10일 : 동 금액을 은행에서 현금으로 수취하였다.
- 환율정보
  20X1년 11월 1일 : 1,000원/$
  20X1년 12월 31일 : 1,100원/$
  20X2년 2월 10일 : 1,250원/$

[풀이]

20X1년 11월 1일

(차) 외상매출금	10,000,000	(대) 매 출	10,000,000

20X1년 12월 31일

(차) 외상매출금	1,000,000*	(대) 외화환산이익	1,000,000

* $10,000 × (1,100원/$ − 1,000원/$) = 1,000,000원

20X2년 2월 10일

(차) 현 금	12,500,000*	(대) 외상매출금	11,000,000
		외환차익	1,500,000

* $10,000 × 1,250원/$ = 12,500,000원

예 제 ▸ 외화부채

다음은 (주)리젠의 거래 자료이다. 이에 따른 회계처리를 나타내시오.

- 20X1년 11월 1일 : 미국에 있는 씨티은행으로부터 $20,000를 차입하다.
- 20X2년 2월 10일 : 동 차입금을 상환하다.
- 환율정보
  20X1년 11월 1일 : 1,000원/$
  20X1년 12월 31일 : 1,100원/$
  20X2년 2월 10일 : 1,250원/$

[풀이]

20X1년 11월 1일

(차) 현 금	20,000,000	(대) 단기차입금	20,000,000

20X1년 12월 31일

(차) 외화환산손실	2,000,000*	(대) 단기차입금	2,000,000

* $20,000 × (1,100원/$ − 1,000원/$) = 2,000,000원

20X2년 2월 10일

(차) 단기차입금	22,000,000	(대) 현 금	25,000,000*
외환차손	3,000,000		

* $20,000 × 1,250원/$ = 25,000,000원

4 유가증권

(1) 유가증권의 실사

유가증권은 쉽게 현금으로 전환이 가능하므로 횡령* 이나 유용** 등 부정이 발생할 가능성이 있어 유가증권을 금융기관에 위탁보관하는 경우가 많다. 이 경우 결산 시 금융기관에 유가증권의 잔고증명서를 요청하여 회사의 장부에 기록된 유가증권과 일치여부를 확인하여야 한다. 만약, 유가증권을 회사에서 직접 보관하는 경우에는 회사의 장부상 유가증권과 보관하고 있는 실물을 대조하여 일치여부를 확인하여야 한다.

* 횡령 : 회사의 자산을 임직원이 무단으로 가져가는 행위

** 유용 : 본래의 목적에 맞게 사용하지 않고 다른 곳으로 돌려 사용

(2) 유가증권의 분류

유가증권의 분류	분류과목	
	유동자산(당좌자산)	비유동자산(투자자산)
지분증권(주식)	단기매매증권	매도가능증권
채무증권(채권)	단기매매증권	매도가능증권, 만기보유증권

여기서 만기보유증권은 채무증권에만 해당되는 것인데, 이 중 보고기간종료일로부터 1년 이내 만기가 도래하는 것은 유동자산으로 분류한다.

(3) 유가증권의 평가

구 분		평가방법	평가손익
단기매매증권		공정가치	당기손익(손익계산서)
매도가능증권	원 칙	공정가치	기타포괄손익누계액 (재무상태표)
	예 외*	취득원가	–
만기보유증권		상각후원가	–

* 매도가능증권 중에서 시장성 없는 주식의 공정가액을 합리적으로 측정할 수 없는 주식

① 단기매매증권

단기매매증권은 기말 현재의 공정가치를 재무상태표가액으로 하고 장부가액과의 차액을 단기매매증권평가손익의 과목으로 하여 손익계산서에 반영한다. 공정가치와 장부가액의 차액은 단기매매증권의 장부가액에서 직접 가감한다. 이때의 공정가치란 유가증권의 시장가격을 의미하며, 이는 보고기간종료일 현재의 종가*를 말한다.

> 단기매매증권평가손익 = 보고기간종료일의 공정가액 – 평가전 장부가액

* 종가 : 주식시장에서 그날의 마지막에 거래가 이루어진 가격

〈회계처리〉

㉠ 단기매매증권에 평가이익이 발생한 경우

(차) 단기매매증권	×××	(대) 단기매매증권평가이익 (당기이익)	×××

㉡ 단기매매증권에 평가손실이 발생한 경우

(차) 단기매매증권평가손실 (당기손실)	×××	(대) 단기매매증권	×××

② 매도가능증권

시장성이 있는 매도가능증권은 공정가치에 의해 평가하고, 시장성이 없는 매도가능증권은 취득원가로 표시한다. 공정가치로 평가하는 경우 매도가능증권의 장부가액은 공정가치로 평가하여 동 금액으로 표시하며, 이때 발생한 평가손익은 기타포괄손익누계액으로 처리한다.

매도가능증권평가손익 = 보고기간종료일의 공정가액 − 평가전 장부가액

〈회계처리〉

㉠ 매도가능증권에 평가이익이 발생한 경우

(차) 매도가능증권	×××	(대) 매도가능증권평가이익 (기타포괄손익누계액)	×××

㉡ 매도가능증권에 평가손실이 발생한 경우

(차) 매도가능증권평가손실 (기타포괄손익누계액)	×××	(대) 매도가능증권	×××

예 제 ▸ 유가증권

(주)리젠은 20X1년 1월 1일에 시장성 있는 A회사의 주식을 500,000원에 취득하였다. 20X1년 12월 31일 현재 계속 보유 중이며 이 주식의 20X1년 12월 31일 현재 공정가치는 350,000원이다. 이 경우 다음의 상황별로 (주)리젠의 20X1년 12월 31일의 회계처리를 나타내시오.

1. 단기매매증권으로 분류되는 경우
2. 매도가능증권으로 분류되는 경우

[풀이]

1. 단기매매증권으로 분류되는 경우

20X1. 12. 31

(차) 단기매매증권평가손실 (영업외비용)	150,000	(대) 단기매매증권	150,000

2. 매도가능증권으로 분류되는 경우

20X1. 12. 31

(차) 매도가능증권평가손실 (기타포괄손익누계액)	150,000	(대) 매도가능증권	150,000

04 기타의 결산 항목

1 감가상각

회사가 기중에 영업활동을 통해 수익을 창출하려면 비용이 소요된다. 회사가 영업활동 중에 지출한 비용은 그 활동으로 인해 창출된 수익에 대응되므로 즉시 인식 가능하지만 유형자산이나 무형자산은 과연 얼마만큼 영업활동에 기여하였는지 측정하는 것이 불가능하다. 그러나 각 자산은 영구히 회사 안에 존재하는 것은 아니므로 감가상각을 통해 자산을 비용처리하여야 한다. 유형자산과 무형자산은 모두 비유동자산이지만 감가상각에서 차이점이 존재하는데 이를 알아보면 다음과 같다.

① 일반기업회계기준에서는 유형자산과 무형자산 모두 상각방법을 정액법, 정률법 등 자산의 경제적 효익이 소멸되는 형태를 반영하는 합리적인 방법을 선택하도록 규정하고 있다. 다만 무형자산의 경우에는 해당 방법을 정할 수 없는 경우에는 정액법을 사용하고, 상각기간은 20년을 초과할 수 없다고 규정하고 있다.

② 재무상태표에 표시하는데 있어서 유형자산은 취득원가에서 감가상각누계액을 차감하는 형식으로 표시하지만, 무형자산은 무형자산상각누계액을 설정할 수도 있고, 무형자산상각누계액을 설정하지 아니하고 관련 무형자산 계정에서 직접 차감할 수도 있다.

③ 상각 종료 후에 유형자산은 재무상태표에 계속 남지만 무형자산은 모두 제거된다. 상각이 종료되어도 유형자산이 회사 내에서 완전히 사라진 것은 아니며, 유형자산의 제거 과정에서 또 다른 활동이 요구될 수도 있기 때문이다.

구 분	결산수정분개	재무상태표 표시방법
유형자산	(차) 감가상각비 ××× (대) 감가상각누계액 ×××	유형자산 ××× 감가상각누계액 (×××) ×××
무형자산	(차) 무형자산상각비 ××× (대) 무형자산 ×××	무형자산 ×××

예 제 ▸ 유형자산 감가상각

20X1년 1월 1일 (주)리젠은 제조활동에 필요한 기계장치를 500,000원에 구입하였다. 이 기계장치의 내용연수는 8년, 잔존가치는 68,000원으로 추정되었다. 정액법에 따라 감가상각하는 경우 20X1년 12월 31일의 회계처리를 나타내시오.

[풀이]

(차) 감가상각비	54,000*	(대) 감가상각누계액	54,000

* (500,000원 − 68,000원) ÷ 8년 = 54,000원

부분재무상태표

유형자산			
기계장치	500,000		
감가상각누계액	(54,000)	446,000	

예 제 ▸ 무형자산 감가상각

(주)리젠은 20X1년 1월 1일에 100,000원으로 특허권을 취득하였고, 이로 인해 향후 4년간 회사의 매출이 늘어날 것으로 기대하고 있다. 해당 특허권에 대하여 20X1년 12월 31일 결산수정분개를 하시오.

[풀이]

(차) 무형자산상각비 25,000* (대) 특허권 25,000

* (100,000원 − 0원) ÷ 4년 = 25,000원

2 퇴직급여충당부채

기업은 임원이나 종업원이 퇴직하면 퇴직금을 지급하는데 퇴직금은 근무한 기간의 경과에 따라 증가한다. 즉, 퇴직급여는 근로의 제공이라는 과거사건의 결과로 발생하는 현재의무로 의무발생 가능성이 높고 금액을 신뢰성 있게 추정할 수 있으므로 충당부채로 인식한다.

일반기업회계기준에서는 회계연도말 현재 전 임직원이 일시에 퇴직할 경우 지급하여야 할 퇴직금에 상당하는 금액(퇴직금 추계액)을 퇴직급여충당부채로 계상하도록 하고 있다. 이때 퇴직금은 1년 이상 근속자에 대하여 지급하게 된다. 퇴직금 추계액은 회사마다 정해진 규정에 의하여 계산하게 되나 적어도 근로기준법 및 근로자퇴직급여 보장법에 의한 퇴직금 이상으로 하게 되어 있다.

퇴직금 = 평균임금* × 30일 × 계속근로연수

* 평균임금 : 결산일 이전 3개월간 지급된 임금의 총액을 일수로 나누어 계산한 금액

예 제 ▸ 퇴직금 추계액

20X1년 말 현재 (주)리젠의 직원들에 대한 자료이다. 이를 바탕으로 근로기준법에 따라 퇴직금 추계액을 구하시오(단, 1개월은 30일로 가정한다).

성 명	직 위	1일 평균임금	근속연수
윤재구	부 장	150,000원	4년
금상호	차 장	90,000원	8개월
이승준	대 리	60,000원	2년

[풀이]

윤재구 : 150,000원 × 30일 × 4년 = 18,000,000원

금상호 : 1년 이하 근속자이므로 퇴직금 추계액을 계산하지 않는다.

이승준 : 60,000원 × 30일 × 2년 = 3,600,000원

만약 결산전 합계잔액시산표의 일부가 다음과 같았고 퇴직금 추계액이 위에서 계산된 것처럼 21,600,000원이었다고 하자.

부분 합계잔액시산표

(주)리젠 제××기 : 20X1년 12월 31일 현재 (단위 : 원)

차변 금액		계정과목	대변 금액	
잔 액	합 계		합 계	잔 액
	8,000,000	퇴직급여충당부채	20,000,000	12,000,000
		⋮		

이를 살펴보면 기초의 퇴직급여충당부채 잔액이 20,000,000원이었는데 이 중 8,000,000원이 당기에 지급되었고 현재 잔액이 12,000,000원으로 되어 있다. 당기의 퇴직금 추계액 잔액이 21,600,000원이므로 당기에는 그 차액인 9,600,000원(21,600,000원 − 12,000,000원)을 추가로 설정해야 한다.

(차) 퇴직급여 9,600,000 (대) 퇴직급여충당부채 9,600,000

3 현금및현금성자산

현금및현금성자산은 매우 중요한 자산이며 회사 자산 중 가장 도난과 분실의 위험이 크다. 따라서 매일 매일의 회사 시재액*을 점검하여야 하며, 결산시점에서의 점검 절차도 매일 매일의 점검 절차와 같다. 현금출납부와 출납 증빙을 대조하여 모든 지출과 수입을 빠짐없이 기록하고 회사 내에 있는 현금과 대조한다. 만일 일치하지 않으면 현금과부족 계정을 설치하여 그 원인을 규명하고, 결산시점까지 원인을 찾아내지 못하였다면 잡손실이나 잡이익으로 처리한다.

* 시재액 : 현재 가지고 있는 돈의 액수

예 제 ▸ 현금과부족

결산일에 현금 실사를 한 결과 시재액은 220,000원이었다. 그런데 현금출납부상의 현금은 320,000원이었다. 원인을 규명한 결과 비품 구입 130,000원이 있었다. 나머지 금액은 원인을 결산 시까지 규명하지 못하였다.

[풀이]

(차) 현금과부족 100,000 (대) 현 금 100,000

(차) 비 품 130,000 (대) 현금과부족 100,000
잡이익 30,000

※ 원인을 규명한 결과 현금과부족액보다 더 많은 지출이 밝혀졌으므로 현금과부족액을 제거하고 비품과의 차액을 잡이익으로 처리한다.

4 예 금

(1) 예금 잔액조회

결산 시에는 회사의 총계정원장에 기록된 예금 잔액과 은행의 예금 잔액이 일치하는지 여부를 확인하여야 하므로 결산담당자는 은행에 예금잔고증명서를 요청하여 회사의 장부를 비교해 보아야 한다. 회사의 회계장부와 은행의 잔고가 일치하지 않게 되는 원인은 대체적으로 다음과 같다.

구 분	내 용
기발행미인출수표	회사에서는 대금지급을 위하여 이미 수표를 발행하여 거래처에게 주었으나, 그 거래처에서 아직 은행에 수표금액의 지급을 청구하지 않은 상태의 수표를 말한다. 이 경우에는 회사의 회계장부에서는 예금계좌에서 차감하였으나, 은행장부에 아직 반영되지 않은 상태이다.
은행수수료	은행이 당좌거래, 타 은행대체 또는 기타 용역을 제공한 대가로 회사에 일정 수수료를 직접 당좌예금구좌에서 인출하였으나 회사장부에 아직 반영되지 않은 상태이다.
이자비용 및 이자수익	은행은 기말이 되면 회사의 예금 또는 차입금에 대하여 이자를 계산하고 이를 즉시 회사의 은행구좌에 입금시키거나 인출하였으나 회사장부에 아직 반영되지 않았다.

예 제 ▸ 예금 잔액조회

(주)리젠은 12월 31일 은행에 당좌예금 잔액을 조회한 결과 715,500원이었으며, 장부상 잔액은 965,000원이었다. 동 차이를 조사한 결과 다음과 같은 사유가 발견되었다. 결산수정분개를 하시오.

1. 회사가 발행한 수표 중 12월 31일 현재 은행에서 인출되지 않은 기발행미인출수표는 25,500원이다.
2. 은행이 당좌거래수수료 40,000원을 당좌예금 구좌에서 인출하였으나 회사는 이를 반영하지 못했다.

[풀이]

(차) 수수료비용 40,000 (대) 당좌예금 40,000

(2) 계정분류

결산일 시점에서 예금에 대해 주의할 것은 사용이 제한된 예금이다. 사용이 제한된 예금은 만기에 따라 사용이 제한되지 않은 예금과 구별하여 계정을 설정한다. 사용이 제한되어 있는 예금에 대해서는 그 내용을 주석으로 기재한다. 그리고 장기금융상품은 기간이 경과함에 따라 만기가 보고기간종료일로부터 1년 이내인 때 단기금융상품(유동자산)으로 대체한다. 이때 대체하기 전에 사용이 제한되어 있는 장기금융상품이었다면 대체한 후에도 사용제한 사항을 주석으로 공시해야 한다.

구 분		계정과목
보통예금, 당좌예금		현금및현금성자산
정기예금, 정기적금	1년 이내 만기 도래 시	단기금융상품
	1년 이후 만기 도래 시	장기금융상품

5 가지급금, 가수금, 전도금 등의 미결산 항목

회사에서는 주주나 임원, 종업원 등과의 거래에서 자금을 일시적으로 차입하거나 일시적으로 대여하게 된다. 이때 회사가 차입한 금액을 가수금, 회사가 대여한 금액을 가지급금이라 한다. 또한 회사가 지점에서 필요한 현금을 송금해 준 경우 이를 전도금으로 표시한다.

재무상태표의 작성 원칙에서 살펴보았듯이 재무상태표에는 미결산 항목이 포함되어서는 안 된다. 위의 계정들은 기중 거래에서 밝혀지지 못한 부분이나 일시적 항목들을 표시한 것이므로 결산시점에는 각 계정들의 성격에 따라 적절히 표시하여야 한다. 회계 담당자는 결산시점에 이러한 임시계정에 대한 증빙을 요구하고 그 내용을 밝혀내어 수익이나 비용 또는 대여금이나 차입금 등의 적절한 과목으로 대체하여야 한다.

예 제 ▸ 전도금제도

다음 거래를 분개하라.

1. 12월 1일 : 1,000,000원을 당좌예금에서 인출하여 영업부서에 전도금으로 지급하다.
2. 12월 31일 : 영업부서로부터 전도금 중 사용내역을 다음과 같이 통보받다.

   교통비 300,000원, 소모품비 150,000원, 통신비 200,000원, 잡비 50,000원

3. 12월 31일 : 당좌예금에서 현금을 인출하여 현금을 지급하다.

[풀이]

	차변	금액	대변	금액
1.	(차) 현 금	1,000,000	(대) 당좌예금	1,000,000
2.	(차) 교통비	300,000	(대) 현 금	700,000
	소모품비	150,000		
	통신비	200,000		
	잡 비	50,000		
3.	(차) 현 금	700,000	(대) 당좌예금	700,000

05 결산절차

결산은 다음과 같은 일련의 절차에 따라 진행된다. 본 절에서는 종합사례로서 한 기업의 결산을 수행하는 과정을 따라 설명하고자 한다.

① 결산의 예비절차(수정전 시산표의 작성)

② 결산수정분개

③ 장부의 마감

④ 재무제표 작성

1 결산의 예비절차

결산의 예비절차란 결산수정분개를 하기 전에 시산표를 작성하는 것이다. 회계기간 동안의 거래내용을 총계정원장에 전기하고 각 계정별 잔액을 시산표에 정리하여 이를 바탕으로 결산수정분개를 할 수 있도록 하는 것이다. 다음 예제를 통하여 수정전 시산표를 작성해 보자.

예 제 ▸ 합계잔액시산표

다음은 (주)리젠의 20X1년 1월 1일부터 20X1년 12월 31일까지 발생한 거래이다.

20X1년	1월 1일	1주당 액면가액이 5,000원인 주식 4,000주를 발행하다.
	1월 21일	본사 사옥을 5,000,000원에 구입하고 대금은 현금으로 지급하다.
	1월 23일	사무용 비품을 1,000,000원에 구입하고 대금은 현금으로 지급하다.
	1월 25일	서울은행의 보통예금 계좌에 10,000,000원을 입금하다.
	2월 3일	상품 3,000,000원을 매입하고 대금은 보통예금 계좌에서 지급하다.
	2월 20일	상품을 4,500,000원에 외상으로 매출하다.
	4월 1일	건물의 일부를 임대하여 주고 임대료 120,000원을 현금으로 받다.
	4월 25일	매출채권 중 1,500,000원을 현금으로 수취하다.
	6월 1일	은행으로부터 3,000,000원을 차입하다(만기 20X3.12.31).
	7월 3일	상품 5,000,000원을 외상으로 매입하다.
	8월 1일	건물에 대한 보험료 240,000원을 현금으로 지급하다.
	9월 1일	예금에 대한 이자수익 20,000원을 현금으로 받다.
	10월 21일	매입채무 중 3,000,000원을 보통예금에서 지급하다.
	12월 5일	광고선전비 800,000원을 현금으로 지급하다.

〈요구사항〉

1. 위의 거래를 분개하라.
2. 총계정원장에 전기하라.
3. 수정전 합계잔액시산표를 작성하라.

[풀이]

1. 위의 거래를 분개하라.

1/1

(차) 현 금	20,000,000	(대) 자본금	20,000,000

1/21

(차) 건 물	5,000,000	(대) 현 금	5,000,000

1/23

(차) 비 품	1,000,000	(대) 현 금	1,000,000

1/25

(차) 보통예금	10,000,000	(대) 현 금	10,000,000

2/3

(차) 매 입	3,000,000	(대) 보통예금	3,000,000

2/20

(차) 매출채권	4,500,000	(대) 매 출	4,500,000

4/1

(차) 현 금	120,000	(대) 임대료	120,000

4/25

(차) 현 금	1,500,000	(대) 매출채권	1,500,000

6/1

(차) 현 금	3,000,000	(대) 장기차입금	3,000,000

7/3

(차) 매 입	5,000,000	(대) 매입채무	5,000,000

8/1

(차) 보험료	240,000	(대) 현 금	240,000

9/1

(차) 현 금	20,000	(대) 이자수익	20,000

10/21

(차) 매입채무	3,000,000	(대) 보통예금	3,000,000

12/5

(차) 광고선전비	800,000	(대) 현 금	800,000

2. 총계정원장에 전기하라.

현 금

1/1	20,000,000	1/21	5,000,000
4/1	120,000	1/23	1,000,000
4/25	1,500,000	1/25	10,000,000
6/1	3,000,000	8/1	240,000
9/1	20,000	12/5	800,000
		잔 액	7,600,000

자본금

잔 액	20,000,000	1/1	20,000,000

건 물

1/21	5,000,000	잔 액	5,000,000

비 품

1/23	1,000,000	잔 액	1,000,000

보통예금

1/25	10,000,000	2/3	3,000,000
		10/21	3,000,000
		잔 액	4,000,000

매출채권

2/20	4,500,000	4/25	1,500,000
		잔 액	3,000,000

매 입

2/3	3,000,000		
7/3	5,000,000	잔 액	8,000,000

매 출

잔 액	4,500,000	2/20	4,500,000

매입채무

10/21	3,000,000	7/3	5,000,000
잔 액	2,000,000		

보험료

8/1	240,000	잔 액	240,000

광고선전비

12/5	800,000	잔 액	800,000

이자수익

잔 액	20,000	9/1	20,000

임대료

잔 액	120,000	4/1	120,000

장기차입금

잔 액	3,000,000	6/1	3,000,000

3. 수정전 합계잔액시산표를 작성하라.

합계잔액시산표

(주)리젠　　　　20X1. 12. 31　　　　(단위 : 원)

차 변		계정과목	대 변	
잔 액	합 계		합 계	잔 액
7,600,000	24,640,000	현 금	17,040,000	
4,000,000	10,000,000	보통예금	6,000,000	
3,000,000	4,500,000	매출채권	1,500,000	
8,000,000	8,000,000	매 입		
5,000,000	5,000,000	건 물		
1,000,000	1,000,000	비 품		
	3,000,000	매입채무	5,000,000	2,000,000
		장기차입금	3,000,000	3,000,000
		자본금	20,000,000	20,000,000
		매 출	4,500,000	4,500,000
240,000	240,000	보험료		
800,000	800,000	광고선전비		
		이자수익	20,000	20,000
		임대료	120,000	120,000
29,640,000	57,180,000	합 계	57,180,000	29,640,000

2 기말 결산수정분개

(1) 수정전 시산표

위에서 작성된 수정전 시산표와 다음의 결산정리 사항을 참고로 하여 결산수정분개를 하여보자.

〈결산수정사항〉

① 기말재고실사 결과 기말재고자산은 6,500,000원이었다.

② 8/1에 납부한 보험료는 1년치를 선납한 것이다.

③ 1/21에 매입한 건물은 내용연수가 10년, 상각방법은 정액법이며, 잔존가치는 500,000원이다.

④ 매출채권 기말잔액의 1%에 대하여 대손충당금을 설정한다.

(2) 수정분개와 수정후 시산표

위의 결산수정사항을 바탕으로 결산수정분개를 하면 다음과 같다.

① (차) 상 품　6,500,000　(대) 매 입　6,500,000

(차) 매출원가　1,500,000*　(대) 매 입　1,500,000

* 매출원가 = 기초재고 0원 + 당기매입 8,000,000원 − 기말재고 6,500,000원 = 1,500,000원

② (차) 선급비용 140,000* (대) 보험료 140,000

* 240,000원 × 7/12 = 140,000원

③ (차) 감가상각비 450,000* (대) 감가상각누계액 450,000

* (5,000,000원 − 500,000원) × 1/10 = 450,000원

④ (차) 대손상각비 30,000 (대) 대손충당금 30,000*

* 3,000,000원 × 1% = 30,000원

앞의 분개내용을 바탕으로 수정후 시산표를 작성하면 다음과 같다.

합계잔액시산표

(주)리젠 20X1. 12. 31 (단위 : 원)

차 변		계정과목	대 변	
잔 액	합 계		합 계	잔 액
7,600,000	24,640,000	현 금	17,040,000	
4,000,000	10,000,000	보통예금	6,000,000	
3,000,000	4,500,000	매출채권	1,500,000	
		대손충당금	30,000	30,000
140,000	140,000	선급비용		
	8,000,000	매 입	8,000,000	
6,500,000	6,500,000	상 품		
5,000,000	5,000,000	건 물		
		감가상각누계액	450,000	450,000
1,000,000	1,000,000	비 품		
	3,000,000	매입채무	5,000,000	2,000,000
		장기차입금	3,000,000	3,000,000
		자본금	20,000,000	20,000,000
		매 출	4,500,000	4,500,000
1,500,000	1,500,000	매출원가		
100,000	240,000	보험료	140,000	
800,000	800,000	광고선전비		
450,000	450,000	감가상각비		
30,000	30,000	대손상각비		
		이자수익	20,000	20,000
		임대료	120,000	120,000
30,120,000	65,800,000	합 계	65,800,000	30,120,000

3 손익계산서계정의 마감

손익계산서에 반영되는 수익과 비용계정은 20X1년 1월 1일부터 20X1년 12월 31일까지의 경영성과이므로 20X2년도의 손익에 영향을 미쳐서는 안 된다. 즉, 총계정원장의 매출 계정에는 20X2년 1월 1일 0의 금액부터 기록해 나갈 수 있어야 한다. 따라서 손익계정은 마감을 통하여 집합손익이라는 임시계정에 모든 금액을 전기한다.

수익은 집합손익 계정 대변에, 비용은 집합손익 계정 차변에 대체분개를 하여 기입한다. 집합손익이란 한 회계기간 동안의 수익과 비용을 총합계하기 위해 만든 임시계정이다.

① 수익·비용계정을 집합손익 계정에 대체한다.

〈수익계정 대체분개〉

(차) 매출 등 ××× (대) 집합손익 ×××

〈비용계정 대체분개〉

(차) 집합손익 ××× (대) 매출원가 등 ×××

② 집합손익 계정에서 순손익을 계상하여 이익잉여금(자본) 계정에 대체한다. 순이익은 이익잉여금 계정 대변에, 순손실은 이익잉여금 계정 차변에 대체분개하여 기입한다.

〈순이익 대체분개〉

(차) 집합손익 ××× (대) 이익잉여금 ×××

〈순손실 대체분개〉

(차) 이익잉여금 ××× (대) 집합손익 ×××

이러한 절차를 거치고 나면 모든 손익계정의 잔액은 '0'이 되고 회계기간의 종료와 함께 소멸하기 때문에 임시계정이라고도 한다. 위에서 행하였던 결산분개를 반영한 손익 항목의 총계정원장을 기초로 하여 마감절차를 진행하면 다음과 같다.

매 출

12/31	집합손익	4,500,000	2/20		4,500,000

매출원가

12/31		1,500,000	12/31	집합손익	1,500,000

보험료

8/1		240,000	12/31		140,000
			12/31	집합손익	100,000

광고선전비

12/5		800,000	12/31	집합손익	800,000

대손상각비

12/31		30,000	12/31	집합손익	30,000

감가상각비

12/31		450,000	12/31	집합손익	450,000

이자수익

12/31	집합손익	20,000	9/1		20,000

임대료

12/31	집합손익	120,000	4/1		120,000

위는 결산 후 계정별원장을 마감한 것이다. 이는 본래 다음과 같은 집합손익 대체분개를 통하여 이루어진다.

〈수익계정〉

(차) 매 출	4,500,000	(대) 집합손익	4,640,000
이자수익	20,000		
임대료	120,000		

〈비용계정〉

(차) 집합손익	2,880,000	(대) 매출원가	1,500,000
		보험료	100,000
		광고선전비	800,000
		대손상각비	30,000
		감가상각비	450,000

이러한 결산마감 분개를 통하여 집합손익 계정에는 다음과 같이 기록되며, 각 손익계정은 잔액이 0으로 남게 된다. 한편 집합손익 계정의 대차차액은 당기순이익으로 기록되어 재무상태표의 이익잉여금 계정으로 대체된다.

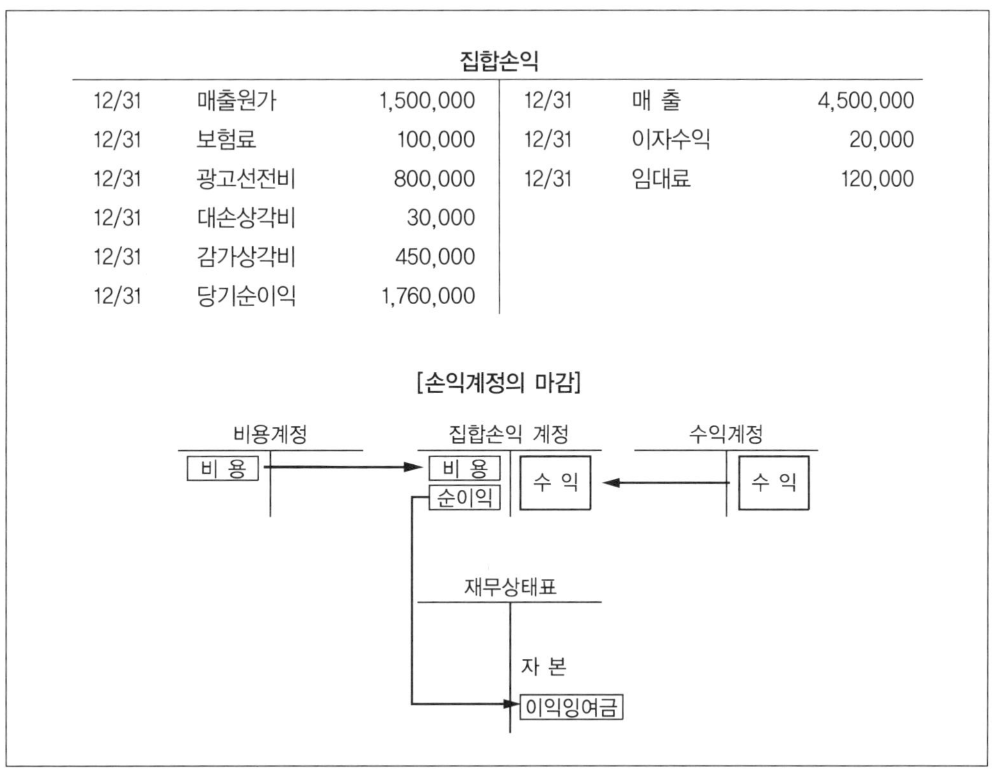

집합손익
12/31 매출원가 1,500,000
12/31 보험료 100,000
12/31 광고선전비 800,000
12/31 대손상각비 30,000
12/31 감가상각비 450,000
12/31 당기순이익 1,760,000
12/31 매 출 4,500,000
12/31 이자수익 20,000
12/31 임대료 120,000
[손익계정의 마감]
비용계정
비 용
집합손익 계정
비 용
순이익
수 익
수익계정
수 익
재무상태표
자 본
이익잉여금

4 재무상태표계정의 마감

재무상태표계정은 손익계산서계정과 달리 회계기간이 종료되는 시점의 잔액이 다음 회계기간의 기초 잔액으로 시작된다. 즉, 현금의 경우 20X1년 12월 31일 현재 잔액이 7,600,000원이며 이는 20X2년 1월 1일의 기초 잔액으로 시작되게 된다. 따라서 재무상태표계정은 매기 잔액이 연속적으로 다음 회계연도로 이월되므로 영구계정이다.

(1) 자산계정

자산계정은 차변 잔액이 되며 대변에 적색으로 "차기이월"로 기입하여 마감한다. 차기이월을 기입한 반대쪽에 다음 회계연도의 초에 "전기이월"이라 하고, 이월된 금액을 기입한다. 이것이 개시기입이다.

(차) 전기이월 ××× (대) 차기이월 ×××

(2) 부채 · 자본계정

부채 · 자본계정은 대변 잔액이므로 차변에 적색으로 "차기이월"로 기입 마감한다. 이러한 절차를 마감기입이라 한다. 차기이월을 기입한 반대쪽에 다음 회계연도의 초에 "전기이월"이라 하고, 이월된 금액을 기입한다.

(차) 차기이월 ××× (대) 전기이월 ×××

재무상태표계정의 마감은 모든 계정이 동일하므로 자산의 현금 계정과 부채의 외상매입금 계정 두 가지의 경우만 사례로 살펴보자.

다음은 20X1년 12월 31일 현재 총계정원장의 일부이다. 이에 대하여 마감분개를 실시하면 다음과 같다.

현 금

20X1년

1/1		20,000,000	1/21		5,000,000
4/1		120,000	1/23		1,000,000
4/25		1,500,000	1/25		10,000,000
6/1		3,000,000	8/1		240,000
9/1		20,000	12/5		800,000
			12/31	차기이월	7,600,000

매입채무

20X1년

10/21		3,000,000	7/3		5,000,000
12/31	차기이월	2,000,000			

〈마감분개〉

(차) 전기이월-현금	7,600,000	(대) 차기이월-현금	7,600,000
(차) 차기이월-외상매입금	2,000,000	(대) 전기이월-외상매입금	2,000,000

이러한 마감분개를 하면 20X1년도 장부는 마감되며 다음과 같이 20X2년도 장부가 시작된다.

현 금

20X2년

1/1	전기이월	7,600,000			

외상매입금

20X2년

			1/1	전기이월	2,000,000

06 재무상태표의 작성

1 재무상태표

위의 수정후 시산표를 기초로 하여 재무상태표와 손익계산서를 작성해 보고자 한다. 잔액시산표, 재무상태표, 손익계산서의 관계를 표로 나타내면 다음과 같다.

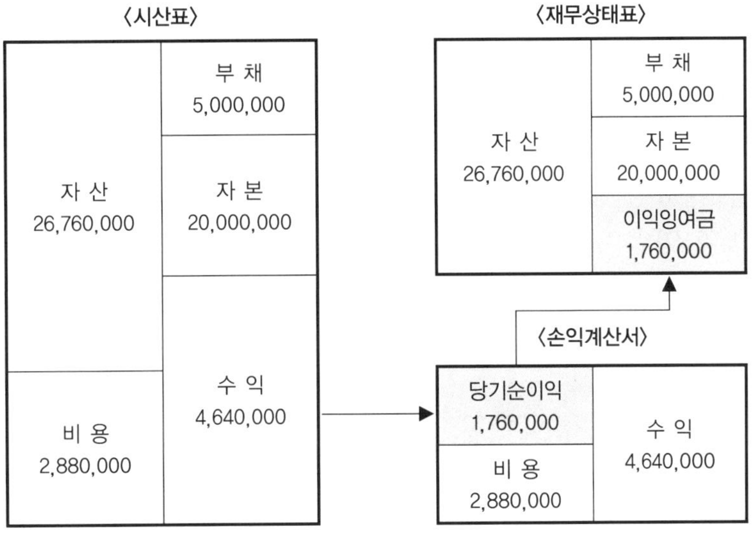

손익계산서

(주)리젠	20X1. 1. 1 ~ 20X1. 12. 31	(단위 : 원)
Ⅰ. 매출액		4,500,000
Ⅱ. 매출원가		1,500,000
Ⅲ. 매출총이익		3,000,000
Ⅳ. 판매관리비		1,380,000
1. 보험료	100,000	
2. 광고선전비	800,000	
3. 대손상각비	30,000	
4. 감가상각비	450,000	
Ⅴ. 영업이익		1,620,000
Ⅵ. 영업외수익		140,000
1. 이자수익	20,000	
2. 임대료	120,000	
Ⅶ. 영업외비용		0
Ⅷ. 법인세비용차감전순이익		1,760,000
Ⅸ. 법인세비용		0
Ⅹ. 당기순이익		1,760,000

재무상태표

(주)리젠		20X1. 12. 31		(단위 : 원)
Ⅰ. 유동자산			Ⅰ. 부 채	
1. 당좌자산			1. 유동부채	
(1) 현 금		7,600,000	(1) 매입채무	2,000,000
(2) 보통예금		4,000,000	2. 비유동부채	
(3) 매출채권	3,000,000		(1) 장기차입금	3,000,000
대손충당금	(30,000)	2,970,000		
(4) 선급비용		140,000		
2. 재고자산				
(1) 상 품		6,500,000		
Ⅱ. 비유동자산			Ⅱ. 자 본	
1. 투자자산			1. 자본금	20,000,000
2. 유형자산			2. 이익잉여금	1,760,000
(1) 건 물	5,000,000			
감가상각누계액	(450,000)	4,550,000		
(2) 비 품		1,000,000		
자산총계		26,760,000	부채와 자본총계	26,760,000

※ 외부보고용 재무상태표에는 현금과 당좌예금을 합산하여 '현금및현금성자산'으로 표시하여야 한다.

01 단원별 기출문제

01 다음은 (주)삼일의 임대료수익 계정별원장을 나타낸 것이다. 계정별원장의 기록에 대한 설명으로 가장 옳은 것은?? [22년 기출]

선수수익			
12/31 임대료	15,000	10/1 현 금	60,000

① 회사의 1개월분 임대료는 5,000원이며 손익계산서에 인식되는 당기 기간 귀속분은 15,000원이다.

② 회사의 임대료는 실현주의 요건에 따라 손익계산서에 45,000원으로 인식한다.

③ 회사는 최초 수익계정을 이용하여 회계처리하였고 결산조정을 통해 부채계정을 인식하였다.

④ 회사의 선수수익은 차기에 임대서비스를 제공할 의무이므로 재무상태표에 60,000원으로 인식한다.

해설

• 회계처리

– 10월 1일	(차)	현금(자산) 60,000	(대)	선수수익(부채)	60,000

※ 임대를 제공하기 전에 임대료 60,000원을 현금으로 일괄 선수령하였으므로 부채(선수수익)로 기록한다.

– 12월 31일	(차)	선수수익(부채) 15,000	(대)	임대료수익(수익)	15,000

※ 임대를 실제로 제공한 기간(3개월)분에 대해서는 부채(선수수익)를 감소시키면서 수익(임대료수익)으로 인식한다.

① 회사의 3개월(10월 1일 ~ 12월 31일)분 임대료가 15,000원이므로 1개월분은 5,000원으로 추론이 가능하다.

② 회사의 임대료는 발생주의에 따라 손익계산서에 15,000원으로 인식한다.

③ 회사는 최초 부채계정을 이용하여 회계처리하였고 결산조정을 통해 수익계정을 인식한다.

④ 회사의 선수수익은 차기에 임대서비스를 제공할 의무이므로 최초의 선수수익(60,000원)에서 당기에 이미 제공한 임대료수익(15,000원)을 차감한 금액(45,000원)을 재무상태표에 인식한다.

참고 최초 수익계정으로 전액 인식한 후 결산조정을 통해 부채계정으로 인식하는 회계처리는 다음과 같다.

• 10월 1일	(차)	현금(자산)	60,000	(대)	임대료수익(수익)	60,000
• 12월 31일	(차)	임대료수익(수익취소)	45,000	(대)	선수수익(부채)	45,000

정답 01 ①

02 기말 결산 시 당기에 입금되지 않은 기간 경과분 이자수익을 회계처리하지 않았을 때 당기 재무제표에 미치는 영향으로 가장 옳은 것은? [22년 기출]

① 수익의 과대계상
② 자산의 과대계상
③ 순이익의 과소계상
④ 비용의 과소계상

해설

• 정상적인 회계처리

(차) 미수수익(자산)	×××	(대) 이자수익(수익)	×××

• 미처리 시 발생하는 문제
 – 자산의 과소계상
 – 수익의 과소계상 → 순이익의 과소계상 → 자본의 과소계상

03 다음 중 결산수정분개에 관한 설명으로 가장 옳은 것은? [22년 기출]

① 편의상 발생주의회계로 처리했던 회계처리가 있다면 현금주의회계로 전환해야 한다.
② 가지급금이나 가수금 등의 미결산항목들은 그 사용내역을 알 수 없다면 별다른 수정을 할 필요 없다.
③ 재고자산 실사결과 수량이 부족한 부분에 대해서는 재고자산평가손실을 인식한다.
④ 유·무형자산에 대한 감가상각비 계상 및 퇴직급여충당부채의 설정은 결산수정분개 시 이루어지는 것이 일반적이다.

해설

① (발생주의) 회계는 발생주의에 의하여 인식하여야 한다.
② (미결산 항목) 기중 계상한 가지급금, 가수금은 결산 시, 각 항목에 부합하는 계정으로 회계처리하여야 한다.
③ 재고자산 실사결과 수량이 부족한 부분은 재고자산감모손실을 인식한다.

04 다음 중 시산표를 통해 검증할 수 있는 오류의 유형으로 가장 옳은 것은? [22년 기출]

① 급여 3,000,000원을 현금으로 지급하면서 300,000원의 비용을 인식함
② 10,000,000원의 매출거래 1건을 누락함
③ 소모품비 500,000원을 복리후생비로 인식함
④ 거래처 매입 2,000,000원에 대한 전표를 중복 발행함

해설

② 매출거래의 누락이 차변과 대변의 회계처리에 공통적으로 누락되어 있다면 검증할 수 없다.
③ 차변과 대변의 합계가 동일하다면 계정과목의 분류 등은 검증할 수 없다.
④ 매입전표의 중복 발행으로 인한 회계처리가 차변과 대변에 동일한 금액을 증가시켰다면 검증할 수 없다.

02 ③ 03 ④ 04 ① 정답

05 다음 중 결산수정분개가 필요한 것은? [22년 기출]

① 20X1년 10월에 1년분 보험료를 미리 지급하고 전액 비용처리하였다.
② 20X1년 3월에 상품 1,000,000원을 매입하기로 하고 계약금 100,000원을 현금지급하였다.
③ 20X1년 4월에 장부가액 500,000원인 단기매매증권을 600,000원에 처분하였다.
④ 20X1년 6월에 업무용 토지를 1억원에 취득하였다.

해설
미도래기간에 대한 비용 지급분을 선급비용으로 인식하는 결산수정분개가 필요하다.

06 다음 자료를 이용하여 20X2년 손익계산서에 계상될 대손상각비와 동기간 말 재무상태표에 계상될 대손충당금을 계산하면 얼마인가? [22년 기출]

- 20X1년 12월 31일 현재 매출채권 2,000,000원과 대손충당금 500,000원이 차기이월되었다.
- 20X2년 6월 30일 (주)용산에 대한 매출채권 200,000원은 (주)용산의 파산으로 인하여 회수하지 못하여 대손처리하였다.
- 20X2년 12월 31일 현재 기말 매출채권잔액 3,500,000원에 대한 대손추산액은 400,000원이다.

	손익계산서(대손상각비)	재무상태표(대손충당금)
①	100,000원	200,000원
②	100,000원	400,000원
③	200,000원	200,000원
④	400,000원	400,000원

해설
- 대손상각비 : 전기 말 이월된 500,000원 중 200,000원이 대손으로 실현되고 300,000원이 남은 상태에서 기말 대손충당금이 400,000원으로 추산되어 100,000원이 추가로 계상되었다.
- 대손충당금 : 기말 대손추산액이 기말 재무상태표상 대손충당금 잔액이다.

07 (주)삼일의 제5기(20X1년 1월 1일 ~ 12월 31일) 결산 시 다음과 같은 사항을 올바르게 수정한다면 (주)삼일의 수정 후 당기순이익은 얼마인가?(단, 법인세는 고려하지 않는다) [22년 기출]

ㄱ. 20X1년 1월 1일에 취득한 본사건물 50,000,000원(잔존가치 5,000,000원, 내용연수 10년, 정액법)에 대하여 기말 현재 감가상각비를 인식하지 아니하였다.
ㄴ. 20X1년 7월 1일에 1년치 본사건물 보험료 600,000원을 지급한 후 전액 비용처리하였다.
ㄷ. 20X1년 (주)삼일의 수정 전 당기순이익은 10,000,000원이다.

① 4,500,000원 ② 5,800,000원
③ 10,000,000원 ④ 10,300,000원

정답 05 ① 06 ② 07 ②

해설

(ㄱ) 감가상각비(비용) = (취득원가 50,000,000원 − 잔존가치 5,000,000원) ÷ 내용연수 10년 = 4,500,000원

(ㄴ) 선급비용(비용의 이연) = 보험료(1년치) 600,000원 × $\frac{6}{12}$ = 300,000원

∴ 수정 후 당기순이익 = 수정 전 당기순이익 10,000,000원 − 감가상각비(비용) 4,500,000원 + 보험료(비용의 이연) 300,000원 = 5,800,000원

08 다음 중 발생주의에 의한 회계처리에 해당하는 것으로 가장 올바르지 않은 것은? [22년 기출]

① 미지급한 보험료를 부채에 계상함

② 외상판매한 상품판매대금을 대금 수취 시에 상품매출액으로 인식함

③ 금융상품에 대한 미수이자를 인식함

④ 다음 회계연도에 대한 보험료 선급액을 선급비용으로 계상함

해설

외상판매한 상품판매대금은 발생주의에 따르면 상품 인도시점에 상품매출액을 인식하여야 한다.

09 20X1년 12월 31일 결산 시 손익계산서의 당기순이익이 450,000원으로 계산되었으나, 다음 거래의 회계처리를 반영하지 않았다. 수정사항을 반영할 경우 당기순이익은 얼마인가? [22년 기출]

- 20X1년 7월 1일에 1년분 보험료 120,000원을 지급하고 전액 비용처리하였다.
- 이자수익 70,000원을 인식하지 않았다.

① 320,000원

② 440,000원

③ 460,000원

④ 580,000원

해설

- 누락분개 1

(차) 선급비용(자산 증가)	60,000	(대) 보험료(비용 이연)	60,000

- 누락분개 2

(차) 미수이자(자산 증가)	70,000	(대) 이자수익(수익 발생)	70,000

- 비용의 이연분과 수익의 발생분 효과로 당기순이익이 130,000원만큼 증가하므로 종전에 계산한 당기순이익 450,000원에 가산하면 수정된 당기순이익은 580,000원으로 계산된다.

08 ② 09 ④ 정답

10 다음 중 결산에 관한 설명으로 가장 올바르지 않은 것은? [22년 기출]

① 결산절차는 기중기록과 결산정리사항을 통합하여 최종적인 재무제표를 작성하는 과정을 말한다.
② 수익・비용을 인식할 때 발생주의 회계를 적용하고, 기말 현재 시점에서 자산과 부채를 적절한 상태로 평가해야 하므로 결산수정분개가 필요하다.
③ 유형자산에 대한 감가상각비 계상은 결산수정분개에서 이루어진다.
④ 손익계산서 계정을 마감할 때 사용하는 집합손익계정은 영구계정이다.

해설

손익계산서 계정을 마감할 때 사용하는 집합손익계정은 결산을 목적으로 사용하는 임시계정이다.

11 다음 중 시산표에서 발견할 수 없는 오류를 모두 고른 것은? [22년 기출]

ㄱ. 거래 전체를 누락한 경우
ㄴ. 금액은 같지만 계정과목을 잘못 분류한 경우
ㄷ. 차변・대변 중 한쪽의 금액을 누락한 경우
ㄹ. 차변과 대변에 같은 금액의 오류가 포함된 경우

① ㄱ, ㄴ, ㄹ
② ㄱ, ㄷ, ㄹ
③ ㄴ, ㄷ, ㄹ
④ ㄱ, ㄴ, ㄷ, ㄹ

해설

ㄱ. 거래 전체를 누락한 경우에는 차변합계와 대변합계에 동일한 영향을 주므로 시산표로 검증할 수 없다.
ㄴ. 계정과목을 잘못 분류한 경우는 차변합계와 대변합계에 영향을 주지 않으므로 시산표로 검증할 수 없다.
ㄷ. 차변과 대변 중 한 쪽의 금액을 누락한 경우에는 차변합계와 대변합계가 일치하지 않게 되어 시산표로 검증할 수 있다.
ㄹ. 차변과 대변에 같은 금액의 오류가 포함된 경우에는 차변합계와 대변합계에 동일한 영향을 주므로 시산표로 검증할 수 없다.

정답 10 ④ 11 ①

12 (주)삼일은 20X1년 11월 1일 차입일로부터 매 6개월이 되는 날 6%의 이자를 지급하는 조건으로 운영자금 3억원을 차입하였다. 20X1년 12월 31일 (주)삼일은 11월과 12월에 해당하는 이자비용을 인식하고 동 금액을 미지급비용으로 계상하였는데 이러한 회계처리는 다음 중 어느 회계원칙에 해당하는 것인가? [22년 기출]

① 수익・비용 대응의 원칙

② 발생주의

③ 현금주의

④ 보수주의

해설

현금주의는 현금유출입이 있는 시점에 수익과 비용을 인식하는 한편, 발생주의는 현금유출입과 관계없이 수익과 비용이 발생하는 기간에 인식하는 방법이다. 결산일인 20X1년 12월 31일 기준으로 이자비용이 현금으로 지출되지는 않았으나, 기간경과분에 대한 발생한 이자비용을 인식하고, 미지급비용이라는 부채를 계상하는 것은 발생주의에 관한 설명이다.

13 (주)삼일은 설비확충을 위해 20X1년 10월 1일에 외환시장에서 $30,000를 차입하였다. 차입금의 만기는 20X4년 10월 1일이다. 다음의 환율을 참고로 할 때 20X1년도 말에 손익계산서와 재무상태표에 기입되는 내용으로 가장 옳은 것은?(이자지급은 고려하지 않기로 한다) [22년 기출]

〈환율정보〉
- 20X1년 10월 1일 $1 = 1,300원
- 20X1년 12월 31일 $1 = 1,250원

	손익계산서	재무상태표
①	외화환산손실 1,500,000원	장기차입금 37,500,000원
②	외화환산손실 1,500,000원	장기차입금 39,000,000원
③	외화환산이익 1,500,000원	장기차입금 37,500,000원
④	외화환산이익 1,500,000원	장기차입금 39,000,000원

해설

20X1년 취득한 외화차입금(30,000 USD)은 취득일의 환율(1,300원/USD)로 원화 환산 시, 39,000,000원이었으나, 기말시점 환율(1,250원/USD)로 환산 시, 37,500,000원으로 하락하게 되므로 차입금의 감소에 따른 외화환산이익(1,500,000원)을 계상하고 외화차입금의 기말잔액을 기말환율을 적용한 원화환산액으로 계상한다.

12 ② 13 ③ 정답

14 외화자산과 외화부채의 발생과 실현이 동일 회계기간 내에 이루어짐을 가정했을 때, 다음 괄호 안에 들어갈 항목을 가장 올바르게 짝지은 것은? [22년 기출]

> • 외화자산 : 발생 당시 환율 > 회수 당시 환율 → (ㄱ)
> • 외화부채 : 발생 당시 환율 < 상환 당시 환율 → (ㄴ)

	(ㄱ)	(ㄴ)		(ㄱ)	(ㄴ)
①	외환차손	외환차손	②	외환차손	외환차익
③	외환차익	외환차손	④	외환차익	외환차익

해설

ㄱ. 회수 당시 환율이 하락하여 외화자산의 원화환산액이 감소함(외환차손)
ㄴ. 상환 당시 환율이 상승하여 외화부채의 원화환산액이 증가함(외환차손)

15 다음 거래에 대한 분개가 재무상태표와 손익계산서에 미치는 영향을 가장 적절하게 나타낸 것은? [22년 기출]

> 과거의 경험으로 보아 기말 매출채권 잔액의 5%는 회수가 불가능하여 해당 매출채권에 대한 대손충당금을 설정하기로 하였다. 기말 결산 전 대손충당금 잔액은 0원이다.

	재무상태표	손익계산서		재무상태표	손익계산서
①	자산 감소	비용 증가	②	자산 감소	비용 감소
③	자산 증가	비용 증가	④	자산 증가	비용 감소

해설

• 회계처리

(차) 대손상각비(비용 발생)	×××	(대) 대손충당금(자산 감소)	×××

※ 대손충당금은 대손이 발생 가능한 채권(자산)의 차감항목이므로 대손충당금의 증가는 해당 대손이 예상되는 자산의 감소를 의미한다.

16 다음 중 계정과목의 분류로 가장 올바르지 않은 것은? [22년 기출]

① 미수수익 – 수익계정 ② 선수수익 – 부채계정
③ 선급비용 – 자산계정 ④ 미지급비용 – 부채계정

해설

미수수익 : 자산계정

정답 14 ① 15 ① 16 ①

17 다음 거래에서 결산 시 발생하는 회계처리로 가장 옳은 것은? [22년 기출]

> • 9월 1일　(주)서울로부터 대여금에 대한 이자 1년분 240,000원을 미리 받다.
> • 12월 31일　결산 시 위 이자수익 중 선수분을 차기로 이연시키다.

① (차) 현 금	80,000	(대) 이자수익	80,000
② (차) 이자수익	80,000	(대) 선수수익	80,000
③ (차) 이자수익	160,000	(대) 선수수익	160,000
④ (차) 선수수익	160,000	(대) 이자수익	160,000

해설

차기 이후에 도래할 이자수익을 선수수익(부채)으로 인식한다.

18 다음 거래 중 결산수정분개가 필요하지 않은 경우는? [22년 기출]

① 결산일까지 내역이 밝혀지지 않은 가수금을 그대로 재무상태표에 계상하였다.
② 2년치 임차료를 지급하고 전액 비용처리하였다.
③ 차기에 납품할 제품에 대해 대금을 미리 받고 선수금으로 처리하였다.
④ 보유하고 있는 재고자산 진부화에 대해 평가절차를 수행하지 않았다.

해설

당기에 납품이 이루어졌다는 등의 수익인식요건 충족의 사실이 없으므로 전액 선수금(부채)로 유지하는 것이 옳다.

19 미지급비용은 아직 지급기일이 도래하지 않고 있는 비용을 말한다. 이렇게 지급기일이 도래하지 않았음에도 불구하고 당기의 비용으로 인식하는 것은 어떠한 기준에 근거한 것인가? [22년 기출]

① 총액주의
② 발생주의
③ 현금주의
④ 보수주의

해설

수익과 비용을 현금의 유출입이 있는 기간에 인식하는 방법은 현금주의이며, 이와는 달리 현금유출입과 관계없이 수익과 비용이 발생한 기간에 인식하는 방법이 발생주의이다. 미지급비용은 아직 현금을 지급하지 않았지만 결산일 현재 이미 발생한 비용을 차변에 인식하면서, 향후 지급할 의무를 기록한 부채이므로, 미지급비용은 발생주의에 관한 설명이다.

17 ③ 18 ③ 19 ② 정답

20 (주)삼일의 20X1년 말 현재 매출채권 중 과거의 경험으로 판단할 때 회수가 불가능할 것이라 예측되는 금액은 35,000원이다. 기초 대손충당금 금액이 15,000원이고, 기중 변동이 없을 경우 이와 관련된 결산수정분개로 가장 옳은 것은? [22년 기출]

① (차) 대손상각비	20,000	(대) 대손충당금	20,000
② (차) 매출채권	20,000	(대) 대손상각비	20,000
③ (차) 대손상각비	35,000	(대) 대손충당금	35,000
④ (차) 대손상각비	35,000	(대) 매출채권	35,000

해설

기초 대손충당금에 비하여 기말 대손충당금에 부족한 금액에 대하여 대손상각비를 인식하며 대손충당금을 증가시킨다.

21 다음 중 시산표에 관한 설명으로 가장 올바르지 않은 것은? [22년 기출]

① 시산표의 목적은 거래를 분개하고 총계정원장에 전기하는 과정에서 그 기록이 정확히 이루어졌는가를 확인하기 위함이다.

② 시산표상의 차변과 대변이 일치하더라도 오류가 발생할 수 있다.

③ 시산표는 합계시산표, 잔액시산표, 합계잔액시산표가 있다.

④ 시산표는 회계기록과정에서의 오류를 발견할 수 있고, 외부에 공시해야 할 의무가 있으므로 반드시 작성해야 한다.

해설

시산표는 결산 과정에서 차변합계와 대변합계의 대차평균을 검증하기 위하여 시험삼아 계산하는 서식이므로 공시의 의무가 있는 서식에는 해당되지 아니한다.

22 다음은 (주)삼일의 보험료와 미지급비용 계정에 관한 설명이다. 미지급비용의 기초잔액이 100,000원, 결산 수정분개 후 기말잔액은 250,000원, 손익계산서상 보험료는 200,000원일 때 (주)삼일이 당기에 지급한 보험료 금액은 얼마인가? [22년 기출]

① 50,000원 ② 100,000원

③ 150,000원 ④ 200,000원

해설

당기현금지급액 = 기초미지급비용 100,000원 + 당기발생비용 200,000원 − 기말미지급비용 250,000원
= 50,000원

정답 20 ① 21 ④ 22 ①

23 (주)삼일은 20X1년 12월 20일에 상품 10,000원을 판매하기로 계약하고 이를 매출로 인식하였다. 이 경우 (주)삼일의 20X1년 12월 31일에 필요한 결산수정분개로 가장 옳은 것은? [22년 기출]

①	(차) 매출채권	10,000	(대) 매 출	10,000
②	(차) 매 출	10,000	(대) 매출채권	10,000
③	(차) 매 출	10,000	(대) 선수금	10,000
④	(차) 매출채권	10,000	(대) 선수금	10,000

해설

단순히 계약을 한 것은 회계상 거래에 해당하지 아니하므로 수익을 인식할 수 없고, 해당 회계기간 이내에 수익이 발생하지 않았으므로 잘못 인식한 매출을 취소하는 분개를 한다.

24 다음 중 외화자산·부채의 환산에 관한 설명으로 가장 올바르지 않은 것은? [22년 기출]

① 일반기업회계기준에서는 결산 시 화폐성 외화자산을 보고기간 말의 마감환율을 적용하여 환산하도록 규정하고 있다.
② 결산 시 화폐성 외화부채의 경우 환율이 내릴수록 손실이 발생한다.
③ 화폐성자산의 예로는 현금및현금성자산, 매출채권, 대여금 등이 있다.
④ 화폐성부채의 예로는 매입채무, 차입금, 사채 등이 있다.

해설

외화부채의 경우, 환율이 하락할수록 부담하여야 하는 부채의 원화환산액이 낮아지므로 이익이 발생한다.

25 12월 말 결산법인인 (주)삼일은 20X1년 5월 1일에 건물을 임대하고 2년분에 대한 임대료 1,200,000원을 미리 수령하였다. (주)삼일이 20X1년 ~ 20X3년에 수익으로 인식할 금액은 각각 얼마인가? [22년 기출]

	20X1년	20X2년	20X3년
①	1,200,000원	0원	0원
②	200,000원	600,000원	400,000원
③	0원	600,000원	600,000원
④	400,000원	600,000원	200,000원

해설

- 20X1년 귀속분 = 1,200,000원 $\times \frac{8}{24}$ = 400,000원
- 20X2년 귀속분 = 1,200,000원 $\times \frac{12}{24}$ = 600,000원
- 20X3년 귀속분 = 1,200,000원 $\times \frac{4}{24}$ = 200,000원

23 ② 24 ② 25 ④ 정답

26 다음 자료를 회계처리 할 경우 20X2년 4월 30일자에 나타날 분개로 가장 옳은 것은?

[22년 기출]

- 20X1년 10월 1일 : 미국에 $10,000의 상품을 외상으로 판매하였다.
- 20X1년 12월 31일 : 외상판매 관련 채권에 대해 기말평가하였다.
- 20X2년 4월 30일 : 외상판매 관련 채권을 현금으로 수취하였다.
- 환율정보
  - 20X1년 10월 1일 : ₩1,000/$
  - 20X1년 12월 31일 : ₩1,100/$
  - 20X2년 4월 30일 : ₩1,200/$

① (차) 현 금	12,000,000	(대)	매출채권	12,000,000
② (차) 현 금	12,000,000	(대)	매출채권	10,000,000
			외화환산이익	2,000,000
③ (차) 현 금	12,000,000	(대)	매출채권	10,000,000
			외환차익	2,000,000
④ (차) 현 금	12,000,000	(대)	매출채권	11,000,000
			외환차익	1,000,000

해설

- 20X1년 기말시점 매출채권평가액 = $10,000 × ₩1,100/$ = 11,000,000원
- 20X2년 수취시점 매출채권회수액 = $10,000 × ₩1,200/$ = 12,000,000원
- 외환차익 = 매출채권회수액 12,000,000원 – 매출채권평가액 11,000,000원 = 1,000,000원
- 20X2년 4월 30일 회계처리

(차) 현 금	12,000,000	(대)	매출채권	11,000,000
			외환차익	1,000,000

정답 26 ④

27 제조업을 영위하는 (주)삼일의 20X1년 비용이 다음과 같다면, (주)삼일의 20X1년 손익계산서에 계상될 판매비와관리비 금액은 얼마인가?(단, 결산수정분개는 모두 반영되었다) [22년 기출]

ㄱ. 매출원가	1,200,000원
ㄴ. 급여(관리사원)	1,000,000원
ㄷ. 퇴직급여(관리사원)	800,000원
ㄹ. 배당금	200,000원
ㅁ. 이자비용	100,000원
ㅂ. 임차료(본사건물)	280,000원
ㅅ. 경상개발비	120,000원
ㅇ. 재해손실	300,000원

① 2,200,000원 ② 2,300,000원
③ 2,400,000원 ④ 3,400,000원

해설

• 판매비와관리비 = 급여(관리사원) 1,000,000원 + 퇴직급여(관리사원) 800,000원 + 임차료(본사건물) 280,000원 + 경상개발비 120,000원 = 2,200,000원

※ 매출원가는 매출원가, 배당금은 자본거래, 이자비용와 재해손실은 영업외비용에 속한다.

28 다음 중 제조업을 영위하는 기업의 당해 당기순이익에 영향을 미치는 거래가 아닌 것은? [22년 기출]

ㄱ. 토지를 50,000,000원에 매입하였다.
ㄴ. 전기 법인세비용 중 1,000,000원이 환급되었다.
ㄷ. 주당 액면금액 500원의 주식에 대해 주당 발행금액 2,000원으로 유상증자를 하였다.

① ㄱ ② ㄴ
③ ㄱ, ㄴ ④ ㄱ, ㄷ

해설

• 거래별 회계처리

ㄱ. (차) 토지(자산 증가)	×××	(대)	현금(자산 감소)	×××
ㄴ. (차) 현금(자산 증가)	×××	(대)	법인세비용환급(수익 발생)	×××
ㄷ. (차) 현금(자산 증가)	×××	(대)	자본금(자본 증가)	×××
			주식발행초과금(자본 증가)	×××

∴ 손익에 영향을 미치는 거래는 ㄴ뿐이다.

27 ① 28 ④ 정답

29 다음 중 회계순환과정의 결산절차에 해당하지 않는 것으로 가장 옳은 것은? [22년 기출]

① 분개와 전기
② 결산수정분개
③ 계정의 마감
④ 재무제표 작성

해설

• 회계기간 중의 회계처리 : 거래의 인식 → 분개장에 분개 → 총계정원장에 전기 → 수정 전 시산표
• 결산 시 회계처리 : 결산수정분개 → 수정후 시산표 → 계정(장부)의 마감 → 재무제표 작성

30 (주)삼일의 시산표가 다음과 같은 경우 판매비와관리비는 얼마인가? [22년 기출]

차 변	계정과목	대 변
	〈 자 산 〉	
600,000원	현금및현금성자산	
1,000,000원	매출채권	
450,000원	재고자산	
550,000원	토 지	
400,000원	건 물	
	〈 부 채 〉	
	매입채무	800,000원
	차 입 금	1,000,000원
	〈 자 본 〉	
	자 본 금	800,000원
	전기이월이익잉여금	200,000원
	매 출	3,500,000원
3,000,000원	매출원가	
(　　　)	판매비와관리비	
	이자수익	200,000원
200,000원	법인세비용	
×××	합 계	6,500,000원

① 100,000원　　② 200,000원
③ 300,000원　　④ 400,000원

해설

• 차변과 대변의 합계액은 6,500,000원으로 동일하다.
• 차변 합계액 6,500,000원 = 600,000원 + 1,000,000원 + 450,000원 + 550,000원 + 400,000원 + 3,000,000원 + 판매비와관리비 + 200,000원

∴ 판매비와관리비 = 300,000원

정답 29 ① 30 ③

31 다음은 (주)삼일의 보험료와 관련된 미지급비용 계정에 관한 설명이다. 미지급비용의 기초잔액은 150,000원, 결산 수정분개 후 기말잔액은 230,000원이고, 손익계산서상에 보험료로 계상한 금액이 160,000원일 때 당기에 지급한 보험료는 얼마인가? [22년 기출]

① 70,000원　　② 80,000원
③ 90,000원　　④ 220,000원

해설
당기 지급보험료 = 기초잔액 150,000원 + 당기발생액 160,000원 − 기말잔액 230,000원 = 80,000원

32 다음 자료를 이용하여 유통업을 영위하는 (주)삼일의 당기 매출원가를 계산하면 얼마인가? [22년 기출]

ㄱ. 기초상품재고액	500,000원
ㄴ. 당기 총 매입액	3,500,000원
ㄷ. 매입할인	100,000원
ㄹ. 매입에누리	200,000원
ㅁ. 기말상품재고액(평가전)	800,000원
ㅂ. 재고자산평가손실	200,000원

※ 당기 총 매입액은 매입할인·매입에누리가 차감되지 아니한 금액이며 재고자산평가손실은 원가성이 인정된다.

① 2,900,000원　　② 3,000,000원
③ 3,100,000원　　④ 3,200,000원

해설
- 당기순매입액 = 당기총매입액 3,500,000원 − 매입할인 100,000원 − 매입에누리 200,000원 = 3,200,000원
- 평가 후 기말재고액 = 평가 전 기말재고액 800,000원 − 평가손실 200,000원 = 600,000원

∴ 매출원가 = 기초재고액 500,000원 + 당기매입액 3,200,000원 − 기말재고액 600,000원 = 3,100,000원

33 다음 중 회계순환과정의 결산절차에서 예비절차에 해당하지 않는 것은? [22년 기출]

① 수정전시산표의 작성　　② 결산 수정분개
③ 부속 명세서의 작성　　④ 결산 정리사항의 요약

해설
부속명세서의 작성은 재무제표 작성절차에 해당한다.

31 ② 32 ③ 33 ③ 정답

34 다음 중 (주)삼일의 20X2년 합계잔액시산표에 관한 설명으로 가장 올바르지 않은 것은?

[22년 기출]

> (주)삼일은 20X2년 초 차량운반구 2대(대당 장부가액 500원)를 보유하고 있다. 20X2년 1월 5일에 동 차량운반구 중 1대를 처분하고 1월 10일에 새로운 차량운반구 1대를 1,000원에 매입하였다.

① 합계잔액시산표상 차량운반구의 대변 합계액은 500원이다.
② 합계잔액시산표상 차량운반구의 대변 잔액은 1,500원이다.
③ 합계잔액시산표상 차량운반구의 차변 합계액은 2,000원이다.
④ 합계잔액시산표상 차량운반구의 차변 잔액은 1,500원이다.

해설

• 합계잔액시산표

차변잔액	차변합계	계정과목	대변합계	대변잔액
1,500원	2,000원	차량운반구	500원	

– 차변합계 = 전기이월 1,000원 + 당기매입 1,000원 = 2,000원
– 차변잔액 = 전기이월 1,000원 – 당기처분 500원 + 당기매입 1,000원 = 1,500원
– 대변합계 = 당기처분 500원

35 20X1년 말 현재 (주)삼일의 매출채권 잔액 및 연령분석 내역은 다음과 같다. 20X0년 말 대손충당금 잔액이 2,800,000원이었으며 20X1년 중에 실제 발생한 대손금은 500,000원이라면 (주)삼일의 20X1년 손익계산서에 계상될 대손상각비는 얼마인가?

[22년 기출]

〈대손충당금 추정자료〉

경과일수	매출채권잔액	추정대손율
1일 ~ 30일	50,000,000원	0%
31일 ~ 60일	15,000,000원	3%
61일 ~ 180일	7,000,000원	10%
181일 이상	6,000,000원	50%
계	78,000,000원	

① 850,000원
② 1,350,000원
③ 1,850,000원
④ 2,150,000원

해설

• 기말 대손추계액 = (15,000,000원 × 3%) + (7,000,000원 × 10%) + (6,000,000원 × 50%) = 4,150,000원
∴ 대손상각비(보충액) = 기말 대손추계액 4,150,000원 – (기초대손충당금 2,800,000원 – 대손발생액 500,000원)
= 1,850,000원

정답 34 ② 35 ③

36 (주)삼일은 기초 임차료 관련 미지급비용 250,000원을 계상하고 있었으며, 당기 중 손익계산서상에 임차료 2,250,000원을 비용으로 인식하였다. 당기 말 결산 종료 후 미지급비용이 기초 대비 70,000원 증가하였다면, (주)삼일이 당기에 지급한 임차료는 얼마인가? [22년 기출]

① 2,180,000원　　② 2,250,000원
③ 2,320,000원　　④ 2,500,000원

해설

• 기말미지급비용 = 기초미지급비용 250,000원 + 증가액 70,000원 = 320,000원
∴ 당기지급액 = 기초미지급비용 250,000원 + 당기발생비용 2,250,000원 − 기말미지급비용 320,000원
　= 2,180,000원

37 (주)삼일은 12월 말 결산법인이며 20X1년 10월 1일 본사 건물에 대해 1년짜리 화재보험을 들었다. 10월 1일 보험료 계약시점에 5,000,000원을 납부하고, 잔금은 20X2년 9월 30일 계약종료시점에 7,000,000원을 납부하기로 하였다. (주)삼일이 20X1년과 20X2년에 비용으로 인식할 금액은 각각 얼마인가? [22년 기출]

	20X1년	20X2년
①	3,000,000원	9,000,000원
②	5,000,000원	7,000,000원
③	12,000,000원	0원
④	0원	12,000,000원

해설

• 비용의 기간 귀속은 비용의 지출시점과는 무관하므로 각 연도별 귀속 비용은 다음과 같다.

− 20X1년 귀속 비용 = (5,000,000원 + 7,000,000원) $\times \frac{3}{12}$ = 3,000,000원

− 20X2년 귀속 비용 = (5,000,000원 + 7,000,000원) $\times \frac{9}{12}$ = 9,000,000원

38 다음 중 시산표에 관한 설명으로 가장 올바르지 않은 것은? [22년 기출]

① 시산표는 총계정원장의 기록이 정확한지를 검증하는 기능을 한다.
② 각 계정의 기말잔액을 집계하여 나타내는 잔액시산표는 기업에서 일반적으로 많이 사용하는 시산표이다.
③ 시산표상의 차변합계와 대변합계가 일치하는 경우에도 오류를 파악할 수 없는 경우가 있다.
④ 합계시산표는 각 계정별 차변합계액과 대변합계액이 기재된 시산표로, 회계기간 동안 이루어진 거래의 총액을 보여준다.

해설

각 계정의 합계와 기말잔액을 함께 나타내는 합계잔액시산표가 일반적으로 기업에서 많이 사용하는 시산표이다.

36 ① 37 ① 38 ② 정답

39 다음 중 재무제표상 금액이 항상 서로 일치하는 것으로 연결된 것은? [22년 기출]

① 재무상태표의 퇴직급여충당부채 - 손익계산서의 퇴직급여
② 재무상태표의 현금및현금성자산 - 현금흐름표의 기말 현금및현금성자산
③ 재무상태표의 감가상각누계액 - 손익계산서의 감가상각비
④ 재무상태표의 이익잉여금 - 손익계산서의 당기순이익

해설

① 퇴직급여충당부채는 누적분이고, 퇴직급여는 당기발생분이다.
② 재무상태표의 현금및현금성자산과 현금흐름표의 기말 현금및현금성자산은 모두 기말 누계액이다.
③ 감가상각누계액은 누적분이고, 감가상각비는 당기발생분이다.
④ 이익잉여금은 누적분이고, 당기순이익은 당기발생분이다.

40 다음 중 결산수정분개의 목적으로 가장 올바르지 않은 것은? [22년 기출]

① 편의상 현금주의로 회계처리했던 부분을 발생주의 회계처리로 전환하는 경우 결산수정분개가 필요하다.
② 회계기간에 비용이 발생하였으나 현금지급 기일이 도래하지 않은 경우 기말에 수정분개를 실시할 필요는 없다.
③ 외상매출금이 미래에 완전히 회수된다고 볼 수 없는 경우 회수가능한 금액으로 결산수정분개를 실시한다.
④ 유가증권의 경우 그 가치가 변동하여 기업가치에 영향을 주는 경우 적절히 평가하여 결산수정분개를 실시한다.

해설

결산수정분개를 통해 미지급비용을 인식하여야 한다.

41 다음 중 시산표를 통해 검증할 수 있는 오류에 대한 설명으로 가장 옳은 것은? [22년 기출]

① 차변과 대변이 동시에 누락되는 경우
② 금액은 같지만 계정과목을 잘못 분류한 경우
③ 차변과 대변의 금액을 다르게 기록한 경우
④ 우연히 차변과 대변에 같은 금액의 오류가 포함된 경우

해설

① 차변과 대변의 동시 누락은 차변합계와 대변합계의 차이를 발생시키지 않으므로 시산표로 검증할 수 없다.
② 계정과목의 분류는 차변합계와 대변합계의 차이를 발생시키지 않으므로 시산표로 검증할 수 없다.
④ 차변과 대변의 우연한 동일 금액의 오류는 차변합계와 대변합계의 차이를 발생시키지 않으므로 시산표로 검증할 수 없다.

정답 39 ② 40 ② 41 ③

42 다음과 같이 발견된 오류에 대하여 20X1년에 작성해야 할 수정분개로 가장 옳은 것은?

[22년 기출]

> 20X1년 12월 20일 회사의 회계담당자가 거래처인 (주)삼일에게 상품을 20X2년 2월 1일에 인도해 주기로 약정하고, 세금계산서는 20X1년 12월 20일자로 발행하면서 동일자로 외상매출을 인식하였다.

① (차) 매 출	×××	(대) 매출채권	×××
② (차) 매출채권	×××	(대) 매 출	×××
③ (차) 매 출	×××	(대) 현 금	×××
④ 필요 없음			

해설

실제 매출(수익)이 발생한 것은 20X2년 2월 1일이므로 20X1년 중 계상한 매출(수익)과 매출원가(비용)을 상계하는 수정분개를 작성한다.

43 (주)삼일의 시산표에서 다음과 같은 오류가 발견되었다. 이에 대한 수정분개로 가장 옳은 것은?

[22년 기출]

> 상품 750,000원을 외상매입하였으나, 수표를 발행하여 지급한 것으로 기입하였다.

① (차) 당좌예금	750,000	(대) 외상매입금	750,000
② (차) 외상매입금	750,000	(대) 당좌예금	750,000
③ (차) 외상매입금	750,000	(대) 상 품	750,000
④ (차) 상 품	750,000	(대) 당좌예금	750,000

해설

당좌예금(자산)을 회복시키는 동시에 외상매입금(부채)를 증가시킨다.

42 ① 43 ① 정답

CHAPTER 02

PART 3 결산과 재무제표

회계변경과 오류수정

01 회계변경

1 회계변경이란

(1) 의 의

회계변경(acounting changes)이란 기업이 처한 경제적. 사회적 환경의 변화 및 새로운 정보의 입수에 따라 과거에 채택한 회계처리방법이 기업의 재무상태나 경영성과를 적정하게 표시하지 못할 경우 과거의 회계처리방법을 새로운 회계처리방법으로 변경하는 것을 말한다. 회계변경에는 회계정책의 변경과 회계추정의 변경이 있다.

(2) 회계정책의 변경

회계정책의 변경은 재무제표의 작성과 보고에 적용하던 회계정책을 다른 회계정책으로 바꾸는 것을 말한다. 회계정책은 기업이 재무보고의 목적으로 선택한 일반기업회계기준과 그 적용방법을 말한다. 회계정책의 변경은 일반기업회계기준 또는 관련법규의 개정이 있거나, 새로운 회계정책을 적용함으로써 회계정보의 유용성을 향상시킬 수 있는 경우에 한하여 허용한다. 다음은 회계정책의 변경 사례이다.

① 재고자산평가방법의 변경 예 선입선출법, 후입선출법, 평균법 등
② 유형자산수선방법의 변경 예 자본적 지출, 수익적 지출
③ 투자자산평가방법의 변경 예 지분법, 공정가액법, 원가법 등

(3) 회계추정의 변경

회계추정의 변경은 기업환경의 변화, 새로운 정보의 획득 또는 경험의 축적에 따라 지금까지 사용해오던 회계적 추정치의 근거와 방법 등을 바꾸는 것을 말한다. 회계추정은 기업환경의 불확실성하에서 미래의 재무적 결과를 사전적으로 예측하는 것을 말한다.
일부 재무제표항목은 기업환경의 불확실성으로 인하여 그 인식과 측정을 추정에 의존한다. 합리적인 추정은 재무제표작성에 필수적인 과정이며 재무제표의 신뢰성을 떨어뜨리지 않는다. 추정의 근거가 되었던 상황의 변화, 새로운 정보의 획득, 추가적인 경험의 축적 등으로 인하여 새로운 추정이 요구되는 경우에는 과거에 합리적이라고 판단했던 추정치라도 이를 변경할 수 있다.

다음은 회계추정의 변경 사례이다.

① 매출채권에 대한 대손추정율의 변경
② 재고자산의 가치감소액의 크기
③ 유형자산의 내용연수와 잔존가치의 크기
④ 일반 무형자산 상각기간(효익창출기간)
⑤ 유형자산감가상각방법의 변경(정액법, 정률법, 생산량비례법)

2 정당한 회계변경

(1) 의 의

매기 동일한 회계정책 또는 회계추정을 사용하면 비교가능성이 증대되어 재무제표의 유용성이 향상된다. 따라서 재무제표를 작성할 때 일단 채택한 회계정책이나 회계추정은 유사한 종류의 사건이나 거래의 회계처리에 그대로 적용하여야 한다.

다만, 다른 회계정책이나 회계추정의 채택이 더 합리적이라고 기업이 입증할 수 있거나, 변경을 통하여 회계정보의 유용성을 높이는 경우, 또는 일반기업회계기준이 새로 제정되거나 개정됨에 따라 회계정책을 변경하는 경우에는 정당한 회계변경으로서 인정된다.

(2) 정당한 회계변경의 사유

일반기업회계기준에서는 다음의 경우에 한하여 정당한 회계변경으로 보고 있으며, 다음 항목중 ④의 경우를 제외하고는 회계변경의 정당성을 기업이 입증하여야 한다는 것이다.

① 합병, 사업부 신설, 대규모 투자, 사업의 양수도 등 기업환경의 중대한 변화에 의하여 총자산이나 매출액, 제품의 구성 등이 현저히 변동됨으로써 종전의 회계정책을 적용할 경우 재무제표가 왜곡되는 경우
② 동종산업에 속한 대부분의 기업이 채택한 회계정책 또는 추정방법으로 변경함에 있어서 새로운 회계정책 또는 추정방법이 종전보다 더 합리적이라고 판단되는 경우
③ 한국증권거래소나 공신력 있는 외국의 증권거래시장 상장 또는 코스닥시장 상장을 통하여 기업을 최초로 공개하기 위하여 공개시점이 속하는 회계기간의 직전회계기간에 회계변경을 하는 경우
④ 일반기업회계기준의 제정, 개정 또는 기존의 일반기업회계기준에 대한 새로운 해석에 따라 회계변경을 하는 경우

(3) 정당한 회계변경으로 보지 않는 경우

단순히 세법의 규정을 따르기 위한 회계변경은 정당한 회계변경으로 보지 아니한다. 그 이유는 세무보고의 목적과 재무보고의 목적이 서로 달라 세법에 따른 회계변경이 반드시 재무회계정보의 유용성을 향상시키는 것은 아니기 때문이다. 또한, 이익조정을 주된 목적으로 한 회계변경은 정당한 회계변경으로 보지 아니한다.

3 회계변경의 회계처리 방법

회계변경의 회계처리방법으로는 소급적, 당기적 처리방법, 전진법 등 세가지가 있는데, 다음의 사례를 통하여 이들의 회계처리방법에 대해서 살펴보기로 한다.

> **사례**
>
> (주)리젠은 20×1년초에 기계장치를 취득하였고 감가상각 기본요소는 다음과 같다.
>
> • 취득가액 : 100,000원
> • 내용연수 : 3년
> • 잔존가치 10,000원
>
> (주)리젠은 이 기계의 감가상각방법으로 정액법을 사용하여 왔으나, 20×2년부터 연수합계법으로 변경하였다.

(1) 소급법

소급법이란 기초시점에 새로운 회계정책의 채택으로 인한 누적효과를 계산하여 미처분이익잉여금을 수정하고, 전기의 재무제표를 새로운 원칙을 적용하여 수정하는 방법이다. 여기서 누적효과란 변경후의 방법을 처음부터 적용하였다고 가정한 경우에 계상되었을 금액과 변경전의 방법에 따라 이미 장부상에 계상된 금액과의 차액을 말한다.

위의 사례에서 회계변경의 회계처리방법으로 소급법을 적용한다면 20×2년의 회계처리는 다음과 같다.

① 회계변경효과

(차) 미처분이익잉여금	15,000	(대) 감가상각누계액	15,000

〈회계변경의 누적효과〉

연 도	정액법	연수합계법	차 이
20×1년	(100,000 − 10,000) ×1/3 = 30,000	(100,000 − 10,000) × 3/6 = 45,000	15,000

② 20×2년의 감가상각비

(차) 감가상각비	30,000*	(대) 감가상각누계액	30,000

* (100,000 − 10,000) × 2/(3 + 2 + 1) = 30,000

(2) 당기일괄 처리법

당기일괄 처리법이란 기초시점에 새로운 회계방법의 채택으로 인한 누적효과를 계산하여 누적효과를 계산하여 누적효과를 회계변경수정손익으로 당기 손익계산서에 계상하는 방법이다. 위의 사례에세 회계변경의 회계처리방법으로 당기일괄 처리법을 적용한다면 20×2년의 회계처리는 다음과 같다.

① 회계변경의 효과

(차) 회계변경수정손실	15,000	(대) 감가상각누계액	15,000

② 20×2년의 감가상각비

(차) 감가상각비	30,000	(대) 감가상각누계액	30,000

당기적 처리방법은 회계변경으로 인하여 새로이 채택한 회계처리방법을 처음부터 적용한 것으로 가정하긴 하지만, 과거의 재무제표를 수정하지는 않는다는 점이 소급법과 다르다.

(3) 전진법

전진법이란 과거의 재무제표에 대해서는 수정하지 않고 변경된 새로운 회계처리방법을 당기와 미래기간에 반영시키는 방법이다. 위의 사례에서 회계변경의 회계처리방법으로 전진법을 적용한다면 20×2년의 회계처리는 다음과 같다.

① 회계변경의 누적효과

회계처리 없음

② 20×2년의 감가상각비

(차) 감가상각비	40,000*	(대) 감가상각누계액	40,000

* (70,000 − 10,000) × 2/(2 + 1) = 40,000

즉, 회계변경 시에는 아무런 회계처리를 할 필요가 없고, 20×2년의 감가상각비는 기초시점의 장부가액을 기준으로 새로운 회계처리방법인 연수합계법을 적용하여 계산한다.

(4) 일반기업회계기준

일반기업회계기준에서는 회계정책의 변경에 대해서는 소급법을 적용하고 회계추정의 변경에 대해서는 전진법을 적용하도록 규정하고 있다. 또한, 회계정책의 변경과 회계추정의 변경이 동시에 이루어지는 경우에는 소급법을 먼저 적용한 후에 전진법을 적용하며, 회계정책의 변경은 소급법을 원칙으로 하되 회계정책의 변경에 따른 누적효과를 합리적으로 결정하기 어려운 경우에는 전진법을 적용할 수 있도록 규정하고 있다.

구 분	소급법	당기일괄 처리법	전진법
회계변경	회계정책의 변경		회계추정의 변경
회계처리	새로운 방법으로 소급수정하되 신방법과 구방법의 차이를 이익잉여금에 반영	새로운 방법으로 소급수정하되 신방법과 구방법의 차이를 당기손익에 반영	새로운 방법을 당기와 미래기간에 반영
과거의 제무제표	수정함	수정하지 않음	수정하지 않음
장 점	재무제표의 비교가능성 유지	재무제표 신뢰성 유지	재무제표 신뢰성 유지 이익조작가능성 방지
단 점	재무제표의 신뢰성 저해	재무제표 비교가능성 저해, 이익조작가능성	재무제표 비교가능성 저해, 변경효과 파악의 어려움

02 오류수정

1 오류수정이란

회계처리를 지속적으로 수행하다 보면 전기 또는 그 이전기간의 재무제표를 작성할 때 발생하였던 오류가 당기에 발견되는 경우가 있다. 오류는 계산상의 실수, 일반기업회계기준의 잘못된 적용, 사실판단의 잘못, 부정, 과실 또는 사실의 누락 등으로 인해 발생한다. 오류수정은 회계추정의 변경과 구별된다. 회계추정의 변경은 추가적인 정보를 입수함에 따라 기존의 추정치를 수정하는 것을 말한다. 회계오류는 종류에 따라 회계처리 하는 경우가 다르며, 이를 분류하여 살펴보자.

2 순이익에 영향을 미치지 않은 오류

(1) 재무상태표에만 영향을 미치는 오류

재무상태표오류 재무상태표에만 영향을 미치는 오류를 의미하는 것으로 자산, 부채 및 자본계정의 분류상의 오류로 발생하게 된다. 예를들어 장기금융상품에 속하는 예금을 단기금융상품으로 분류한 경우, 매출채권을 대여금으로 분류한 경우, 유동부채를 고정부채로 분류한 경우 등이 이에 해당한다. 이러한 오류가 발견될 경우에는 즉시 적절한 과목으로 재분류하면 된다.

(2) 손익계산서에만 영향을 미치는 오류

손익계산서에만 영향을 미치는 오류를 의미하는 것으로 손익계산서상의 계정과목을 잘못 분류한 경우에 발생한다. 예를들어, 임대료를 매출로 기장한 경우나 대손상각비를 감가상각비로 기장한 경우가 이에 해당한다. 손익계산서오류는 재무상태표계정에 영향을 미치지 않으며, 당기순이익에도 영향을 미치지 않는다. 만약, 이러한 오류를 발생연도에 발견하였다면 오류를 발견한 즉시 재분류하는 분개를 하게 되며, 전기 이전에 발생한 오류를 당기에 발견하였다면 당기에는 아무런 영향이 없으므로 오류수정분개를 할 필요가 없다.

3 순이익에 영향을 미치는 오류

(1) 자동조정적오류

자동조정적 오류란 두 회계기간을 통하여 오류의 효과가 자동적으로 조정되는 오류로서 재고자산이나 미지급비용, 선급비용, 미수수익, 선수수익 등 경과계정의 과소 과대평가 등을 그 예로 들 수 있다.

자동조정적 오류를 오류발생연도에 발견한 경우에는 반대분개를 하여 수정을 하며, 오류 발생연도의 다음 연도에 오류를 발견한 경우에는 오류의 누적효과만큼 전기오류수정손익(영업외손익, 단 중대한 오류에 해당할 경우에는 미처분이익잉여금)으로 수정하고, 오류발생연도부터 두 회계기간 경과 후에 오류를 발견한 경우에는 두 회계기간을 통하여 오류의 효과가 자동적으로 조정되었으므로 이때에는 수정할 필요가 없다.

(2) 비자동조정적오류

순이익에 영향을 미치는 오류는 재무상태표와 손익계산서 모두에 영향을 미치는 오류를 말한다. 미지급급여를 계상하지 않은 경우나 감가상각비 계상을 누락하는 경우를 그 예로 들 수 있다. 순이익에 영향을 미치는 오류와 관련된 회계처리 시, 오류로 인하여 전기 이전의 손익이 잘못된 경우에는 소급법을 적용하여야 한다.

당기에 발견한 전기 또는 그 이전기간의 오류는 당기 손익계산서에 영업외손익 중 전기오류수정손익으로 보고한다. 다만, 전기 또는 그 이전기간에 발생한 중대한 오류의 수정은 전기이월미처분이익잉여금에 반영하고 관련 계정잔액을 수정한다. 비교재무제표를 작성하는 경우 중대한 오류의 영향을 받는 회계기간의 재무제표항목은 재작성한다.

전기 또는 그 이전기간에 발생한 중대한 오류의 수정을 위해 전기 또는 그 이전기간의 재무제표를 재작성하는 경우 각각의 회계기간에 발생한 중대한 오류의 수정금액을 해당기간의 재무제표에 반영한다. 비교재무제표에 보고된 최초회계기간 이전에 발생한 중대한 오류의 수정에 대하여는 당해 최초회계기간의 전기이월미처분이익잉여금을 수정하여 표시한다. 또한 전기 또는 그 이전기간과 관련된 기타재무정보도 재작성한다.

02 단원별 기출문제

01 다음 중 회계추정의 변경 후 변경한 연도의 당기순이익을 증가시키는 것은? [22년 기출]

① 매출채권에 대한 대손예상률을 높게 설정
② 정액법으로 상각하는 무형자산의 내용연수 연장
③ 정률법으로 상각하는 유형자산의 내용연수 단축
④ 정액법으로 상각하는 유형자산의 잔존가치 감소

해설
무형자산의 내용연수 연장은 변경한 연도의 기초에 내용연수가 변경된 것으로 보아 감가상각비를 재산정하며, 내용연수가 증가하는 경우에는 감가상각비가 감소하므로 당기순이익이 증가한다.

02 다음 중 회계추정의 변경 후 변경한 사업연도 회사의 당기순이익이 감소되는 경우는? [22년 기출]

① 기계장치의 내용연수 증가
② 외상매출금에 대한 대손예상률을 낮게 설정
③ 건물의 잔존가치 증가
④ 재고자산에서 진부화 발생

해설
재고자산의 진부화가 발생하는 경우, 잔존가치가 하락하고 내용연수가 단축되는 등의 조정으로 인해 감가상각비 인식 금액이 증가한다.

정답 01 ② 02 ④

PART 3 결산과 재무제표

재무제표 보는 법

01 재무제표

지금까지 우리는 회계란 무엇이며, 정보제공자 입장에서 각 계정과목별 회계처리와 결산에 대해 공부하였다. 그렇다면 이러한 과정을 통해 만들어진 재무제표를 보며 얻을 수 있는 정보는 어떤 것이며 이를 어떻게 활용할 수 있을까? 이하에서는 이러한 재무제표를 입수하는 방법 등 재무제표의 개괄적인 내용은 물론 기본재무제표인 재무상태표, 손익계산서, 현금흐름표 및 자본변동표와 더불어 주석, 감사의견에 대해 공부하며 정보이용자로서 재무제표를 해석하고 활용하는 법을 알아보도록 하자.

1 재무제표분석의 목적

주주나 채권자 등 회계정보이용자들은 기업의 미래 재무상태와 경영성과에 관심이 많다. 그 이유는 주식에 투자하는 투자자들이나 채권자들은 적정한 투자수익을 기대하기 때문이다. 그러나 우리 주변에서도 주식투자를 실패하거나 빌려준 돈을 못 받은 경우를 심심치 않게 볼 수 있듯이 이러한 투자수익에는 항상 위험이 뒤따른다.

이러한 위험을 최소화하고 투자수익을 극대화하기 위하여 주주나 채권자들은 기업에 관한 재무정보를 이용하는데, 이들 재무정보 중 가장 대표적인 것이 재무제표이다. 따라서 재무제표분석의 목적은 과거 경영성과와 현재 재무상태를 평가하고, 이를 토대로 기업의 미래 수익 잠재력과 관련된 위험을 예측하고자 함이다.

2 재무제표의 종류 및 특징

재무제표에 대하여 일반기업회계기준에서는 '기업실체가 외부의 정보이용자에게 재무정보를 전달하는 핵심적 수단으로서 일반적으로 재무상태표, 손익계산서, 자본변동표, 현금흐름표로 구성되며 주석을 포함한다.'고 규정하고 있다. 또한 주석에는 법률적 요구에 의해 작성하는 이익잉여금처분계산서 등이 포함될 수 있으며, 재무제표의 명칭에 대해서는 전달하고자 하는 정보의 성격을 충실히 나타내고, 관련 법규와의 상충이 없는 경우에는 대체적인 명칭도 사용가능하다.

재무제표의 종류	특 징
재무상태표	일정시점의 자산, 부채, 자본 등 재무상태를 표시
손익계산서	일정기간의 수익, 비용 등 경영성과에 대해서 표시
자본변동표	자본의 크기와 그 변동내역을 표시
현금흐름표	현금의 유출입 내역을 표시
주 석	재무제표에 대한 보충적 설명

3 재무제표의 입수

재무제표를 입수하는 방법은 신문공고 또는 유료 정보사이트 등 다양한 방법으로 얻을 수 있으나 2000년부터 금융감독원의 전자공시제도에 의하여, 금융감독원 전자공시시스템(http://dart.fss.or.kr/), 일명 '다트'를 통하여 보다 쉽게 구할 수 있게 되었다. 해당 사이트에서 회사명으로 검색하면 그 회사에서 공시한 모든 재무제표뿐만 아니라 사업보고서와 기타 영업상 중요한 공시사항을 알 수 있다. 그러나 모든 회사의 재무제표를 구할 수 있는 것은 아니고 외부감사대상으로서 올바르게 감사받은 회사의 재무제표만 가능하다.

4 주 석

주석은 기본재무제표 중 하나로 회계정보이용자에게 재무제표를 이해하는데 있어 보다 유용하고 상세한 정보를 제공하기 위해 필수적이다. 이러한 이유로 우리나라에서도 일반기업회계기준의 제정에 따라 주석공시사항이 점차 증가하고 있다. 주석으로 공시되는 사항을 살펴보면 다음과 같다.

① 재무제표 작성기준 및 유의적인 거래와 회계사건의 회계처리에 적용한 회계정책
② 일반기업회계기준에서 주석공시를 요구하는 사항
③ 재무상태표, 손익계산서, 현금흐름표 및 자본변동표의 본문에 표시되지 않는 사항으로서 재무제표를 이해하는 데 필요한 추가 정보

그 밖에 상법 등 관련 법규에서 이익잉여금처분계산서(또는 결손금처리계산서)의 작성을 요구하는 경우에는 재무상태표의 이익잉여금(또는 결손금)에 대한 보충정보로서 이익잉여금처분계산서(또는 결손금처리계산서)를 주석으로 공시한다.

02 재무상태표

1 재무상태표란?

재무상태표는 기본재무제표의 하나로서 일정시점에 현재 기업이 보유하고 있는 자산과 부채, 자본에 대한 정보를 제공하는 재무보고서이다. 이 재무상태표를 통하여 정보이용자들은 기업의 유동성, 재무적 탄력성, 수익성과 위험 등을 평가하는 데 유용한 정보를 얻을 수 있을 뿐 아니라 다른 재무제표와 함께 기업가치의 평가에 유용한 정보도 얻을 수 있다.

기본적인 재무상태표의 구조는 재무상태표등식 자산 = 부채 + 자본을 표로 나타낸 것으로 다음과 같다. 차변의 자산은 대변의 부채와 자본으로 이루어져 있으며, 이때 부채는 채권자 지분을 말하며, 자본은 소유주 지분을 말한다. 이때 주의하여야 할 점은 자산과 부채는 독립적으로 측정되지만 자본은 독립적으로 측정되지 않고, 측정된 자산과 부채를 통해 간접적으로 측정되어진다.

자 산	부채 → 채권자 지분
	자본 → 소유주 지분

2 재무상태표의 해석과 활용

재무상태표

A 주식회사 제34기 20X2년 12월 31일 현재 (단위 : 백만원)

과 목	금 액	과 목	금 액
자 산		부 채	
Ⅰ. 유동자산	12,068,583	Ⅰ. 유동부채	7,590,014
(1) 당좌자산	9,795,860	1. 매입채무	1,657,337
1. 현금및현금성자산	1,409,380	⋮	
2. 단기투자자산	4,273,002	Ⅱ. 비유동부채	1,710,645
⋮		1. 사 채	1,205,552
(2) 재고자산	2,272,723	사채할인발행차금	(−)18,549
1. 상 품	115,180	⋮	
2. 제 품	355,363	부채총계	9,300,659
⋮		자 본	
Ⅱ. 비유동자산	22,371,017	Ⅰ. 자본금	889,147
(1) 투자자산	7,821,706	Ⅱ. 자본잉여금	3,851,596
1. 투자부동산	65	Ⅲ. 자본조정	(−)1,995,832
2. 장기투자자산	547,182	Ⅳ. 기타포괄손익누계액	2,073,311
⋮		Ⅴ. 이익잉여금	20,320,719

(2) 유형자산	14,225,713	⋮	
1. 토 지	1,888,914	10. 미처분이익잉여금	6,967,764
2. 건 물	3,472,958		
감가상각누계액	(-)554,962		
⋮			
(3) 무형자산	293,298		
1. 영업권	6,505		
2. 산업재산권	219,397		
⋮			
(4) 기타비유동자산	30,300		
1. 보증금	20		
⋮		**자본총계**	25,138,941
자산총계	34,439,600	**부채와 자본총계**	34,439,600

(1) 자산과 부채, 자본의 파악

재무상태표를 처음 볼 때 가장 기본적인 사항은 자산의 규모와 그것이 누구의 재산인지를 확인하는 일이다. 자산의 규모로 회사의 규모를 파악할 수 있으며, 총자산이 채권자의 몫인지 주주의 몫인지를 확인하면 회사재정의 안정성 여부를 파악할 수 있다. 위의 사례를 보면 부채총계는 9,300,659백만원이며, 자본총계는 25,138,941백만원으로 회사의 총자산 34,439,600백만원에서 자본이 차지하는 비중은 약 73%로 높은 것으로 보아 건실한 회사로 판단할 수 있다. 그렇다면 총자산금액보다 부채가 많은 경우에는 어떻게 될까? 예를 들어 자산총액이 10,000,000원인데 부채가 15,000,000원인 경우에는 자본은 -5,000,000원으로 측정된다. 이는 곧 손실을 의미하며 이러한 손실이 계속되면 자본잠식*은 물론 부도까지 이어질 수 있다.

* 자본잠식 : 당기순손실이 재무제표에 반영될 때 자본의 차감으로 반영되므로 당기순손실로 인해 자본이 줄어든 상태를 말한다.

(2) 유동성 및 안정성 분석

회사의 기본적 자산규모 등을 파악한 뒤 확인할 것은 바로 회사 자금의 유동성 및 안정성이다. 아무리 이익이 발생한다 하더라도 상환하여야 할 부채가 많은 경우에는 부도가 발생할 수도 있다. 따라서 정보이용자의 입장에서 회사 자금의 유동성과 안정성을 파악하는 것은 어떠한 분석보다도 중요하다. 또한 공공사업 입찰 등에 있어서도 평가요소로 활용되고 있으므로 정보이용자는 물론 경영자의 입장에서도 중요한 지표라 할 수 있다.

이러한 회사 자금의 유동성 및 안정성은 재무상태표를 이용하여 여러 재무비율을 산정함으로써 파악할 수 있는데 이하에서는 이러한 재무비율의 의미와 산정방법에 대해 알아보기로 한다.

① 유동성분석

㉠ 유동비율

회사의 지불능력을 판단하기 위한 재무비율로 유동자산을 유동부채로 나눈 비율이다. 보통 200% 이상을 이상적인 비율이라고 하며, 크면 클수록 회사의 지불능력이 커지는 것을 의미한다. 하지만 유동성이 크다는 것은 이 부분만큼을 다른 곳에 투자하여 수익을 올릴 수 있는 기회를 상실하고 있다는 것을 의미하므로 유동비율이 크면 클수록 반드시 좋은 것은 아니다.

$$\text{유동비율} = \frac{\text{유동자산}}{\text{유동부채}} \times 100\%$$

한편, 현금및현금성자산을 유동자산으로 나눈 비율을 현금비율이라 한다. 현금및현금성자산은 유동자산 중에서도 가장 유동성이 크므로 해당 지표는 유동성의 정도를 나타내며 20% 이상을 이상적으로 본다. 즉, 현금비율이 높을수록 유동자산을 현금으로 전환할 때 시간 소요가 거의 없고, 유동성이 높다는 것을 의미한다.

$$\text{현금비율} = \frac{\text{현금및현금성자산}}{\text{유동자산}} \times 100\%$$

㉡ 당좌비율

당좌비율이란 유동자산에서 유동성이 높은 당좌자산만을 고려하여 유동성을 평가하는 재무비율이다. 즉, 유동비율과 유사하지만 유동성의 정도가 유동비율보다 높다는 것에 그 차이가 있다. 당좌비율이 100% 이상이면 유동성이 양호하다고 본다.

$$\text{당좌비율} = \frac{\text{당좌자산}}{\text{유동부채}} \times 100\%$$

예 제 ▸ 유동성분석

다음 자료를 바탕으로 (주)리젠의 유동비율과 당좌비율을 계산하시오.

유동자산	50,000,000원	유동부채	20,000,000원
당좌자산	20,000,000원	비유동부채	30,000,000원
유형자산	50,000,000원	자 본	50,000,000원
자산총계	100,000,000원		

[풀이]

$$\text{유동비율} = \frac{\text{유동자산}}{\text{유동부채}} \times 100\% = \frac{50{,}000{,}000\text{원}}{20{,}000{,}000\text{원}} \times 100\% = 250\%$$

$$\text{당좌비율} = \frac{\text{당좌자산}}{\text{유동부채}} \times 100\% = \frac{20{,}000{,}000\text{원}}{20{,}000{,}000\text{원}} \times 100\% = 100\%$$

② 안정성분석

㉠ 부채비율

부채비율이란 타인자본인 부채를 자기자본으로 나눈 비율로 타인자본 의존도를 표시하는 지표이며, 기업의 건전성의 정도를 나타낸다. 일반적으로 부채비율이 100% 이하인 경우 양호한 것으로 판단하고, 커질수록 채권자에 대한 위험이 증가한다는 것을 나타낸다.

$$\text{부채비율} = \frac{\text{부 채}}{\text{자기자본}} \times 100\%$$

㉡ 자기자본비율

자기자본비율은 기업재무구조의 건전성을 나타내는 지표로 자기자본을 총자산으로 나누어 계산한다. 자기자본은 금융비용을 부담하지 않아도 기업이 장기적으로 운용할 수 있는 안정된 자본이므로 자기자본비율이 높다는 것은 기업의 재무구조가 건전하다고 할 수 있다. 일반적으로 50% 이상이면 양호한 것으로 본다.

$$\text{자기자본비율} = \frac{\text{자기자본}}{\text{총자산}} \times 100\%$$

예 제 ▸ 안정성분석

다음 자료를 바탕으로 (주)리젠의 부채비율과 자기자본비율을 계산하시오.

유동자산	50,000,000원	유동부채	20,000,000원
당좌자산	20,000,000원	비유동부채	30,000,000원
유형자산	50,000,000원	자 본	50,000,000원
자산총계	100,000,000원		

[풀이]

$$\text{부채비율} = \frac{\text{부 채}}{\text{자기자본}} \times 100\% = \frac{50{,}000{,}000\text{원}}{50{,}000{,}000\text{원}} \times 100\% = 100\%$$

$$\text{자기자본비율} = \frac{\text{자기자본}}{\text{총자산}} \times 100\% = \frac{50{,}000{,}000\text{원}}{100{,}000{,}000\text{원}} \times 100\% = 50\%$$

(3) 매출채권, 재고자산 및 유형자산 분석

① 매출채권 분석

사람들은 흔히 매출채권이 많으면 좋은 회사라고 생각한다. '매출채권이 많다는 것은 상품이나 제품을 많이 판매했다는 것이고, 따라서 우리 회사는 성장하고 있다'라는 결론을 내린다. 그러나 이건 반은 맞고 반은 틀린 생각이다. 아래의 (주)리젠의 예를 보며 생각해보자.

구 분	현금매출	매출채권
20X1년	70,000,000원	30,000,000원
20X2년	30,000,000원	70,000,000원

(주)리젠의 20X2년도 매출채권은 70,000,000원으로 20X1년의 매출채권 30,000,000원보다 40,000,000원이 더 많다. 이러한 사실을 바탕으로 '20X1년 보다 20X2년에 회사가 영업활동을 더 잘했다'라고 말할 수 있을까? 매출채권이 늘어난 경우 일반적으로 총매출액이 증가하지만 위의 사례와 같이 총매출액이 동일하거나 소폭 증가하고 매출채권만 큰 폭으로 증가한 경우에는 그만큼 대금회수가 원활하게 이뤄지지 않는 상황이라고 판단할 수 있을 것이다.

따라서 매출채권과 관련하여 다음과 같은 부분을 파악하고 검토하여야 한다.

첫째, 재무상태표상 총자산 중 매출채권의 비중을 파악하고 이전 연도와 비교하여 크게 변동이 있는지를 파악하여야 한다. 특히 매출채권의 비중이 크거나 급격하게 증가한 경우에는 분식을 통한 가공매출의 계상 또는 대금회수가 안된 불량채권의 존재 여부를 확인해봐야 한다.

둘째, 또한 손익계산서상 매출액과 매출채권을 같이 비교하여 매출액의 증감에 따른 매출채권의 증감을 파악하고 회사의 매출채권의 규모가 적정한지 여부를 확인해야 한다. 매출채권이 증가할수록 그에 따른 기회비용*과 매출채권 회수비용이 증가하고, 대손이 발생할 가능성이 높아지므로 적정한 매출채권의 규모를 파악해야 한다.

셋째, 대손충당금이 매출채권 대비 얼마나 되는지를 확인해야 한다. 매출채권 중 회수불가능으로 추정되는 금액인 대손충당금을 확인하고 매출채권 대비 적정한 수준으로 설정되었는지 여부를 파악해야 한다.

* 기회비용 : 어떤 하나의 선택을 함으로써 포기해야 하는 또 다른 선택

㉠ 매출채권회전율

매출채권회전율이란 매출액을 평균매출채권으로 나눈 값으로 매출채권이 현금화되는 속도를 측정하는 지표이다. 매출채권회전율이 높을수록 매출채권이 순조롭게 회수되고 있음을 나타내며, 반대로 매출채권회전율이 낮을수록 원활하게 회수되지 않아 회수기간이 길어지므로 이에 따른 대손발생의 위험이 증가하고 수익이 감소하게 된다.

$$\text{매출채권회전율} = \frac{\text{매출액}}{\text{평균매출채권}}$$

㉡ 매출채권회수기간

매출채권을 회수하는데 평균적으로 소요되는 기간을 분석하는 지표로 365일을 매출채권회전율로 나누어 계산한다. 매출채권회수기간이 짧을수록 평균적으로 매출 후 빠른 시일 내에 대금회수가 이루어지는 것을 뜻한다.

$$매출채권회수기간 = \frac{365}{매출채권회전율}$$

예 제 ▸ 매출채권분석

다음의 자료를 참고하여 20X2년 (주)리젠의 매출채권회전율과 매출채권회수기간을 계산하시오.

구 분	20X1년	20X2년
매출채권	20,000,000원	40,000,000원
매출액	330,000,000원	600,000,000원

[풀이]

$$매출채권회전율 = \frac{매출액}{평균매출채권} = \frac{600,000,000}{30,000,000} = 20회$$

$$매출채권회수기간 = \frac{365}{매출채권회전율} = \frac{365}{20} = 18.25일$$

② 재고자산 분석

재고자산이란 정상적인 영업과정에서 판매를 위하여 보유하거나 생산과정에 있는 자산 및 생산 또는 서비스 제공 과정에 투입될 원재료나 소모품의 형태로 존재하는 자산을 말한다. 재고자산의 경우에도 매출채권과 마찬가지로 총자산 대비 적정한 재고수준을 파악하는 것이 중요하다. 재고수준이 높은 기업은 불량재고나 장기간 팔리지 않은 재고로 인하여 재고가 많이 계상되어 있는지 확인해야 한다. 또한 갑자기 재고수준이 급격하게 증가하게 된다면 분식을 통하여 재고를 과다하게 계상한 것이 아닌지 확인하여야 한다.

㉠ 재고자산회전율

재고자산회전율이란 매출원가를 평균재고자산으로 나눈 값으로 재고자산의 회전속도, 즉 재고자산이 당좌자산으로 변화하는 속도를 나타낸다. 따라서 재고자산회전율이 급격히 하락하거나 산업평균과 비교하여 낮은 수준에 있을 때에는 기대 이하의 판매부진 등의 사유로 재고자산관리에 비효율성이 있을 가능성이 높다.

$$재고자산회전율 = \frac{매출원가}{평균재고자산}$$

㉡ 재고자산평균회전기간

재고자산을 판매하는데 평균적으로 소요되는 기간을 분석하는 지표로 365일을 재고자산회전율로 나누어 계산한다. 재고자산평균회전기간이 짧을수록 평균적으로 매입 후 빠른 시일 내에 판매가 이루어지는 것을 뜻한다.

$$재고자산평균회전기간 = \frac{365}{재고자산회전율}$$

예 제 ▸ 재고자산 분석

다음의 자료를 참고하여 20X2년 (주)리젠의 재고자산회전율과 재고자산평균회전기간을 계산하시오.

구 분	20X1년	20X2년
재고자산	30,000,000원	50,000,000원
매출원가	100,000,000원	250,000,000원

[풀이]

$$재고자산회전율 = \frac{매출원가}{평균재고자산} = \frac{250,000,000}{40,000,000} = 6.25회$$

$$재고자산평균회전기간 = \frac{365}{재고자산회전율} = \frac{365}{6.25} = 58.4일$$

③ 유형자산 분석

재무제표를 통하여 유형자산을 분석하는 이유는 설비투자자산의 적정보유량을 파악하여 효율성을 평가하기 위함이다. 이하에서는 3가지의 지표를 통해 설비투자자산의 효율성을 알아보고자 한다.

㉠ 총자산회전율

총자산회전율은 매출액을 평균총자산으로 나눈 값으로 보유한 총자산이 매출을 창출하는데 효율적으로 이용되고 있는지를 평가하는 지표이다. 총자산회전율이 높으면 한 단위의 자산을 통해 많은 매출액이 발생한다는 것을 의미하며, 자산이 효율적으로 이용되고 있음을 뜻한다. 반대로 총자산회전율이 낮으면 한 단위의 자산을 통해 적은 매출액이 발생하며, 이는 과잉투자와 같은 비효율적인 투자를 하고 있다는 의미이다.

$$총자산회전율 = \frac{매출액}{평균총자산}$$

㉡ 비유동(고정)자산회전율

비유동(고정)자산회전율은 매출액을 평균비유동자산으로 나눈 값으로 고정자산 이용의 효율성을 평가하는 지표이다. 비유동자산회전율이 높을수록 비유동자산이 효율적으로 이용되고 있음을 의미한다.

$$비유동자산회전율 = \frac{매출액}{평균비유동자산}$$

㉢ 유형자산회전율

유형자산회전율은 매출액을 평균유형자산으로 나눈 값으로 한 단위의 유형자산이 얼마의 매출액을 발생시키는지를 측정하는 지표이다. 유형자산의 효율적인 이용 정도를 나타내며 이 비율이 높을수록 유형자산이 효율적으로 이용되고 있음을 나타낸다. 일반적으로 유형자산의 회전율이 2.5 이상이면 양호하다고 판단할 수 있다. 다만, 매출규모에 비해 설비투자에 소홀한 경우에도 해당 비율이 높게 나타날 수 있으므로 주의해야 한다.

$$유형자산회전율 = \frac{매출액}{평균유형자산}$$

예 제 ▸ 유형자산 분석

다음의 자료를 참고하여 20X2년 (주)리젠의 총자산회전율, 비유동자산회전율, 유형자산회전율을 계산하시오.

구 분	20X1년	20X2년
비유동자산	85,000,000원	115,000,000원
유형자산	70,000,000원	90,000,000원
총자산	172,000,000원	188,000,000원
매출액	160,000,000원	200,000,000원

[풀이]

1. 총자산회전율 $= \frac{매출액}{평균총자산} = \frac{200,000,000}{180,000,000} = 1.11$회

2. 비유동자산회전율 $= \frac{매출액}{평균비유동자산} = \frac{200,000,000}{100,000,000} = 2$회

3. 유형자산회전율 $= \frac{매출액}{평균유형자산} = \frac{200,000,000}{80,000,000} = 2.5$회

03 손익계산서

손익계산서

제34기 20X2년 1월 1일부터 20X2년 12월 31일까지

A 주식회사 제33기 20X1년 1월 1일부터 20X1년 12월 31일까지 (단위 : 백만원)

과 목	제34기		제33기	
	금 액		금 액	
Ⅰ. 매출액		40,511,563		32,380,375
Ⅱ. 매출원가		26,945,866		21,870,480
Ⅲ. 매출총이익		13,565,697		7,865,642
Ⅳ. 판매비와관리비		6,321,025		5,570,308
1. 급여	536,103		360,089	
2. 퇴직급여	77,776		49,054	
⋮				
Ⅴ. 영업이익		7,244,672		2,295,334
Ⅵ. 영업외수익		2,498,657		1,820,504
1. 이자수익	245,288		123,143	
2. 배당금수익	3,293		3,312	
⋮				
Ⅶ. 영업외비용		872,863		1,033,230
1. 이자비용	100,501		205,145	
⋮				
Ⅷ. 법인세비용차감전순이익		8,870,466		3,082,607
Ⅸ. 법인세비용		1,818,705		135,672
Ⅹ. 당기순이익		7,051,761		2,946,935

1 손익계산서

손익계산서는 재무상태표와 더불어 가장 중요한 재무제표로 일정기간 동안에 일어난 경영활동의 성과를 표시한다. 일정한 기간에 발생한 모든 수익과 그에 대응하는 모든 비용을 기재하여 순손익의 발생과정과 해당 금액을 명확하게 보여준다. 따라서 정보이용자들은 해당 회사의 경영성과를 파악하여 합리적인 의사결정을 하기 위해서는 손익계산서 분석이 필수적이다.

2 손익계산서의 분석과 활용

(1) 비용 분석

비용 중 판매비와관리비는 상품과 용역의 판매활동 또는 기업의 관리와 유지에서 발생하는 비용으로 매출원가에 속하지 아니하는 영업비용을 말한다. 그 중에서 판매비는 판매활동과 관련하여 발생하는 비용이며 관리비는 회사 전체의 관리 및 유지에 필요한 비용을 말한다. 따라서 관리비는 고정비용 성격이 강하므로 인원의 변동이 발생하지 않는다면 대부분 전기와 비슷하게 나타난다. 그러므로 전기와의 비교를 통하여 급격하게 변동된 금액이 있는지, 그 이유는 무엇인지를 파악해야 한다.

다음은 A주식회사의 손익계산서의 일부내역과 증감률을 나타낸 표이다.

과 목	제34기		제33기		증감률
	금 액		금 액		
Ⅳ. 판매비와관리비		6,321,025		5,570,308	13.48%
1. 급여	536,103		360,089		48.88%
2. 퇴직급여	77,776		49,054		58.55%
3. 복리후생비	39,632		51,561		-23.14%
4. 여비교통비	51,810		47,535		8.99%
5. 차량유지비	10,788		10,690		0.92%
6. 통신비	25,335		28,070		-9.74%
7. 세금과공과금	66,749		55,271		20.77%
8. 보험료	36,514		29,012		25.86%
9. 지급수수료	1,031,537		824,890		25.05%
10. 광고선전비	699,357		517,549		35.13%
11. 기업홍보비	267,780		197,995		35.25%

판매비와관리비 각 항목의 증감률을 들여다보면 급여는 48.88%, 퇴직급여는 58.55%가 증가한 사실을 확인할 수 있다. 이를 통해 1년 동안에 고용과 퇴직이 활발했음을 파악할 수 있다. 또한 광고선전비와 기업홍보비 모두 30% 이상 증가된 걸 확인할 수 있는데 이는 공격적인 마케팅을 추진하고 있는 것으로 해석할 수 있다.

(2) 이익 분석

① 구성요소 분석

회사의 당기순이익을 산출하는 과정에서 이익은 크게 영업이익과 영업외수익으로 구성되어 있다. 토지 등의 처분으로 인한 영업외수익은 해당연도의 당기순이익을 일시적으로 증가시켜 정보이용자의 의사결정에 영향을 미칠 수 있다. 그러므로 해당연도의 당기순이익이 매출 등 회사의 영업활동을 통해 발생한 영업이익으로 구성되는지, 토지 등의 처분으로 인한 영업외수익으로 구성되는지 여부를 확인해야 한다.

② 성장성 분석

성장성 분석은 일정기간 동안 기업의 경영규모 및 경영성과가 얼마나 향상되었는지를 나타내는 비율이다. 이를 통해 미래 수익발생능력이나 이익실현의 확실성 정도 등 성장잠재력을 예측해 볼 수 있다.

㉠ 매출액 증가율

매출액 증가율은 전년도 매출액에 비해 당해연도 매출액이 어느 정도 증가하였는가를 나타내는 것으로 회사의 영업활동이 전년에 비해 어느 정도 활발하게 이루어졌는가를 알려준다. 따라서 경쟁기업보다 매출액 증가율이 높다면 활발한 영업활동으로 시장점유율이 증가하고 있음을 나타낸다.

$$\text{매출액 증가율} = \frac{(\text{당기매출액} - \text{전기매출액})}{\text{전기매출액}}$$

㉡ 순이익 증가율

순이익 증가율은 기업활동의 최종성과인 순이익이 전기에 비해 증가한 정도를 나타내는 지표로서 기업의 총괄적인 경영성과의 변화율을 나타낸다. 매출액 증가율이 기업의 외형적 성장을 나타낸다면, 순이익 증가율은 실질적 성장을 나타낸다.

$$\text{순이익 증가율} = \frac{(\text{당기순이익} - \text{전기순이익})}{\text{전기순이익}}$$

③ 수익성 분석

㉠ 매출총이익률, 영업이익률, 당기순이익률

구 분	특 징	산 식
매출총이익률	기업의 판매능력, 생산효율을 측정	$\frac{\text{매출총이익}}{\text{매출액}}$
영업이익률	기업의 고유한 영업활동의 수익성 및 영업활동능력 측정	$\frac{\text{영업이익}}{\text{매출액}}$
당기순이익률	기업의 전체적인 능률과 수익성을 판단	$\frac{\text{당기순이익}}{\text{매출액}}$

㉡ 주당순이익(Earnings Per Share : EPS)

주당순이익이란 보통주의 당기순이익을 유통보통주식수로 나눈 금액으로서 기업의 수익력을 평가하는데 가장 보편적으로 이용되는 지표이다. 다시 말하자면 보통주 1주당 벌어들인 당기순이익으로 주당순이익이 높을수록 경영실적이 양호하며 배당여력도 많아져서 주식의 투자가치도 높아진다. 또한 주당순이익은 주가수익비율(Price Earning Ratio : PER) 계산의 기초가 되며 자본규모가 서로 다른 기업들의 영업성과에 대한 비교를 가능하게 해준다.

$$\text{주당순이익} = \frac{\text{당기순이익}}{\text{유통보통주식수}}$$

㉢ 자기자본이익률(Return On Equity ratio : ROE)

자기자본이익률은 당기순이익을 자기자본으로 나눈 비율로서 기업에 투자한 자기자본에 대한 수익성을 측정하는 지표이다. 예를 들어 자기자본이익률이 10%라면 10,000원을 투자한 경우 1,000원의 이익을 냈다는 뜻이다. 따라서 자기자본이익률이 높은 기업은 자본을 효율적으로 사용하여 이익을 많이 내는 기업으로 주가도 상승하는 경향이 있어 투자지표로 많이 활용된다.

$$\begin{aligned}\text{ROE} &= \frac{\text{당기순이익}}{\text{자기자본}} \\ &= \frac{\text{당기순이익}}{\text{매출액}} \times \frac{\text{매출액}}{\text{총자산}} \times \frac{\text{총자산}}{\text{자기자본}} \\ &= \text{당기순이익률} \times \text{총자산회전율} \times (1 + \text{부채비율}) \\ &= \text{ROA(총자산이익률)} \times \text{재무레버리지}\end{aligned}$$

04 회계감사

1 개 요

회계감사란 기업이 작성한 재무제표가 기업회계기준에 따라 적정하게 작성되었는가에 대하여 독립적인 감사인이 해당 재무제표를 확인하는 절차이다. 외부의 독립적인 제3자에 의해 재무제표를 확인하는 절차라 외부감사라고도 한다. 회계감사의 목적은 회계정보이용자들이 합리적인 판단을 할 수 있도록 재무제표의 신뢰성과 정확성을 제고하는데 있다. 다음 중 하나에 해당하는 회사는 회사로부터 독립된 외부의 감사인에 의한 회계감사를 받아야 한다(외감법 4 ①, 외감령 5 ①·②).

① 주권상장법인 및 해당 또는 다음 사업연도에 주권상장법인이 되려는 주식회사

② 직전 사업연도 말의 자산총액이 500억원 이상인 회사

③ 직전 사업연도 말의 매출액이 500억원(12개월 미만인 경우 환산금액) 이상인 회사

④ 다음의 사항 중 2개 이상에 해당하는 회사

㉠ 직전 사업연도 말의 자산총액이 120억원 이상

㉡ 직전 사업연도 말의 부채총액이 70억원 이상

㉢ 직전 사업연도의 매출액이 100억원 이상

㉣ 직전 사업연도 말의 종업원이 100명 이상

⑤ 다음의 사항 중 3개 이상에 해당하는 유한회사

㉠ 직전 사업연도 말의 자산총액이 120억원 이상

㉡ 직전 사업연도 말의 부채총액이 70억원 이상

㉢ 직전 사업연도의 매출액이 100억원 이상

㉣ 직전 사업연도 말의 종업원이 100명 이상

㉤ 직전 사업연도 말의 사원이 50명 이상

2 감사의견의 종류

(1) 적정의견

적정의견은 회사로부터 감사에 필요한 자료를 충분히 제공받았으며, 기업회계기준에 맞게 재무제표를 작성한 경우의 감사의견이다. 다만, 감사의견이 적정이라고 해서 반드시 회사의 재무상태가 양호하다는 뜻은 아니다.

> 본 감사인의 의견으로는 회사의 재무제표는 주식회사 ○○의 20X1년 12월 31일과 20X2년 12월 31일 현재의 재무상태, 동일로 종료되는 양 보고기간의 재무성과 및 현금흐름을 한국채택국제회계기준에 따라 중요성의 관점에서 공정하게 표시하고 있습니다.

(2) 한정의견

한정의견은 감사범위가 제한되고 기업회계기준의 위배사항은 있었지만 부적정의견이나 의견거절을 표명할 정도는 아니라는 감사의견이다.

> 본 감사인의 의견으로는 위 문단에서 언급된 정보의 누락을 제외하고는 상기 재무제표는 주식회사 ○○의 20X1년 12월 31일 현재의 재무상태와 동일로 종료되는 회계연도의 재무성과 및 현금흐름의 내용을 한국채택국제회계기준에 따라 중요성의 관점에서 적정하게 표시하고 있습니다.

(3) 부적정의견

부적정의견은 중요한 사안에 대해 기업회계기준을 위배하여 회계정보이용자가 그대로 이용한 경우 잘못된 의사결정을 할 확률이 매우 높을 때 제시하는 감사의견이다.

> 본 감사인의 의견으로는 위 문단에서 언급된 사항의 영향이 중대하므로 상기 재무제표는 ○○ 주식회사의 20X1년 12월 31일 현재의 재무상태와 동일로 종료되는 회계연도의 재무성과 및 현금흐름의 내용을 한국채택국제회계기준에 따라 적정하게 표시하고 있지 아니합니다.

(4) 의견거절

의견거절은 감사보고서를 만드는데 충분한 증거를 얻지 못한 경우나 기업존립에 관계될 정도의 사항이 중대한 경우, 감사의 독립성이 결여되는 경우 등 회계감사가 불가능한 상황에 제시하는 감사의견이다.

> 본 감사인은 위 문단에서 기술한 사항이 상기 재무제표에 미치는 영향의 유의성 때문에 동 재무제표에 대한 의견을 표명하지 아니합니다.

3 감사의견의 효력

감사인의 감사의견은 단순히 재무제표에 적정, 한정, 부적정, 의견거절로 표시되는 것에 그치지 않고 적정의견이 아닐 경우 관리종목 지정 또는 상장폐지로까지 이어진다. 다만, 유가증권시장인지 코스닥 시장인지에 따라 불이익의 차이가 있는데 그 내용은 다음과 같다.

의 견	주권상장기업	코스닥 상장기업
한 정	감사범위제한으로 2년 연속 한정의견 시 상장폐지	감사범위제한으로 인한 한정의견은 바로 상장폐지
부적정	상장폐지	상장폐지
의견거절	상장폐지	상장폐지

〈감사보고서 예〉

독립된 감사인의 감사보고서

주식회사 리젠
주주 및 이사회 귀중

우리는 별첨된 주식회사 리젠의 재무제표를 감사하였습니다. 동 재무제표는 20X2년 12월 31일과 20X1년 12월 31일 현재의 재무상태표, 동일로 종료되는 양 보고기간의 포괄손익계산서, 자본변동표 및 현금흐름표 그리고 유의적인 회계정책의 요약과 그 밖의 설명정보로 구성되어 있습니다.

재무제표에 대한 경영진의 책임

경영진은 한국채택국제회계기준에 따라 이 재무제표를 작성하고 공정하게 표시할 책임이 있으며, 부정이나 오류로 인한 중요한 왜곡표시가 없는 재무제표를 작성하는데 필요하다고 결정한 내부통제에 대해서도 책임이 있습니다.

감사인의 책임

우리의 책임은 우리가 수행한 감사를 근거로 해당 재무제표에 대하여 의견을 표명하는데 있습니다. 우리는 대한민국의 회계감사기준에 따라 감사를 수행하였습니다. 이 기준은 우리가 윤리적 요구사항을 준수하며 재무제표에 중요한 왜곡표시가 없는지에 대한 합리적인 확신을 얻도록 감사를 계획하고 수행할 것을 요구하고 있습니다.

감사는 재무제표의 금액과 공시에 대한 감사증거를 입수하기 위한 절차의 수행을 포함합니다. 절차의 선택은 부정이나 오류로 인한 재무제표의 중요한 왜곡표시위험에 대한 평가 등 감사인의 판단에 따라 달라집니다. 감사인은 이러한 위험을 평가할 때, 상황에 적합한 감사절차를 설계하기 위하여 기업의 재무제표 작성 및 공정한 표시와 관련된 내부통제를 고려합니다. 그러나 이는 내부통제의 효과성에 대한 의견을 표명하기 위한 것이 아닙니다. 감사는 또한 재무제표의 전반적 표시에 대한 평가뿐 아니라, 재무제표를 작성하기 위하여 경영진이 적용한 회계정책의 적합성과 경영진이 도출한 회계추정치의 합리성에 대한 평가를 포함합니다.

우리가 입수한 감사증거가 감사의견을 위한 근거로서 충분하고 적합하다고 우리는 믿습니다.

감사의견

우리의 의견으로는 회사의 재무제표는 주식회사 리젠의 20X2년 12월 31일과 20X1년 12월 31일 현재의 재무상태, 동일로 종료되는 양 보고기간의 재무성과 및 현금흐름을 한국채택국제회계기준에 따라 중요성의 관점에서 공정하게 표시하고 있습니다.

서울특별시 서초구 서초동 ×××
×× 회계법인
대표이사 ×××
20X3년 3월 10일

이 감사보고서는 감사보고서일 (20X3년 3월 10일) 현재로 유효한 것입니다. 따라서 감사보고서일 이후 이 보고서를 열람하는 시점까지의 기간 사이에 별첨된 회사의 재무제표에 중대한 영향을 미칠 수 있는 사건이나 상황이 발생할 수도 있으며 이로 인하여 이 감사보고서가 수정될 수도 있습니다.

03 단원별 기출문제

01 다음 중 금융감독원 전자공시시스템을 통해 입수할 수 있는 정보로 가장 올바르지 않은 것은? [22년 기출]

① 회계감사를 받은 공시된 재무제표
② 사업보고서
③ 기업내부경영전략보고서
④ 감사보고서

해설
기업내부경영전략보고서는 공시대상이 아니다.

02 다음 중 감사의견 종류에 대한 설명으로 가장 올바르지 않은 것은? [22년 기출]

① 회사의 재무제표가 기업회계기준에 따라 중요성의 관점에서 적정할 경우 – 적정의견
② 감사범위제한의 영향이 대단히 중요할 경우 – 의견거절
③ 재무제표의 일부가 기업회계기준을 위반한 경우 – 한정의견
④ 감사의견을 표명하기에 충분한 감사증거를 수집하기 곤란한 경우 – 부적정의견

해설
감사의견을 표명하기에 충분한 감사증거를 수집하기 곤란한 경우 – 의견거절

정답 01 ③ 02 ④

03 다음 자료를 이용하여 (주)삼일의 매출채권회전율을 계산하면 얼마인가? [22년 기출]

ㄱ. 매출액	40,000,000원
ㄴ. 당기순이익	30,000,000원
ㄷ. 평균매출채권	10,000,000원
ㄹ. 평균재고자산	20,000,000원

① 1.5회　　② 2회

③ 3회　　④ 4회

해설

$$\text{매출채권회전율} = \frac{\text{매출액}}{\text{평균매출채권}} = \frac{40,000,000\text{원}}{10,000,000\text{원}} = 4\text{회}$$

04 다음 신문기사와 관련된 내용에 대한 설명으로 가장 올바르지 않은 것은? [22년 기출]

> (ㄱ) 거래업체에 제멋대로 외상으로 물건을 판매한 후 장부에 기재하지 않고 개인만이 알 수 있도록 비밀장부를 만들어 관리해 자신이 근무하는 기관에 수억 원 상당의 손해를 입힌 모기관 과장 등 2명이 입건됐다.
>
> 이들은 지난해 1월 새로운 조합장이 취임해 인수인계하는 과정에서 (ㄴ) 재고자산에 대해 현물실사한 결과 10억원 상당의 재고부족이 확인됨에 따라 수사를 진행하면서 덜미가 잡혔다.
>
> 또한 조사 결과 이들은 (ㄷ) 거래업체 중 3년 넘게 대금을 한 푼도 받지 못한 곳이 있음에도 지속적으로 물품을 외상판매하여 기관에 손해를 입히고도 외상대금 청구조차도 하지 않은 것으로 드러났다.
>
> 한편 해당 기관은 20X1년도 결산 때 10억원 이상의 (ㄹ) 당기순손실이 발생했음에도 2억원 상당의 당기순이익이 발생한 것처럼 처리하여 부당한 상여금을 지급한 것으로 논란이 되기도 하였다.
>
> – 후략 –

① (ㄱ) 당 거래의 누락으로 회사의 매출액과 매출채권은 과소계상되었을 것이다.

② (ㄴ) 재고자산을 실사할 때 부족한 재고수량 중 정상적인 부분은 재고자산감모손실로 보고 영업외비용으로 처리한다.

③ (ㄷ) 외상매출금 중 회수가 불가능할 것이라 예상되는 금액은 대손충당금을 설정하여 매출채권 장부금액을 조정하여야 한다.

④ (ㄹ) 이와 같이 사실과 다른 회계처리를 통해 회계장부를 꾸미는 것을 분식회계라고 한다.

해설

정상감모손실은 매출원가로 처리한다.

03 ④　04 ② 정답

05 (주)삼일의 20X1년 재무상태표와 관련된 자료는 다음과 같다. 다음 중 유동비율과 당좌비율 및 부채비율로 가장 옳은 것은? [22년 기출]

• 당좌자산	3,000,000원	• 유동부채	2,000,000원
• 재고자산	2,000,000원	• 비유동부채	3,000,000원
• 유형자산	5,000,000원	• 자 본	5,000,000원

	유동비율	당좌비율	부채비율
①	250%	150%	50%
②	250%	150%	100%
③	500%	60%	50%
④	500%	60%	100%

해설

• 유동비율 $= \dfrac{\text{유동자산}}{\text{유동부채}} \times 100\%$

$= \dfrac{\text{당좌자산 3,000,000원 + 재고자산 2,000,000원}}{\text{유동부채 2,000,000원}} \times 100\% = 250\%$

• 당좌비율 $= \dfrac{\text{당좌자산}}{\text{유동부채}} \times 100\%$

$= \dfrac{\text{당좌자산 3,000,000원}}{\text{유동부채 2,000,000원}} \times 100\% = 150\%$

• 부채비율 $= \dfrac{\text{부채총액}}{\text{자본총액}} \times 100\%$

$= \dfrac{\text{유동부채 2,000,000원 + 비유동부채 3,000,000원}}{\text{자본 5,000,000원}} \times 100\% = 100\%$

06 다음 중 주당순이익(EPS)에 관한 설명으로 가장 옳은 것은? [22년 기출]

① 회사가 일정기간 동안 올린 이익에 대한 주식 1주당 귀속되는 주주의 몫을 나타내는 지표이다.
② 주당순이익이 낮을수록 경영실적이 양호하다고 할 수 있다.
③ 당기순이익을 그 기업이 발행한 우선주식수로 나누어 산출한다.
④ 당기순이익이 클수록 주당순이익(EPS)은 낮아진다.

해설

② 주당순이익이 높을수록 1주당 이익이 높은 것으로 경영실적이 높은 것으로 볼 수 있다.
③ 당기순이익을 그 기업이 발행한 보통주식수로 나누어 계산한다.
④ 당기순이익이 클수록 주당순이익이 높아진다.

정답 05 ② 06 ①

07 **(주)삼일은 실지재고조사법을 채택하고 있으며 보고기간 말 당기순이익이 너무 크게 계상되는 것을 우려하여 외상매출거래의 일부를 기록하지 않았다. 이러한 거래누락으로 인해 영향을 받지 않는 재무비율은 무엇인가?** [22년 기출]

① 유동비율
② 당좌비율
③ 매출채권회전율
④ 이상의 모두가 영향을 받는다.

해설

• 정상적 회계처리

(차) 외상매출금(유동자산) ××× (대) 매출액(수익) ×××

• 회계처리 누락 시 다음과 같은 영향을 미친다.

$$\text{유동비율} = \frac{\text{유동자산}}{\text{유동부채}} \rightarrow \text{분자에 영향을 미친다.}$$

$$\text{당좌비율} = \frac{\text{당좌자산}}{\text{유동부채}} \rightarrow \text{분자에 영향을 미친다.}$$

$$\text{매출채권회전율} = \frac{\text{매출액}}{\text{평균매출채권}} \rightarrow \text{분자와 분모 모두에 영향을 미친다.}$$

08 **다음 중 감사의견에 관한 설명으로 가장 옳은 것은?** [22년 기출]

① 적정의견 : 감사범위 제한이 특히 중요하고 전반적이어서 충분하고 적절한 감사증거를 확보할 수 없어 감사의견을 표명할 수 없는 경우
② 의견거절 : 재무제표가 기업회계기준에 따라 중요성의 관점에서 공정하게 표시되지 않은 경우
③ 한정의견 : 회사의 재무상태나 경영성과가 양호하지 않는 경우
④ 부적정의견 : 회사의 재무제표가 기업회계기준을 심각하게 위배하여 정보이용자가 그대로 그 재무제표를 이용할 경우 의사결정을 잘못할 확률이 매우 높은 경우

해설

① 감사범위 제한이 특히 중요하고 전반적이어서 충분하고 적절한 감사증거를 확보할 수 없어 감사의견을 표명할 수 없는 경우 – 의견거절
② 재무제표가 기업회계기준에 따라 중요성의 관점에서 공정하게 표시되지 않은 경우 – 부적정의견
③ 회사의 재무상태나 경영성과가 양호하지 않은 경우 – 감사의견을 내는 기준에 해당하지 않는다.

07 ④ 08 ④ 정답

09 다음 거래 중 부채비율이 높아지는 거래로 가장 옳은 것은? [22년 기출]

① 외상매출금을 어음으로 회수한 경우

② 외상매입금 거래처로부터 채무를 면제 받은 경우

③ 장기차입금의 만기일이 결산일로부터 1년 이내에 도래한 경우

④ 주주총회에서 이익잉여금을 현금배당으로 처분할 것을 결의한 경우

해설

• 부채비율 $= \frac{\text{부채총액}}{\text{자본총액}}$

• 이익잉여금의 현금배당을 결의한 경우에는 다음과 같이 회계처리한다.

(차) 미처분이익잉여금(자본감소) ××× (대) 미지급배당금(부채증가) ×××

즉, 해당 거래로 인하여 부채비율의 분자(부채총액)는 증가하고, 분모(자본총액)는 감소하므로 부채비율이 증가한다.

10 다음은 (주)용산의 재무상태표이다. (주)용산의 유동비율을 계산하면 얼마인가? [22년 기출]

유동자산	2,000,000	유동부채	1,000,000
		비유동부채	2,500,000
비유동자산	5,500,000	자 본	4,000,000

① 100% ② 200%

③ 300% ④ 400%

해설

유동비율 $= \frac{\text{유동자산 } 2{,}000{,}000\text{원}}{\text{유동부채 } 1{,}000{,}000\text{원}} \times 100\% = 200\%$

11 다음 중 주주입장에서 바라본 기업의 이익창출능력을 나타내는 재무비율로 가장 옳은 것은? [22년 기출]

① 유동비율

② 자기자본이익율

③ 재고자산회전율

④ 당좌비율

해설

기업의 이익창출능력은 투자액 대비 이익의 비율로서 측정될 수 있으며 자기자본이익률(ROE), 투자수익률(ROI) 등의 이익률 지표로 측정된다. 보기 중에서는 ② 자기자본이익률(ROE)이 이익률 지표에 해당하므로 이익창출능력을 나타내는 재무비율에 해당한다.

정답 09 ④ 10 ② 11 ②

12 다음 중 재무상태표를 통해서 파악할 수 있는 내용으로 가장 올바르지 않은 것은? [22년 기출]

① 회사 주주의 몫이 총자산에서 어느 정도를 차지하는지를 파악할 수 있다.
② 회사가 다음 연도 중에 현금화할 수 있는 대략적인 금액이 얼마인지를 파악할 수 있다.
③ 회사가 다음 연도 중에 지급해야 할 대략적인 금액이 얼마인지를 파악할 수 있다.
④ 회사의 마진구조에 대해 개선의 여지가 있는지 여부를 파악할 수 있다.

해설
재무상태표는 기업의 재무상태를 나타내는 재무제표이며, 기업의 경영성과를 나타내는 재무제표는 손익계산서이다.

13 다음은 저축은행 영업정지와 관련된 신문기사이다.

> 최근 용산저축은행과 신촌저축은행 계열사 3곳이 연달아 영업정지를 당하면서 저축은행계에 대한 불안심리가 확산되고 있다.
> 특히 대규모 예금인출사태를 뜻하는 뱅크런 사태가 올 것이라는 예측이 나돌면서 저축은행 예금을 두고 있는 예금자들은 이러지도 저러지도 못하는 상황이다.
> 일반적인 의견은 뱅크런 사태가 올 것이라는 예측으로 쏠리고 있다.
> 단순하게 봤을 때 저축은행업계 자산순위 1위인 용산저축은행과 그 계열사인 신용산저축은행, 삼각지저축은행, 이촌저축은행, 남영저축은행이 줄줄이 문을 닫았고 자기자본비율이 5% 미만이라고 알려졌던 갈월저축은행까지 영업정지를 당했기 때문이다.
> 이에 따라 예금자들은 '저축은행업계 자체가 부실한 것 아니냐'는 지적과 함께 이 같은 심리가 확산되면 대규모의 예금인출사태가 올 것이라고 확신하고 있다.
>
> – 후 략 –

이와 관련하여 4명의 회계전문가가 토론에 출연하여 각자의 의견을 제시하였다. 가장 타당하지 않은 의견을 제시하는 전문가는 누구인가? [22년 기출]

① 철수 : 뱅크런 사태가 발생하면, 저축은행의 재무상태표상 자산과 부채가 동시에 감소하게 됩니다.
② 영희 : 맞습니다. 그러나 자기자본은 그대로이므로 자기자본비율은 일시적으로 높아질 것입니다.
③ 영철 : 하지만 저축자에게 주는 예금이자율과 대출자에게 받는 대출이자율의 차이, 즉 예대마진으로 수익을 내는 금융기관의 수익구조상 뱅크런이 발생하면 이익이 감소할 것은 뻔한 일입니다.
④ 경희 : 예, 그러니 저축자들에게 아주 높은 예금이자율을 제시해서 예금인출을 막아야 현재의 영업이익률을 유지할 수 있을 겁니다.

해설
높은 이익률을 제시하는 것은 자산과 부채의 급격한 감소를 막을 수는 있으나 영업비용의 급격한 증가로 인하여 영업이익률이 감소한다.

12 ④ 13 ④ 정답

14 다음 자료를 이용하여 주당순이익(EPS)을 구하면 얼마인가? [22년 기출]

ㄱ. 당기순이익	60,000,000원
ㄴ. 보통주 주식수	6,000주
ㄷ. 보통주 1주당 시가	10,000원

① 6,000원
② 10,000원
③ 15,000원
④ 20,000원

해설

$$주당순이익 = \frac{당기순이익\ 60,000,000원}{유통보통주식수\ 6,000주} = 10,000원$$

15 다음 중 감사의견의 종류에 대한 설명으로 가장 옳은 것은? [22년 기출]

① 재무제표의 일부가 기업회계기준에서 정하는 방법대로 회계처리되지 않고, 이것이 재무제표에 중요한 영향을 미치는 경우 적정의견을 표명한다.
② 재무제표에 기업회계기준 위배사항이 없거나 중요하지 않은 경우 한정의견을 표명한다.
③ 회사의 재무제표가 기업회계기준을 심각하게 위배한 경우 부적정의견을 표명한다.
④ 감사인이 재무제표 신뢰가능성에 대한 의견표명에 필요한 충분한 감사증거를 수집하지 못한 경우 한정의견을 표명한다.

해설

① 부적정의견의 사유에 해당한다.
② 적정의견의 사유에 해당한다.
④ 의견거절의 사유에 해당한다.

정답 14 ② 15 ③

16 다음은 (주)삼일의 20X1년 말 재무상태표이다. 이와 관련하여 실무진들이 회의를 하던 중 다음과 같은 의견들이 제시되었다. 가장 올바르지 않은 의견을 제시한 사람은 누구인가? [22년 기출]

재무상태표

(주)삼일 제11기 20X1년 12월 31일 현재 (단위 : 원)

자 산		부 채	
유동자산	320,000	유동부채	2,000,000
당좌자산	200,000	비유동부채	200,000
재고자산	120,000	부채총계	2,200,000
비유동자산	1,680,000	자 본	
투자자산	300,000	자본금	700,000
유형자산	800,000	자본잉여금	0
무형자산	280,000	이익잉여금	(900,000)
기타비유동자산	300,000	자본총계	(200,000)
자산총계	2,000,000	부채와자본총계	2,000,000

① 김부장 : 큰일입니다. 회사의 총자산보다 총부채가 더 많습니다.

② 이차장 : 회사의 부채 대부분이 단기적으로 상환해야 할 유동부채라서 단기유동성이 부족한 것이 가장 큰 문제입니다.

③ 유대리 : 유상증자를 통해 충분한 자금을 출자 받는 것도 현재 상황에 대한 하나의 방법입니다.

④ 한사원 : 현재 우리가 보유한 모든 유형자산을 900,000원에 처분할 수 있다면, 결손금을 전부 처리할 수 있어 자본잠식 상황을 해결할 수 있습니다.

해설

유형자산의 현재 장부가액이 800,000원이므로 모두 900,000원에 처분한다하여도 유형자산처분이익이 100,000원에 불과하여 자본잠식액 200,000원을 모두 해결할 수는 없다.

17 다음 중 부채비율이 높아지는 거래로 가장 옳은 것은? [22년 기출]

① 매출채권의 회수 ② 장기차입금의 상환

③ 사채의 발행 ④ 유형자산의 취득

해설

• 부채비율 $= \frac{\text{부채총액}}{\text{자본총액}} \times 100\%$

① 자산의 증가 (현금), 자산의 감소 (매출채권)
② 부채의 감소 (장기차입금), 자산의 감소 (현금)
③ 자산의 증가 (현금), 부채의 증가 (사채)
④ 자산의 증가 (유형자산), 자산의 감소 (현금)
∴ ③의 경우가 부채총액이 증가하므로 부채비율이 증가한다.

16 ④ 17 ③ 정답

18 다음 자료를 참고하여 20X2년 매출채권회전율을 계산하면 얼마인가? [22년 기출]

ㄱ. 20X1년 말 매출채권	100,000,000원
ㄴ. 20X2년 말 매출채권	140,000,000원
ㄷ. 20X2년 매출액	360,000,000원
ㄹ. 1년은 365일로 가정함	

① 1.5회

② 2.6회

③ 3회

④ 3.6회

해설

$$\text{매출채권회전율} = \frac{\text{매출액}}{\text{평균 매출채권}} = \frac{360{,}000{,}000\text{원}}{(100{,}000{,}000\text{원} + 140{,}000{,}000\text{원}) \div 2} = 3\text{회}$$

19 (주)삼일의 20X1년 손익계산서와 관련된 자료는 다음과 같다. 다음 자료를 이용하여 재무비율을 산출하는 경우 가장 올바르지 않은 것은?(소수점 첫째자리에서 반올림) [22년 기출]

• 매출액	6,000,000원
• 매출원가	3,600,000원
• 판매비와관리비	900,000원
• 영업외수익	500,000원
• 영업외비용	300,000원
• 법인세비용	100,000원
• 유통보통주식수	1,000주

① 매출총이익율 – 40%

② 영업이익율 – 25%

③ 당기순이익율 – 27%

④ 주당순이익 – 1,620원

해설

• 당기순이익 = 매출액 6,000,000원 – 매출원가 3,600,000원 – 판매비와관리비 900,000원 + 영업외수익 500,000원 – 영업외비용 300,000원 – 법인세비용 100,000원 = 1,600,000원

$$\bullet\ \text{주당순이익} = \frac{\text{당기순이익}}{\text{유통보통주식수}} = \frac{1{,}600{,}000\text{원}}{1{,}000\text{주}} = 1{,}600\text{원}$$

정답 18 ③ 19 ④

20 다음은 (주)삼일의 재고자산과 관련된 정보이다. 다음 자료를 이용하여 당기의 매출액을 구하면 얼마인가? [22년 기출]

> ㄱ. 기초재고액 : 3,000,000원
> ㄴ. 당기매입액 : 47,000,000원
> ㄷ. 기말재고실사액 : 5,000,000원
> ㄹ. (주)삼일의 당기 매출총이익율은 25%이다.
> ㅁ. 기말재고실사액은 계속기록법에 의한 기말재고액과 일치한다.

① 45,000,000원

② 55,000,000원

③ 56,250,000원

④ 60,000,000원

해설

- 매출원가 = 기초재고액 3,000,000원 + 당기매입액 47,000,000원 − 기말재고실사액 5,000,000원
  = 45,000,000원
- 매출원가율 = 1 − 매출총이익률 25% = 0.75(75%)
- 매출원가율 0.75 = $\dfrac{\text{매출원가 45,000,000원}}{\text{매출액}}$

∴ 매출액 = 60,000,000원

21 다음 중 재무비율에 대한 설명으로 가장 올바르지 않은 것은? [22년 기출]

① 자기자본비율 : 자기자본비율이 높을수록 기업의 안정성이 높다고 판단할 수 있다.

② 매출액증가율 : 경쟁기업보다 높은 매출액증가율은 영업활동의 호조로 시장점유율의 증가를 의미한다.

③ 부채비율 : 부채비율이 클수록 채권자에 대한 위험이 증가한다는 것을 의미한다.

④ 재고자산평균회전기간 : 판매가 부진하여 재고자산이 적체되어 있는 경우 재고자산평균회전기간이 감소한다.

해설

- 재고자산평균회전기간 = $\dfrac{365}{\text{재고자산회전율}}$

∴ 재고자산의 판매가 빠를수록 회전기간이 감소한다.

20 ④ 21 ④ 정답

22 다음 중 외부감사와 감사의견에 관한 설명으로 가장 올바르지 않은 것은? [22년 기출]

① 외부감사는 외부감사인이 회사가 제시한 재무제표가 일정한 회계기준에 따라 적정하게 작성되었는지를 확인하는 절차이다.

② 적정의견은 회사의 경영성과와 재무상태가 양호하다는 것을 의미하는 것은 아니다.

③ 회사의 재무제표가 기업회계기준을 심각하게 위배한 경우 의견거절을 표명한다.

④ 감사의견이 적정의견이 아닐 경우, 상장기업의 경우에는 상장폐지 사유가 발생할 수 있다.

해설

회사의 재무제표가 기업회계기준에 부합하지 아니한 경우에는 부적정의견을 표명한다.

23 다음 중 감사의견에 관한 설명으로 가장 옳은 것은? [22년 기출]

> 가. 감사범위의 제한이 없거나 중요하지 않은 경우
> 나. 재무제표에 기업회계기준 위배사항이 없거나 중요하지 않은 경우

① 적정의견

② 한정의견

③ 부적정의견

④ 의견거절

해설

감사 시, 중요성 관점에서 기업회계기준에 대한 중요한 위배사항이 없다면 적정의견을 표명한다.

정답 22 ③ 23 ①

24 회계정보이용자는 재무상태표를 통해 다양한 정보를 얻을 수 있다. 아래 (주)삼일의 재무상태표를 보면서 이루어지는 대화 내용 중 가장 올바르지 않은 것은? [22년 기출]

재무상태표

(주)삼일 제10기 20X1년 12월 31일 현재 (단위 : 원)

자 산		부 채	
유동자산		유동부채	300,000
당좌자산	50,000	비유동부채	500,000
재고자산	100,000	부채총계	800,000
비유동자산		자 본	
투자자산	50,000	자본금	300,000
유형자산	500,000	자본잉여금	100,000
무형자산	10,000	이익잉여금	−460,000
기타비유동자산	30,000	자본총계	−60,000
자산총계	740,000	부채와자본총계	740,000

① 정민 : 회사가 자본 잠식 상태에 빠졌군요. 이를 어쩌죠? 투자자들이 가만히 있지 않을 텐데요.

② 도준 : 무슨 소리야? 재무상태표로 자본 잠식 여부를 어떻게 알아? 투자자들도 알 수 없을거야

③ 주현 : 투자자들이 모르다니요? 재무상태표를 보면 자본 잠식 여부는 물론이고, 기말현재 1년 내에 상환해야 할 부채의 현황도 알 수 있어요.

④ 지환 : 그건 알지. 유동비율, 당좌비율, 자기자본비율, 부채비율 같은 재무비율을 재무상태표에서 구할 수 있잖아

해설

재무상태표에는 자산, 부채, 자본을 표기하며 자산총계보다 부채총계가 큰 경우를 자본잠식이라하므로 재무상태표를 통하여 자본잠식 여부를 판단할 수 있다.

25 다음 중 재무상태표를 통해서 파악할 수 있는 내용으로 가장 올바르지 않은 것은? [22년 기출]

① 회사 주주의 몫이 총자산에서 어느 정도를 차지하는지 파악할 수 있다.

② 회사의 단기적인 지급능력을 파악할 수 있다.

③ 회사의 각 단계별 활동에 따른 이익구조를 파악할 수 있다.

④ 회사가 다음연도 중에 현금화할 수 있는 대략적인 금액이 얼마인지를 파악할 수 있다.

해설

회사의 각 단계별 활동에 따른 이익구조는 손익계산서를 통하여 파악할 수 있다.

24 ② 25 ③ 정답

26 다음의 전략에서 (가)에 들어갈 용어로 가장 옳은 것은? [22년 기출]

> (주)삼일은 경기침체로 인하여 기대 이하로 판매가 부진한 상태이다. 따라서 새로운 판매촉진 수단을 도입하여 창고에 쌓여있는 상품들을 빠른 시간 내에 판매함으로써 (가)를 높이려고 한다.

① 매출채권회전율 ② 재고자산회전율
③ 유동비율 ④ 자기자본비율

해설

재고자산회전률은 매출액을 평균재고자산금액으로 나눈 값으로 판매량이 증가하는 경우에는 매출액이 증가하여 재고자산회전률도 증가한다.

27 다음 중 회사의 장 · 단기 재무적 안정성을 분석할 수 있는 지표로 가장 올바르지 않은 것은? [22년 기출]

① 유동비율 ② 부채비율
③ 당좌비율 ④ 총자산회전율

해설

- 총자산회전율은 매출액을 평균총자산으로 나눈 값으로 보유한 총자산이 매출을 창출하는데 효율적으로 이용되고 있는지를 평가하는 유형자산 분석 지표이다.
- 회사의 장 · 단기 재무적 안정성을 분석하기 위해서는 회사에 대한 유동성분석과 안정성분석이 필요한데 유동성분석의 주요지표로는 유동비율과 당좌비율이 있으며 안정성분석의 주요지표는 부채비율과 자기자본비율이 있다.

28 다음 자료에 의하여 당기의 매출액을 계산하면 얼마인가?(단, 영업외수익은 없으며 매출총이익을 매출액으로 나눈 수치인 매출총이익률은 40%임) [22년 기출]

ㄱ. 판매비와관리비	200,000원
ㄴ. 영업외비용	300,000원
ㄷ. 법인세비용차감전순이익	700,000원

① 2,000,000원 ② 2,500,000원
③ 2,800,000원 ④ 3,000,000원

해설

- 법인세차감전순이익 700,000원 = 매출총이익 − 판매비와관리비 200,000원 − 영업외비용 300,000원

∴ 매출총이익 = 1,200,000원

- 매출총이익률 0.4 = $\frac{\text{매출총이익 1,200,000원}}{\text{매출액}}$

∴ 매출액 = 3,000,000원

정답 26 ② 27 ④ 28 ④

29 다음 중 기업이 공인회계사로부터 매년 회계감사를 받는 주된 이유는 무엇인가? [22년 기출]

① 재무제표의 공정성과 신뢰성에 대해 독립된 전문가로서의 의견을 표명하도록 하기 위해
② 회사직원들의 내부공모에 의한 부정을 적발하기 위해
③ 기업의 회계부서에서 연차 재무제표를 작성하는 방대한 작업을 지원받기 위해
④ 주주 등의 외부이해관계자들에 대한 경영자의 재무보고책임을 회계전문가에게 위탁하기 위해

해설

② 직원들의 내부 부정을 적발하기 위해서 내부회계관리제도를 상시적으로 운영하는 것이므로 옳지 않다.
③ 공인회계사가 감사대상 회사의 재무제표 작성을 지원하는 것은 감사인의 독립성의무를 위반한 것이므로 현행법상 금지되는 행위이다.
④ 재무재표의 작성과 보고 책임은 회사의 경영자에게 있다.

30 회계정보이용자들은 재무제표를 통해 다양한 정보를 얻을 수 있다. 다음 중 재무제표 분석을 통해 확인할 수 있는 정보에 관한 설명으로 가장 올바르지 않은 것은? [22년 기출]

① 총자산증가율을 전기와 비교하여 자산활용의 효율성을 확인할 수 있다.
② 당기 영업이익률을 전기와 비교하여 회사의 주된 영업활동으로 인한 수익성의 변화를 확인할 수 있다.
③ 유동비율 및 당좌비율을 통해 회사의 지급능력을 확인할 수 있다.
④ 부채비율을 통해 회사의 재무적 위험도를 확인할 수 있다.

해설

자산활용의 효율성을 확인할 수 있는 것은 총자산이익률(ROA)이며, 단순히 총자산의 증가나 감소로 자산활용의 효율성을 분석할 수는 없다.

31 다음 재무비율 중 당기순이익을 발행한 유통보통주식수로 나누어 1주당 창출한 이익이 얼마인지를 파악할 수 있는 것은? [22년 기출]

① 당기순이익율
② 주당순이익
③ 순이익증가율
④ 영업이익율

해설

① 당기순이익률(기업의 전체적인 능률과 수익성을 판단) = $\frac{\text{당기순이익}}{\text{매출액}}$

② 주당순이익 = $\frac{\text{당기순이익}}{\text{유통보통주식수}}$

③ 순이익 증가율 = $\frac{\text{당기순이익} - \text{전기순이익}}{\text{전기순이익}}$

④ 영업이익률(기업의 고유한 영업활동의 수익성 및 영업활동능력 측정) = $\frac{\text{영업이익}}{\text{매출액}}$

29 ① 30 ① 31 ② 정답

32 다음은 20X1년 동종업을 영위하는 (주)세계와 (주)월드의 손익계산서이다. 아래의 자료를 토대로 나눈 토론 중 가장 올바르지 않은 의견을 말한 사람은 누구인가? [22년 기출]

손익계산서
(20X1년 1월 1일 ~ 20X1년 12월 31일)

(주)세계	
매출액	500,000원
매출원가	250,000원
매출총이익	250,000원
판매비와관리비	150,000원
영업이익	100,000원
영업외수익	30,000원
영업외비용	50,000원
당기순이익	80,000원

손익계산서
(20X1년 1월 1일 ~ 20X1년 12월 31일)

(주)월드	
매출액	800,000원
매출원가	500,000원
매출총이익	300,000원
판매비와관리비	180,000원
영업이익	120,000원
영업외수익	150,000원
영업외비용	30,000원
당기순이익	240,000원

① 철희 : (주)월드의 영업이익이 (주)세계보다 높아서 영업성과는 압도적으로 (주)월드가 좋군요.

② 영수 : 매출총이익률은 (주)세계가 50%, (주)월드가 37.5%라서 매출액대비 매출총이익률은 (주)세계가 더 높아요.

③ 순희 : 판매하는 상품의 가격이 동일하다면 매출규모는 (주)월드가 (주)세계보다 크므로 시장점유율은 (주)월드가 더 높다고 판단할 수 있겠네요.

④ 영희 : (주)월드의 당기순이익이 (주)세계보다 월등히 큰 것은 영업이익보다 더 큰 영업외수익의 발생 때문인 것 같네요. 두 기업의 영업외수익 내용을 확인해보는 것도 필요할 것 같습니다.

해설

영업성과는 영업이익으로도 측정하지만, 영업이익률로도 측정하므로 (주)월드가 (주)세계에 비하여 영업이익이 높은 것은 맞으나, 매출액 대비 영업이익의 비율이 (주)세계가 더 높기 때문에 압도적으로 (주)월드의 영업성과가 높다고 할 수는 없다.

정답 32 ①

33 다음 자료를 이용하여 (주)삼일의 20X1년 매출채권회전율과 매출채권회수기간을 계산하면 얼마인가?

[22년 기출]

ㄱ. 매출액	50,000,000원
ㄴ. 매출원가	20,000,000원
ㄷ. 20X1년 평균매출채권	10,000,000원
ㄹ. 20X1년 평균재고자산	5,000,000원
ㅁ. 1년은 360일로 가정한다.	

	매출채권회전율	매출채권회전기간
①	2회	180일
②	4회	90일
③	5회	72일
④	10회	36일

해설

$$\text{매출채권회전율} = \frac{\text{총매출액}}{\text{평균매출채권}} = \frac{50{,}000{,}000\text{원}}{10{,}000{,}000\text{원}} = 5\text{회}$$

$$\text{매출채권회수기간} = \frac{360\text{일}}{\text{매출채권회전율}} = \frac{360\text{일}}{5\text{회}} = 72\text{일}$$

34 다음 자료를 이용하여 주당순이익을 계산하면 얼마인가?(단, 당기 중 유통보통주식수의 변동은 없다고 가정한다)

[22년 기출]

• 매출액	100,000,000원
• 당기순이익	10,000,000원
• 보통주자본금	50,000,000원
• 보통주 1주당 액면금액	5,000원
• 보통주 1주당 시가	10,000원

① 1,000원 ② 2,000원

③ 10,000원 ④ 20,000원

해설

$$\text{주당순이익(EPS)} = \frac{\text{당기순이익}}{\text{유통보통주식수}} = \frac{\text{당기순이익}}{(\text{보통주 자본금} \div \text{보통주 1주당 액면금액})}$$

$$= \frac{10{,}000{,}000\text{원}}{(50{,}000{,}000\text{원} \div 5{,}000\text{원})}$$

$$= 1{,}000\text{원}$$

33 ③ 34 ① 정답

35 다음은 최근 한 신문기사 내용의 일부이다.

> **〈재무제표에 딸린 주석(註釋)이 '투자정보 창고'〉**
> IFRS시대에선 주석의 위상이 달라진다. 재무제표 본문에 표시되지 않은 대부분의 정보가 주석에 담기기 때문이다. 한국거래소 관계자는 "IFRS를 적용한 재무제표의 수치들은 경영진의 판단과 추정에 영향을 받을 수밖에 없다"며 "주석은 한마디로 정보의 보고(寶庫)"라고 설명했다. (중략)

이 신문기사에 대해 회계전문가가 다음과 같은 논평을 하였다. 가장 타당하지 않은 부분은 무엇인가? [22년 기출]

① 주석은 비교적 설명이 길거나 동일한 내용으로 둘 이상의 계정과목에 대하여 설명을 하게 되는 경우에 사용된다.
② 최근 기업회계는 주석공시를 강화하는 방향으로 발전해 가고 있다.
③ 주석은 해당 재무제표상 관련과목 옆에 주석번호를 표시한 후 별지에 주석번호 순서대로 필요한 설명을 한다.
④ 주석은 재무제표에 포함되지는 않지만 많은 정보를 제공하기 때문에 그 중요성이 강조되고 있다.

해설
주석은 재무제표에 해당된다.

36 회사의 외부감사인은 재무제표에 대한 의견을 감사보고서에 표명하는데 이를 감사의견이라고 한다. 다음 감사의견의 종류로 가장 옳은 것은? [22년 기출]

> 우리의 의견으로는, …의 근거에서 논의된 사항의 유의성으로 인하여, XX주식회사의 20X1년 12월 31일과 20X0년 12월 31일 현재의 재무상태, 동일로 종료되는 양 보고기간의 재무성과 및 현금흐름을 일반기업회계기준에 따라 중요성의 관점에서 공정하게 표시하고 있지 않습니다.

① 적정의견
② 한정의견
③ 의견거절
④ 부적정의견

해설
일반기업회계기준에 비추어보아 공정하게 작성하지 않은 재무제표는 부적정 감사의견을 표명함이 타당하다.

정답 35 ④ 36 ④

37 다음 중 회사의 유동성 및 안정성을 분석할 수 있는 지표로 가장 올바르지 않은 것은? [22년 기출]

① 매출증가율
② 부채비율
③ 당좌비율
④ 유동비율

해설

매출증가율은 해당 매출로 인하여 현금이 유입되었는지 등에 대해서 분석 할 수 없기 때문에 유동성을 파악할 수 없다.

38 다음 중 유동비율을 증가시키지 않는 거래에 해당하는 것은? [22년 기출]

① 보통주를 발행하고 현금을 수취하다.
② 매출채권을 현금으로 회수하다.
③ 단기 은행차입금을 장기부채로 전환하다.
④ 보유하고 있던 토지를 현금 매각하다.

해설

매출채권과 현금 모두 유동자산이므로 유동비율에 변동이 일어나지 않는다.

39 다음 재무자료를 이용하여 20X2년 매출채권회전율을 계산하면 얼마인가? [22년 기출]

구 분	20X2년	20X1년
매출액	9,000,000원	
매출원가	6,000,000원	
매출채권	2,000,000원	1,000,000원
재고자산	3,500,000원	2,200,000원

① 2회 ② 3회
③ 4회 ④ 6회

해설

$$\text{매출채권회전율} = \frac{\text{매출액}}{\text{평균 매출채권}} = \frac{9{,}000{,}000\text{원}}{(1{,}000{,}000\text{원} + 2{,}000{,}000\text{원}) \div 2} = 6\text{회}$$

37 ① 38 ② 39 ④ 정답

40 다음 중 손익계산서를 통해서 파악할 수 있는 내용이 아닌 것은? [22년 기출]

① 매출액증가율을 통해 회사의 영업활동이 전년도에 비해 얼마나 활발하게 이루어졌는지 알아 볼 수 있다.

② 판매비와관리비를 전기와 비교해 봄으로써 증감내역을 통해 회사 판매비와관리비의 추이에 대해 분석해 볼 수 있다.

③ 매출에서 발생된 수익과 단계별 비용을 비교해 봄으로써 각 단계별 회사의 활동에 따른 이익을 비교해 볼 수 있다.

④ 유동자산과 유동부채의 비교를 통해 회사의 단기적인 지급능력을 파악해 볼 수 있다.

해설

유동자산과 유동부채는 자산, 부채 계정으로 재무상태표에 표시된다.

41 다음은 (주)삼일의 20X1년 말 손익계산서이다. 당기 실적에 대한 실무진들의 분석이 다음과 같을 때 가장 올바르지 않은 의견을 제시한 사람은 누구인가? [22년 기출]

손익계산서

(주)삼일	20X1년 1월 1일부터 20X1년 12월 31일까지	(단위 : 원)
Ⅰ. 매출액		5,000
Ⅱ. 매출원가		(1,800)
Ⅲ. ○○이익		3,200
Ⅳ. 판매비와관리비		(1,700)
Ⅴ. ○○이익		1,500
Ⅵ. 영업외수익		500
Ⅶ. 영업외비용		(800)
Ⅷ. ○○이익		1,200
Ⅸ. 법인세비용		(200)
Ⅹ. ○○이익		1,000

① 준식 : 회사가 이번에 주된 영업활동으로 발생시킨 수익은 5,000원이군요.

② 철희 : 매출총이익률은 64%입니다. 즉, 회사의 매출원가는 매출액 대비 36%라는 것을 의미합니다.

③ 은미 : 영업이익률은 30%입니다. 이는 회사가 영업활동으로 매출액 대비 30%를 이익으로 남겼다는 것을 의미하지요.

④ 광민 : 당기순이익률은 20%입니다. 이는 총자산 대비 20%의 이익을 달성했다는 것을 의미합니다.

해설

당기순이익률은 매출액 대비 당기순이익의 비율을 말한다.

정답 40 ④ 41 ④

42

다음은 (주)삼일의 20X1년 손익계산서와 관련된 자료이다. 해당 자료를 이용하여 (주)삼일의 영업이익을 계산하면 얼마인가? [22년 기출]

• 매출액	3,000,000원
• 매출원가	1,700,000원
• 판매비와관리비	800,000원
• 영업외수익	10,000원
• 영업외비용	60,000원
• 법인세비용	30,000원

① 450,000원
② 500,000원
③ 1,700,000원
④ 3,000,000원

해설

영업이익 = 매출액 3,000,000원 − 매출원가 1,700,000원 − 판매비와관리비 800,000원 = 500,000원

43

다음 자료를 이용하여 도 · 소매업을 영위하는 (주)삼일의 기말 상품재고액을 계산하면 얼마인가? (단, 매출총이익률은 15%이다) [22년 기출]

• 기초상품재고액	11,000,000원
• 당기 총매입액	98,000,000원
• 당기 매출액	100,000,000원

① 9,000,000원
② 11,000,000원
③ 15,000,000원
④ 24,000,000원

해설

• 매출원가 = 당기매출 100,000,000원 × 매출원가율(= 1 − 매출총이익률 15%) = 85,000,000원
• 매출원가 85,000,000원 = 기초재고 11,000,000원 + 당기매입 98,000,000 − 기말재고
∴ 기말재고액 = 24,000,000원

42 ② 43 ④ 정답

44 다음 중 전기에 비해 증가할수록 좋은 의미로 해석되기 어려운 재무비율로 가장 옳은 것은?

[22년 기출]

① 유동비율

② 부채비율

③ 주당순이익

④ 자기자본비율

해설

부채비율의 증가는 전기에 비하여 자본 대비 부채가 증가한 것이므로 이자비용 등 고정비용의 증가로 인한 손익의 불리한 요소로 해석한다.

45 (주)삼일의 재무정보 자료를 이용하여 유동비율을 계산하면 얼마인가?

[22년 기출]

• 현금및현금성자산	1,500,000원	• 매입채무	3,000,000원
• 매출채권	5,500,000원	• 단기차입금	7,000,000원
• 재고자산	7,000,000원	• 장기차입금	10,000,000원
• 유형자산	10,000,000원	• 자 본	4,000,000원

① 100%

② 120%

③ 140%

④ 160%

해설

• 유동자산 = 현금및현금성자산 1,500,000원 + 매출채권 5,500,000원 + 재고자산 7,000,000원 = 14,000,000원

• 유동부채 = 매입채무 3,000,000원 + 단기차입금 7,000,000원 = 10,000,000원

※ 유형자산은 비유동자산, 장기차입금은 비유동부채, 자본은 자본에 속한다.

$$\therefore \text{유동비율} = \frac{\text{유동자산 14,000,000원}}{\text{유동부채 1,000,000원}} \times 100 = 140\%$$

정답 44 ② 45 ③

46 다음 중 (주)삼일의 재무상태표를 분석한 내용으로 가장 옳은 것은? [22년 기출]

재무상태표

(주)삼일 제10기 20×1년 12월 31일 현재 (단위 : 원)

자 산		부 채	
유동자산	150,000	유동부채	300,000
당좌자산	50,000	비유동부채	500,000
재고자산	100,000	부채총계	800,000
비유동자산	590,000	자 본	
투자자산	350,000	자본금	300,000
유형자산	200,000	자본잉여금	100,000
무형자산	10,000	이익잉여금	(460,000)
기타비유동자산	30,000	자본총계	(60,000)
자산총계	740,000	부채와자본총계	740,000

① 당좌비율과 유동비율은 각각 6.25%와 50%로 단기적 안정성은 매우 양호하다.
② 자본거래로 인하여 자본이 부분적으로 잠식되었다.
③ 회사의 자본규모는 설립 이후 지속적으로 성장해 왔음을 알 수 있다.
④ 비유동자산 중 단기적으로 현금화할 수 있는 항목을 식별하기 위한 검토가 필요하다.

해설

① 당좌비율 $= \frac{\text{당좌자산 50,000원}}{\text{유동부채 300,000원}} \times 100 \fallingdotseq 16.7\%$

유동비율 $= \frac{\text{유동자산 150,000원}}{\text{유동부채 300,000원}} \times 100 = 50\%$

② 자본잠식은 자본거래로 인하여 발생한 것이 아닌 손익거래의 결과로 부채가 자본을 초과할 때 발생한다.
③ 자본변동표 등이 제시되지 않았으므로 자본의 증감에 대해서는 명확하게 분석할 수 없다.

47 다음 중 재무상태표를 통해 파악할 수 있는 내용으로 가장 올바르지 않은 것은? [22년 기출]

① 재무상태표를 통해 자금조달의 구성내역을 알 수 있다.
② 재무상태표의 대변에서 기업이 운용하는 자원의 구성내역을 파악할 수 있다.
③ 재무상태표를 통해 장·단기적 재무구조의 안정성을 검토해 볼 수 있다.
④ 손익계산서와의 관계를 이용하여 분석의 범위를 확장할 수 있다.

해설

재무상태표의 차변에서 기업이 운용하는 자원의 구성내역을 알 수 있고, 이를 자산이라 한다.

46 ④ 47 ② 정답

48 다음은 동종업을 영위하는 두 개 기업의 20X1년 재무제표이다. 아래의 자료를 토대로 나눈 토론 중 가장 올바르지 않은 의견을 말한 사람은 누구인가? [22년 기출]

A사 손익계산서 (20X1년 1월 1일 ~ 20X1년 12월 31일)	
매출액	600,000원
매출원가	360,000원
매출총이익	240,000원
판매비와관리비	120,000원
영업이익	120,000원
영업외수익	30,000원
영업외비용	50,000원
당기순이익	100,000원

B사 손익계산서 (20X1년 1월 1일 ~ 20X1년 12월 31일)	
매출액	800,000원
매출원가	500,000원
매출총이익	300,000원
판매비와관리비	180,000원
영업이익	120,000원
영업외수익	150,000원
업외비용	30,000원
당기순이익	240,000원

① 철희 : 동일한 제품을 취급한다면 시장점유율은 B사가 우위에 있을 가능성이 높아요.
② 영수 : 두 회사가 같은 영업이익을 보고하고 있으므로 영업이익률 측면에서는 시장에서 동일한 평가를 받겠군요.
③ 순희 : A사가 B사보다 매출총이익률은 2.5% 더 높습니다.
④ 영희 : B사 당기순이익이 A사보다 월등히 큰 것은 영업이익보다 더 큰 영업외수익의 발생 때문인 것 같네요. 두 기업의 영업외수익 내용을 확인해보는 것도 필요할 것 같습니다.

해설

동일한 영업이익이라도 매출액의 차이로 인하여 영업이익률은 상이할 수 있다.

정답 48 ②

49 다음은 한 신문기사 내용의 일부이며 이에 대해 회계전문가 김삼일이 논평하였다. 다음 중 가장 올바르지 않은 논평을 한 것은?

[22년 기출]

이모씨는 20X1년 12월부터 20X4년 3월까지 자신이 저지른 400억원대 횡령·배임 범죄로 회사가 완전자본잠식 상태에 빠져 상장폐지 될 위기에 처하자 회사 장부를 조작해 달라고 회계전문가 김모씨에게 돈을 건네면서 청탁을 했다. 김모씨는 각종 계약서를 위조하는 등의 수법으로 (ㄱ) A사의 당기순손실 314억원을 0원으로 둔갑시켜줬다. (ㄴ) 당초 의견거절이라고 적었던 감사보고서도 A사에 더 유리한 한정의견으로 바꿔줬다. (ㄷ) 대표적인 장부조작방법은 불법사채자금을 빌려 이를 주주가 투자해준 자금으로 위장한 것이었다. (ㄹ) 또한 회사에 가공의 재고자산을 만들어서 이익을 부풀리는 방법도 사용하였다.

① (ㄱ) 당기순손실을 조작하는 등 기업회계기준을 위반하여 재무제표를 작성하는 것을 분식회계라고 한다.

② (ㄴ) 상장기업이 의견거절을 받는 경우에는 상장폐지 사유에 해당된다.

③ (ㄷ) 재무상태표상 부채를 과소계상하고 자산을 과대계상하는 방법을 사용한 것이다.

④ (ㄹ) 매출원가를 실제보다 과소계상하여 이익을 증가시키는 방법을 사용한 것이다.

해설

재무상태표상 부채를 과소계상하고 자본을 과대계상하는 방법을 사용한 것이다.

50 감사보고서에서 회사의 외부감사인은 재무제표에 대한 의견을 표명하게 되는데 이를 감사의견이라고 한다. 다음 감사의견의 종류로 가장 옳은 것은?

[22년 기출]

우리의 의견으로는, 회사의 재무제표는 근거문단에 기술된 사항이 미치는 영향을 제외하고는, (주)삼일의 20X1년 12월 31일과 20X0년 12월 31일의 재무상태, 동일로 종료되는 양 보고기간의 재무성과 및 현금흐름을 중요성의 관점에서 공정하게 표시하고 있습니다.

① 적정의견

② 한정의견

③ 부적정의견

④ 의견거절

해설

단서조항으로 '~의 경우는 제외하고'라는 문장을 삽입한 것은 해당 부분에 대해서는 부적정의견, 그 외 부분에 대해서는 적정의견임을 뜻하는 한정의견을 의미한다.

49 ③ 50 ② 정답

51 다음은 (주)삼일의 20X1년 재무상태표 자료이다. (주)삼일의 20X1년 12월 31일 총자산은 얼마인가?

[22년 기출]

재무상태표

20X1년 12월 31일 (단위 : 원)

부 채		
유동부채		11,092,051
매입채무	8,772,021	
미지급금	2,320,030	
비유동부채		15,016,256
장기차입금	8,726,000	
퇴직급여충당금	6,290,256	
자 본		31,232,230
자본금	7,853,985	
자본잉여금	2,995,025	
이익잉여금	20,383,220	

① 15,016,256원

② 26,108,307원

③ 31,232,230원

④ 57,340,537원

해설

자산 = (유동부채 11,092,051원 + 비유동부채 15,016,256원) + 자본 31,232,230원 = 57,340,537원

정답 51 ④

[52~53] 다음은 (주)삼일의 20X1년 12월 31일 재무제표이다.

재무상태표				손익계산서	
유동자산		유동부채		매출액	1,500,000원
현금및현금성자산	150,000원	매입채무	150,000원	매출원가	750,000원
매출채권	150,000원	비유동부채		판매비와관리비	150,000원
재고자산	150,000원	장기차입금	250,000원	영업이익	600,000원
비유동자산		자 본		…	…
유형자산	300,000원	자본금	500,000원		
무형자산	250,000원	이익잉여금	100,000원		

52 (주)삼일의 당좌비율을 계산하면 얼마인가? [22년 기출]

① 100%
② 200%
③ 250%
④ 300%

해설

$$당좌비율 = \frac{당좌자산}{유동부채} \times 100$$

$$= \frac{현금및현금성자산\ 150,000원 + 매출채권\ 150,000원}{매입채무\ 150,000원} \times 100 = 200\%$$

53 (주)삼일의 매출채권회전율을 계산하면 얼마인가?(단, 매출채권금액은 기초와 기말이 동일하다고 가정한다) [22년 기출]

① 3회
② 4회
③ 5회
④ 10회

해설

$$매출채권회전율 = \frac{총매출액}{평균매출채권}$$

$$= \frac{매출액\ 1,500,000원}{(기초매출채권\ 150,000원 + 기말매출채권\ 150,000원) \div 2} = 10회$$

52 ② 53 ④ 정답

PART 04
최신 기출문제

배우기만 하고 생각하지 않으면 얻는 것이 없고,
생각만 하고 배우지 않으면 위태롭다.

- 공자 -

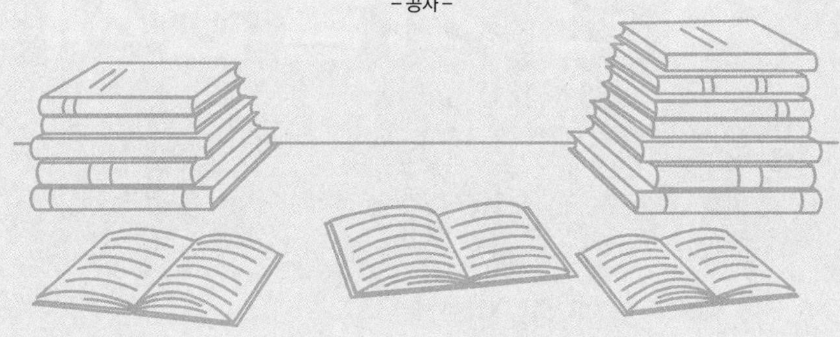

제1회 기출문제 (2024년 7월 기출)

합격기준 70점 / 응시시간 50분

- 특별한 언급이 없는 한 기업의 보고기간(회계기간)은 매년 1월 1일부터 12월 31일까지이다.
- 자료에서 제시한 것 외의 사항은 고려하지 않고 답한다. 예를 들어, 법인세에 대한 언급이 없으면 법인세효과는 고려하지 않는다.
- 별도 언급이 없는 한 문제에 적용되는 회계기준과 계정과목은 일반기업회계기준을 적용한다.

01 **다음 중 재무제표의 작성원칙에 관한 설명으로 옳은 것은?**

① 서로 다른 거래처의 매출채권과 선수금을 상계하는 것은 총액주의의 원칙에 위배되지 않는다.
② 잉여금 구분의 원칙은 재무생태표상의 자본항목에 대하여 적용된다.
③ 이자수익과 이자비용은 서로 상계하여 순액으로 표시하여야 한다.
④ 유동성배열법에 의하여 자산은 유동성이 높은 순서로, 부채는 유동성이 낮은 순서로 각각 표시되어야 한다.

02 **다음 중 기업의 경영성과에 영향을 미치지 않는 거래로 옳은 것은?**

① 창립기념일 선물로 직원들에게 2,000,000원의 상품권을 지급하다.
② 거래처에 상품을 판매하고 3,000,000원의 전자어음을 지급받다.
③ 주주들에게 배당금 50,000,000원을 현금으로 지급하다.
④ 업무용 승용차에 100,000원의 기름을 주유하고 법인카드로 결제하다.

03 **(주)삼일의 다음 자료를 통해 빈칸에 들어갈 금액을 계산하면 얼마인가?(단, 기중에 자본거래는 없다고 가정한다)**

재무상태표

	당기말	전기말		당기말	전기말
자 산	2,000	1,400	부 채	(ㄱ)	500
			자 본	(ㄴ)	900

손익계산서

수 익	1,000
비 용	(ㄷ)
이 익	600

	(ㄱ)	(ㄴ)	(ㄷ)
①	500	1,500	400
②	700	1,300	400
③	1,100	400	600
④	1,300	500	600

04 다음 중 거래의 8요소를 나타낸 표현으로 옳지 않은 것은?

	왼쪽(차변)	오른쪽(대변)
①	자산의 증가	수익의 발생
②	부채의 감소	수익의 발생
③	비용의 발생	부채의 증가
④	자본의 증가	자산의 감소

05 다음 중 회계순환과정을 순서대로 나열한 것으로 옳은 것은?

① 거래의 인식 → 계정의 마감 → 분개장 → 시산표 → 정산표 → 총계정원장 → 재무제표
② 거래의 인식 → 분개장 → 계정의 마감 → 시산표 → 정산표 → 총계정원장 → 재무제표
③ 거래의 인식 → 분개장 → 총계정원장 → 시산표 → 정산표 → 계정의 마감 → 재무제표
④ 거래의 인식 → 총계정원장 → 분개장 → 정산표 → 계정의 마감 → 시산표 → 재무제표

06 다음은 현금계정 원장에 각 일자별로 전기된 내용의 일부이다.

현 금

7월 2일	자본금	10,000,000원	7월 4일	재고자산	15,000,000원
7월 3일	차입금	10,000,000원	7월 10일	급 여	1,000,000원
7월 15일	매출채권	5,000,000원	7월 23일	이자비용	100,000원

상기 전기된 내용에 대한 분개를 추정한 내용으로 옳지 않은 것은?

① 7월 2일 현금 10,000,000원이 출자되어 회사를 설립하였다.
② 7월 3일 금융기관으로부터 10,000,000원을 차입하였다.
③ 7월 10일 직원에 대한 급여로 1,000,000원이 지출되었다.
④ 7월 15일 고객사에 재고자산을 외상으로 판매하고 매출액 5,000,000원을 인식하였다.

07 (주)삼일의 아래 세부 계정잔액 정보를 이용하여 기말 재무상태표에 표시될 계정과목과 금액을 산정한 것으로 옳은 것은?

외상매출금	40,000원	지급어음	100,000원
타인발행수표	100,000원	당좌예금	50,000원
외상매입금	70,000원		

① 현금및현금성자산 200,000원
② 매출채권 40,000원
③ 매입채무 150,000원
④ 당좌자산 290,000원

08 다음은 매출채권에 관한 자료이다. 빈칸에 들어갈 계정의 명칭과 금액을 옳게 나타낸 것은?

A사는 B사에 상품 판매 시 400,000원은 현금으로 수령하였고 200,000원은 기말 현재 매출채권으로 남아 있다. 과거의 경험으로 보아 기말 매출채권 잔액의 3%는 회수가 불가능하므로 당기말 채권에 대해서도 잔액의 3%를 ( )(으)로 설정하기로 하였다(단, 기초 대손충당금 잔액은 2,000원이다).

	계정명	금 액
①	대손충당금	6,000원
②	대손충당금	12,000원
③	대손상각비	6,000원
④	대손상각비	2,000원

09 (주)삼일은 20X1년에 다음과 같은 유가증권을 공정가치로 취득하였다. 아래 취득금액을 각 성격에 따라 적절하게 계정분류한 것으로 옳은 것은?

취득금액	유가증권의 성격
30,000원	채무증권이며 (주)삼일은 동 채권을 만기까지 보유할 의도와 능력이 있음
40,000원	지분증권이며 (주)삼일은 동 주식을 향후 2년 이내에 처분할 의도가 없음

	매도가능증권	만기보유증권
①	30,000원	40,000원
②	0원	70,000원
③	40,000원	30,000원
④	70,000원	0원

10 **다음 중 재고자산에 관한 설명으로 옳지 않은 것은?**

① 선적지 인도조건인 경우에는 상품의 출발지와 목적지의 중간지점을 지나는 순간 소유권이 매입자에게 이전된다.

② 재고자산에는 상품, 제품, 재공품뿐만 아니라 아직 생산에 투입하지 않은 원재료도 포함된다.

③ 재고자산이란 영업활동 과정에서 판매를 목적으로 보유하고 있는 자산이다.

④ 재고자산의 취득원가에는 매입가액에 매입부대비용을 포함하며, 환급이 불가능한 수입관세도 매입부대비용에 포함된다.

11 **다음 자료를 이용하여 선입선출법하의 매출원가를 구하면 얼마인가?**

	수량(개)	매입단가(원)
기초재고(1.1)	300	100
당기매입(5.1)	400	110
당기매입(9.1)	250	120
	950	

당기에 650개의 재고자산이 판매되었다.

① 65,000원 ② 68,500원

③ 74,750원 ④ 78,000원

12 **다음은 (주)삼일의 당기 말 상품 재고와 관련된 자료이다. (주)삼일이 결산 시 인식해야 할 재고자산평가손실을 계산하면 얼마인가?**

장부수량 : 2,000개 실사수량 : 1,900개

취득단가 : 700원 단위당 순실현가능가치 : 650원

① 95,000원

② 115,000원

③ 140,000원

④ 170,000원

13 다음 설명의 빈칸에 들어갈 말로 올바르게 짝지어진 것은?

> 투자의 목적 또는 비영업용으로 소유하는 토지와 건물은 (ㄱ)으로 분류되고, 영업활동이나 제조활동에의 사용을 위하여 보유하고 있는 토지와 건물은 (ㄴ)으로 분류된다.

	(ㄱ)	(ㄴ)
①	당좌자산	유동자산
②	재고자산	당좌자산
③	유형자산	기타비유동자산
④	투자부동산	유형자산

14 (주)삼일은 20X1년 중 (주)강남의 주식 200주를 주당 1,000원에 취득하고 단기매매증권으로 분류하였다. 취득과 직접 관련된 거래원가로 5,000원이 지출되었고 20X1년 말 동 유가증권의 공정가치가 주당 1,100원이 되었다고 할 때, (주)삼일의 당해 손익계산서에 단기매매증권평가손익으로 인식될 금액은 얼마인가?

① 단기매매증권평가이익 15,000원
② 단기매매증권평가이익 20,000원
③ 단기매매증권평가손실 15,000원
④ 단기매매증권평가손실 20,000원

15 다음 중 유형자산의 회계처리에 관한 설명으로 옳지 않은 것은?

① 유형자산에 대해 추가 지출이 발생한 경우 이 지출의 효과가 장기간에 걸쳐 발생하는 것으로서 유형자산의 내용연수가 늘어나거나 가치가 증대되는 경우 '자본적 지출'로 처리한다.
② 수익창출활동에 사용하고 있고, 내용연수를 합리적으로 추정할 수 있는 유형자산은 수익・비용 대응의 원칙에 따라 유형자산이 효익을 제공하는 기간에 걸쳐 감가상각비로 비용화된다.
③ 유형자산의 취득원가에는 매입가액 또는 제조원가에 부수적으로 발생한 취득부대비용이 포함되어서는 안된다.
④ 유형자산을 처분할 경우 유형자산의 장부금액을 제거하고 처분가액과 장부금액의 차이는 유형자산처분손익으로 회계처리한다.

16 (주)삼일은 20X1년 1월 1일 (주)용산을 합병하면서 현금 20,000,000원을 지급하였다. (주)용산의 20X1년 1월 1일 현재 자산의 공정가치는 30,000,000원이며 부채의 공정가치는 20,000,000원이다. (주)삼일이 (주)용산을 합병하면서 발생한 영업권을 10년간 정액법으로 상각하기로 하였다. 20X1년 영업권의 상각비는 얼마인가?(단, 상기 거래에서 발생한 것 이외에 영업권은 존재하지 않는다)

① 1,000,000원
② 1,500,000원
③ 2,000,000원
④ 2,500,000원

17 다음 중 부채에 관한 설명으로 옳은 것은?

① 유형자산을 구입하고 대금을 지급하지 않은 것은 매입채무에 해당한다.
② 차용증서에 의하여 금전을 빌릴 때 발생하는 부채를 차입금이라 한다.
③ 선급금은 상품을 매출하기로 하고 수령한 계약금에 대한 부채 계정이다.
④ 상품매매업을 영위하는 기업이 판매할 상품을 구입하고 지급하지 않은 금액은 미지급금에 해당한다.

18 다음 중 부채의 증가를 초래하는 거래에 해당하지 않은 것은?

① 운영자금 부족으로 10,000,000원을 차입하였다.
② 광고제작용역을 제공하고 용역제공대가 700,000원은 다음 달에 받기로 하였다.
③ 상품 5,000,000원을 외상으로 구입하였다.
④ 직원 급여 2,000,000원을 지급해야하나 현금이 부족하여 지급하지 않았다.

19 다음 중 액면금액 1,000,000원의 사채를 1,050,000원에 발행하였을 경우 회계처리로 옳은 것은?

①	(차) 현 금	1,000,000원	(대) 사 채	1,000,000원
②	(차) 현 금	1,050,000원	(대) 사 채	1,000,000원
			사채발행이익	50,000원
③	(차) 현 금	1,050,000원	(대) 사 채	1,050,000원
④	(차) 현 금	1,050,000원	(대) 사 채	1,000,000원
			사채할증발행차금	50,000원

20 다음 중 퇴직급여충당부채에 관한 설명으로 옳지 않은 것은?

① 퇴직급여충당부채는 비유동부채로 분류한다.
② 결산일 현재 전 임직원이 퇴사할 경우 지급해야 할 퇴직금예상액을 설정한다.
③ 임직원의 퇴직시점에서 전액을 비용처리하는 현금주의에 기초한다.
④ 퇴직급여충당부채는 대변에 설정한다.

21 다음의 거래가 재무상태표상의 자본항목에 미치는 영향으로 옳은 것은?

> 20X1년 1월 1일 보통주 100,000주(1주당 액면금액 5,000원)를 1주당 7,500원에 할증발행하는 과정에서 발행수수료와 증자등기비용 등으로 3,000,000원이 발생하였다. 단, 기존 주식발행초과금 잔액은 없다.

	자본금	자본잉여금	이익잉여금
①	증 가	증 가	불 변
②	불 변	감 소	불 변
③	불 변	감 소	감 소
④	증 가	증 가	감 소

22 다음 중 기업의 주주와의 거래, 즉 자본거래에서 발생한 항목이 아닌 것은?

① 주식발행초과금
② 주식할인발행차금
③ 이익준비금
④ 감자차익

23 다음 중 수익에 관한 설명으로 옳지 않은 것은?

① 통상적인 경영활동에서 발생하는 경제적 효익의 총유입을 의미한다.
② 수익의 측정 시 대가를 현금 이외의 자산으로 받는 경우 취득한 자산의 공정가치로 측정한다.
③ 매출에누리나 매출할인은 수익에서 차감하지 않는다.
④ 재화를 판매한 경우 수익금액을 신뢰성 있게 측정할 수 있고 경제적 효익의 유입가능성이 높을 때 인식한다.

24 다음 중 회사의 주된 영업활동의 결과인 수익으로 옳지 않은 것은?

① 도매업을 영위하는 회사의 상품매출액
② 제조업을 영위하는 회사의 채무면제이익
③ 서비스업을 영위하는 회사의 용역매출액
④ 건설업을 영위하는 회사의 도급공사수익

25 다음 건설공사와 관련하여 20X2년에 인식해야 할 수익은 얼마인가?

가. 공사기간 : 20X1년 1월 1일 ~ 20X4년 12월 31일 (4년)
나. 총도급금액 : 6,000,000원
다. 총공사예정원가 : 5,000,000원
라. 20X1년 발생 공사원가 : 1,250,000원, 20X2년 발생 공사원가 : 1,500,000원

① 1,000,000원
② 1,250,000원
③ 1,500,000원
④ 1,800,000원

26 다음 중 비용에 관한 설명으로 옳은 것은?

① 주된 영업활동에서 발생한 비용 중 매출액과 직접 대응되지 않는 원가를 매출원가로 처리한다.
② 주된 영업활동 이외의 보조적 또는 부수적인 활동에서 발생하는 비용은 판매비와관리비로 처리한다.
③ 판매활동 및 회사의 유지·관리활동과 관련된 비용은 판매비와관리비로 처리한다.
④ 당기 법인세부담액으로 인한 비용은 영업비용으로 처리한다.

27 제조업을 영위하는 (주)삼일의 판매비와관리비에는 다음과 같은 비용들이 포함되어 있다. 판매비와 관리비에 계상될 올바른 금액은 얼마인가?(단, 아래 비용은 제조활동과 관련이 없다고 가정한다)

ㄱ. 관리직 사원 급여	:	30,000,000원
ㄴ. 사무실 임차료	:	10,000,000원
ㄷ. 접대비	:	2,000,000원
ㄹ. 유형자산처분손실	:	5,000,000원
합 계		47,000,000원

① 37,000,000원 ② 42,000,000원
③ 45,000,000원 ④ 47,000,000원

28 다음 중 제조업을 영위하는 기업의 당해 당기순이익에 영향을 미치는 거래가 아닌 것은?

ㄱ. 토지를 70,000,000원에 매입하였다.
ㄴ. 주당 액면금액 500원의 주식에 대해 주당 발행금액 700원으로 유상증자를 하였다.
ㄷ. 직원의 급여일이 도래하여 현금으로 급여를 지급하였다.

① ㄱ, ㄴ ② ㄱ, ㄷ
③ ㄴ, ㄷ ④ ㄱ, ㄴ, ㄷ

29 다음 중 결산에 관한 설명으로 옳지 않은 것은?

① 수익·비용을 인식할 때 발생주의 회계를 적용하고, 기말 현재 시점에서 자산과 부채를 적절한 상태로 평가해야 하므로 결산수정분개가 필요하다.
② 결산절차는 기중기록과 결산정리사항을 통합하여 최종적인 재무제표를 작성하는 과정을 말한다.
③ 유가증권의 평가는 결산수정분개에서 이루어진다.
④ 손익계산서 계정은 마감 후 잔액을 산출하여, 다음 회계연도 기초금액으로 이월시킨다.

30 다음 중 시산표를 통해 검증할 수 있는 오류의 유형으로 가장 옳은 것은?

① 현금매출은 200,000원으로 기록하고, 현금수령액은 20,000원으로 기록한 경우
② 대여금 500,000원을 현금으로 회수한 거래를 중복기입한 경우
③ 매출채권에 기입해야 할 1,000,000원을 미수금 계정에 기입한 경우
④ 상환기일이 도래한 차입금 1,000,000원을 현금으로 지급하면서, 거래 자체를 누락한 경우

31 다음은 기말 시점에 수행하는 결산수정분개 항목이다. 당기순이익에 미치는 영향이 나머지와 다른 것은?

① 감가상각비 계상 ② 미지급비용 계상
③ 선급비용 계상 ④ 선수수익 계상

32 (주)삼일의 20X1년 말 미수임대료 잔액은 50,000원, 20X2년 말 미수임대료 잔액은 150,000원이다. 20X2년 손익계산서상의 임대료수익이 200,000원일 때, (주)삼일이 20X2년 현금으로 회수한 임대료는 얼마인가?

① 50,000원 ② 100,000원
③ 150,000원 ④ 200,000원

33 (주)삼일의 20X1년 말 현재 수정전시산표상의 퇴직급여충당부채 잔액은 5,000,000원이며, 담당자가 계산한 당기 말 퇴직금추계액은 15,000,000원이다. 이때 수행하여야 하는 결산수정분개로 옳은 것은?

①	(차) 퇴직급여충당부채	15,000,000원	(대) 퇴직급여	15,000,000원
②	(차) 퇴직급여충당부채	10,000,000원	(대) 퇴직급여	10,000,000원
③	(차) 퇴직급여	15,000,000원	(대) 퇴직급여충당부채	15,000,000원
④	(차) 퇴직급여	10,000,000원	(대) 퇴직급여충당부채	10,000,000원

34 다음 중 외부감사와 감사의견에 관한 설명으로 옳은 것은?

① 외부감사는 회사가 제시한 재무제표가 일정한 회계기준에 따라 적정하게 작성되었는지를 외부감사인이 확인하는 절차이다.
② 적정의견은 회사의 경영성과와 재무상태가 투자하기에 적절하다는 것을 의미한다.
③ 회사의 재무제표가 기업회계기준을 심각하게 위배한 경우 한정의견을 표명한다.
④ 감사의견이 부적정의견인 것은 상장기업의 상장폐지 사유에 해당하지 않는다.

35 다음 감사보고서에 표명된 감사인의 의견은 무엇인가?

> 우리의 의견으로는 회사의 재무제표는 삼일주식회사의 20X2년 12월 31일과 20X1년 12월 31일 현재의 재무상태, 동일로 종료되는 양 보고기간의 재무성과 및 현금흐름을 대한민국의 일반기업회계기준에 따라 **중요성의 관점에서 공정하게 표시**하고 있습니다.

① 적정의견
② 한정의견
③ 의견거절
④ 부적정의견

36 다음 자료를 이용하여 당좌비율과 유동비율을 계산하면 얼마인가?

현금및현금성자산	100,000원	매입채무	400,000원
매출채권	300,000원	단기차입금	600,000원
단기매매증권	200,000원	퇴직급여충당부채	600,000원
재고자산	800,000원	사채(당기 발행, 3년 만기)	1,000,000원
건 물	1,000,000원		
영업권	600,000원		

	당좌비율	유동비율
①	75%	140%
②	75%	160%
③	60%	140%
④	60%	160%

37 다음 중 재무상태표를 통해 파악할 수 있는 내용으로 옳은 것은?

① 재무상태표에는 자금조달의 구성내역이 나타나지 않는다.
② 재무상태표를 통해 장·단기적 재무구조의 안정성을 검토해 볼 수 있다.
③ 재무상태표의 대변에서 기업이 운용하는 자원의 구성내역을 파악할 수 있다.
④ 재무상태표를 이용하여 당기 중 발생한 경영성과의 세부내역을 확인할 수 있다.

38 다음 (주)삼일의 재무정보를 이용하여 재고자산 기말잔액을 계산하면 얼마인가?(단, 재고자산회전율은 당기매출원가와 평균재고자산금액을 이용하여 산출한다)

당기 매출원가	12,000,000원
재고자산 기초잔액	800,000원
당기 재고자산회전율	12회

① 400,000원
② 600,000원
③ 800,000원
④ 1,200,000원

39 다음은 (주)삼일의 20X1년 손익계산서와 관련된 자료이다. 해당 자료를 이용하여 (주)삼일의 당기 순이익률을 계산하면 얼마인가?(단, 소수점 첫째자리에서 반올림한다)

매출액	50,000,000원
매출원가	32,000,000원
판매비와관리비	8,000,000원
영업외수익	3,000,000원
영업외비용	5,000,000원
법인세비용	2,000,000원

① 12%
② 14%
③ 16%
④ 18%

40 다음은 (주)삼일의 20X1년 말 손익계산서이다. 당기 실적에 대한 실무진들의 분석이 다음과 같을 때 옳지 않은 의견을 제시한 사람은 누구인가?

손익계산서

(주)삼일 20X1년 1월 1일부터 20X1년 12월 31일까지 (단위 : 원)

Ⅰ. 매출액	10,000
Ⅱ. 매출원가	(3,600)
Ⅲ. ○○이익	6,400
Ⅳ. 판매비와관리비	(3,400)
Ⅴ. ○○이익	3,000
Ⅵ. 영업외수익	1,000
Ⅶ. 영업외비용	(1,600)
Ⅷ. ○○이익	2,400
Ⅸ. 법인세비용	(400)
Ⅹ. ○○이익	2,000

① 김철수 : 회사가 이번에 주된 영업활동으로 발생시킨 수익은 10,000원이군요.

② 김영수 : 영업활동 이외의 보조적 또는 부수적 활동에서 벌어들인 수익은 1,000원입니다.

③ 김영희 : 매출총이익률은 64%입니다. 즉, 회사의 매출원가는 매출액 대비 64%라는 것을 의미합니다.

④ 김순희 : 영업이익률은 30%입니다. 이는 회사가 영업활동으로 매출액 대비 30%를 이익으로 남겼다는 것은 의미하지요.

제2회 기출문제 (2024년 6월 기출)

합격기준 70점 / 응시시간 50분

- 특별한 언급이 없는 한 기업의 보고기간(회계기간)은 매년 1월 1일부터 12월 31일까지이다.
- 자료에서 제시한 것 외의 사항은 고려하지 않고 답한다. 예를 들어, 법인세에 대한 언급이 없으면 법인세효과는 고려하지 않는다.
- 별도 언급이 없는 한 문제에 적용되는 회계기준과 계정과목은 일반기업회계기준을 적용한다.

01 (주)삼일의 자산과 부채가 다음과 같을 경우, (주)삼일의 순자산(자본)은 얼마인가?

매출채권	450,000원	기계장치	1,100,000원
미지급금	250,000원	개발비	670,000원
차입금	300,000원	선수수익	220,000원

① 1,450,000원
② 1,650,000원
③ 1,890,000원
④ 1,950,000원

02 다음 자산계정 중 유동성배열법에 의하여 나열한 경우 재무상태표상 제일 처음(상단)에 표시되는 것으로 옳은 것은?

① 비 품　② 토 지
③ 원재료　④ 단기매매증권

03 다음은 회계순환과정의 일부를 나타낸 것이다. (가)에 해당하는 내용으로 옳은 것은?

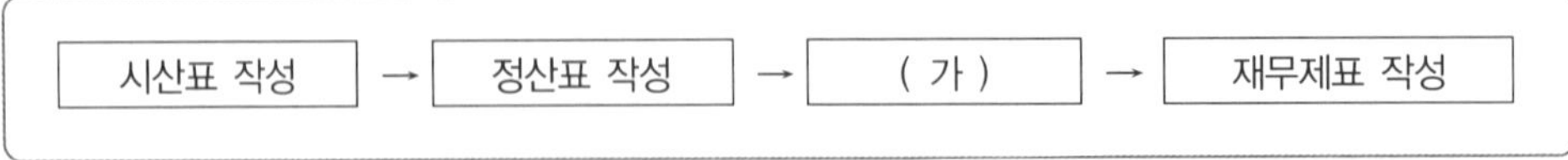

① 분개장 작성
② 거래의 인식
③ 계정의 마감
④ 총계정원장 작성

04 다음의 빈칸에 들어갈 용어로 옳은 것끼리 짝지은 것은?

> 모든 거래에는 재산 변화의 원인과 결과라는 두 가지 측면이 존재하게 되는데 이를 (A)(이)라고 한다. 이러한 거래를 기록함에 있어서 재산이 변화한 원인과 그로 인한 결과를 동시에 기록하는 것을 (B)라고 한다.

	(A)	(B)
①	복식부기	단식부기
②	거래의 이중성	복식부기
③	단식부기	복식부기
④	대차평균	단식부기

05 다음 중 회계소프트웨어를 개발하는 (주)삼일의 거래를 나열한 것으로 옳지 않은 것은?

① 소모품비 15,000원을 현금으로 지급하였다.

(차) 소모품비	15,000원	(대) 현 금	15,000원

② 프로그램용역을 제공하고 용역제공대가 20,000원은 다음 달에 받기로 하였다.

(차) 미수금	20,000원	(대) 매 출	20,000원

③ 컴퓨터를 70,000원에 외상으로 구입하였다.

(차) 유형자산	70,000원	(대) 미지급금	70,000원

④ 잉여 자금 20,000원으로 차입금을 상환하였다.

(차) 차입금	20,000원	(대) 현 금	20,000원

06 다음 보기에 해당하는 거래로 옳은 것은?

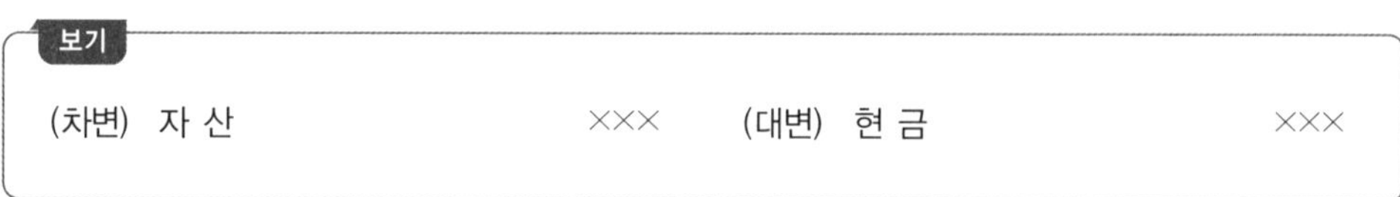

보기

(차변) 자 산	×××	(대변) 현 금	×××

① 과거에 차량을 매각하고 받지 못하였던 돈을 현금으로 회수하였다.

② 사채를 발행하였다.

③ 판매사원의 급여를 현금으로 지급하였다.

④ 사무용 비품을 현금으로 구입하였다.

07 제조업을 영위하는 (주)삼일의 20X1년 말 은행 계좌 잔고 현황이 다음과 같을 때, 재무상태표상 현금및현금성자산으로 계상될 금액은 얼마인가?

ㄱ. 보통예금 : 500,000원
ㄴ. 당좌예금 : (-)200,000원
ㄷ. 정기예금 : 300,000원 (가입일 20X1년 3월 1일 / 만기일 : 20X2년 2월 28일)

① 500,000원
② 600,000원
③ 700,000원
④ 800,000원

08 다음은 (주)삼일의 매출채권에 관한 대손충당금 설정자료이다. 12월 31일 회계처리로 옳은 것은? (단, 기초 대손충당금은 80,000원이었다)

- 결산일에 외상매출금 5,000,000원의 1%를 대손충당금으로 설정하였다.
- 결산일에 받을어음 2,000,000원의 3%를 대손충당금으로 설정하였다.

① (차)	대손충당금	30,000원	(대) 매출채권	30,000원
② (차)	대손상각비	30,000원	(대) 대손충당금	30,000원
③ (차)	대손상각비	110,000원	(대) 대손충당금	110,000원
④ (차)	대손충당금	110,000원	(대) 매출채권	110,000원

09 (주)삼일은 20X1년 1월 1일 (주)용산의 주식을 공정가치인 1,200,000원에 취득하면서 매매 수수료로 20,000원을 지급하였다. (주)삼일은 해당 주식을 단기매매증권으로 분류하였으며, 20X1년 2월 18일 400,000원에 처분하였다. 20X1년 손익계산서에 계상될 처분손익은 얼마인가?

① 처분이익 800,000원
② 처분이익 780,000원
③ 처분손실 800,000원
④ 처분손실 780,000원

10 다음 중 괄호 안에 들어갈 단어로 옳은 것은?

> (　　)은 매입자로 하여금 일정기간 사용한 후에 매입 여부를 결정하라는 조건으로 판매한 상품이다. (　　)은 비록 상품에 대한 점유는 이전되었으나 매입자가 매입의사표시를 하기 전까지는 판매되지 않은 것으로 보아 판매자의 재고자산에 포함한다.

① 재공품
② 미착상품
③ 적송품
④ 시송품

11 다음과 같은 재고자산 거래가 발생한 경우 재고자산의 흐름과 그 결과를 옳지 않게 이야기한 사람은 누구인가?

	수 량	매입단가	금 액
기초재고(1월 1일)	100개	100원	10,000원
당기매입(4월 1일)	100개	120원	12,000원
당기매입(8월 1일)	100개	130원	13,000원
당기판매(10월 1일)	200개		

① 갑 : 선입선출법을 사용하면 기말재고액은 전액 8월 1일 매입분으로 구성되어 있을 거야
② 을 : 후입선출법을 사용하면 기말재고수량은 100개가 될 거야
③ 병 : 선입선출법을 사용하면 매출원가는 22,000원이 될 거야
④ 정 : 후입선출법을 사용하면 매출원가는 23,000원이 될 거야

12 다음은 A와 B 두 종류의 상품을 취급하는 (주)삼일의 20X1년 12월 31일 현재 재고자산에 관한 내용이다. 재고자산 감모손실과 평가손실 금액으로 옳게 짝지어진 것은?

> ㄱ. 장부상의 재고자산 수량(@취득단가) = A : 500개(@100원), B : 200개(@200원)
> ㄴ. 실사 확인된 재고자산 수량 = A : 400개, B : 200개
> ㄷ. 결산일 현재 예상 판매단가 = A : 250원, B : 100원

	감모손실	평가손실
①	10,000원	20,000원
②	10,000원	0원
③	20,000원	10,000원
④	0원	20,000원

13 다음 중 유가증권에 관한 설명으로 옳지 않은 것은?

① 유가증권은 재산권을 나타내는 증권으로 실물이 발행된 경우 또는 명부에 등록된 경우 모두 유가증권에 해당한다.

② 지분증권이란 회사, 조합 등의 순자산에 대한 소유지분과 관련된 권리를 표시하는 유가증권을 말한다.

③ 채무증권이란 발행자에 대하여 금전적 권리를 청구할 수 있는 권리를 표시하는 유가증권이다.

④ 지분증권은 취득 시 투자회사의 유가증권에 대한 보유의도와 보유능력에 따라 단기매매증권과 만기보유증권 중 하나로 분류한다.

14 다음은 제조업을 영위하는 (주)삼일의 20X1년 말 비유동자산 항목들의 장부금액이다. (주)삼일이 20X1년 말 시점에 유형자산으로 보고해야 할 금액을 계산하면 얼마인가?

ㄱ. 투자목적으로 보유 중인 토지	100,000,000원
ㄴ. 건설 중인 본사 건물	40,000,000원
ㄷ. 공기구 및 비품	15,000,000원
ㄹ. 제품제조에 사용 중인 기계장치	20,000,000원
ㅁ. 직원 출퇴근용 버스	10,000,000원

① 45,000,000원
② 75,000,000원
③ 85,000,000원
④ 185,000,000원

15 다음 중 무형자산에 관한 대화 중 옳지 않은 이야기를 하는 사람은?

① 철수 : 영업권 중에서도 내부적으로 창출된 영업권은 무형자산으로 인식할 수가 없고 외부에서 구입한 영업권은 재무상태표에 계상할 수 있습니다.

② 영수 : 매출채권이나 선급금 등과 같은 자산은 물리적 실체는 없지만 무형자산으로 분류되지 않습니다.

③ 순희 : 무형자산을 취득하는 경우 수익·비용대응의 원칙에 따라 합리적인 방법을 이용하여 상각합니다.

④ 영희 : 영업권, 산업재산권, 경상연구개발비 등이 무형자산에 해당됩니다.

16 다음 중 기타비유동자산으로 분류되기에 적합하지 않은 계정과목은 무엇인가?

① 투자부동산
② 이연법인세자산
③ 장기성 미수금
④ 임차보증금

17 상품매매업을 영위하는 (주)삼일은 20X1년 12월에 상품을 외상으로 매입하였으며 이에 대한 회계처리를 이중기록하였다. 해당 오류가 20X1년 말 (주)삼일의 재무상태표에 미치는 영향으로 옳은 것은?

	재고자산	매입채무
①	과대계상	과소계상
②	과소계상	과대계상
③	과대계상	과대계상
④	과소계상	과소계상

18 다음 설명과 그에 해당하는 계정과목의 연결이 적절하지 않은 것은?

ㄱ. 비유동부채 중 1년 이내에 상환될 금액
ㄴ. 일반적인 상거래 이외에서 발생한 채무
ㄷ. 일반적인 상거래에서 발생한 선수액
ㄹ. 일반적인 상거래에서 발생한 외상매입금과 지급어음

① ㄱ - 단기차입금
② ㄴ - 미지급금
③ ㄷ - 선수금
④ ㄹ - 매입채무

19 다음의 조건으로 사채를 발행할 경우 사채발행과 관련된 분개에서 대변에 나타날 계정과목으로 옳은 것은?

> 만기 : 3년
> 액면이자율 : 8%(매년 말 지급조건)
> 시장이자율 : 11%

① 사채, 사채할증발행차금
② 사 채
③ 현 금
④ 현금, 사채할인발행차금

20 다음은 (주)삼일의 20X1년 10월 1일에 발생한 차입금 관련 자료이다. 일자별 회계처리 중 옳지 않은 것은?

> ㄱ. 차입금 : 50,000,000원
> ㄴ. 만기 : 3년(원금 만기 일시 상환조건)
> ㄷ. 이자율 : 10%, 매년 9월 30일 이자지급조건

① 20X1년 10월 1일

(차) 현 금	50,000,000원	(대) 장기차입금	50,000,000원

② 20X1년 12월 31일

(차) 이자비용	1,250,000원	(대) 미지급비용	1,250,000원

③ 20X2년 9월 30일

(차) 이자비용	5,000,000원	(대) 현 금	5,000,000원

④ 20X2년 12월 31일

(차) 이자비용	1,250,000원	(대) 미지급비용	1,250,000원

21 다음 중 주식배당에 관한 설명으로 옳지 않은 것은?

① 미처분이익잉여금을 현금으로 배당하는 것이 아니라 신주를 발행하여 교부하는 것이다.
② 배당 후 이익잉여금은 증가한다.
③ 이익배당을 한 것과 동일한 효과가 있다.
④ 배당지급에 소요되는 자금을 사내에 유보하는 효과가 있다.

22 (주)삼일이 자기주식 10주(액면금액 5,000원)를 주당 6,000원에 구입하여 소각하였다. 다음의 거래가 재무상태표상의 자본항목에 미치는 영향에 관한 설명으로 옳은 것은?(보기에서 괄호 안의 금액은 자본의 차감 항목을 의미함)

	자본금	자본조정	이익잉여금
①	50,000원 감소	변동 없음	변동 없음
②	50,000원 감소	(10,000원) 증가	변동 없음
③	60,000원 감소	변동 없음	10,000원 감소
④	60,000원 감소	(10,000원) 증가	10,000원 감소

23 다음 중 수익에 관한 설명으로 옳지 않은 것은?

① 판매대가를 현금 이외의 자산으로 받는 경우 해당 자산을 현금화시키기 전까지는 수익을 인식할 수 없다.

② 수익은 기업의 통상적인 경영활동에서 발생하는 경제적 효익의 총유입을 말한다.

③ 기업이 주된 영업활동으로 발생시키는 수익은 매출액으로 분류한다.

④ 기업이 영업활동이 아닌 부수적인 활동에서 발생시킨 수익은 영업외수익으로 분류한다.

24 다음은 (주)삼일의 20X1년 1월 1일부터 20X1년 12월 31일까지의 재무정보이다. 자료를 바탕으로 당기 총수익을 계산하면 얼마인가?

기초자산	370,000원
기초부채	90,000원
기말자산	500,000원
기말부채	60,000원
총비용	50,000원
추가출자	100,000원

① 80,000원

② 90,000원

③ 100,000원

④ 110,000원

25 다음 건설공자와 관련하여 20X1년에 인식해야 할 공사이익을 계산하면 얼마인가?

가. 공사기간 : 20X1년 1월 1일 ~ 20X3년 12월 31일 (3년)
나. 총도급금액 : 30,000,000원
다. 총공사예정원가 : 25,000,000원
라. 20X1년 발생 공사원가 : 6,000,000원

① 1,200,000원
② 2,500,000원
③ 4,000,000원
④ 7,200,000원

26 다음 중 제조업을 영위하는 (주)삼일의 비용에 관해 옳지 않은 주장을 하는 사람은 누구인가?

① 영수 : 매출원가는 매출액과 직접 대응되는 원가이다.
② 진희 : 감가상각비는 수익을 창출하는 과정에 사용될 것으로 기대되는 기간동안 체계적이고 합리적인 방법으로 배분한다.
③ 철수 : 기부금은 일반적으로 판매비와관리비로 분류한다.
④ 영희 : 이자비용은 일반적으로 영업외비용으로 분류한다.

27 다음 자료를 이용하여 당기 판매비와관리비 금액을 계산하면 얼마인가?

• 매출액	3,500,000원
• 매출원가	2,000,000원
• 이자비용	200,000원
• 영업이익	500,000원

① 500,000원
② 800,000원
③ 1,000,000원
④ 1,800,000원

28 **다음 중 완구 제조업을 영위하는 (주)삼일의 영업이익에 영향을 주는 거래가 아닌 것은?**

① 매출채권에 대하여 대손추산액 5,000,000원이 발생하였다.

② 종업원에 대한 교육훈련비 500,000원이 발생하였으나 미지급하였다.

③ 신제품 출시로 인하여 광고선전비 1,000,000원을 현금 지출하였다.

④ 유가증권(장부금액 10,000,000원)을 9,800,000원으로 평가하였다.

29 **다음 회계순환과정의 설명에서 (가)에 들어갈 세부절차로 옳은 것은?**

> 회계순환과정은 기중거래의 기록절차와 결산절차로 구분된다. 기중거래의 기록절차는 회계상의 거래를 분개하고 전기하는 과정을 말하고, 결산절차는 기중기록과 결산정리사항을 통합하여 최종적인 재무제표를 작성하는 과정을 말한다.
>
> 결산절차는 예비절차와 (가) 의 2단계로 이루어진다.

① 결산보고서 작성

② 수정전시산표의 작성

③ 결산수정분개

④ 결산수정분개의 전기

30 **다음 중 시산표에 관한 설명으로 옳지 않은 것은?**

① 시산표는 총계정원장의 기록이 정확한지를 검증하는 기능이 있다.

② 시산표상의 차변합계와 대변합계가 일치하는지 여부를 확인함으로써 모든 유형의 오류를 파악할 수 있다.

③ 시산표의 종류에는 합계시산표, 잔액시산표, 합계잔액시산표가 있다.

④ 합계시산표는 각 계정의 차변합계액과 대변합계액이 기재된 시산표이다.

31 다음 중 결산수정사항의 처리에 관한 설명으로 옳지 않은 것은?

① 기중 발생한 가수금 200,000원이 거래처로부터 받은 선수금임을 확인하고 계정대체하였다.
② 결산일까지 내역이 밝혀지지 않은 가수금 50,000원을 그대로 재무상태표에 계상하였다.
③ 결산일까지 내역이 밝혀지지 않은 가수금 20,000원에 대해 금액이 중요하지 않으므로 잡이익으로 처리하였다.
④ 기중 발생한 가지급금 300,000원이 외상매입금의 지급대금임을 확인하고 계정대체하였다.

32 다음 자료를 이용하여 도 · 소매업을 영위하는 (주)삼일의 당기 매출원가를 계산하면 얼마인가?

• 기초상품재고액	450,000원
• 당기총매입액	2,850,000원
• 기말상품재고액	300,000원

① 2,400,000원 ② 2,550,000원
③ 2,700,000원 ④ 3,000,000원

33 다음 중 외화자산 · 부채의 환산에 관한 설명으로 옳지 않은 것은?

① 일반기업회계기준에서는 결산 시 화폐성 외화자산을 보고기간 말의 마감환율을 적용하여 환산하도록 규정하고 있다.
② 결산 시 화폐성 외화부채의 경우 환율이 오를수록 이익이 발생한다.
③ 화폐성 자산의 예로는 현금및현금성자산, 매출채권, 대여금 등이 있다.
④ 화폐성 부채의 예로는 매입채무, 차입금, 사채 등이 있다.

34 (주)삼일은 기초 미지급법인세 520,000원을 계상하고 있었으며, 당기 중 손익계산서상에 3,150,000원을 법인세비용으로 인식하였다. 당기 말 결산 종료 후 미지급법인세가 기초 대비 120,000원 증가하였다면, (주)삼일이 당기에 과세당국에 지급한 법인세는 얼마인가?

① 3,030,000원 ② 3,150,000원
③ 3,270,000원 ④ 3,550,000원

35 **회사의 외부감사인은 재무제표에 대한 의견을 감사보고서에 표명하는데 이를 감사의견이라고 한다. 다음 감사의견의 종류로 옳은 것은?**

> 우리의 의견으로서는, …의 근거에서 논의된 사항의 유의성으로 인하여, XX주식회사의 20X1년 12월 31일과 20X0년 12월 31일 현재의 재무상태, 동일로 종료되는 양 보고기간의 재무성과 및 현금흐름을 일반기업회계기준에 따라 중요성의 관점에서 공정하게 표시하고 있지 않습니다.

① 한정의견
② 적정의견
③ 의견거절
④ 부적정의견

36 **다음 중 재무제표에 관한 설명으로 옳은 것은?**

① 주석은 재무제표의 일부를 구성하지 않는다.
② 자본변동표는 자본의 변화내역을 자본구성 요소별로 보여주는 재무제표이다.
③ 손익계산서를 통해 영업손익과 당기순손익, 기타포괄손익을 알 수 있다.
④ 현금흐름표를 통해 1년 이내 현금화가 가능한 유동자산이 얼마인지를 측정할 수 있다.

37 **다음 자료를 참고하여 20X2년 매출채권회전율을 계산하면 얼마인가?(단, 소수점 이하 둘째자리에서 반올림한다)**

> ㄱ. 20X1년 말 매출채권 120,000,000원
> ㄴ. 20X2년 말 매출채권 140,000,000원
> ㄷ. 20X2년 매출액 390,000,000원
> ㄹ. 1년은 365일로 가정함

① 1.5회
② 2.8회
③ 3.0회
④ 3.3회

38 다음 중 부채비율이 높아지는 거래로 옳은 것은?

① 매출채권의 회수
② 장기차입금의 상환
③ 계약금의 선수
④ 유형자산의 취득

39 다음 (주)삼일의 20X1년과 20X2년의 이익률과 업종평균 자료에 대하여 옳지 않은 의견을 말한 사람은 누구인가?

	업종평균	(주)삼일	
연 도	20X2년	20X2년	20X1년
매출총이익률	30%	26%	32%
영업이익률	11%	9%	14%
당기순이익률	5.99%	8.7%	5.7%

영수 : 상기 자료는 각각 매출액과 손익계산서상의 단계별 이익과의 관계를 나타낸 재무지표입니다.
철수 : 매출총이익률이 전기에 비해 크게 감소한 것은 경쟁의 심화로 인한 제품가격 하락과 더불어 물가상승으로 인해 원가가 증가하였기 때문일 수 있습니다.
순희 : 매출총이익률과 영업이익률은 특별한 변동이 발생하지 않는다면 매년 유사하게 나타나게 되므로 회사의 수익성을 분석할 때 보다 중요하게 체크해야 하는 이익률입니다.
영희 : 그래도 당기순이익률과 영업이익률이 모두 업종평균을 크게 넘어섰으니 회사의 본질적인 영업성과는 크게 개선되었다고 볼 수 있고, 미래의 성과에 대하여 크게 우려되지 않는 상황입니다.

① 영 수　　② 철 수
③ 순 희　　④ 영 희

40 다음 중 주당순이익(EPS)에 관한 설명으로 옳은 것은?

① 전기에 비해 주당순이익이 높고 주당배당금지급액이 낮다는 것은 당기 중 사외에 유출되는 당기순이익이 상대적으로 작아진 것을 의미한다.
② 주가수익비율은 주당순이익 계산을 위한 기초자료가 된다.
③ 당기순이익이 클수록 주당순이익은 낮아진다.
④ 회사가 일정기간 올린 매출총이익에 대하여 주식 1주당 귀속되는 주주의 몫을 나타내는 지표이다.

제3회 기출문제 (2024년 5월 기출)

합격기준 70점 / 응시시간 50분

- 특별한 언급이 없는 한 기업의 보고기간(회계기간)은 매년 1월 1일부터 12월 31일까지이다.
- 자료에서 제시한 것 외의 사항은 고려하지 않고 답한다. 예를 들어, 법인세에 대한 언급이 없으면 법인세효과는 고려하지 않는다.
- 별도 언급이 없는 한 문제에 적용되는 회계기준과 계정과목은 일반기업회계기준을 적용한다.

01 **다음은 회계학 스터디 모임에서의 대화이다. 옳지 않은 설명을 하는 사람은 누구인가?**

① 철수 : 회계는 정보이용자가 의사결정을 할 수 있도록 목적적합한 정보를 제공하는 것을 말합니다.
② 영수 : 재무회계에서는 다섯가지 형태의 보고서를 통해 그 정보를 기업 외부의 이해관계자에게 전달하게 되지요.
③ 영희 : 관리회계는 정보이용자의 요구에 따라 다양한 유형의 정보를 적시에 제공하는 것이 중요한 영역이에요.
④ 순희 : 과세정보의 제공은 관리회계의 목적 중 하나에 해당하겠네요.

02 **다음은 어떤 경제적 사건이 회계상 거래로 인식되기 위한 요건에 대한 설명이다. 빈칸에 들어갈 적절한 표현으로 옳은 것은?**

> ㄱ. 회사의 (A)에 영향을 미쳐야 한다.
> ㄴ. 그 영향을 (B)으로 측정할 수 있어야 한다.

	(A)	(B)
①	손 익	금 액
②	재산상태	금 액
③	손 익	수 량
④	재산상태	수 량

03 다음의 거래를 총계정원장에 전기하는 경우 관련 계정의 증감내용이 기입될 곳으로 옳은 것은?

[거래] 제품을 외상으로 판매하였다.

재고자산	
가	나

매출채권	
다	라

① 나, 다
② 가, 다
③ 나, 라
④ 가, 라

04 다음 중 화학제품 제조업을 영위하고 있는 (주)삼일의 거래에 관한 분개로 옳은 것은?

① 매출채권 1,000,000원을 현금으로 회수하였다.

(차) 매출채권	1,000,000원	(대) 현 금	1,000,000원

② 토지를 5,000,000원에 외상으로 구입하였다.

(차) 토 지	5,000,000원	(대) 매입채무	5,000,000원

③ 차입금을 통하여 현금 5,000,000원을 조달하였다.

(차) 현 금	5,000,000원	(대) 차입금	5,000,000원

④ 취득가액이 500,000원인 차량운반구를 현금 800,000원에 처분하였다. (감가상각누계액 200,000원)

(차) 현 금	800,000원	(대) 차량운반구	500,000원
		유형자산처분이익	300,000원

05 다음 거래에서 나타나는 거래의 8요소를 보기에서 모두 고른 것은?

운영자금을 증가시키기 위해 투자자들로부터 10억원을 출자받았다.

보기

ㄱ. 자산의 감소　ㄴ. 자산의 증가　ㄷ. 부채의 증가　ㄹ. 자본의 증가

① ㄱ, ㄴ
② ㄴ, ㄹ
③ ㄱ, ㄹ
④ ㄷ, ㄹ

06 다음은 (주)삼일의 20X1년 발생 거래의 내역이다. 20X1년 말 총계정원장상 현금잔액을 계산하면 얼마인가?(단, 전기 말 (주)삼일의 현금잔액은 2,000원이었다)

> ㄱ. 20X1년 3월 5일 : 전기 발생한 매출채권 중 1,500원을 회수하다.
> ㄴ. 20X1년 5월 17일 : 1,200원 상당 재고자산을 외상매입하다.
> ㄷ. 20X1년 8월 1일 : 2,500원 매출 대금을 받을어음으로 수령하다.
> ㄹ. 20X1년 12월 31일 : 직원에 대한 급여 800원을 현금으로 지급하다.

① 2,700원
② 3,700원
③ 4,000원
④ 5,200원

07 다음 중 자산으로 계상할 수 없는 것은?

① 거래처에 물건을 주문하고 재화의 인도 전 미리 지급한 계약금
② 상품을 판매하고 아직 수령하지 못한 판매대금
③ 원재료를 외상으로 구입하였으나 아직 지급하지 않은 구입대금
④ 판매를 위하여 창고에 보관 중인 상품

08 다음 중 현금및현금성자산으로 분류할 수 없는 것은?

① 여행자수표
② 우편환증서
③ 거래처 발행 당좌수표
④ 결산일 기준 만기가 3개월 이내인 정기예금

09 **다음 중 현금흐름표에 관한 설명으로 옳지 않은 것은?**

① 현금흐름표는 기업의 활동을 영업활동, 투자활동, 재무활동으로 구분하여 각 활동별로 현금의 유입과 유출에 대한 내역을 보여준다.

② 재무활동현금흐름을 통해 장・단기 차입금의 차입 및 상환, 신주발행이나 배당금 지급 등으로 인한 현금흐름을 파악할 수 있다.

③ 영업활동현금흐름을 통해 유형자산, 투자자산, 무형자산 등의 자산 취득과 처분으로 인한 현금흐름을 파악할 수 있다.

④ 현금흐름표의 작성법에는 영업활동으로 인한 현금흐름을 보고하는 형식에 따라 직접법과 간접법이 있다.

10 **회사가 다음과 같은 성격의 유가증권을 보유하고 있는 경우 기업회계기준상 분류로 옳은 것은?**

ㄱ. 단기간 내의 매매차익을 목적으로 취득하지 않음
ㄴ. 만기 및 상환금액 확정
ㄷ. 만기까지 보유할 적극적인 의도와 능력이 존재하지 않음

① 단기매매증권
② 매도가능증권
③ 만기보유증권
④ 단기금융상품

11 **당기 상품 매출액이 500,000원이고, 당기 중 상품 매입액이 300,000원인 경우 기말상품재고액은 기초상품재고액에 비하여 어떻게 변화하였는가?(단, 당기의 매출총이익률은 20%이다)**

① 기말상품재고액은 기초에 비하여 100,000원 증가하였다.
② 기말상품재고액은 기초에 비하여 100,000원 감소하였다.
③ 기말상품재고액은 기초에 비하여 700,000원 증가하였다.
④ 기말상품재고액은 기초와 동일하다.

12 다음은 회계기간 말 재고자산 관련 자료이다. 기말 재고자산평가금액을 계산하면 얼마인가?

ㄱ. 선적지 인도조건으로 판매하여 운송 중인 재고자산 : 200개, @800원
ㄴ. 도착지 인도조건으로 판매하여 운송 중인 재고자산 : 100개, @700원
ㄷ. 선적지 인도조건으로 구입하여 운송 중인 재고자산 : 50개, @1,000원
ㄹ. 도착지 인도조건으로 구입하여 운송 중인 재고자산 : 150개, @900원

① 120,000원
② 295,000원
③ 365,000원
④ 415,000원

13 다음은 건설업을 영위하는 (주)삼일의 자료이다. 투자자산의 합계액을 구하면 얼마인가?

• 장기금융상품	10,000원	• 건설중인자산	30,000원
• 토목설비 및 부속설비	50,000원	• 장기미수금	70,000원
• 만기보유증권(잔존만기 2년)	90,000원		

① 80,000원
② 100,000원
③ 160,000원
④ 170,000원

14 (주)삼일은 20X1년 1월 1일 차량운반구를 20,000,000원에 구입하였다. 차량운반구의 내용연수는 5년, 잔존가치는 없는 것으로 가정하며 정액법으로 상각한다. 해당 차량운반구를 20X3년 10월 1일 6,000,000원에 처분한 경우 차량운반구의 처분손익은 얼마인가?(단, 당사는 월할상각을 한다고 가정한다)

① 처분이익 1,000,000원
② 처분손실 1,000,000원
③ 처분이익 3,000,000원
④ 처분손실 3,000,000원

15 의료기기 제조업을 영위하는 (주)삼일은 20X1년 1월 1일에 출시한 신제품 A와 관련하여 개발비 18,000,000원을 투자하였다. (주)삼일은 동 개발비에 대하여 합리적인 상각방법을 정할 수 없지만, 최소한 향후 30년 동안은 회사의 수익창출에 기여할 수 있을 것으로 판단하고 있다. 신제품 A의 개발비가 전액 무형자산 인식요건을 만족한다고 할 때, 20X1년의 상각비는 얼마인가?(단, 관계법령이나 계약에 의한 독점적, 배타적 권리는 존재하지 않음)

① 0원
② 600,000원
③ 900,000원
④ 18,000,000원

16 다음은 (주)삼일의 합병 관련 자료이다. (주)회계의 순자산 공정가치와 영업권은 각각 얼마인가?

> (주)삼일은 20X1년 3월 1일 (주)회계를 합병하였으며, 인수가격은 30,000,000원이다. 합병일 현재 (주)회계의 자산의 공정가치는 30,000,000원이며 부채의 공정가치는 10,000,000원이다.

	순자산 공정가치	영업권
①	20,000,000원	10,000,000원
②	20,000,000원	0원
③	30,000,000원	10,000,000원
④	30,000,000원	0원

17 다음 중 부채계정으로만 짝지어진 것으로 옳은 것은?

① 선수금, 미지급금
② 미지급금, 미수금
③ 선급금, 미수금
④ 선급금, 선수금

18 (주)삼일의 시산표에서 다음과 같은 오류가 발견되었다. 이에 대한 수정분개로 옳은 것은?

> 상품 300,000원을 외상매입하였으나, 수표를 발행하여 지급한 것으로 기입하였다.

① (차) 상 품	300,000원	(대) 당좌예금	300,000원
② (차) 외상매입금	300,000원	(대) 상 품	300,000원
③ (차) 외상매입금	300,000원	(대) 당좌예금	300,000원
④ (차) 당좌예금	300,000원	(대) 외상매입금	300,000원

19 다음 중 사채와 주식에 관한 설명으로 옳지 않은 것은?

① 사채권자는 경영참가권이 없으나, 주주는 주주총회에서 의결권이 있다.

② 사채는 만기가 되면 상환되나, 자본금은 감자나 해산절차 등의 절차를 밟지 않는 한 반환되지 않는다.

③ 회사 해산 시에 사채권자는 타 채권자와 동등한 순위를 갖지만, 주주는 잔여재산에 대하여만 청구권을 가진다.

④ 사채권자와 주주는 이익발생여부와 관계없이 각각 확정적인 이자와 배당금을 지급받는다.

20 다음 중 빈칸에 들어갈 용어를 올바르게 짝지은 것은?

> 종업원은 입사하여 퇴사할 때까지 회사를 위해 근로를 제공한 대가로 퇴직 시에 퇴직금을 받을 권리가 있다. 이는 근로자퇴직급여보장법에 명시되어 있는 종업원들의 권리이다.
> 반대로 기업의 입장에서는, 미래에 종업원이 퇴직할 시점에 법에 의해 확정적으로 퇴직금을 지급해야 하므로, 법적인 의무가 존재할 뿐 아니라 종업원의 퇴직시점에 경제적 효익의 유출가능성이 매우 높다. 뿐만 아니라, 퇴직 전 월평균 급여에 근속연수를 곱해서 퇴직금을 지급해야 하므로 예상되는 퇴직금도 측정이 가능하다.
> 즉, 종업원의 미래 예상되는 퇴직금은 기업이 현재 부담하는 의무로서 미래 경제적 효익의 유출가능성이 매우 높고 금액의 신뢰성 있는 측정이 가능하므로 회계상 (ㄱ)의 정의에 충족된다. 따라서, 기업은 종업원의 퇴직금과 관련된 (ㄱ)(으)로서 이를 (ㄴ)(이)라는 계정과목으로 재무제표에 계상하여야 한다.
> 그렇다면 (ㄴ)금액은 어떻게 계상되는 것일까? 재무제표에 계상될 (ㄴ)의 금액은 결산일 현재 전 임직원이 퇴사할 경우 지급해야 할 총 퇴직금예상액으로 결정하여야 한다. 우리는 이 예상액을 (ㄷ)이라고 부른다. (ㄷ)을 계산하여 재무제표상 계상되어야 할 (ㄴ)(을)를 확정하였다면, 결산수정분개를 하기 전의 (ㄴ)의 금액과 (ㄷ)과의 차이 금액을 회계처리를 해야 한다. 동 차이 금액을 우리는 다음과 같이 회계처리한다.
>
> | (차) (ㄹ) | ×××원 | (대) (ㄴ) | ×××원 |
> |---|---|---|---|
>
> 이로써 우리는 종업원의 퇴직과 관련하여 지급해야 할 근무의 대가를 재무제표상 의무로 인식하고, 그 의무만큼을 손익계산서상 비용으로 처리할 수 있게 된다.

	(ㄱ)	(ㄴ)	(ㄷ)	(ㄹ)
①	부 채	퇴직급여충당부채	퇴직금지급액	퇴직급여
②	자 산	퇴직연금운용자산	퇴직금지급액	복리후생비
③	부 채	퇴직급여충당부채	퇴직금추계액	퇴직급여
④	자 산	퇴직연금운용자산	퇴직금추계액	복리후생비

21 다음 중 자본에 관한 내용으로 옳은 것은?

① 자본금은 '발행주식수 × 1주당 발행금액'으로 계산한다.
② 단기매매증권평가손익은 단기매매증권을 보유하면서 발생한 평가손익으로 기타포괄손익누계액으로 인식한다.
③ 자본잉여금은 손익거래에서 발생한 이익 중에서 배당을 하지 않고 기업내부에 유보되어 있는 금액을 말한다.
④ 자본거래에 해당하나 최종 납입된 자본으로 볼 수 없는 경우에는 자본조정으로 회계처리한다.

22 다음 계정과목 중 성격이 다른 하나는?

① 주식발행초과금
② 자기주식
③ 감자차손
④ 자기주식처분손실

23 다음 중 괄호 안에 들어갈 단어로 옳은 것은?

> 수익은 통상적인 경영활동에서 발생하는 경제적 효익의 총유입을 말하며, 자산의 (A) 또는 부채의 (B)로 나타난다.

	(A)	(B)
①	감 소	감 소
②	증 가	감 소
③	감 소	증 가
④	증 가	증 가

24 다음 중 매출을 인식해야 할 시기로 옳은 것은?

① 2년 정기구독물을 판매하고 일시금 형태로 판매대가를 수령한 날
② 상품을 장기할부판매하기로 하고 고객에게 인도한 날
③ 위탁자가 수탁자에게 재화를 인도한 날
④ 상품교환권(상품권)을 판매한 날

25 다름 자료에 의하여 당기의 매출액을 계산하면 얼마인가?

매출원가	2,300,000원
판매비와관리비	200,000원
영업이익	300,000원

① 2,000,000원　② 2,500,000원
③ 2,800,000원　④ 3,000,000원

26 다음 중 법인세비용에 관한 설명으로 옳은 것은?

① 일반적으로 회계상 이익은 과세대상 소득과 일치한다.
② 당기법인세부채를 계상할 때 선급법인세를 고려한다.
③ 법인세비용은 발생원천에 따라 판매비와관리비 또는 영업외비용으로 분류한다.
④ 법인세는 실제 납부하는 시점에 회계처리하므로 결산일에는 회계처리가 발생하지 않는다.

27 기말 결산 시 당기에 지급되지 않은 기간 경과분 이자비용을 회계처리하지 않았을 때 당기 재무제표에 미치는 영향으로 옳은 것은?

① 수익의 과소계상
② 부채의 과대계상
③ 순이익의 과대계상
④ 비용의 과대계산

28 영업외비용이란 주된 영업활동 이외의 보조적 또는 부수적인 활동에서 발생하는 비용이다. 다음 중 제조업을 영위하는 회사의 영업외비용에 속하지 않는 계정과목은 무엇인가?

① 접대비
② 기부금
③ 외화환산손실
④ 유형자산처분손실

29 다음 중 결산수정분개에 관한 설명으로 옳은 것은?

① 편의상 현금주의회계로 처리했던 회계처리가 있다면 발생주의회계로 전환해야 한다.
② 만기보유증권은 기말 현재의 공정가치로 재평가되어야 한다.
③ 재고자산 실사결과 수량이 부족한 부분에 대해서는 재고자산평가손실을 인식한다.
④ 유・무형자산에 대한 감가상각비 계상 및 퇴직급여충당부채의 설정은 기중에 각 거래가 발생한 시점에서 이루어지는 것이 일반적이다.

30 다음 거래 중 결산수정분개가 필요하지 않은 경우는?

① 결산일까지 내역이 밝혀지지 않은 미결산계정이 존재한다.
② 당기 중 1년치 보험료를 일시에 지급하고 전액 비용처리하였다.
③ 차기에 납품할 제품에 대해 대금을 미리 받고 선수금으로 처리하였다.
④ 결산일 현재 보유하고 있는 재고자산에서 손상징후가 발견되었다.

31 다음 중 시산표에 관한 설명으로 옳은 것은?

① 시산표는 재무제표 작성 후 재무제표를 검증하기 위해 작성한다.
② 시산표에서 차변합계와 대변합계가 일치한다는 것은 오류가 존재하지 않음을 의미한다.
③ 합계시산표는 총계정원장 각 계정의 차변합계액과 대변합계액이 기재된 시산표이다.
④ 합계잔액시산표는 각 계정별 잔액만을 집계하여 나타내는 시산표이다.

32 다음 중 재무제표상에서 금액이 항상 서로 일치하는 것으로 연결된 것은?

① 재무상태표의 퇴직급여충당부채 – 손익계산서의 퇴직급여
② 재무상태표의 이익잉여금 – 손익계산서의 당기순이익
③ 재무상태표의 감가상각누계액 – 손익계산서의 감가상각비
④ 재무상태표의 현금및현금성자산 – 현금흐름표의 기말 현금및현금성자산

33 (주)삼일은 20X1년 7월 25일에 미국의 금융기관으로부터 $50,000를 차입해 왔으며 차입일로부터 2년 후에 상환하기로 하였다. 일자별 환율이 다음과 같을 경우 20X2년의 손익계산서에 이 차입금과 관련하여 계상될 환산차이로 옳은 것은?

일자별 환율

20X1년 7월 25일 : ₩1,115/$
20X1년 12월 31일 : ₩1,190/$
20X2년 12월 31일 : ₩1,250/$

	계정과목	금 액
①	외화환산손실	3,000,000원
②	외화환산이익	3,000,000원
③	외화환산이익	6,750,000원
④	외화환산손실	6,750,000원

34 **다음 중 회사의 재무제표를 입수할 수 있는 방법에 관한 설명으로 옳지 않은 것은?**

① 모든 회사의 재무제표는 금융감독원의 전자공시시스템(http://dart.fss.or.kr)에서 찾아볼 수 있다.

② 직전 사업연도 말의 총자산이 500억원 이상 되는 주식회사는 법적으로 재무제표에 대한 회계감사를 받아 전자공시시스템에 공시하고 있다.

③ 직전 사업연도의 매출액(사업연도가 12개월 미만인 경우에는 12개월로 환산한 매출액)이 500억원 이상인 주식회사는 법적으로 재무제표에 대한 회계감사를 받아 전자공시시스템에 공시하고 있다.

④ 상장회사의 사업보고서에는 재무제표가 첨부되어 있다.

35 **다음 신문기사의 괄호 안에 들어갈 감사의견으로 옳은 것은?**

> 이모씨는 각종 계약서를 위조하는 등의 수법으로 A사의 당기순손실 150억원을 '0'원으로 둔갑시켰다. 당초 (ㄱ)이라고 적혔던 감사보고서도 A사에 더 유리한 (ㄴ)으로 바뀌었다.
>
> (ㄱ)은 회사의 장부기재가 부실하거나 감사인에게 자료제출을 거부하는 등 감사범위의 제한이 특히 중요하고 전반적이어서 충분하고 적합한 감사증거를 확보할 수 없는 경우에 표명하는 감사의견이다. (ㄱ)을 받으면 상장기업의 경우 상장폐지 사유에 해당하게 된다.
>
> (ㄴ)은 재무제표가 기업회계기준에 따라 중요성의 관점에서 적정하게 표시되고 있다고 판단했을 경우 표명하게 된다.
>
> 즉, (ㄱ)을 받아 상장폐지 사유가 발생해야 하는 A사는 감사의견이 (ㄴ)으로 바뀜에 따라 상장폐지를 면할 수 있었던 것이다.

	(ㄱ)	(ㄴ)
①	의견거절	한정의견
②	부적정의견	한정의견
③	한정의견	부적정의견
④	의견거절	적정(공정)의견

36 (주)삼일의 20X2년 재무자료를 이용하여 당좌비율을 계산하면 얼마인가?(단, 소수점 첫째자리에서 반올림한다)

유동자산	5,000,000원
재고자산	1,290,000원
유형자산	4,000,000원
유동부채	3,500,000원
비유동부채	4,100,000원

① 37%
② 106%
③ 143%
④ 180%

37 다음 중 주주입장에서 바라본 기업의 이익창출능력을 나타내는 재무비율을 의미하는 것으로 옳은 것은?

① 이자보상배율
② 영업이익률
③ 매출채권회전율
④ 자기자본이익률

38 다음 자료를 참고하여 총자산회전율을 계산하면 얼마인가?

재무상태표

	20X1년 12월 31일	20X2년 12월 31일
자 산	110,000,000원	150,000,000원
부 채	75,000,000원	85,000,000원
자 본	35,000,000원	65,000,000원

손익계산서

	20X2년
매 출	260,000,000원
매출원가	180,000,000원
판매비와관리비	35,000,000원
영업이익	45,000,000원

① 1.8회
② 2.0회
③ 6.5회
④ 0.5회

39 다음은 동종업을 영위하는 두 개 기업의 20X1년 재무제표이다. 아래의 자료를 토대로 나눈 토론 중 옳지 않은 의견을 말한 사람은 누구인가?

A사 손익계산서

20X1년 1월 1일 ~ 20X1년 12월 31일

과 목	금 액
매출액	600,000원
매출원가	360,000원
매출총이익	240,000원
판매비와관리비	120,000원
영업이익	120,000원
영업외수익	30,000원
영업외비용	50,000원
당기순이익	100,000원

B사 손익계산서

20X1년 1월 1일 ~ 20X1년 12월 31일

과 목	금 액
매출액	800,000원
매출원가	500,000원
매출총이익	300,000원
판매비와관리비	180,000원
영업이익	120,000원
영업외수익	150,000원
영업외비용	30,000원
당기순이익	240,000원

① 영수 : 두 회사가 같은 영업이익을 보고하고 있으므로 영업이익률 측면에서는 시장에서 동일한 평가를 받겠군요.

② 철희 : 동일한 제품을 취급한다면 시장점유율은 B사가 우위에 있을 가능성이 높아요.

③ 순희 : A사가 B사보다 매출총이익률은 2.5% 더 높습니다.

④ 영희 : B사 당기순이익이 A사보다 월등히 큰 것은 영업이익보다 더 큰 영업외수익의 발생 때문인 것 같네요. 두 기업의 영업외수익을 확인해보는 것도 필요할 것 같습니다.

40 다음 자료를 이용하여 주당순이익(EPS)을 계산하면 얼마인가?

ㄱ. 당기순이익	90,000,000원
ㄴ. 보통주 주식수	6,000주
ㄷ. 우선주 주식수	3,000주
ㄹ. 보통주 1주당 시가	10,000원

① 6,000원

② 10,000원

③ 15,000원

④ 30,000원

제4회 기출문제 (2024년 3월 기출)

합격기준 70점 / 응시시간 50분

- 특별한 언급이 없는 한 기업의 보고기간(회계기간)은 매년 1월 1일부터 12월 31일까지이다.
- 자료에서 제시한 것 외의 사항은 고려하지 않고 답한다. 예를 들어, 법인세에 대한 언급이 없으면 법인세효과는 고려하지 않는다.
- 별도 언급이 없는 한 문제에 적용되는 회계기준과 계정과목은 일반기업회계기준을 적용한다.

01 다음 중 재무상태표 작성기준에 관한 의견으로 옳지 않은 설명을 한 사람은 누구인가?

> 철수 : 재무상태표의 자산은 금액이 큰 순서로 보여주어야 한다.
> 영희 : 매출채권과 대손충당금은 상계하여 순액으로 표시해서는 안된다.
> 영수 : 자본거래에 의한 잉여금과 영업활동에 의한 잉여금은 구분하여야 한다.
> 순희 : 기중 계상한 가지급금은 그 성격에 따라 비용화하거나 선급금 등으로 대체처리해야 한다.

① 철 수
② 영 희
③ 영 수
④ 순 희

02 다음 중 부기와 회계에 관한 설명으로 옳지 않은 것은?

① 부기란 어떠한 사건에 대하여 그 사실을 요약하고 정리하여 장부에 기입하는 것을 말한다.
② 부기는 기록방식에 따라 단식부기와 복식부기로 구분할 수 있다.
③ 회계란 회사의 경영활동에 대한 유용한 정보를 이해관계자에게 전달하는 과정이다.
④ 회계는 부기의 한 과정으로 부기의 일부 요소이다.

03 회계기간 중의 회계처리는 다음의 과정을 거쳐 이루어진다. (가)와 (나)에 들어갈 알맞은 단어는?

① (가) 마감, (나) 전기
② (가) 분개, (나) 대차
③ (가) 분개, (나) 전기
④ (가) 이월, (나) 분개

04 다음 현금계정의 날짜별 기입내용을 보고 발생한 거래를 추정한 것으로 옳은 것은?

현 금 (단위 : 원)

1/2	자본금	5,000,000	1/13	토 지	3,000,000
1/15	외상매출금	1,000,000	1/25	차입금	2,500,000

① 1월 2일 현금 5,000,000원을 차입하였다.

② 1월 13일 토지를 매입하고 대금 3,000,000원을 현금으로 지급하였다.

③ 1월 15일 거래처에 외상매입금 1,000,000원을 현금으로 지급하였다.

④ 1월 25일 은행으로부터 2,500,000원을 차입하였다.

05 다음 거래에 대한 총계정원장의 전기결과로 옳은 것은?

보유하고 있던 상품은 현금 50,000원을 받고 판매하였다.

① 현 금

매 입	50,000		

② 현 금

		매 출	50,000

③ 매 출

매 출	50,000		

④ 매 출

		현 금	50,000

06 다음의 거래를 총계정원장에 전기하는 경우 계정의 증감과 그 증감내용이 기입될 곳으로 옳은 것은?

[거래] 주주로부터 자본금 500,000원을 현금으로 출자받아 회사를 설립하였다.

현 금

가	나

자본금

다	라

① 현금 증가, 가

② 현금 증가, 나

③ 자본금 감소, 다

④ 자본금 감소, 라

07 다음 중 현금및현금성자산의 회계처리에 관한 설명으로 옳은 것은?

① 현금이 들어온 경우 대변에 기재하고 나간 경우 차변에 기재한다.
② 매일 발생하는 현금의 수입과 지출을 기록하기 위한 보조장부를 분개장이라 한다.
③ 현금과부족은 실제로 소유하는 현금과 장부상의 현금 간에 차이가 발생하는 경우 사용하는 임시적인 계정이다.
④ 현금부족액이 결산 시까지 원인이 밝혀지지 않으면 수익으로 처리한다.

08 매출채권에 관한 자료가 다음과 같을 때 A사의 재무상태표상 기말 순매출채권 금액을 계산하면 얼마인가?

> A사는 B사에 상품 판매 시 300,000원은 현금으로 수령하였고 400,000원은 기말 현재 매출채권으로 남아 있다. 과거의 경험으로 보아 기말 매출채권 잔액의 3%는 회수가 불가능하여 기말 채권에 대해서도 잔액의 3%를 대손충당금으로 설정하기로 하였다(단, 기초 대손충당금 잔액은 없다).

① 285,000원
② 291,000원
③ 388,000원
④ 400,000원

09 다음 자료에 의한 유가증권의 취득원가는 얼마인가?

> 단기매매차익을 목적으로 시장성 있는 주식 10주를 주당 30,000원에 구입하면서 수수료로 증권회사에 25,000원을 지급하고, 거래세로 5,000원을 지급하였다.

① 300,000원
② 305,000원
③ 325,000원
④ 330,000원

10 **다음 중 재고자산에 관한 설명으로 옳지 않은 것은?**

① 매입운임은 재고자산의 취득원가에 포함하지 않는다.
② 매입할인, 매입에누리 및 매입환출은 매입원가에서 차감해야 한다.
③ 매입할인이란 구매자가 외상매입금을 조기에 지급한 경우 판매자가 현금할인을 해주는 것을 말한다.
④ 실지재고조사법은 기말에 재고자산의 수량을 직접 파악하여 매출원가를 산정한다.

11 **다음과 같은 재고자산 거래가 발생한 경우 재고자산의 흐름과 그 결과를 바르게 이야기한 사람은 누구인가?**

구 분	수 량	매입단가	금 액
기초재고(1월 1일)	100개	100원	10,000원
당기매입(4월 1일)	100개	120원	12,000원
당기매입(8월 1일)	100개	130원	13,000원
당기판매(10월 1일)	200개		

① 갑 : 선입선출법을 사용하면 기말 재고액은 전액 기초재고로 구성되어 있을 거야
② 을 : 후입선출법을 사용하면 기말 재고 수량은 150개가 될 거야
③ 병 : 선입선출법을 사용하면 매출원가는 22,000원이 될 거야
④ 정 : 후입선출법을 사용하면 매출원가는 23,000원이 될 거야

12 **(주)삼일은 이동평균법에 의하여 재고자산의 원가를 계산하고 있다. 다음 자료에서 12월 31일 (가)에 들어갈 기말 재고자산의 금액을 계산하면 얼마인가?**

거래일자	거래내역	입·출고			잔 액		
		수 량	단 가	금 액	수 량	단 가	금 액
1월 1일	기초재고	100개	200원	20,000원	100개	200원	20,000원
3월 1일	매 입	100개	240원	24,000원	200개		
5월 12일	매 출	(100개)			100개		
8월 15일	매 입	100개	280원	28,000원	200개		
11월 2일	매 출	(100개)			100개		
12월 31일	기말재고	100개			100개		(가)

① 20,000원
② 24,000원
③ 25,000원
④ 28,000원

13 다음은 12월 31일이 결산일인 (주)삼일의 매도가능증권 거래내역이다. 20X2년 손익계산서에 계상되는 매도가능증권처분손익은 얼마인가?

> 20X1년 6월 1일 : A주식 2,000주를 주당 5,000원에 취득하였다.
> 20X1년 12월 31일 : A주식의 주당 공정가치는 5,300원이다.
> 20X2년 9월 1일 : A주식 1,000주를 주당 5,500원에 처분하였다.

① 처분이익 300,000원 ② 처분이익 500,000원
③ 처분손실 500,000원 ④ 처분손실 800,000원

14 다음 자료를 이용하여 20X1년 감가상각비를 계산하면 얼마인가?(단, 회계기간은 1월 1일부터 12월 31일까지이다)

> • 20X1년 8월 1일 차량운반구를 3,000,000원에 구입하여 20X1년 12월 31일 현재 계속하여 사용 중이다.
> • 20X1년 1월 1일 2,000,000원의 건설 중인 자산이 있었으며, 20X1년 12월 31일 현재 계속 건설 중이다.
> • 감가상각방법은 정액법을 이용하며, 내용연수는 5년, 잔존가치는 0원이다.

① 150,000원 ② 200,000원
③ 250,000원 ④ 300,000원

15 다음 중 무형자산과 관련하여 옳은 이야기를 하는 사람은?

> 경수 : 무형자산의 인식요건을 충족한 지출은 비용으로 처리합니다.
> 희경 : 경상개발비는 상각대상인 무형자산입니다.
> 철수 : 개발비는 무조건 비용으로 처리해야 합니다.
> 영희 : 영업권 중에서도 내부적으로 창출된 영업권은 무형자산으로 인식할 수가 없습니다.

① 경 수 ② 희 경
③ 철 수 ④ 영 희

16 **다음 중 일반기업회계기준에 따라 기타비유동자산 항목으로 분류되는 것은?**

① 개발비
② 지분법적용투자주식
③ 임차보증금
④ 미수금

17 **(주)삼일의 시산표에서 다음과 같은 오류가 발견되었다. 이에 대한 수정분개로 옳은 것은?**

> 상품 500,000원을 외상매입하였으나, 수표를 발행하여 지급한 것으로 기입하였다.

①	(차) 상 품	500,000원	(대) 당좌예금	500,000원
②	(차) 외상매입금	500,000원	(대) 당좌예금	500,000원
③	(차) 외상매입금	500,000원	(대) 상 품	500,000원
④	(차) 당좌예금	500,000원	(대) 외상매입금	500,000원

18 **다음 중 유동부채로 계상할 수 없는 것은?**

① 임직원이 퇴사할 경우를 대비해 설정해 놓은 퇴직급여충당부채
② 상환일이 결산일로부터 1년 이내인 차입금
③ 상품을 구입하면서 당기에 교부한 3개월 만기의 어음 금액
④ 종업원에게 급여지급 시 총급여에서 공제한 소득세, 국민연금, 건강보험료 중 회사가 해당 기관에 아직 납부하지 않은 금액

19 **다음 중 사채에 관한 설명으로 옳은 것은?**

① 액면이자율이 시장이자율보다 작은 경우에는 할증발행을 하게 된다.
② 사채를 할인발행한 경우는 만기에 발행금액을 상환해야 한다.
③ 사채발행비는 미래의 이자비용을 증가시키는 효과가 있다.
④ 사채를 조기상환하는 경우 현금상환액이 사채의 장부가액보다 큰 경우 사채상환이익이 발생한다.

20 다음 거래에서 (주)삼일의 20X2년 12월 31일 회계처리 시 대변에 나타날 수 있는 계정으로 옳은 것은?

20X1년 1월 1일	(주)삼일은 은행으로부터 3년을 기한으로 10,000,000원을 차입하고 만기일에 현금으로 상황하기로 하였다.
20X2년 12월 31일	상환기일이 1년 이내로 도래하여 대체분개를 하였다.

① 사 채
② 단기차입금
③ 미지급금
④ 유동성장기부채

21 다음 중 자본에 관한 설명으로 옳은 것은?

① 법정자본금은 발행주식 총수에 1주당 공정가치를 곱하여 산정된 금액이다.
② 자기주식은 회사가 일단 발행한 자기회사의 주식을 다시 취득한 것을 말한다.
③ 자본잉여금은 영업활동에 의하여 획득된 이익 중 사외유출되지 않고 기업 내부에 유보된 이익이다.
④ 주식발행초과금은 주식의 액면금액이 발행가액을 초과하는 금액이다.

22 (주)삼일은 자기주식 10주(액면금액 5,000원)를 주당 6,000원에 구입하여 소각하였다. 다음의 거래가 재무상태표상의 자본항목에 미치는 영향에 관한 설명으로 옳은 것은?(보기에서 괄호 안의 금액은 자본의 차감항목을 의미함)

	자본금	자본조정	이익잉여금
①	60,000원 감소	(10,000원) 증가	10,000원 감소
②	50,000원 감소	변동 없음	변동 없음
③	50,000원 감소	(10,000원) 증가	변동 없음
④	60,000원 감소	변동 없음	10,000원 감소

23 다음 중 수익에 관한 내용으로 옳은 것은?

① 수익의 측정이란 손익계산서에 계상할 수익의 금액을 화폐액으로 측정하는 것을 말한다.
② 회계학에서는 수익인식시기의 결정기준으로 현금주의를 채택하고 있다.
③ 상품이나 제품을 판매한 후 반품이 발생하더라도 이를 차감하지 않은 금액으로 수익을 측정한다.
④ 기업회계기준에서는 재화를 판매한 경우 현금을 회수할 때 수익을 인식하는 것을 원칙으로 하고 있다.

24 12월 말 결산법인인 (주)서울은 20X1년 1월 1일에 (주)용산과 다음과 같은 건설공사계약을 체결하였다.

ㄱ. 공사기간 : 4년(20X1년 1월 1일 ~ 20X4년 12월 31일)
ㄴ. 공사계약금액 : 80,000,000원
ㄷ. 공사예정원가 : 60,000,000원
ㄹ. 공사는 매년 25%씩 진행된다.

다음 중 (주)서울의 건설공사계약에 관한 설명으로 옳은 것은?

① 20X1년에 인식할 공사 관련 매출액은 20,000,000원이다.
② 건설공사는 수익인식기준 중 회수기준을 적용하여 매출을 인식한다.
③ 20X2년에 인식할 공사이익은 10,000,000원이다.
④ 공사가 완료되는 20X4년에는 계약금인 80,000,000원을 매출로 인식한다.

25 다음의 자료를 분개할 경우 나타날 계정과목으로 옳은 것은?

(주)삼일은 제조활동을 위하여 보유하고 있던 기계장치를 아래와 같은 조건으로 처분하고 대금은 현금으로 받았다.
- 품명 : 기계장치
- 취득금액 : 10,000,000원
- 전기말 감가상각누계액 : 5,000,000원
- 판매금액 : 6,000,000원

① 투자자산처분이익
② 투자자산처분손실
③ 유형자산처분이익
④ 유형자산처분손실

26 다음 중 비용에 관한 설명으로 옳은 것은?

① 주된 영업활동에서 발생한 비용을 영업외비용이라 한다.
② 주된 영업활동 이외의 보조적 또는 부수적인 활동에서 순환적으로 발생하는 비용은 판매비와관리비로 처리한다.
③ 판매활동 및 회사의 유지·관리활동과 관련된 비용은 매출원가로 처리한다.
④ 당기 법인세부담액 등으로 인한 비용은 법인세비용으로 처리한다.

27 제조업을 영위하는 (주)삼일의 비용항목 중 판매비와관리비에 계상될 금액은 얼마인가?(단, 아래 비용은 제조활동과 관련이 없다고 가정한다)

ㄱ. 관리직사원급여	10,000,000원
ㄴ. 기부금	7,000,000원
ㄷ. 본사건물 감가상각비	6,000,000원
ㄹ. 광고선전비	2,000,000원
ㅁ. 단기매매증권처분손실	7,000,000원

① 18,000,000원 ② 19,000,000원
③ 25,000,000원 ④ 32,000,000원

28 도·소매업을 영위하는 (주)삼일의 20X1년 비용이 다음과 같다면, (주)삼일의 20X1년 손익계산서에 계상될 영업외비용은 얼마인가?(단, 결산수정분개는 모두 반영되었다)

ㄱ. 상품매입	2,500,000원
ㄴ. 급여(관리사원)	1,200,000원
ㄷ. 퇴직급여(관리사원)	150,000원
ㄹ. 배당금	200,000원
ㅁ. 이자비용	100,000원
ㅂ. 임차료(본사건물)	280,000원
ㅅ. 접대비	120,000원
ㅇ. 기부금	300,000원

① 400,000원 ② 1,350,000원
③ 1,650,000원 ④ 1,750,000원

29 **다음 중 결산절차에 해당하지 않은 것은?**

① 시산표의 작성
② 총계정원장에의 전기
③ 결산수정분개의 전기
④ 부속명세서 작성

30 **다음 중 시산표를 통해 검증할 수 있는 오류의 유형으로 옳은 것은?**

① 급여 300,000원을 현금으로 지급하면서 3,000,000원의 비용을 인식함
② 10,000,000원의 매출거래 1건을 누락함
③ 소모품비 500,000원을 접대비로 인식함
④ 거래처 매입 2,000,000원에 대한 전표를 중복 발행함

31 **다음의 거래 중 결산수정분개가 필요한 경우로 옳은 것은?**

① 20X1년 10월에 장부가액 400,000원인 단기매매증권을 600,000원에 처분하였다.
② 20X1년 3월에 상품 1,000,000원을 매입하기로 하고 계약금 100,000원을 현금지급하였다.
③ 20X1년 4월에 1년분 보험료를 미리 지급하고 전액 비용처리하였다.
④ 20X1년 6월에 업무용 토지를 1억원에 취득하였다.

32 **다음 중 대손충당금에 관한 설명으로 옳은 것은?**

① 회사가 보유한 채권 중 회수가 불가능한 금액이 최종적으로 확정되는 경우에만 대손충당금을 설정할 수 있다.
② 미수금에 대해서도 대손충당금을 설정할 수 있다.
③ 제조업을 영위하는 (주)삼일이 관계회사에 빌려준 대여금에 대한 대손상각비는 판매비와관리비에 속한다.
④ 대손충당금은 해당 자산에서 직접 차감하여 재무상태표에는 나타나지 않는다.

33 다음 중 수익의 이연과 관련 있는 계정과목으로 옳은 것은?

① 미지급금
② 선수임대료
③ 미수금
④ 선급보험료

34 다음은 한 신문기사 내용의 일부이며 이에 대해 회계전문가 김삼일이 논평하였다. 다음 논평 중 옳지 않은 것은?

> 이모씨는 20X1년 12월부터 20X4년 3월까지 자신이 저지른 400억원대 횡령·배임 범죄로 회사가 완전자본잠식 상태에 빠져 상장폐지될 위기에 처하자 회사 장부를 조작해 달라고 회계전문가 김모씨에게 돈을 건네면서 청탁을 했다. 김모씨는 각종 계약서를 위조하는 등의 수법으로 (ㄱ) A사의 당기순손실 314억원을 '0'원으로 둔갑시켜 줬다. (ㄴ) 당초 '의견거절'이라고 적었던 감사보고서도 A사에 더 유리한 '한정의견'으로 바꿔줬다. (ㄷ) 대표적인 장부조작방법은 불법사채자금을 빌려 이를 주주가 투자해준 자금으로 위장한 것이다. (ㄹ) 또한 회사에 가공의 재고자산을 만들어서 이익을 부풀리는 방법도 사용하였다.

① (ㄱ) 당기순손실을 조작하는 등 기업회계기준을 위반하여 재무제표를 작성하는 것을 분식회계라고 한다.
② (ㄴ) 상장기업이 의견거절을 받는 경우에는 상장폐지 사유에 해당한다.
③ (ㄷ) 재무상태표상 부채를 과소계상하고 자본을 과대계상하는 방법을 사용한 것이다.
④ (ㄹ) 매출원가를 실제보다 과대계상하여 이익을 증가시키는 방법을 사용한 것이다.

35 다음 중 외부감사와 감사의견에 관한 설명으로 옳은 것은?

① 외부감사는 회사가 제시한 재무제표가 일정한 회계기준에 따라 적정하게 작성되었는지를 외부감사인이 확인하는 절차이다.
② 적정의견은 회사의 경영성과와 재무상태가 양호하다는 것을 의미한다.
③ 회사의 재무제표가 기업회계기준을 심각하게 위배한 경우 한정의견을 표명한다.
④ 감사범위의 제한이 없거나 중요하지 않은 경우 부적정의견을 표명한다.

36 (주)삼일의 20X1년 1월 1일 매출채권 잔액은 40,000,000원이고, 20X1년 12월 31일 매출채권 잔액은 50,000,000원이었다. 20X1년 (주)삼일의 매출이 90,000,000원, 매출원가는 60,000,000원일 경우, (주)삼일의 매출채권회수기간은 얼마인가?(단, 1년은 360일로 가정하며, 기초매출채권과 기말매출채권의 평균금액을 기준으로 산정한다)

① 120일
② 180일
③ 240일
④ 360일

37 다음은 (주)용산의 재무상태표이다. (주)용산의 유동비율을 계산하면 얼마인가?

유동자산	2,000,000원	유동부채	1,000,000원
비유동자산	5,500,000원	비유동부채	2,500,000원
		자 본	4,000,000원

① 200%
② 300%
③ 350%
④ 400%

38 (주)삼일은 실지재고조사법을 채택하고 있으며 보고기간말 당기순이익이 너무 크게 계상되는 것을 우려하여 외상매출거래의 일부를 기록하지 않았다. 이러한 거래누락으로 인한 영향을 설명한 것으로 옳은 것은?

① 유동비율은 영향을 받지 않는다.
② 당좌비율은 영향을 받지 않는다.
③ 재고자산회전율은 영향을 받지 않는다.
④ 매출채권회전율은 영향을 받지 않는다.

39 다음 중 손익계산서를 통해 확인할 수 있는 사항으로 옳은 것은?

① 매출액증가율
② 유동비율
③ 부채비율
④ 총자산증가율

40 다음 자료를 이용하여 주당순이익을 계산하며 얼마인가?(단, 당기 중 유통보통주식수의 변동은 없다고 가정한다)

매출액	100,000,000원
당기순이익	20,000,000원
보통주자본금	10,000,000원
보통주 1주당 액면금액	1,000원
부통주 1주당 시가	10,000원

① 1,000원
② 2,000원
③ 10,000원
④ 20,000원

제5회 기출문제 (2023년 12월 기출)

합격기준 70점 / 응시시간 50분

- 특별한 언급이 없는 한 기업의 보고기간(회계기간)은 매년 1월 1일부터 12월 31일까지이다.
- 자료에서 제시한 것 외의 사항은 고려하지 않고 답한다. 예를 들어, 법인세에 대한 언급이 없으면 법인세효과는 고려하지 않는다.
- 별도 언급이 없는 한 문제에 적용되는 회계기준과 계정과목은 일반기업회계기준을 적용한다.

01 다음 중 회계에 관한 설명으로 옳지 않은 것은?

① 회계란 회사의 경영활동에 관심을 갖는 다양한 이해관계자가 합리적인 의사결정을 할 수 있도록 경영활동을 기록하고 추적하여 회사에 관한 유용한 재무적 정보를 측정하여 전달하는 과정이라고 정의할 수 있다.

② 관리회계는 주로 회사 외부의 이해관계자들에게 재무정보를 제공하는 것을 목적으로 하고, 재무회계는 주로 경영진과 같은 내부 정보이용자들에게 경영활동을 계획하거나 통제하는데 유용한 정보를 제공하는 것을 목적으로 한다.

③ 회계의 목적은 외부공표, 과세정보제공, 내부관리 등이 될 수 있다.

④ 회사에 대해 관심이 있는 이해관계자들에게 회사의 재산변화 등에 관한 다양한 재무정보를 생성하고 전달하는 것을 회계라고 할 수도 있다.

02 다음 자산계정 중 유동성배열법에 의하여 나열할 경우 재무상태표상 제일 처음(상단)에 표시되는 것으로 옳은 것은?

① 원재료

② 토 지

③ 재공품

④ 단기금융상품

03 다음 중 복식부기의 원리에 관한 설명으로 옳은 것은?

① 자산의 감소는 차변에, 증가는 대변에 기록한다.

② 부채의 증가는 차변에, 감소는 대변에 기록한다.

③ 자본의 감소는 차변에, 증가는 대변에 기록한다.

④ 수익의 발생은 차변에, 비용의 발생은 대변에 기록한다.

04 다음 중 회계상 거래로 옳은 것은?

① 임직원에게 현금 100,000원을 단기대여하였다.
② 사무실 건물의 처분을 공인중개사 사무소에 위탁하였다.
③ 신기술 도입을 위해 외국에 100,000달러의 기계장치를 주문하였다.
④ 신입사원과 연봉 30,000,000원을 지급하는 고용계약서를 작성하였다.

05 다음 중 보기의 분개 유형이 적용되는 거래는 어느 것인가?

(차) 비 용	×××	(대) 자 산	×××

① 당기 발생한 접대비 1,000만원을 현금으로 지급하였다.
② 프로그램 설계용역을 제공하고 용역 제공대가 250만원은 다음 달에 받기로 하였다.
③ 투자자들로부터 현금 1억원을 출자받았다.
④ 1년 만기 5,000만원 정기예금에 가입하였다.

06 다음 자료를 통해 (ㄱ) ~ (ㄹ)을 계산하면 얼마인가?(단, 기중에 자본거래는 없다고 가정한다)

(단위 : 원)

기초자산	기초부채	기초자본	기말자산	기말부채	기말자본	총수익	총비용	순이익
1,800	(ㄱ)	1,100	(ㄴ)	600	(ㄷ)	(ㄹ)	900	300

	(ㄱ)	(ㄴ)	(ㄷ)	(ㄹ)
①	700	2,000	1,400	900
②	700	2,000	1,400	1,200
③	700	1,400	1,300	1,200
④	800	1,400	1,300	1,200

07 삼일은행에 당좌예금통장(당좌차월 150,000원)을 개설하고, 현금 100,000원을 예금한 경우의 회계처리로 옳은 것은?

①	(차) 당좌예금	100,000원	(대) 현 금	100,000원
②	(차) 당좌예금	250,000원	(대) 현 금	100,000원
			차입금	150,000원
③	(차) 당좌예금	150,000원	(대) 현 금	150,000원
④	회계처리 없음			

08 20X1년 12월 31일 현재 (주)삼일의 현금 및 금융상품과 관련된 내역이 다음과 같을 경우 기업회계기준에 따라 20X1년 말 현재 (주)삼일의 현금및현금성자산 및 단기금융상품 계정으로 기재해야 하는 금액은 각각 얼마인가?

> ㄱ. 현금시재액 : 200,000원
> ㄴ. 자기앞수표 : 500,000원
> ㄷ. 당좌예금 : 1,000,000원
> ㄹ. 정기예금 : 1,200,000원(가입 20X1년 3월 1일, 만기 20X2년 2월 28일)

	현금및현금성자산	단기금융상품
①	700,000원	0원
②	700,000원	1,200,000원
③	1,700,000원	0원
④	1,700,000원	1,200,000원

09 다음 거래와 관련된 회계처리로 옳지 않은 것은?

> 8월 1 일 여유자금의 일시적 투자를 통한 단기매매차익을 얻기 위해 매수와 매도가 적극적으로 이루어지는 (주)삼일의 주식 100주를 주당 1,000원에 현금을 지급하고 취득하였다.
> 10월 1일 (주)삼일의 주식 50주를 주당 1,500원에 처분하고 현금을 수령하였다.
> 12월 31일 (주)삼일의 주당 공정가치는 현재 2,000원이다.

① 8월 1일	(차)	단기매매증권	100,000원	(대)	현 금	100,000원
② 10월 1일	(차)	현 금	75,000원	(대)	단기매매증권	50,000원
					단기매매증권처분이익(당기손익)	25,000원
③ 12월 31일	(차)	단기매매증권	50,000원	(대)	단기매매증권평가이익(당기손익)	50,000원
④ 12월 31일	(차)	단기매매증권	50,000원	(대)	단기매매증권평가이익(기타포괄손익)	50,000원

10 **다음 중 재고자산에 관한 설명으로 옳은 것은?**

① 재고자산의 종류에는 상품, 제품, 재공품뿐만 아니라 아직 생산에 투입하지 않은 원재료도 포함된다.

② 재고자산이란 영업활동 과정에서 제품의 생산과 부족한 영업자금의 조달을 목적으로 보유하고 있는 자산이다.

③ 선적지 인도조건인 경우에는 상품의 출발지와 목적지의 중간지점을 지나는 순간 소유권이 매입자에게 이전된다.

④ 재고자산의 취득원가에는 매입가액에 매입부대비용을 포함하지만 관세는 매입부대비용에 포함되지 않는다.

11 **다음은 (주)삼일의 재고자산 내역이다. (주)삼일은 재고자산 회계처리로 실지재고조사법을 사용하고 있으며, 선입선출법으로 매출원가와 기말재고액을 구한다. 기말재고자산 금액으로 올바른 금액은 얼마인가?**

- 기초재고액(1월 1일) : 10,000원 (수량 100개, 단가 100원)
- 당기매입액(3월 1일) : 14,000원 (수량 100개, 단가 140원)
- 당기판매액(6월 1일) : 20,000원 (수량 100개)
- 당기매입액(8월 1일) : 16,000원 (수량 100개, 단가 160원)

① 24,000원

② 28,000원

③ 30,000원

④ 32,000원

12 **(주)삼일은 20X1년 중 최초로 영업을 개시하였다. 20X1년 말 (주)삼일이 상품을 평가한 결과 2,000개의 상품 중 일부인 100개의 가치가 크게 하락하여 단위당 시가가 700원(취득원가는 단위당 1,000원)이라고 할 때 이와 관련하여 기말에 수행할 분개로 옳은 것은?**

① 분개 없음

② (차) 매출액 100,000원 (대) 재고자산 100,000원

③ (차) 재고자산감모손실(영업외비용) 30,000원 (대) 재고자산감모손실충당금 30,000원

④ (차) 재고자산평가손실(매출원가) 30,000원 (대) 재고자산평가손실충당금 30,000원

13 **(주)삼일은 20X1년 1월 1일에 매도가능증권인 (주)일삼의 주식을 1,800,000원(10주)에 취득하면서, 취득부대비용이 200,000원 발생하였다. 20X1년 말 공정가치는 주당 180,000원이며, 20X2년 말 공정가치는 210,000원이다. 20X3년 1월 2일에 5주를 주당 200,000원에 처분하였다. 손익계산서에 보고될 처분손익은 얼마인가?**

① 0원
② 50,000원 처분손실
③ 100,000원 처분이익
④ 200,000원 처분이익

14 **다음 중 일반적으로 유형자산의 취득원가에 포함시킬 수 없는 것은?**

① 취득세
② 운송비
③ 시운전비
④ 수선유지비

15 **다음 중 일반기업회계기준상 무형자산에 관한 설명으로 옳은 것은?**

① 일반기업회계기준에서는 무형자산의 상각방법으로 합리적인 방법을 선택하여 적용하도록 하고 있으나 합리적인 상각방법을 정할 수 없는 경우에는 정률법을 시용한다.
② 무형자산의 상각 시에는 대변 계정으로 무형자산상각누계액 계정을 설정하지 않을 수 있다.
③ 내부적으로 창출한 영업권은 일정 요건을 충족하면 무형자산으로 인정된다.
④ 무형자산의 상각기간은 독점적・배타적인 권리를 부여하고 있는 관계법령이나 계약에 의한 경우를 제외하고는 30년을 초과하지 못한다.

16 **(주)삼일은 본사건물에 엘리베이터를 설치하고, 이를 수선비로 회계처리하였다. 이러한 회계처리가 (주)삼일의 재무상태표 및 손익계산서에 미치는 영향으로 옳은 것은?**

① 자산 과소계상, 비용 과대계상, 당기순이익 과소계상
② 자산 과대계상, 비용 과소계상, 당기순이익 과대계상
③ 자산 과대계상, 비용 변화없음, 당기순이익 변화없음
④ 자산 과소계상, 비용 과소계상, 당기순이익 과대계상

17 (주)삼일이 20X1년 12월 1일 상품을 판매하면서 5,500,000원(부가가치세 500,000원 포함)을 현금으로 수령한 경우 (주)삼일이 동 일자에 해야 할 회계처리로 옳은 것은?

①	(차) 현 금	5,500,000원	(대) 매 출	5,500,000원
②	(차) 현 금	5,500,000원	(대) 매 출	5,000,000원
			미지급비용	500,000원
③	(차) 현 금	5,500,000원	(대) 매 출	5,000,000원
			예수금	500,000원
④	(차) 현 금	5,000,000원	(대) 매 출	5,500,000원
	예수금	500,000원		

18 다음 중 부채에 관한 설명으로 옳지 않은 것은?

① 유형자산을 구입하고 대금을 지급하지 않은 것은 미지급금에 해당한다.
② 차용증서에 의하여 금전을 빌릴 때 발생하는 부채를 차입금이라 한다.
③ 상품매매업을 영위하는 기업이 판매할 상품을 구입하고 지급하지 않은 금액은 외상매입금에 해당한다.
④ 선수수익은 상품을 매출하기로 하고 수령한 계약금에 대한 부채 계정이다.

19 (주)삼일은 신규사업과 관련한 자금조달방법으로 유상증자 방안(이하 방안 A)과 사채발행 방안(이하 방안 B)을 고민하고 있다. (주)삼일의 방안 A와 방안 B의 발행조건은 다음과 같다. 두 가지 자금조달 방안 중 발행시점에 더 많은 자금을 조달할 수 있는 방안과 발행형태(할증, 할인 혹은 액면)를 올바르게 짝지은 것은?

〈방안 A : 유상증자 방안〉

(1) 1주당 액면금액	8,000원
(2) 1주당 발행금액	10,000원
(3) 추가적으로 발행 가능한 주식 수	50,000주

〈방안 B : 사채발행 방안〉

(1) 액면금액	500,000,000원
(2) 액면이자율	9.5%
(3) 시장이자율	10.2%

① 방안 A : 주식할증발행
② 방안 A : 주식할인발행
③ 방안 B : 사채할증발행
④ 방안 B : 사채할인발행

20 다음 중 퇴직급여충당부채 관련 회계처리에 관한 설명으로 옳지 않은 것은?

① 퇴직금은 '퇴직급여 보장에 관한 법률'이나 회사의 내부규정에 따라 지급하는데 기본적인 계산구조는 '평균급여 × 근속연수'이다.

② 재무상태표에 계상할 퇴직급여충당부채는 미래 종업원의 퇴직시점에 지급하여야 할 퇴직금을 추정한 금액으로 한다.

③ 퇴직급여충당부채는 기말시점으로부터 1년 내에 지급될 것으로 예측되는 부분과 그렇지 않은 부분을 구분하지 않고 비유동부채로 계상한다.

④ 기초 퇴직급여충당부채에서 당기 퇴직한 종업원에게 실제로 지급한 퇴직금을 차감한 잔액과 당기말 퇴직급여충당부채로 설정되어야 할 금액과의 차액을 당기 퇴직급여로 계상한다.

21 다음 계정과목 중 성격이 다른 하나는?

① 주식발행초과금

② 자기주식

③ 감자차익

④ 자기주식처분이익

22 다음의 거래가 재무상태표 항목에 미치는 영향을 바르게 나타낸 것은?

> ㄱ. 액면 5,000원의 주식 10주를 1주당 4,500원에 발행하였다.
> ㄴ. 배당금 20,000원을 지급하기로 결의하고 즉시 현금 지급하였다.

	자본잉여금	이익잉여금
①	증 가	감 소
②	불 변	불 변
③	감 소	불 변
④	불 변	감 소

23 다음 중 기업회계기준에 따른 수익인식에 관해 옳지 않은 주장을 하는 사람은 누구인가?

> 진희 : 건설공사의 경우 진행기준에 따라 수익을 인식한다.
> 철수 : 대가를 현금으로 수취한 경우에는 현금가액을 수익으로 인식한다.
> 영희 : 사용 후 매입의사표시를 하는 시송품에 대해서는 사용자로부터 매입의사표시를 받은 날에 수익을 인식한다.
> 영수 : 세금계산서를 물품공급일(인도일)보다 먼저 발행하면 세금계산서 교부일자에 수익을 인식한다.

① 진 희　② 철 수
③ 영 희　④ 영 수

24 다음 자료에 의하여 당기의 매출액을 계산하면 얼마인가?

• 매출원가	2,000,000원
• 판매비와관리비	300,000원
• 영업이익	500,000원

① 2,000,000원
② 2,500,000원
③ 2,800,000원
④ 3,000,000원

25 다음 건설공사와 관련하여 20X2년에 인식해야 할 수익은 얼마인가?

> 가. 공사기간 : 20X1년 1월 1일 ~ 20X4년 12월 31일 (4년)
> 나. 총도급금액 : 30,000,000원
> 다. 총공사예정원가 : 25,000,000원
> 라. 20X1년 발생 공사원가 : 6,250,000원, 20X2년 발생 공사원가 : 7,500,000원

① 6,000,000원
② 7,200,000원
③ 9,000,000원
④ 15,000,000원

26 다음 중 구매자가 매입채무를 조기에 지급하여 판매자로부터 대금의 일정액을 할인받는 것을 무엇이라고 하는가?

① 선급금
② 매입할인
③ 매입반품
④ 매입에누리

27 법인세비용은 영업활동의 결과인 일정기간에 벌어들인 소득에 대하여 부과하는 세금이므로 영업활동이 보고되는 기간에 비용으로서 인식되어야 한다. 결산일에 이루어져야 할 분개로서 옳은 것은? (단, 이연법인세는 고려하지 않는다)

①	(차) 선급법인세	×××	(대) 현 금	×××
②	(차) 법인세비용	×××	(대) 선급법인세	×××
			미지급법인세	×××
③	(차) 미지급법인세	×××	(대) 현 금	×××
④	(차) 미지급법인세	×××	(대) 선급법인세	×××

28 다음은 (주)삼일의 회계부서 팀원 간의 대화이다. (ㄱ)과 (ㄴ)에 들어갈 내용으로 옳은 것은?

> 김과장 : 박대리, 어제 재고자산과 관련한 거래내역을 확인해 봤나요?
> 박대리 : 네, 확인했습니다. 판매되지 않고 이월된 제품들을 우리 회사의 거래처에 무상으로 증정하였더라고요. 그런데 과장님, 회계처리를 하려고 하는데 어떤 계정과목을 사용해야 하는지 좀 헷갈립니다.
> 김과장 : 일단 업무와 관련하여 거래처로부터 대가를 받지 않고 무상으로 제품을 보내줬으니까 (ㄱ)(으)로 처리를 해야 합니다. 만약에 회사의 사업과 무관하게 제품을 보낸 경우였다면 (ㄴ)(으)로 처리해야 하겠지요.
> 박대리 : 네 알겠습니다. 바로 처리하도록 하겠습니다.

	(ㄱ)	(ㄴ)
①	복리후생비	기부금
②	접대비	복리후생비
③	기부금	접대비
④	접대비	기부금

29 다음 중 시산표와 관련하여 옳지 않은 설명을 하는 사람은?

> 삼일 : 시산표를 작성하고 나면 차변의 합계와 대변의 합계가 일치하는지를 확인해서 총계정원장의 기록이 정확한지 여부를 파악해야 해
> 삼이 : 하지만 거래의 인식 자체가 누락되었거나 계정과목을 잘못 기재한 오류는 시산표의 합계검증으로는 식별할 수가 없잖아
> 삼삼 : 그런 종류의 오류는 거래증빙부터 시작해서 전표, 원장, 시산표 순으로 차근히 검토하는게 효율적이겠네
> 삼사 : 시산표의 유형 중에 합계잔액시산표는 합계와 잔액을 모두 나타내줄 수 있어서 기업에서 일반적으로 가장 많이 사용한대

① 삼 일
② 삼 이
③ 삼 삼
④ 삼 사

30 다음 재고자산 계정과 관련된 회계처리 중 기말 결산 절차에서 이루어지지 않는 것은?

① 재고자산의 매입
② 재고자산의 실사
③ 매출원가의 계산
④ 재고자산의 평가

31 다음 중 결산수정분개에 관한 설명으로 옳지 않은 것은?

① 편의상 현금주의회계로 처리했던 회계처리가 있다면 발생주의회계로 전환해야 한다.
② 단기매매증권은 기말 현재의 공정가치로 재평가되어야 한다.
③ 재고자산 실사결과 수량이 부족한 부분에 대해서는 재고자산을 차감 조정한다.
④ 유・무형자산에 대한 감가상각비 계상 및 퇴직급여충당부채의 설정은 기중에 각 거래가 발생한 시점에서 이루어지는 것이 일반적이다.

32 다음은 (주)삼일의 보험료와 관련된 미지급비용 계정에 관한 설명이다. 미지급비용의 기초잔액이 100,000원, 결산수정분개 후 기말잔액은 50,000원, 손익계산서상 보험료는 200,000원일 때 (주)삼일이 당기에 지급한 보험료 금액은 얼마인가?

① 100,000원
② 150,000원
③ 200,000원
④ 250,000원

33 다음 중 손익 계정 및 재무상태표 계정의 마감에 관한 설명으로 옳지 않은 것은?

① 집합손익 계정의 차변에는 비용 계정의 잔액을, 대변에는 수익 계정의 잔액을 기록한다.
② 장부를 마감하게 되면 손익 계정과 재무상태표 계정 모두 잔액이 모두 0이 된다.
③ 집합손익 계정의 대변과 차변의 차액은 당기순이익(순손실)이 되며 자본 계정으로 대체한다.
④ 영구계정에 대하여 해당 계정의 반대편에 차기이월이라고 기재한다.

34 다음 중 감사의견의 종류에 관한 설명으로 옳은 것은?

① 재무제표의 일부가 기업회계기준에서 정하는 방법대로 회계처리되지 않고, 이것이 재무제표에 중요한 영향을 미치는 경우 적정의견을 표명한다.
② 재무제표에 기업회계기준 위배사항이 없거나 중요하지 않은 경우 한정의견을 표명한다.
③ 회사의 재무제표가 기업회계기준을 심각하게 위배한 경우 부적정의견을 표명한다.
④ 감사인이 재무제표 신뢰가능성에 대한 의견표명에 필요한 충분한 감사증거를 수집하지 못한 경우 한정의견을 표명한다.

35 다음 중 재무제표에 관한 설명으로 옳지 않은 것은?

① 주석은 재무제표의 일부를 구성한다.
② 자본변동표는 자본의 변화내역을 자본구성 요소별로 보여주는 재무제표이다.
③ 손익계산서를 통해 영업손익과 당기순손익, 기타포괄손익을 알 수 있다.
④ 현금흐름표를 통해 기업이 영업활동에서 창출한 현금흐름이 얼마인지를 측정할 수 있다.

36 다음은 (주)삼일의 3개년 요약 재무상태표 및 손익 정보를 나타낸 것이다. 20X3년 (주)삼일의 재고자산회전율은 직전기 대비 몇 % 변동되었는가?(단, 재고자산회전율은 평균기준으로 계산한다)

(단위 : 원)

계정과목	20X1년	20X2년	20X3년
유동자산	30,000,000	35,000,000	40,000,000
당좌자산	15,000,000	18,000,000	17,000,000
재고자산	15,000,000	17,000,000	23,000,000
비유동자산	70,000,000	75,000,000	80,000,000
유동부채	25,000,000	20,000,000	20,000,000
비유동부채	45,000,000	36,000,000	32,000,000
자 본	30,000,000	54,000,000	68,000,000

(단위 : 원)

계정과목	20X1년	20X2년	20X3년
매출액	150,000,000	192,000,000	216,000,000
매출총이익	45,000,000	64,000,000	96,000,000
영업이익	15,000,000	36,000,000	40,500,000
법인세차감전순이익	22,000,000	30,000,000	18,000,000
당기순이익	17,000,000	24,000,000	14,000,000

① 25% 감소
② 30% 감소
③ 25% 증가
④ 30% 증가

37 다음 자료를 이용하여 당좌비율과 유동비율을 계산하면 얼마인가?

현금및현금성자산	500,000원	매입채무	1,500,000원
매출채권	1,500,000원	단기차입금	2,500,000원
단기매매증권	1,000,000원	퇴직급여충당부채	3,000,000원
재고자산	4,000,000원	사 채	5,000,000원
건 물	5,000,000원		
영업권	3,000,000원		

	당좌비율	유동비율
①	75%	100%
②	75%	175%
③	100%	75%
④	100%	175%

38 다음 거래 중 부채비율이 높아지는 거래로 옳지 않은 것은?

① 매출채권을 현금으로 회수한 경우
② 제품인도 전 물건대금의 일부를 현금으로 수령한 경우
③ 은행으로부터 자금을 장기 차입한 경우
④ 원재료를 외상으로 매입한 경우

39 (주)삼일의 20X1년 손익계산서와 관련된 자료는 다음과 같다. (주)삼일의 20X1년 당기순이익률은 얼마인가?

매출액	5,000,000원
매출원가	2,500,000원
판매비와관리비	1,000,000원
영업외수익	110,000원
영업외비용	60,000원
법인세비용	150,000원

① 14%
② 25%
③ 28%
④ 43%

40 다음 중 당기순이익을 발행한 유통보통주식수로 나누어 1주당 창출한 이익이 얼마인지를 파악할 수 있는 재무비율로 옳은 것은?

① 당기순이익율
② 주당순이익
③ 순이익증가율
④ 영업이익율

제6회 기출문제 (2023년 11월 기출)

합격기준 70점 / 응시시간 50분

- 특별한 언급이 없는 한 기업의 보고기간(회계기간)은 매년 1월 1일부터 12월 31일까지이다.
- 자료에서 제시한 것 외의 사항은 고려하지 않고 답한다. 예를 들어, 법인세에 대한 언급이 없으면 법인세효과는 고려하지 않는다.
- 별도 언급이 없는 한 문제에 적용되는 회계기준과 계정과목은 일반기업회계기준을 적용한다.

01 다음 중 재무제표의 작성원칙에 관한 설명으로 옳은 것은?

① 잉여금 구분의 원칙은 재무상태표상의 자산항목에 대하여 적용된다.
② 서로 다른 거래처의 매출채권과 선수금을 상계하는 것은 총액주의의 원칙에 위배되지 않는다.
③ 1년 이후에 현금화될 자산이라도 경우에 따라 유동자산에 포함될 수 있다.
④ 유동성배열법에 의하여 자산은 환금성이 높은 순서로, 부채는 환금성이 낮은순서로 각각 표시되어야 한다.

02 다음 중 회계상 거래로 올바른 것을 모두 고른 것은?

> (주)삼일은 생산능력 향상을 위해 <u>(가) 생산직 사원 5명을 채용</u>하기로 하고, <u>(나) 1,000,000원의 생산기계 5대를 구매</u>하였다 또한, <u>(다) 은행의 차입금 3,000,000원을 상환</u>하고, <u>(라) 추가 자금확보를 위해 이사회에서 신주발행의사결정</u>을 내렸다.

① 가, 나
② 나, 다
③ 다, 라
④ 가, 라

03 다음 중 회계순환과정에 관한 설명으로 옳지 않은 것은?

① 재무제표의 작성에 있어 재무상태표의 이익잉여금이 결정되어야 손익계산서 작성이 완료된다.
② 분개는 복식부기의 원리에 따라 거래의 이중성(원인과 결과)을 차변과 대변으로 나누어 기록하는 것이다.
③ 전기는 계정별원장에 계정과목별로 기록하는 것으로 계정별 잔액을 확인하는데 유용하다.
④ 총계정원장을 이용하면 회사 전체의 재무상태와 경영성과를 개괄적으로 파악할 수 있다.

04 다음 거래에 대한 분개 중 옳지 않은 것은?

① 매출채권 1,000,000원을 현금으로 회수하였다.

(차) 현 금	1,000,000원	(대) 매출채권	1,000,000원

② 토지를 5,000,000원에 외상으로 구입하였다.

(차) 토 지	5,000,000원	(대) 미지급금	5,000,000원

③ 차입금을 통하여 현금 5,000,000원을 조달하였다.

(차) 현 금	5,000,000원	(대) 차입금	5,000,000원

④ 취득가액이 500,000원인 차량운반구를 현금 800,000원에 처분하였다(감가상각누계액 200,000원).

(차) 현 금	800,000원	(대) 차량운반구	500,000원
		유형자산처분이익	300,000원

05 다음 거래에서 나타나는 거래의 8요소를 보기에서 모두 고른 것은?

건물 임차료 1,000만원과 종업원 급여 100만원을 지급하였다.

보기

ㄱ. 자산의 감소
ㄴ. 비용의 발생
ㄷ. 부채의 증가
ㄹ. 자본의 감소

① ㄱ, ㄴ
② ㄴ, ㄷ
③ ㄱ, ㄹ
④ ㄷ, ㄹ

06 다음은 (주)삼일의 임대료수익 계정별원장을 나타낸 것이다. 계정별원장의 기록에 관한 설명으로 옳은 것은?

선수수익					
12/31	임대료	45,000원	4/1	현 금	60,000원

① 회사의 1개월분 임대료는 5,000원이며 재무상태표에 인식되는 차기 이연수익은 15,000원이다.

② 회사의 임대료는 실현주의 요건에 따라 손익계산서에 15,000원으로 인식한다.

③ 회사는 최초 수익계정을 이용하여 회계처리하였고 결산조정을 통해 부채계정을 인식하였다.

④ 회사의 선수수익은 차기에 임대서비스를 제공할 의무이므로 재무상태표에 60,000원으로 인식한다.

07 (주)삼일은 소액현금 제도를 사용하고 있다. 자료에서 8월 1일자 회계처리 시 차변의 내용으로 옳은 것은?

> 20X1년 7월 1일 : 500,000원을 전도금으로 지급하다.
> 20X1년 7월 30일 : 전도금 중 사용내역을 다음과 같이 통보받다.
>
> | | |
> |---|---|
> | • 교통비 : 100,000원 | • 접대비 : 150,000원 |
> | • 통신비 : 70,000원 | • 잡비 : 20,000원 |
>
> 20X1년 8월 1일 현금으로 사용액을 보충해주다.

① 현금 160,000원　　② 현금 340,000원
③ 소액현금 160,000원　　④ 소액현금 340,000원

08 다음은 (주)삼일의 매출채권에 관한 대손충당금 설정자료이다. 12월 31일 회계처리로 옳은 것은? (단, 기초 대손충당금은 60,000원이었다)

> • 결산일에 외상매출금(1개월 이내) 5,000,000원의 1%를 대손충당금으로 설정하였다.
> • 결산일에 받을어음(3개월 이내) 2,000,000원의 3%를 대손충당금으로 설정하였다.

①	(차) 대손충당금	50,000원	(대)	매출채권	50,000원
②	(차) 대손상각비	50,000원	(대)	대손충당금	50,000원
③	(차) 대손상각비	110,000원	(대)	대손충당금	110,000원
④	(차) 대손충당금	110,000원	(대)	매출채권	110,000원

09 다음은 (주)삼일이 투자 목적으로 취득한 A사 주식에 관한 내용이다. 동 유가증권이 (주)삼일의 20X2년 당기손익에 미치는 영향을 계산하면 얼마인가?

> ㄱ. 20X1년 중 주식 120주를 총 3,000,000원에 취득하고 매도가능증권으로 분류하였다.
> ㄴ. 20X1년 말 동 주식을 공정가치로 평가하고 총 360,000원의 평가이익을 인식하였다.
> ㄷ. 20X2년 중 80주를 주당 27,000원에 처분하였다.
> ㄹ. 20X2년 말 잔여 주식 40주에 대하여 총 120,000원의 평가손실을 인식하였다.

① (손실) 80,000원　　② (손실) 160,000원
③ (이익) 80,000원　　④ (이익) 160,000원

10 다음은 도소매업을 영위하는 (주)삼일의 20X1년 1월 상품 입고 및 출고에 관한 내용이다. 1월 말 현재 (주)삼일의 재고자산 금액을 계산하면 얼마인가?(단, (주)삼일은 당월에 신규로 사업을 개시하였다)

> 1월 5일 입고 : 매입가액 4,900,000원, 매입할인 100,000원, 수입관세 200,000원(※ 이 중 500,000원은 도착지 인도조건으로 수입한 상품으로서 월말까지 미입고)
> 1월 9일 출고 : 2,500,000원(※ 시송판매를 위한 출고로, 월말 현재 출고액의 10%에 대해 매입자가 매입 의사를 표시하지 아니함)
> 1월 18일 출고 : 1,800,000원(※ 위탁판매를 위한 출고로, 1월 말 현재 수탁자가 150,000원의 상품 보유)

① 450,000원
② 600,000원
③ 700,000원
④ 1,100,000원

11 (주)삼일은 다음과 같은 거래를 수행하였다. 재고자산 단가 결정방법으로 적절한 것은?

> • (주)중앙으로부터 산업용특수기계 1개 조를 100,000,000원에 주문을 받아 납품하였다.
> • (주)강원으로부터 레미콘용 트럭 3대를 대당 70,000,000원에 판매하였다.

① 개별법
② 선입선출법
③ 가중평균법
④ 후입선출법

12 다음은 (주)삼일의 당기 말 상품 재고와 관련된 자료이다. (주)삼일이 결산 시 인식해야 할 재고자산감모손실을 계산하면 얼마인가?

장부수량	250개	실사수량	235개
취득단가	1,500원	단위당 순실현가능가치	1,350원

① 15,000원
② 20,250원
③ 22,500원
④ 35,250원

13 아래 내용의 괄호 안에 들어갈 알맞은 단어와 그에 해당하는 계정과목으로 적절하게 짝지어진 것은?

> 비유동자산은 (　　), 유형자산, 무형자산, 기타비유동자산으로 구분된다.

① 투자자산 – 장기금융상품
② 투자자산 – 단기매매증권
③ 재고자산 – 재공품
④ 당좌자산 – 기계장치

14 (주)삼일은 20X1년 7월 1일에 취득원가 120,000,000원, 내용연수 5년, 잔존가액 20,000,000원인 기계장치를 취득하고 정액법으로 감가상각하였다. 20X2년에 이 기계장치에 대하여 10,000,000원의 수익적 지출이 발생하였다면, 20X2년 말 (주)삼일의 재무상태표에 계상될 동 기계장치의 장부가액은 얼마인가?

① 70,000,000원
② 80,000,000원
③ 90,000,000원
④ 100,000,000원

15 다음 중 무형자산에 관한 설명으로 올바르게 짝지은 것은?

> ㄱ. 연구활동과 관련된 비용은 일정 요건을 충족할 경우 무형자산인 개발비로 인식될 수 있다.
> ㄴ. 무형자산의 누적상각금액은 반드시 상각누계액 계정을 통해 취득원가에서 차감 표시되어야 한다.
> ㄷ. 무형자산은 영업활동을 위해 사용하는 물리적 실체가 없는 자산이다.
> ㄹ. 재무상태표에 계상되는 영업권은 합병, 영업양수 등의 과정에서 유상으로 취득한 것에 한한다.

① ㄱ, ㄴ
② ㄴ, ㄷ
③ ㄷ, ㄹ
④ ㄱ, ㄷ, ㄹ

16 다음 중 일반기업회계기준에 따라 기타비유동자산 항목으로 분류되는 것은?

① 영업권
② 지분법적용투자주식
③ 임대보증금
④ 이연법인세자산

17 다음 중 부채계정으로만 짝지어진 것으로 옳은 것은?

① 선급금, 선수금
② 미지급금, 미수금
③ 선급금, 미수금
④ 선수금, 미지급금

18 다음은 (주)삼일의 기중 당좌거래 자료이다. (주)삼일이 기말시점에 당좌거래와 관련하여 재무상태표에 계상해야 할 단기차입금을 계산하면 얼마인가?

> ㄱ. 기초 당좌예금 잔액은 3,000,000원이며, 동 계좌는 은행과 3,000,000원을 한도로 당좌차월 계약이 체결되어 있다.
> ㄴ. 기중 상품 판매대금 2,000,000원이 당좌계좌에 입금되었다.
> ㄷ. 기중 원재료 매입대금으로 7,000,000원의 당좌수표를 발행하여 지급하였다.

① 1,000,000원
② 2,000,000원
③ 3,000,000원
④ 4,000,000원

19 다음 중 비유동부채 회계처리에 관한 설명으로 옳지 않은 것은?

① 퇴직급여충당부채는 결산일 현재 전 임직원이 퇴사할 경우를 가정하여 지급하여야 할 퇴직금예상액(퇴직금추계액) 총액을 설정해야 한다.
② 사채의 시장이자율이 액면이자율보다 낮게 발행된 경우를 사채의 할증발행이라 한다.
③ 장기차입금은 일반적으로 비유동부채로 분류하나, 보고기간종료일로부터 1년 이내에 상환일이 도래하면 유동부채로 대체한다.
④ 사채를 할인발행하는 경우 사채발행기간 동안 사채발행회사가 인식할 이자비용은 만기에 가까워질수록 점점 감소한다.

20 다음은 (주)삼일의 20X1년 7월 1일에 발생한 차입금 관련 자료이다. 날짜별 회계처리 중 옳지 않은 것은?

> ㄱ. 차입금 : 30,000,000원
> ㄴ. 만기 : 3년(원금 만기 일시상환 조건)
> ㄷ. 이자율 : 12%, 매년 6월 30일 이자지급조건 (※ 시장이자율과 액면이자율은 동일하다고 가정한다.)

① 20X1년 7월 1일

(차) 현 금	30,000,000원	(대) 장기차입금	30,000,000원

② 20X1년 12월 31일

(차) 이자비용	1,800,000원	(대) 미지급비용	1,800,000원

③ 20X2년 6월 30일

(차) 이자비용	3,600,000원	(대) 현 금	3,600,000원

④ 20X2년 12월 31일

(차) 이자비용	1,800,000원	(대) 미지급비용	1,800,000원

21 다음의 거래가 재무상태표상 자본항목에 미치는 영향에 관한 설명으로 옳은 것은?

> ㄱ. 액면금액 10,000원의 주식 100주를 1주당 5,000원에 발행하였다.
> ㄴ. 미처분이익잉여금 1,000,000원을 현금으로 배당하였다.

	자본금	자본잉여금	이익잉여금
①	증 가	증 가	증 가
②	증 가	불 변	감 소
③	불 변	증 가	감 소
④	불 변	불 변	불 변

22 다음 중 이익잉여금에 관한 설명으로 옳지 않은 것은?

① 미처분이익영여금은 회사가 벌어들인 이익 중 배당금을 지급하거나 다른 목적으로 적립한 후 남아있는 영여금이다.

② 이익준비금은 채권자를 보호하고 회사의 재무적 기초를 견고히 하고자 상법의 규정에 의하여 강제적으로 적립하는 법정적립금이다.

③ 임의적립금은 기업이 특정목적을 위해 자발적으로 현금배당을 제한한 것이므로 해당 목적이 실현되고 나서는 이를 다시 현금배당할 수 있다.

④ 이익준비금은 자본금의 1/2에 달할 때까지 매 결산기 당기순이익의 1/10 이상의 금액을 적립하여야 한다.

23 다음 중 수익의 측정기준에 관한 설명으로 옳지 않은 것은?

① 대가를 현금으로 받은 경우 현금 수령액을 수익으로 인식한다.

② 대가를 현금 이외의 자산으로 받은 경우에는 판매한 자산의 공정가치를 수익으로 인식한다.

③ 수익 금액이 합리적으로 측정되지 않는다면 손익계산서에 당기의 경영성과로 인식할 수 없다.

④ 상품이나 제품을 판매한 후 에누리나 반품 또는 매출할인이 발생한 경우에는 이를 차감하고 수익을 인식한다.

24 다음 자료에 의하여 당기의 매출액을 계산하면 얼마인가?

매출원가	2,000,000원
판매비와관리비	500,000원
영업이익	500,000원

① 2,000,000원

② 2,500,000원

③ 2,800,000원

④ 3,000,000원

25 다음 건설공사와 관련하여 20X2년에 인식해야 할 공사수익을 계산하면 얼마인가?

> 가. 공사기간 : 20X1년 1월 1일 ~ 20X4년 12월 31일 (4년)
> 나. 총도급금액 : 30,000,000원
> 다. 총공사예정원가 : 25,000,000원
> 라. 20X1년 발생 공사원가 : 6,000,000원, 20X2년 발생 공사원가 : 6,500,000원

① 5,000,000원
② 7,200,000원
③ 7,800,000원
④ 15,000,000원

26 다음 자료를 이용해 (주)삼일의 매출총이익을 계산하면 얼마인가?

당기 상품 순매출액	300,000원	당기 상품 순매입액	200,000원
기초 상품 재고액	100,000원	기말 상품 재고액	120,000원

① 100,000원
② 120,000원
③ 180,000원
④ 200,000원

27 (주)삼일의 전 임직원이 퇴사할 경우 지급하여야 할 퇴직금은 당기 말 현재 12,000,000원으로 추정된다. 기중에 퇴사한 입직원에게 퇴직금 2,000,000원을 지급했다면, (주)삼일의 당기 손익계산서에 퇴직급여로 계상될 금액은 얼마인가?(단, 기초 시점의 퇴직금추계액은 9,500,000원이었다)

① 2,000,000원
② 2,500,000원
③ 4,500,000원
④ 10,000,000원

28 다음 중 당기순이익에 관한 설명으로 옳지 않은 것은?

① 당기순이익은 당기 발생한 세무상 소득과 일치한다.
② 당기순이익은 손익계산서의 마감을 통해 재무상태표의 이익영여금으로 대체된다.
③ 당기순이익은 법인세비용차감전순이익에서 법인세비용을 차감하여 표시한다.
④ 당기순이익은 일정기간 동안의 자본거래를 제외한 순자산 변동액을 의미한다.

29 다음 자료를 이용하여 결산절차를 순서대로 나열한 것으로 옳은 것은?

가. 장부를 마감한다.
나. 기말 수정분개를 한다.
다. 수정전시산표를 작성한다.
라. 수정후시산표를 작성한다.
마. 재무제표를 작성한다.

① 다 → 나 → 라 → 가 → 마
② 나 → 다 → 가 → 라 → 마
③ 다 → 마 → 나 → 라 → 가
④ 나 → 다 → 라 → 마 → 가

30 다음 중 시산표에서 발견할 수 없는 오류를 모두 고른 것은?

ㄱ. 거래 전체를 누락한 경우
ㄴ. 금액은 같지만 계정과목을 잘못 분류한 경우
ㄷ. 차변·대변 중 한쪽의 금액을 누락한 경우
ㄹ. 차변과 대변에 같은 금액의 오류가 포함된 경우

① ㄱ, ㄴ, ㄹ
② ㄱ, ㄷ, ㄹ
③ ㄴ, ㄷ, ㄹ
④ ㄱ, ㄴ, ㄷ, ㄹ

31 다음 중 기말 결산 시 계정대체가 필요한 임시계정에 해당하지 않는 항목은?

① 전도금
② 가수금
③ 현금과부족
④ 소모품

32 다음의 자료에 기초하여 (주)삼일이 당기 중 현금으로 지급한 보험료를 계산하면 얼마인가?

ㄱ. (주)삼일의 기초와 기말의 재무상태표에서 추출한 자료이다.

	기 초	기 말
선급보험료	300,000원	250,000원

ㄴ. 당기 손익계산서에서 추출된 자료는 다음과 같다.

보험료	450,000원

① 150,000원
② 300,000원
③ 400,000원
④ 550,000원

33 다음 괄호 안에 들어갈 항목을 올바르게 짝지은 것은?

• 외화자산 : 발생 당시 환율 > 회수 당시 환율 → (ㄱ)
• 외화부채 : 발생 당시 환율 < 상환 당시 환율 → (ㄴ)

	(ㄱ)	(ㄴ)
①	외환차손	외환차손
②	외환차손	외환차익
③	외환차익	외환차손
④	외환차익	외환차익

34 다음 중 금융감독원 전자공시시스템을 통해 입수할 수 있는 정보로 옳지 않은 것은?

① 회계감사를 받은 공시된 재무제표
② 기업내부경영전략보고서
③ 사업보고서
④ 감사보고서

35 다음 감사보고서에 표명된 감사인의 의견은 무엇인가?

> 우리의 의견으로는 회사의 재무제표는 삼일주식회사의 20X2년 12월 31일과 20X1년 12월 31일 현재의 재무상태, 동일로 종료되는 양 보고기간의 재무성과 및 현금흐름을 대한민국의 일반기업회계기준에 따라 **중요성의 관점에서 공정하게 표시**하고 있습니다.

① 적정의견
② 한정의견
③ 의견거절
④ 부적정의견

36 다음 중 전기에 비해 증가할수록 좋은 의미로 해석되기 어려운 재무비율로 옳은 것은?

① 유동비율
② 부채비율
③ 주당순이익
④ 자기자본비율

37 다음 중 재무상태표를 통해서 파악할 수 있는 내용으로 옳지 않은 것은?

① 회사 주주의 몫이 총자산에서 어느 정도를 차지하는지 파악함으로써 부실한 기업인지 여부를 판단할 수 있다.
② 회사의 각 단계별 활동에 따른 이익구조를 파악할 수 있다.
③ 회사의 단기적인 지급능력을 파악할 수 있다.
④ 회사가 다음 연도 중에 현금화할 수 있는 대략적인 금액이 얼마인지를 파악할 수 있다.

38 (주)삼일의 당기 재고자산회전율은 3.2회이며, 매출채권회전율은 4.5회이다. 다음의 설명 중 옳지 않은 것은?(단, 1년을 365일로 가정한다)

① 일반적으로 매출액을 평균매출채권으로 나누어 매출채권회전율을 계산한다.
② 일반적으로 매출원가를 평균재고자산으로 나누어 재고자산회전율을 계산한다.
③ (주)삼일의 차기 매출채권회전율이 5.5회로 증가하였다면, 차기 대손충당금은 감소할 가능성이 높아진다.
④ (주)삼일의 차기 재고자산회전율이 2.4회로 감소하였다면, 차기 재고자산의 진부화 가능성이 낮아진다.

39 (주)삼일의 20X1년 손익계산서와 관련된 자료는 다음과 같다. 자료를 이용하여 재무비율을 산출하는 경우 옳지 않은 것은?(단, 소수점 첫째자리에서 반올림한다)

매출액	6,000,000원	영업외비용	500,000원
매출원가	3,600,000원	법인세비용	100,000원
판매비와관리비	900,000원	가중평균유통보통주식수	1,000주
영업외수익	300,000원		

① 매출총이익률 40%
② 영업이익률 25%
③ 당기순이익율 22%
④ 주당순이익 1,200원

40 다음 자료를 이용하여 자기자본이익률(ROE)을 계산하면 얼마인가?

ㄱ. 당기순이익	20,000,000원
ㄴ. 자산총계	30,000,000원
ㄷ. 부채총계	20,000,000원

① 80%
② 100%
③ 150%
④ 200%

제7회 기출문제 (2023년 9월 기출)

합격기준 70점 / 응시시간 50분

- 특별한 언급이 없는 한 기업의 보고기간(회계기간)은 매년 1월 1일부터 12월 31일까지이다.
- 자료에서 제시한 것 외의 사항은 고려하지 않고 답한다. 예를 들어, 법인세에 대한 언급이 없으면 법인세효과는 고려하지 않는다.
- 별도 언급이 없는 한 문제에 적용되는 회계기준과 계정과목은 일반기업회계기준을 적용한다.

01 다음 중 일반기업회계기준에서 규정하고 있는 재무제표의 종류로 옳지 않은 것은?

① 재무상태표 ② 손익계산서
③ 자본변동표 ④ 잔액시산표

02 다음 중 재무상태표에만 적용되는 재무제표 작성기준에 해당하는 것으로 옳은 것은?

ㄱ. 잉여금구분의 원칙
ㄴ. 유동성배열법
ㄷ. 실현주의
ㄹ. 발생주의

① ㄱ, ㄴ ② ㄱ, ㄷ
③ ㄴ, ㄷ ④ ㄷ, ㄹ

03 다음은 재무상태표와 손익계산서를 간단하게 나타낸 것이다. 대차평균의 원리에 의하여 회계상의 거래로 나타날 수 없는 것은?

재무상태표		손익계산서	
(차 변)	(대 변)	(차 변)	(대 변)
자 산	부 채	비 용	수 익
	자 본		

① 부채의 감소와 부채의 증가
② 자산의 증가와 자본의 감소
③ 자산의 증가와 수익의 증가
④ 비용의 증가와 부채의 증가

04 회계상 거래로 인식되기 위해서는 재산상태에 영향을 미치면서 동시에 그 영향을 화폐의 금액으로 측정할 수 있어야 한다. 다음 중 회계상 거래에 해당하는 것으로 옳지 않은 것은?

① 사무실에서 사용할 책상, 의자 등을 1,000,000원에 외상으로 구입하였다.
② 사무실 전기료가 500,000원이라는 고지서를 수령하였다.
③ 원재료 공급회사와 10년간 100만톤의 원재료를 구입하기로 약정하였다.
④ 창고건물이 장마에 침수되어 상품 5,000,000원이 전부 파손되었다.

05 다음 자료를 통해 제2기 기말자본을 계산하면 얼마인가?(단, 기중에 자본거래는 없다고 가정한다)

(단위 : 원)

구 분	기초자산	기초부채	기초자본	기말자산	기말부채	기말자본	총수익	총비용	순이익
제1기	700	300	×××	1,200	×××	×××	500	300	200
제2기	1,200	×××	×××	1,800	×××	×××	700	400	300

① 800원
② 900원
③ 1,100원
④ 1,300원

06 다음은 (주)삼일의 20X1년 발생 거래의 내역이다. 20X1년 말 총계정원장상 현금잔액을 계산하면 얼마인가?(단, 전기 말 (주)삼일의 현금잔액은 2,000원이었다)

ㄱ. 20X1년 2월 1일 투자자들로부터 1,000원을 추가출자받다.
ㄴ. 20X1년 3월 5일 전기 발생한 매출채권 중 1,500원을 회수하다.
ㄷ. 20X1년 5월 17일 1,200원 상당 재고자산을 외상매입하다.
ㄹ. 20X1년 8월 1일 2,500원 매출 대금을 받을어음으로 수령하다.
ㅁ. 20X1년 12월 31일 직원에 대한 급여 800원을 현금으로 지급하다.

① 3,700원
② 4,500원
③ 5,000원
④ 6,200원

07 다음 중 자산으로 계상할 수 없는 것은?

① 상품을 판매하고 아직 수령하지 못한 판매대금
② 거래처에 물건을 주문하고 재화의 인도 전 미리 지급한 계약금
③ 판매를 위하여 창고에 보관 중인 상품
④ 원재료를 외상으로 구입하였으나 아직 지급하지 않은 구입대금

08 다음 중 현금및현금성자산에 관한 설명으로 옳지 않은 것은?

① 현금은 성격상 도난이나 분실의 위험이 매우 높은 자산이므로 현금의 관리를 위한 철저한 내부통제제도를 갖출 필요가 있다.
② 회계상 현금은 지폐나 동전을 포함하며, 통화대용증권은 포함하지 않는다.
③ 현금은 회사의 자산 중에서도 유동성이 높은 자산으로서 회사가 영업활동을 하는데 필요한 재화나 용역을 구입하는데 사용되는 대표적인 수단이다.
④ 은행과의 당좌거래약정에 의하여 회사가 예금액의 범위 내에서 어음과 당좌수표를 발행하고 어음·수표의 대금을 은행이 지급할 수 있도록 하기 위하여 예치하는 예금을 당좌예금이라 한다.

09 다음 자료를 이용하여 기말 당좌차월 금액을 계산하면 얼마인가?

ㄱ. 회사는 은행과 1,000,000원을 한도로 당좌차월 계약을 맺었다.
ㄴ. 기초 당좌예금 잔액은 500,000원이다.
ㄷ. 기중 재료의 매입대금으로 1,000,000원의 수표를 발행하여 지급하였다.
ㄹ. 기중 상품 판매대금 200,000원을 당좌계좌에 입금하였다.

① 300,000원
② 500,000원
③ 700,000원
④ 1,500,000원

10 다음 중 재고자산 평가방법에 관한 설명으로 옳지 않은 것은?

① 개별법은 특수기계 주문제작과 같이 재고자산의 종류가 적고 제품별로 원가를 식별할 수 있을 때 사용되는 방법이다.
② 이동평균법을 적용할 경우 매출원가의 결정을 기말시점까지 미루지 않는다.
③ 선입선출법을 적용할 경우 기말 재고자산은 최근에 구입한 상품의 원가로 구성된다.
④ 물가가 상승하고 있을 때 평균법을 적용하면 선입선출법에 비해 일반적으로 매출원가가 적게 계상된다.

11 유통업을 영위하는 (주)삼일은 단일 종류의 상품을 취급하고 있으며, 재고자산 흐름의 가정으로 선입선출법을 사용한다. 20X1년 중 재고자산의 증감 내역이 다음과 같을 때, (주)삼일의 20X1년 기말 재고자산 금액을 계산하면 얼마인가?(단, 감모 수량에는 원가성이 있다고 가정한다)

구 분	수량(개)	단 가
기초재고(1월 1일)	700	@80
당기매입(3월 10일)	700	@90
당기매입(8월 5일)	200	@100
당기판매(6월 6일)	1,000	
기말재고	500	

① 40,000원
② 45,000원
③ 47,000원
④ 50,000원

12 (주)삼일은 20X1년에 다음과 같은 유가증권을 공정가치로 취득하였다. 다음 중 취득금액을 각 성격에 따라 적절하게 계정분류한 것으로 옳은 것은?

취득금액	유가증권의 성격
300,000원	채무증권이며 (주)삼일은 동 채권을 만기까지 보유할 의도와 능력이 있음
100,000원	지분증권이며 (주)삼일은 동 주식을 향후 2년 이내에 처분할 의도가 없음

	매도가능증권	만기보유증권
①	300,000원	100,000원
②	400,000원	0원
③	100,000원	300,000원
④	0원	400,000원

13 다음 중 소프트웨어 개발업을 영위하는 (주)삼일의 재무상태표상 유형자산으로 분류하기 어려운 항목은?

① 임대목적으로 보유 중인 토지
② 사용목적으로 보유 중인 건물
③ IT기기 및 사무비품
④ 업무용 차량운반구

14 다음 중 기계장치를 정액법으로 감가상각하기 위해 필요한 정보로 옳지 않은 것은?

① 취득원가 ② 기초 감가상각누계액
③ 잔존가액 ④ 내용연수

15 다음 자료를 바탕으로 건물 처분 시 유형자산처분손익을 계산하면 얼마인가?

20X1년 1월 1일	건물 취득(취득가액 10,000,000원, 잔존가액 0원, 내용연수 20년, 정액법 상각)
20X2년 12월 31일	사용하던 건물을 10,500,000원에 처분

① 처분이익 500,000원 ② 처분손실 500,000원
③ 처분이익 1,500,000원 ④ 처분손실 1,500,000원

16 다음 중 무형자산의 상각에 관한 설명으로 옳지 않은 것은?

① 무형자산의 원가와 효익을 체계적으로 대응시키는 과정이다.
② 합리적인 상각방법을 정할 수 없는 경우 정액법을 사용한다.
③ 무형자산의 상각 시에는 무형자산상각누계액 계정을 설정하지 않을 수 있다.
④ 어떠한 경우에도 상각기간은 20년을 초과하지 못한다.

17 다음의 회계처리가 누락된 경우 재무제표에 미치는 영향으로 옳은 것은?

(차) 현 금	100,000원	(대) 단기차입금	100,000원

ㄱ. 유동자산이 과소계상 ㄴ. 재고자산이 과소계상
ㄷ. 유동부채가 과소계상 ㄹ. 당좌자산이 과소계상

① ㄱ, ㄷ ② ㄴ, ㄷ
③ ㄱ, ㄹ ④ ㄱ, ㄷ, ㄹ

18 다음의 거래를 분개할 때 빈칸에 알맞은 계정과목으로 옳은 것은?

> 급여 지급일에 총급여 1,500,000원 중에서 근로소득세 8,000원, 주민세 800원, 건강보험료 25,000원, 국민연금 50,000원을 차감한 잔액을 현금으로 지급하였다.
>
> | | | | |
> |---|---|---|---|
> | (차) 급 여 | 1,500,000원 | (대) 현 금 | 1,416,200원 |
> | | | (   ) | 83,800원 |

① 복리후생비
② 세금과공과
③ 예수금
④ 선급금

19 (주)삼일의 퇴직급여충당부채에 관한 자료가 다음과 같을 때 기말에 추가로 설정하여야 할 퇴직급여충당부채를 계산하면 얼마인가?

> ㄱ. 기말 현재 퇴직급여충당부채로 계상하여야 할 금액은 19,500,000원이다.
> ㄴ. 퇴직급여충당부채 기초잔액은 10,500,000원이다.
> ㄷ. 기중 퇴직자에게 지급한 퇴직금은 3,600,000원이다(단, 퇴직금지급액은 모두 퇴직급여충당부채와 상계하였다).

① 4,900,000원
② 9,000,000원
③ 12,600,000원
④ 15,900,000원

20 다음의 시장상황에서 사채를 발행할 경우 사채발행과 관련된 분개에서 대변에 나타날 계정과목으로 옳은 것은?

> 시장이자율 5%, 액면이자율 10%임 (즉, 시장이자율 < 액면이자율)

① 사 채
② 사채, 사채할증발행차금
③ 현 금
④ 현금, 사채할인발행차금

21 다음의 거래가 재무상태표상의 자본항목에 미치는 영향으로 옳은 것은?

20X1년 1월 1일 보통주 100주(1주당 액면금액 5,000원)를 1주당 6,000원에 할증발행하는 과정에서 발행수수료와 증자등기비용 등으로 50,000원이 발생하였다. 단, 기존 주식발행초과금 잔액은 없다.

	자본금	자본잉여금	이익잉여금
①	증 가	불 변	불 변
②	불 변	불 변	감 소
③	불 변	증 가	감 소
④	증 가	증 가	불 변

22 다음 중 빈칸에 들어갈 항목으로 옳은 것은?

(　　)은 자본을 감소하는 과정에서 발생한 것으로 자본감소액이 자본을 감소하는데 소요되는 금액을 초과하는 경우 그 차액을 말한다.

① 감자차익
② 감자차손
③ 주식할인발행차금
④ 자본조정

23 다음 중 괄호 안에 들어갈 단어로 옳은 것은?

수익은 통상적인 경영활동에서 발생하는 경제적 효익의 총유입을 말하며, 자산의 (A) 또는 부채의 (B)로 나타난다.

	(A)	(B)
①	감 소	감 소
②	감 소	증 가
③	증 가	감 소
④	증 가	증 가

24 다음 공사와 관련하여 20X1년에 인식해야 할 공사이익을 계산하면 얼마인가?

ㄱ. 공사기간 : 20X1년 1월 1일 ~ 20X3년 12월 31일(3년)
ㄴ. 총계약도급금액 : 100,000,000원
ㄷ. 총공사예정원가 : 72,000,000원
ㄹ. 20X1년에 발생한 공사원가는 18,000,000원이다.

① 5,000,000원
② 7,000,000원
③ 15,000,000원
④ 25,000,000원

25 다음 자료를 회계처리할 경우 20X2년 4월 30일자에 나타날 분개로 옳은 것은?

- 20X1년 10월 1일 : 미국에 $10,000의 상품을 외상으로 판매하였다.
- 20X1년 12월 31일 : 외상판매 관련 채권에 대해 기말평가하였다.
- 20X2년 4월 30일 : 외상판매 관련 채권을 현금으로 수취하였다.

※ 환율정보
20X1년 10월 1일 : ₩1,000/$
20X1년 12월 31일 : ₩1,100/$
20X2년 4월 30일 : ₩1,200/$

①	(차) 현 금	12,000,000원	(대)	매출채권	12,000,000원
②	(차) 현 금	12,000,000원	(대)	매출채권	10,000,000원
				외화환산이익	2,000,000원
③	(차) 현 금	12,000,000원	(대)	매출채권	10,000,000원
				외환차익	2,000,000원
④	(차) 현 금	12,000,000원	(대)	매출채권	11,000,000원
				외환차익	1,000,000원

26 다음 중 기업회계기준에서 비용의 인식기준으로 옳은 것은?

① 보수주의
② 수익·비용대응의 원칙
③ 권리의무 확정주의
④ 실현주의

27 다음 자료를 이용하여 손익계산서에 표시될 매출원가를 계산하면 얼마인가?

- 기초 상품재고액 : 50,000원
- 기말 상품재고액 : 150,000원
- 상품 총매입액 : 200,000원

① 100,000원
② 250,000원
③ 350,000원
④ 400,000원

28 20X1년 12월 31일 결산 시 손익계산서의 당기순이익이 450,000원으로 계산되었으나, 결산 시 다음 거래의 결산수정 회계처리가 반영되지 않았다. 수정사항을 반영할 경우의 당기순이익을 계산하면 얼마인가?

- 20X1년 10월 1일에 1년분 보험료 120,000원을 지급하고 전액 비용처리하였다.
- 이자수익 40,000원을 인식하지 않았다.

① 320,000원
② 400,000원
③ 520,000원
④ 580,000원

29 다음 회계순환과정의 설명에서 (가)에 들어갈 세부절차로 옳은 것은?

> 회계순환과정은 기중거래의 기록절차와 결산절차로 구분된다. 기중거래의 기록절차는 회계상의 거래를 분개하고 전기하는 과정을 말하고 결산절차는 기중기록과 결산정리사항을 통합하여 최종적인 재무제표를 작성하는 과정을 말한다.
> 결산절차는 예비절차와 (가) 의 2단계로 이루어진다.

① 수정전시산표의 작성
② 결산보고서 작성
③ 결산수정분개
④ 결산수정분개의 전기

30 다음 중 시산표에 관한 설명으로 옳지 않은 것은?

① 시산표의 목적은 거래를 분개하고 총계정원장에 전기하는 과정에서 그 기록이 정확히 이루어졌는가를 확인하기 위함이다.
② 시산표상의 차변과 대변이 일치하더라도 오류가 발생할 수 있다.
③ 시산표는 회계기록과정에서의 오류를 발견할 수 있고, 외부에 공시해야 할 의무가 있으므로 반드시 작성해야 한다.
④ 시산표는 합계시산표, 잔액시산표, 합계잔액시산표가 있다.

31 다음 중 결산수정분개에 관한 설명으로 옳지 않은 것은?

① 편의상 현금주의회계로 처리했던 회계처리가 있다면 발생주의회계로 전환해야 하므로 결산수정분개는 필수적이다.
② 외상매출금이나 받을어음 등과 같은 채권은 미래에 완전히 회수된다고 볼 수 없으므로 대손충당금을 설정하기 위한 결산수정분개를 반영하여야 한다.
③ 매도가능증권의 공정가치가 변동된 경우 평가손익을 당기손익에 반영하는 결산수정분개가 필요하다.
④ 매출원가 및 감가상각비 계상은 결산수정분개 시 이루어지는 것이 일반적이다.

32 다음은 (주)삼일의 합계잔액시산표의 일부이다. 모든 매출이 외상으로 이루어진다고 가정했을 때, 당기 손익계산서에 계상된 매출액을 계산하면 얼마인가?(단, 기초매출채권은 1,500,000원이고, 부가가치세는 없다고 가정한다)

합계잔액시산표

(주)삼일 20X1년 1월 1일부터 20X1년 12월 31일까지 (단위 : 원)

차변합계		계정과목	대변합계	
잔 액	합 계		합 계	잔 액
		〈자 산〉 현 금 …		
2,000,000	46,500,000	매출채권 …	44,500,000	
×××	×××	합 계	×××	×××

① 42,000,000원

② 43,500,000원

③ 45,000,000원

④ 46,500,000원

33 다음 자료를 이용하여 (주)마포의 기말 대손충당금 잔액과 순매출채권 금액을 계산하면 얼마인가?

(주)마포는 (주)용산에 상품을 600,000원에 판매한 후 300,000원은 현금으로 수령하고 300,000원은 기말 현재 매출채권으로 남아 있다. 과거의 경험상 매출채권 잔액의 5%는 회수가 불가능하여 채권에 대해 잔액의 5%를 대손충당금으로 설정하기로 하였다. 기말 결산 전의 대손충당금 잔액은 0원이다.

	대손충당금	순매출채권
①	15,000원	300,000원
②	15,000원	285,000원
③	30,000원	300,000원
④	30,000원	270,000원

34 다음 괄호 안에 들어갈 감사의견으로 옳은 것은?

> 우리의 의견으로는 (   )의 근거에서 논의된 사항의 유의성으로 인하여, ABC 주식회사의 20X1년 12월 31일과 20X0년 12월 31일 현재의 재무상태, 동일로 종료되는 양 보고기간의 재무성과 및 현금흐름을 일반기업회계기준에 따라 중요성의 관점에서 공정하게 표시하고 있지 않습니다.

① 적정의견
② 한정의견
③ 의견거절
④ 부적정의견

35 다음 자료를 이용하여 20X1년 매출채권회수기간을 계산하면 얼마인가?

ㄱ. 매출액(20X1년)	9,000,000원
ㄴ. 매출원가(20X1년)	6,000,000원
ㄷ. 20X1년 평균매출채권	3,000,000원
ㄹ. 20X1년 평균재고자산	1,500,000원
ㅁ. 1년은 360일로 가정한다.	

① 80일
② 90일
③ 120일
④ 180일

36 다음 중 회사의 단기적 안정성에 관해 검토할 경우 참고할 재무비율로 옳은 것은?

① 유동비율
② 부채비율
③ 매입채무회전율
④ 당기순이익률

37 다음은 (주)삼일의 20X1년 손익계산서이다. 자료에 관한 분석으로 옳은 것은?

손익계산서

(주)삼일	20X1년 1월 1일부터 20X1년 12월 31일까지	(단위 : 만원)
Ⅰ. 매출액		5,000
Ⅱ. 매출원가		2,400
Ⅲ. 매출총이익		2,600
Ⅳ. 판매비와관리비		1,000
Ⅴ. 영업이익		1,600
Ⅵ. 영업외수익		500
Ⅶ. 영업외비용		600
Ⅷ. 법인세비용차감전순이익		1,500
Ⅸ. 법인세비용		100
Ⅹ. 당기순이익		1,400

① 회사가 영업활동으로 매출액 대비 이익을 얼마나 남겼는지는 법인세차감전순이익률을 통해 알 수 있다.

② (주)삼일의 당기순이익률은 28%이다.

③ 영업이익률은 주주가 투자한 금액대비 얼마나 이익을 달성했는지를 의미한다.

④ 당기순이익은 계속적으로 발생할 가능성이 매우 높은 이익이다.

38 다음 거래 중 부채비율이 높아지는 거래로 옳은 것은?

① 외상매출금을 어음으로 회수한 경우

② 외상매입금 거래처로부터 채무를 면제 받은 경우

③ 장기차입금의 만기일이 결산일로부터 1년 이후로 연장된 경우

④ 주주총회에서 이익잉여금을 현금배당으로 처분할 것을 결의한 경우

39 **다음의 전략에서 (가)에 들어갈 용어로 옳은 것은?**

> (주)삼일은 경기침체로 인하여 기대 이하로 판매가 부진한 상태이다. 따라서 새로운 판매촉진 수단을 도입하여 창고에 쌓여 있는 상품들을 빠른 시간 내에 판매함으로써 (가)를 높이려고 한다.

① 재고자산회전율
② 매출채권회전율
③ 매출총이익률
④ 자기자본비율

40 **다음 중 주당순이익(EPS)에 관한 설명으로 옳지 않은 것은?**

① 주당순이익이 높을수록 경영실적이 양호하다고 할 수 있다.
② 주당순이익은 주가수익비율(PER) 계산의 기초자료가 된다.
③ 회사가 일정기간 올린 수익에 대한 주주의 몫을 나타내는 지표이다.
④ 영업이익을 그 기업이 발행한 유통보통주식수로 나누어 산출한다.

제8회 기출문제 (2023년 7월 기출)

합격기준 70점 / 응시시간 50분

- 특별한 언급이 없는 한 기업의 보고기간(회계기간)은 매년 1월 1일부터 12월 31일까지이다.
- 자료에서 제시한 것 외의 사항은 고려하지 않고 답한다. 예를 들어, 법인세에 대한 언급이 없으면 법인세효과는 고려하지 않는다.
- 별도 언급이 없는 한 문제에 적용되는 회계기준과 계정과목은 일반기업회계기준을 적용한다.

01 다음 중 재무상태표에 관한 설명으로 가장 올바르지 않은 것은?

① 재무상태표의 자산과 부채는 유동성이 큰 항목부터 배열하는 것을 원칙으로 한다.
② 재무상태표는 기업의 자산 및 이에 대한 채권자의 몫과 주주의 몫을 구분하여 표시한다.
③ 재무상태표에는 표의 명칭, 보고기간 종료일, 상호, 측정단위를 표기하여야 한다.
④ 재무상태표는 기업의 유용한 의사결정을 위한 관리회계의 구성요소이다.

02 다음 대화의 주제에서 나타나는 재무상태표의 작성기준으로 가장 옳은 것은?

> 김대리 : 이부장님. 본사 매출채권이 8,000만원이고 대손충당금이 2%인 160만원입니다. 재무상태표에 7,840만원으로 표시하면 더 간단할 것 같은데요.
> 이부장 : 물론 그렇지만 나중에 자금규모의 전체 금액을 모르게 될 위험성이 있어요.

① 구분표시
② 총액주의
③ 유동성배열법
④ 미결산항목

03 회계순환과정이란 거래의 인식에서 시작하여 회계처리를 하고 결산작업을 거쳐 재무제표가 만들어지는 과정을 의미한다. 회계상 거래를 인식하기 위한 조건은 그 거래가 회사의 (ㄱ)에 영향을 미쳐야 하고, 그 영향을 (ㄴ)(으)로 측정할 수 있어야 한다. 빈칸에 들어갈 가장 적절한 단어는 무엇인가?

	(ㄱ)	(ㄴ)
①	주 주	배당금
②	신용도	문 서
③	업무의 효율성	생산량
④	재산상태	금 액

04 다음은 (주)삼일의 임대료수익 계정별원장을 나타낸 것이다. 계정별원장의 기록에 관한 설명으로 가장 옳은 것은?

선수수익

12/31	임대료	15,000원	10/1	현 금	60,000원

① 회사의 선수수익은 차기에 임대서비스를 제공할 의무이므로 재무상태표에 60,000원으로 인식한다.

② 회사의 임대료는 실현주의 요건에 따라 손익계산서에 45,000원으로 인식한다.

③ 회사는 최초 수익계정을 이용하여 회계처리하였고 결산조정을 통해 부채계정을 인식하였다.

④ 회사의 1개월분 임대료는 5,000원이며 손익계산서에 인식되는 당기 기간 귀속분은 15,000원이다.

05 다음 중 아래 보기에 해당하는 거래로 가장 옳은 것은?

(차변)	부채의 감소	×××	(대변)	자산의 감소	×××

① 은행으로부터 설비투자자금을 차입하였다.

② 주식을 발행하여 현금을 조달하였다.

③ 과거에 외상으로 매입한 물건대금을 현금으로 지급하였다.

④ 대여금에 대한 이자를 현금으로 수취하였다.

06 회사의 재무상태가 다음과 같은 경우 순자산(자본)을 계산하면 얼마인가?

현 금	100,000원	재고자산	600,000원
대여금	200,000원	매입채무	120,000원
미지급금	170,000원	차입금	250,000원

① 360,000원

② 530,000원

③ 700,000원

④ 900,000원

07 다음 중 현금및현금성자산에 관한 설명으로 가장 올바르지 않은 것은?

① 통화뿐만 아니라 통화대용증권도 현금의 범위에 포함된다.
② 현금이 들어온 경우 차변에, 현금이 나간 경우 대변에 기재한다.
③ 실제의 현금잔액과 장부상의 현금잔액이 일치하지 않을 경우에는 발견 즉시 잡손실·잡이익계정으로 처리한다.
④ 소액의 현금지출은 일정기간 단위로 회계처리를 할 수 있는데 이를 소액현금제도라 한다.

08 다음 자료를 이용하여 계산한 기말 당좌차월 금액을 계산하면 얼마인가?

- 회사는 은행과 1,000,000원을 한도로 당좌차월 계약을 맺었다.
- 기초 당좌예금 잔액은 200,000원이다.
- 기중 재료의 매입대금으로 1,200,000원의 수표를 발행하여 지급하였다.
- 기중 상품 판매대금 300,000원을 당좌계좌에 입금하였다.

① 400,000원
② 700,000원
③ 1,000,000원
④ 1,200,000원

09 다음 중 (주)삼일의 현금 관련 거래들을 분개한 것으로 가장 올바르지 않은 것은?

① 장부금액이 700,000원인 단기매매증권을 900,000원에 처분하였다.

(차)	현 금	900,000원	(대) 단기매매증권	700,000원
			단기매매증권처분이익	200,000원

② 장부금액이 200,000원(취득금액 300,000원)인 기계장치를 100,000원에 처분하였다.

(차)	현 금	100,000원	(대) 기계장치	300,000원
	유형자산처분손실	200,000원		

③ 유상증자(액면발행)를 통하여 현금 500,000원을 조달하였다.

(차)	현 금	500,000원	(대) 자본금	500,000원

④ 액면금액 1,000,000원인 사채를 발행하여 현금 950,000원을 조달하였다.

(차)	현 금	950,000원	(대) 사 채	1,000,000원
	사채할인발행차금	50,000원		

10 다음 중 재고자산으로 분류해야 하는 것을 모두 고른 것은?

ㄱ. 부동산매매업을 영위하는 회사가 판매목적으로 보유하고 있는 토지
ㄴ. 제조업을 영위하는 회사가 영업에 사용할 목적으로 구입한 소프트웨어
ㄷ. 제조업을 영위하는 회사가 영업에 사용할 목적으로 건설중인자산
ㄹ. 제조업을 영위하는 회사가 공정에 투입하여 제품을 생산할 목적으로 보유 중인 원재료

① ㄱ
② ㄱ, ㄴ
③ ㄱ, ㄹ
④ ㄴ, ㄹ

11 다음은 계속기록법에 의해 기록된 (주)삼일의 3월 매입과 매출자료이다. 재고자산가액 결정 시 평균법을 적용할 경우 월말재고자산의 단가를 계산하면 얼마인가?

일 자	입·출고			잔 액		
	수 량	단 가	금 액	수 량	단 가	금 액
3월 1일	200개	150원	30,000원	200개	150원	30,000원
3월 5일	300개	175원	52,500원	500개	…	…
3월 12일	(100개)	…	…	400개	…	…

① 150원
② 165원
③ 170원
④ 172원

12 다음은 (주)삼일의 재고자산 평가에 관한 회계처리 자료이다. 이에 관한 설명으로 가장 옳은 것은?

(차) 재고자산평가손실 100,000원 (대) 재고자산평가손실충당금 100,000원

① 재고자산평가손실은 매출원가에 가산한다.
② 재고자산평가손실은 영업외비용으로 처리한다.
③ 재고자산평가손실충당금은 매출원가에 가산한다.
④ 재고자산평가손실충당금은 영업외비용으로 처리한다.

13 다음은 12월 31일 결산일인 (주)삼일의 매도가능증권 거래내역이다. 20X2년 손익계산서에 계상되는 매도가능증권처분손익을 계산하면 얼마인가?

> • 20X1년 6월 1일 : A주식 2,000주를 주당 5,000원에 취득하였다.
> • 20X1년 12월 31일 : A주식의 주당 공정가치는 4,800원이다.
> • 20X2년 9월 1일 : A주식 1,000주를 주당 5,300원에 처분하였다.

① 처분이익 300,000원
② 처분이익 500,000원
③ 처분손실 200,000원
④ 처분손실 700,000원

14 다음 자료를 이용하여 20X1년 감가상각비를 계산하면 얼마인가?(단, 회계기간은 1월 1일부터 12월 31일까지이다)

> • 20X1년 7월 1일 차량운반구를 3,000,000원에 구입하여 20X1년 12월 31일 현재 계속하여 사용 중이다.
> • 20X1년 1월 1일 2,000,000원의 건설중인자산이 있었으며 20X1년 12월 31일 현재 계속 건설 중이다.
> • 감가상각방법은 정액법을 이용하며, 내용연수는 5년, 잔존가치는 0원이다.

① 300,000원
② 400,000원
③ 500,000원
④ 700,000원

15 다음 중 무형자산에 관한 설명으로 가장 올바르지 않은 것은?

① 내부적으로 창출한 영업권은 무형자산으로 인정되지 않는다.
② 무형자산 상각 시에는 무형자산상각누계액을 설정하지 않고 무형자산 계정에서 직접 차감할 수 있다.
③ 무형자산은 사용가능한 시점부터 합리적인 기간동안 상각하도록 하고 있으나, 합리적인 상각방법을 정할 수 없는 경우에는 정액법을 사용한다.
④ 무형자산이란 식별가능하고, 기업이 통제하고 있으며, 미래 경제적 효익이 있는 비화폐성 자산으로 반드시 문서의 형태를 가지고 있어야 한다.

16 다음 자료를 바탕으로 유동자산과 비유동자산을 계산하면 각각 얼마인가?

현 금	130,000원	영업권	350,000원	매입채무	89,000원
상 품	470,000원	자본금	220,000원	선급금	75,000원
건설중인자산	720,000원	매출채권	180,000원	미지급금	25,000원

	유동자산	비유동자산
①	780,000원	1,145,000원
②	780,000원	1,070,000원
③	855,000원	1,070,000원
④	1,155,000원	1,356,000원

17 다음 자료를 바탕으로 재무상태표상 계상될 부채금액을 계산하면 얼마인가?(단, 제시된 자료 이외의 자산, 자본금액은 없다)

현 금	30,000원	영업권	70,000원
상 품	120,000원	외상매출금	200,000원
보통예금	150,000원	자본금	370,000원

① 130,000원
② 170,000원
③ 200,000원
④ 230,000원

18 다음은 (주)삼일의 20X1년 7월 1일에 발생한 차입금 관련 자료이다. 날짜별 회계처리 중 가장 올바르지 않은 것은?(단, (주)삼일의 회계기간은 1월 1일부터 12월 31일까지이다)

> ㄱ. 차입금 : 23,000,000원
> ㄴ. 만기 : 3년(원금 만기 일시 상환조건)
> ㄷ. 이자율 : 12%*, 매년 6월 30일 이자지급조건
> * 시장이자율과 액면이자율은 동일하다고 가정한다.

① 20X1년 7월 1일

(차) 현 금	23,000,000원	(대) 장기차입금	23,000,000원

② 20X1년 12월 31일

(차) 이자비용	1,380,000원	(대) 미지급이자	1,380,000원

③ 20X2년 6월 30일

(차) 이자비용	2,760,000원	(대) 현 금	2,760,000원

④ 20X2년 12월 31일

(차) 이자비용	1,380,000원	(대) 미지급이자	1,380,000원

19 다음의 시장상황에서 사채를 발행할 경우 사채발행과 관련된 분개에서 대변에 나타날 계정과목으로 가장 옳은 것은?

> 시장이자율 5%, 액면이자율 8%임 (즉, 시장이자율 < 액면이자율)

① 사 채
② 사채, 사채할증발행차금
③ 현 금
④ 현금, 사채할인발행차금

20 다음에서 설명하고 있는 (가) 계정과목의 명칭으로 가장 옳은 것은?

> 차입 당시 3년 동안 차입하기로 하였지만 기간이 경과함에 따라 상환기일이 보고기간종료일부터 1년 이내로 도래하게 되면 이를 (가) 계정과목으로 대체한다.

① 단기차입금
② 장기차입금
③ 장기미지급금
④ 유동성장기부채

21 다음 자본계정 중 그 분류가 다른 하나는 무엇인가?

① 주식발행초과금
② 감자차익
③ 자기주식처분이익
④ 주식할인발행차금

22 (주)삼일은 보통주 500주(1주당 액면금액 5,000원)를 1주당 4,000원에 할인발행하는 과정에서 발행수수료와 증자등기비용 등으로 200,000원이 발생하였다. 이 거래의 회계처리로 가장 옳은 것은?(단, 기존 주식발행초과금 잔액은 없음)

①	(차) 현 금	1,800,000원	(대) 자본금	1,800,000원
②	(차) 현 금	2,000,000원	(대) 자본금	2,200,000원
	신주발행비	200,000원		
③	(차) 현 금	1,800,000원	(대) 자본금	2,500,000원
	주식할인발행차금	500,000원		
	신주발행비	200,000원		
④	(차) 현 금	1,800,000원	(대) 자본금	2,500,000원
	주식할인발행차금	700,000원		

23 다음 중 수익에 관한 설명으로 가장 올바르지 않은 것은?

① 통상적인 경영활동에서 발생하는 경제적 효익의 총유입을 의미한다.
② 수익의 발생은 자산의 증가 또는 부채의 감소를 가져온다.
③ 수익의 측정 시 대가를 현금 이외의 자산으로 받는 경우 취득한 자산의 취득원가로 측정한다.
④ 재화를 판매한 경우 수익금액을 신뢰성 있게 측정할 수 있고 경제적 효익의 유입가능성이 높을 때 인식한다.

24 다음 (주)삼일의 20X1년 1월 1일부터 20X1년 12월 31일까지의 재무정보이다. 자료를 바탕으로 당기 총수익을 계산하면 얼마인가?

기초자산	300,000원	기말부채	90,000원
기초부채	80,000원	총비용	50,000원
기말자산	370,000원	추가출자	30,000원

① 80,000원
② 90,000원
③ 100,000원
④ 110,000원

25 20X1년 중 (주)삼일은 제품 200개를 개당 120,000원에 판매하였다. 이 중 15개가 불량품으로 판명되어 반품되었으며, 5개는 질이 떨어져서 정산적으로 판매할 수 없으므로 개당 50,000원씩 깎아주었다. (주)삼일이 해당 거래에 대하여 20X1년 매출액으로 인식할 금액을 계산하면 얼마인가?

① 20,000,000원
② 21,950,000원
③ 22,200,000원
④ 23,750,000원

26 도매업을 영위하는 (주)삼일은 20X1년 12월 5일 상품 100개를 구입하였고, 20X1년 12월 12일 상품 100개 전량을 거래처에 납품하였다. 판매대금은 20X2년 3월 5일에 수령하기로 하였다. 동 매출의 수익인식에 대해 회계부서의 네 사람은 서로 다른 주장을 하며 논쟁을 하였다. 다음 중 기업회계기준에 따라 가장 옳은 주장을 하는 사람은 누구인가?

진우 : 상품을 구입한 20X1년 12월 5일에 100개의 매출을 인식해야 합니다.
경희 : 상품이 판매된 시점인 20X1년 12월 12일에 100개의 매출을 인식해야 합니다.
규태 : 실질적으로 대금이 회수되는 20X2년에 매출을 인식해야 합니다.
영실 : 20X1년에 납품이 일어나고 20X2년에 대금이 회수되었으므로 각각 50%씩 매출을 인식해야 합니다.

① 진 우
② 경 희
③ 규 태
④ 영 실

27 제조업을 영위하는 (주)삼일의 판매비와관리비에는 다음과 같은 비용들이 포함되어 있다. 판매비와관리비에 계상될 올바른 금액을 계산하면 얼마인가?(단, 아래 비용은 제조활동과 관련이 없다고 가정한다)

ㄱ. 관리직 사원 급여	20,000,000원
ㄴ. 사무실 임차료	8,000,000원
ㄷ. 무형자산상각비	5,000,000원
ㄹ. 광고선전비	3,000,000원
ㅁ. 이자비용	6,000,000원
합 계	42,000,000원

① 28,000,000원
② 33,000,000원
③ 36,000,000원
④ 42,000,000원

28 (주)삼일은 (주)용산에게 20X1년 7월 1일 건물을 임대하고, 1년치 임대료 2,400,000원을 선수하고 다음과 같이 회계처리하였다. 20X1년 12월 31일 이와 관련된 결산수정분개로 가장 옳은 것은? (단, 임대료수익은 월할계산한다고 가정한다)

(차) 현 금	2,400,000원	(대) 임대료수익	2,400,000원

①	(차) 임대료수익	1,200,000원	(대) 선수임대료	1,200,000원
②	(차) 임대료수익	1,200,000원	(대) 현 금	1,200,000원
③	(차) 지급임차료	1,200,000원	(대) 임대료수익	1,200,000원
④	(차) 현 금	1,200,000원	(대) 지급임차료	1,200,000원

29 다음 중 결산수정분개에 관한 설명으로 가장 올바르지 않은 것은?

① 편의상 현금주의회계로 처리했던 회계처리가 있다면 발생주의회계로 전환해야 한다.
② 단기매매증권을 평가해야 할 경우 평가손익은 당기손익에 반영된다.
③ 재고자산 실사결과 수량이 부족한 부분에 대해서는 재고자산평가손실을 인식한다.
④ 유・무형자산에 대한 감가상각비 계상 및 퇴직급여충당부채의 설정은 결산수정분개 시 이루어지는 것이 일반적이다.

30 다음의 잔액시산표는 직원의 실수로 오류가 발생하였다. 오류를 수정한 후 차변과 대변의 합계액을 계산하면 얼마인가?

잔액시산표

20X1년 12월 31일 (단위 : 원)

차 변	계정과목	대 변
480,000	현 금	
220,000	매출채권	
300,000	차입금	
200,000	건 물	
	소모품	150,000
	자본금	400,000
	매 출	350,000
	이자비용	20,000
40,000	보험료	
60,000	임대료	
1,300,000	계	920,000

① 1,000,000원

② 1,110,000원

③ 1,150,000원

④ 1,180,000원

31 (주)삼일의 20X1년 말 현재 매출채권 중 과거의 경험으로 판단할 때 회수가 불가능할 것이라 예측되는 금액은 25,000원이다. 기초 대손충당금 금액이 30,000원이고, 기중 변동이 없을 경우 이와 관련된 결산수정분개로 가장 옳은 것은?

① (차) 대손상각비 5,000원 (대) 대손충당금 5,000원

② (차) 대손충당금 5,000원 (대) 대손충당금환입 5,000원

③ (차) 대손상각비 25,000원 (대) 대손충당금 25,000원

④ (차) 대손충당금 25,000원 (대) 대손충당금환입 25,000원

32 (주)삼일은 20X1년 7월 1일에 차량운반구를 24,000,000원에 취득하였다. 추정내용연수는 5년, 정률법(상각률 : 0.45)으로 상각할 경우 20X2년 말 차량운반구의 장부금액을 계산하면 얼마인가?

① 4,830,000원
② 10,230,000원
③ 13,200,000원
④ 15,630,000원

33 (주)삼일은 아직 현금을 받지 못하였으나 기간의 경과로 수익의 획득과정이 완료된 미수임대료를 수익으로 인식하였다. 이에 대한 근거로 가장 옳은 것은?

① 발생주의
② 보수주의
③ 현금주의
④ 순액주의

34 다음과 같은 경우 감사인이 표명하는 감사의견으로 가장 옳은 것은?

> 가. 감사범위의 제한이 없거나 중요하지 않은 경우
> 나. 재무제표에 기업회계기준 위배사항이 없거나 중요하지 않은 경우

① 적정의견
② 한정의견
③ 부적정의견
④ 의견거절

35 다음 중 기업이 공인회계사로부터 매년 회계감사를 받는 주된 이유로 가장 옳은 것은?

① 회사직원들의 내부공모에 의한 부정을 적발하기 위해

② 기업의 회계부서에서 연차 재무제표를 작성하는 방대한 작업을 지원받기 위해

③ 재무제표의 공정성과 신뢰성에 대해 독립된 전문가로서의 의견을 표명하도록 하기 위해

④ 주주 등의 외부이해관계자들에 대한 경영자의 재무보고책임을 회계전문가에게 위탁하기 위해

[36~37] 다음 (주)삼일의 20X1년 12월 31일 현재 재무상태표와 관련된 자료이다.

유동자산		유동부채	
현금및현금성자산	100,000원	매입채무	200,000원
매출채권	250,000원	비유동부채	
재고자산	300,000원	장기차입금	150,000원
비유동자산		자 본	
유형자산	150,000원	자본금	400,000원
		이익잉여금	50,000원

36 위 자료를 바탕으로 (주)삼일의 유동비율을 계산하면 얼마인가?

① 106%

② 175%

③ 197%

④ 325%

37 위 자료를 바탕으로 (주)삼일의 부채비율을 계산하면 얼마인가?(단, 소수점 첫째자리에서 반올림 한다)

① 24%

② 50%

③ 78%

④ 80%

38 다음 자료를 이용하여 (주)삼일의 20X1년 매출채권회전율과 매출채권회수기간을 계산하면 얼마인가?

ㄱ. 매출액	100,000,000원
ㄴ. 매출원가	40,000,000원
ㄷ. 20X1년 평균매출채권	10,000,000원
ㄹ. 20X1년 평균재고자산	5,000,000원
ㅁ. 1년은 360일로 가정한다.	

	매출채권회전율	매출채권회수기간
①	4회	90일
②	8회	45일
③	10회	36일
④	20회	18일

39 다음 자료를 이용하여 주당순이익(EPS)을 계산하면 얼마인가?

ㄱ. 당기순이익	60,000,000원
ㄴ. 보통주 주식수	6,000주
ㄷ. 우선주 주식수	3,000주
ㄹ. 보통주 1주당 시가	10,000원

① 6,000원
② 10,000원
③ 15,000원
④ 20,000원

40 다음은 (주)삼일의 20X1년 말 손익계산서이다. 당기 실적에 대한 실무진들의 분석이 다음과 같을 때 가장 올바르지 않은 의견을 제시한 사람은 누구인가?

손익계산서

(주)삼일　　20X1년 1월 1일부터 20X1년 12월 31일까지　　(단위 : 원)

과목	금액
Ⅰ. 매출액	5,000
Ⅱ. 매출원가	(1,800)
Ⅲ. ○○이익	3,200
Ⅳ. 판매비와관리비	(1,700)
Ⅴ. ○○이익	1,500
Ⅵ. 영업외수익	500
Ⅶ. 영업외비용	(800)
Ⅷ. ○○이익	1,200
Ⅸ. 법인세비용	(200)
Ⅹ. ○○이익	1,000

① 지수 : 회사가 이번에 주된 영업활동으로 발생시킨 수익은 5,000원이군요.

② 제니 : 당기순이익률은 20%입니다. 이는 매출액 대비 20%의 이익을 달성했다는 것을 의미합니다.

③ 로제 : 매출총이익률은 64%입니다. 즉, 회사의 매출원가는 매출액 대비 64%라는 것을 의미합니다.

④ 리사 : 영업이익률은 30%입니다. 이는 회사가 영업활동으로 매출액 대비 30%를 이익으로 남겼다는 것을 의미하지요.

정답 및 해설

제1회 기출문제 (2024년 7월 기출)

| 회계원리 |

01	②	02	③	03	①	04	④	05	③	06	④	07	②	08	①	09	③	10	①
11	②	12	①	13	④	14	②	15	③	16	①	17	②	18	②	19	④	20	③
21	①	22	③	23	③	24	②	25	④	26	③	27	②	28	①	29	④	30	①
31	③	32	②	33	④	34	①	35	①	36	③	37	②	38	④	39	①	40	③

01 ① 총액주의 원칙에 따르면 동일 거래처의 채권과 채무도 상계하지 아니한 각각의 총액으로 계상해야 한다.
③ 수익과 비용은 총액에 의하여 기재함을 원칙으로 한다.
④ 유동성배열법에 따라 자산과 부채는 유동성이 높은 것부터 표시한다.

02 ③ 배당금을 지급하는 거래는 경영성과의 결과물인 이익잉여금의 처분이라는 자본거래에 해당하므로 경영성과에 영향을 미치는 손익거래에 해당하지 아니한다.

03
- 비용(ㄷ) = 수익 1,000원 − 이익 600원 = 400원
- 당기말 자본(ㄴ) = 전기말 자본 900원 + 이익 600원 = 1,500원
- 당기말 부채(ㄱ) = 당기말 자산 2,000원 − 당기말 자본 1,500원 = 500원

04 ④ 차변에 자본이 기록될 경우 자본의 감소를 의미한다.

05 ③ 거래의 인식 → 분개장 → 총계정원장 → 시산표 → 정산표 → 계정의 마감 → 재무제표

06 ④ 7월 15일 고객사에 재고자산을 외상으로 판매하였던 5,000,000원이 현금으로 입금되었다.
- 회계처리　(차) 현 금　5,000,000　(대) 매출채권　5,000,000

07 ② 매출채권 = 외상매출금 40,000원
① 현금및현금성자산 = 타인발행수표 100,000원 + 당좌예금 50,000원 = 150,000원
③ 매입채무 = 외상매입금 70,000원 + 지급어음 100,000원 = 170,000원
④ 당좌자산 = 현금및현금성자산 150,000원 + 매출채권 40,000원 = 190,000원

08 대손충당금(기말 설정액) = 당기말 매출채권 200,000원 × 대손율 3% = 6,000원

09 • 만기보유증권 : 채무증권이며 만기보유 의도와 능력이 있는 30,000원은 만기보유증권으로 분류
• 매도가능증권 : 단기매매차익 목적으로 취득하지 아니한 지분증권 40,000원은 매도가능증권으로 분류
※ 주식(지분증권)은 만기가 없으므로 만기보유증권으로 분류할 수 없다.

10 ① 선적지 인도조건인 경우에는 상품이 출발지에서 선적된 시점부터 소유권이 매입자에게 이전된다.

11 • 매출원가 = 기초재고(300개 × 100원) + 5월 매입(350개 × 110원) = 68,500원
※ 선입선출법이 적용되므로 당기에 판매된 650개는 기초재고 300개와 5월 1일 매입분 350개로 구성된다.

12 재고자산평가손실 = 실사수량 1,900개 × (취득단가 700원 − 순실현가능가치 650원) = 95,000원

13 • 투자부동산이란 투자의 목적 또는 비영업용으로 소유하는 토지 · 건물 및 기타의 부동산을 말한다.
• 유형자산이란 장기간 동안 기업의 정상적인 영업활동 과정에서 사용될 목적으로 보유하고 있는 물리적인 실체를 가지고 있는 자산을 말한다.

14 • 단기매매증권 취득원가 = 취득수량 200주 × 취득단가 1,000원 = 200,000원
※ 단기매매증권의 취득과 직접 관련된 거래원가는 당기 비용으로 처리한다.
∴ 단기매매증권평가손익 = (공정가치 1,100원 − 취득단가 1,000원) × 보유수량 200주 = 20,000원(평가이익)

15 ③ 유형자산의 취득원가에는 구입원가 또는 제작원가 및 경영진이 의도하는 방식으로 자산을 가동하는데 필요한 장소와 상태에 이르게 하는데 직접 관련되는 원가인 취득부대비용 등이 포함된다.

16 • 영업권 = 지급액 20,000,000원 − (자산 30,000,000원 − 부채 20,000,000원) = 10,000,000원
∴ 영업권의 상각비 = 영업권 10,000,000원 ÷ 10년 = 1,000,000원

17 ① 유형자산을 구입하고 대금을 지급하지 않은 것은 미지급금에 해당한다.
③ 선수금은 상품을 매출하기로 하고 수령한 계약금에 대한 부채 계정이다.
④ 상품매매업을 영위하는 기업이 판매할 상품을 구입하고 지급하지 않은 금액은 매입채무에 해당한다.

18 ② 광고제작용역을 제공하였으나 용역제공대가를 받지 아니한 거래는 자산(매출채권 또는 미수금)을 증가시키고, 동시에 수익(매출 또는 용역수익)을 발생시킨다.

19 ④ 사채의 할증발행에 해당하므로 사채할증발행차금이 발생한다.

20 ③ 근무기간 동안에 비용처리를 한 뒤 퇴직 시에는 비용처리 않고 퇴직금을 지급하여 손익이 적절히 대응되게 하는 것이 퇴직급여충당부채의 의의이다.
• 관련 회계처리

− 매 근무기간 회계처리	(차) 퇴직급여	×××	(대) 퇴직급여충당부채	×××
− 퇴직시점 회계처리	(차) 퇴직급여충당부채	×××	(대) 현 금	×××

21 (차) 현 금 720,000,000 (대) 자본금 500,000,000
주식발행초과금 220,000,000

※ 해당 거래에서 발생한 신주발행비는 주식발행초과금에서 직접 차감한다.
∴ 자본금은 500,000,000원 증가하고, 자본잉여금(주식발행초과금)은 220,000,000원 증가하며, 이익잉여금은 불변한다.

22 ③ 이익준비금은 이익잉여금으로 분류되며 회사의 영업활동을 통해 벌어들인 순이익의 누적분으로 손익거래에서 발생한 항목이다.

23 ③ 매출에누리나 매출할인은 수익에서 차감한다.

24 ② 채무면제이익은 영업외수익에 해당한다.

25
- 전기말 누적진행률 = 발생누적 공사원가 1,250,000원 ÷ 총공사예정원가 5,000,000원 = 0.25 (25%)
- 당기말 누적진행률 = 발생누적 공사원가(1,250,000원 + 1,500,000원) ÷ 총공사예정원가 5,000,000원 = 0.55 (55%)

∴ 공사수익 = 총도급금액 6,000,000원 × (당기말 누적진행률 55% − 전기말 누적진행률 25%) = 1,800,000원

26 ① 주된 영업활동에서 발생한 비용 중 매출액과 직접 대응되는 원가를 매출원가로 처리한다.
② 주된 영업활동 이외의 보조적 또는 부수적인 활동에서 발생하는 비용은 영업외비용으로 처리한다.
④ 당기 법인세부담액으로 인한 비용은 법인세비용으로 처리한다.

27
- 판매비와관리비 = 관리직 사원 급여 30,000,000원 + 사무실 임차료 10,000,000원 + 접대비 2,000,000원 = 42,000,000원

※ 유형자산처분손실은 영업외비용에 속한다.

28 ㄱ. 토지(자산)의 증가와 현금(자산)의 감소가 나타나므로 당기손익에 영향이 없다.
ㄴ. 자본거래에 해당하여 당기손익에 영향이 없다.

29 ④ 손익계산서 계정은 마감 후 잔액이 0으로 남게 되며, 집합손익 계정의 대차차액은 당기순이익으로 기록되어 재무상태표의 이익잉여금 계정으로 대체된다.

30 ② 중복기입으로 회계처리가 차변과 대변에 동일한 금액을 증가시켰다면 검증할 수 없다.
③ 차변과 대변의 합계가 동일하다면 계정과목의 분류 등은 검증할 수 없다.
④ 차입금상환 거래의 누락이 차변과 대변의 회계처리에 공통적으로 누락되어 있다면 검증할 수 없다.

31 ①, ②, ④ 당기순이익 감소
③ 당기순이익 영향 없음

32 현금 회수 임대료 = 당기 임대료수익 200,000원 − (당기말 미수임대료 잔액 150,000원 − 전기말 미수임대료 잔액 50,000원) = 100,000원

33 기말 퇴직급여충당부채 잔액이 15,000,000원이 되도록 퇴직급여 10,000,000원을 증가시킨다.

34 ② 적정의견은 회사의 경영성과와 재무상태가 양호하다는 것을 의미하는 것은 아니다.
③ 회사의 재무제표가 기업회계기준에 부합하지 아니한 경우에는 부적정의견을 표명한다.
④ 감사의견이 부적정의견인 것은 상장기업의 상장폐지 사유에 해당한다.

35 일반기업회계기준에 비추어보아 공정하게 작성된 재무제표는 적정 감사의견을 표명함이 타당하다.

36
- 당좌자산 = 현금및현금성자산 100,000원 + 매출채권 300,000원 + 단기매매증권 200,000원 = 600,000원
- 유동자산 = 현금및현금성자산 100,000원 + 매출채권 300,000원 + 단기매매증권 200,000원 + 재고자산 800,000원 = 1,400,000원
- 유동부채 = 매입채무 400,000원 + 단기차입금 600,000원 = 1,000,000원

∴ 당좌비율 = 당좌자산 600,000원 ÷ 유동부채 1,000,000원 = 0.6 (60%)
∴ 유동비율 = 유동자산 1,400,000원 ÷ 유동부채 1,000,000원 = 1.4 (140%)

37 ① 재무상태표를 통해 자금조달의 구성내역을 알 수 있다.
③ 재무상태표의 차변에서 기업이 운용하는 자원의 구성내역을 알 수 있고, 이를 자산이라 한다.
④ 손익계산서를 이용하여 당기 중 발생한 경영성과의 세부내역을 확인할 수 있다.

38
- 재고자산회전율 12회 = 매출원가 12,000,000원 ÷ 평균재고자산

∴ 평균재고자산 = 1,000,000원
- 평균재고자산 1,000,000원 = (기초재고자산 800,000원 + 기말재고자산) ÷ 2

∴ 기말재고자산 = 1,200,000원

39
- 당기순이익 = 매출액 50,000,000원 − 매출원가 32,000,000원 − 판매비와관리비 8,000,000원 + 영업외수익 3,000,000원 − 영업외비용 5,000,000원 − 법인세비용 2,000,000원 = 6,000,000원

∴ 당기순이익률 = 당기순이익 6,000,000원 ÷ 매출액 50,000,000원 = 0.12 (12%)

40 ③ 매출총이익률이 64%라면 회사의 매출총이익이 매출액 대비 64%라는 것을 의미한다.

정답 및 해설

제2회 기출문제 (2024년 6월 기출)

| 회계원리 |

01	①	02	④	03	③	04	②	05	②	06	④	07	①	08	②	09	③	10	④
11	④	12	①	13	④	14	③	15	④	16	①	17	③	18	①	19	②	20	③
21	②	22	②	23	①	24	④	25	①	26	③	27	③	28	④	29	①	30	②
31	②	32	④	33	②	34	①	35	④	36	②	37	③	38	③	39	④	40	①

01 • 자산 = 매출채권 450,000원 + 기계장치 1,100,000원 + 개발비 670,000원 = 2,220,000원
• 부채 = 미지급금 250,000원 + 차입금 300,000원 + 선수수익 220,000원 = 770,000원
∴ 자본 = 자산 2,220,000원 − 부채 770,000원 = 1,450,000원

02 유동성배열법이란 유동성이 큰 항목부터 배열하는 것이므로 [단기매매증권 → 원재료 → 비품 → 토지]의 순으로 배열한다.

03 결산절차 : 시산표 작성 → 결산정리 → 정산표 작성 → 계정(장부)의 마감 → 재무제표 작성

04 • 대차평균의 원리 : 아무리 많은 거래를 기입하더라도 차변의 전체 합계액과 대변의 전체 합계액은 반드시 일치한다는 원리
• 단식부기 : 하나의 거래에 대하여 현금의 증감과 같은 한 가지 기록만을 수행하는 것

05 ② (차) 매출채권 20,000 (대) 매 출 20,000

※ 회계소프트웨어를 개발하는 회사가 프로그램용역을 제공한 것은 일반적 상거래에 해당하므로 외상대금에 대하여 매출채권 계정을 사용한다.

06

①	(차) 현 금	×××	(대) 자산(미수금)	×××
②	(차) 현 금	×××	(대) 부채(사채)	×××
③	(차) 비용(급여)	×××	(대) 현 금	×××

07 • 현금및현금성자산 = 보통예금 500,000원
※ 당좌예금 잔액을 초과하여 결제한 경우 단기차입금(유동부채)으로 분류하여 공시하며, 해당 정기예금은 유동자산에 속한다.

08 • 대손추정액 = (외상매출금 5,000,000원 × 1%) + (받을어음 2,000,000원 × 3%) = 110,000원
∴ 대손충당금 보충액 = 대손추정액 110,000원 − 대손충당금 잔액 80,000원 = 30,000원

09

	(차)		(대)	
• 1월 1일	단기매매증권	1,200,000	현 금	1,220,000
	지급수수료	20,000		
• 2월 18일	현 금	400,000	단기매매증권	1,200,000
	단기매매증권처분손실	800,000		

10 • 재공품 : 제품 또는 반제품의 제조를 위하여 재공 과정에 있는 것
• 미착상품 : 운송 중이라 아직 도착하지 않은 상품
• 적송품 : 위탁자가 수탁자에게 판매를 위탁하기 위하여 보낸 상품

11 ④ 후입선출법 사용 시 매출원가 = (100개 × 130원) + (100개 × 120원) = 25,000원

12 • 재고자산감모손실 = (장부상 수량 500개 − 실제 수량 400개) × 취득단가 100원 = 10,000원
※ 재고자산 B의 경우 장부상 수량과 실제 수량이 동일하므로 감모손실이 발생하지 않는다.
• 재고자산평가손실 = 실제 수량 200개 × (취득단가 200원 − 판매단가 100원) = 20,000원
※ 재고자산 A에 대한 예상 판매단가가 취득단가보다 높으므로 평가손실은 발생하지 않는다.

13 ④ 지분증권은 단기매매차익을 목적으로 하고 매매가 빈번하게 발생하는지에 따라 단기매매증권 또는 매도가능증권 중 하나로 분류한다.

14 투자목적으로 보유 중인 토지(ㄱ)는 투자자산으로 분류되며, 나머지 항목들은 모두 유형자산으로 분류된다.

15 ④ 경상연구개발비는 판매비와관리비에 해당한다.

16 ① 투자부동산은 투자자산으로 분류된다.

17

	(차)		(대)	
• 회계처리	재고자산(자산의 증가)	×××	매입채무(부채의 증가)	×××

※ 위 회계처리가 이중기록될 경우, 자산의 과대계상과 부채의 과대계상이 동시에 발생한다.

18 ① 단기차입금이란 유동부채 중 1년 이내에 상환될 금액을 말한다.

19 ② 시장이자율보다 액면이자율이 낮으므로 불리한 조건으로 사채를 발행(할인발행)하게 된다.

(차)		(대)	
현 금	×××	사 채	×××
사채할인발행차금	×××		

20 ③ 20X2년 9월 30일

(차) 미지급비용	1,250,000	(대) 현 금	5,000,000
이자비용	3,750,000		

21 ② 배당 후 이익잉여금은 감소한다.

• 주식배당 시 회계처리

(차) 미처분이익잉여금(자본의 감소)	×××	(대) 자본금(자본의 증가)	×××

22 • 자본금 = 주식소각 10주 × 액면금액 5,000원 = 50,000원 (감소)

• 감자차손(자본조정) = 주식소각 10주 × (구입금액 6,000원 − 액면금액 5,000원) = 10,000원 (증가)

• 이익잉여금은 변동 없음

23 ① 판매대가의 수령 여부와 무관하게 통상적으로 인도가 이루어진 시점에 실현주의에 따른 수익인식요건을 충족하며 수익을 인식한다.

24 • 기초자본 = 기초자산 370,000원 − 기초부채 90,000원 = 280,000원

• 기말자본 = 기말자산 500,000원 − 기말부채 60,000원 = 440,000원

• 기말자본 440,000원 = 기초자본 280,000원 + 추가출자 100,000원 + 당기순이익

∴ 당기순이익 = 60,000원

• 당기순이익 60,000원 = 총수익 − 총비용 50,000원

∴ 총수익 = 110,000원

25 • 20X1년 누적진행률 = 누적발생공사원가 6,000,000원 ÷ 총공사예정원가 25,000,000원 = 24%

• 20X1년 공사수익 = 총공사도급금액 30,000,000원 × (누적진행률 24% − 직전누적진행률 0%) = 7,200,000원

∴ 20X1년 공사이익 = 공사수익 7,200,000원 − 공사원가 6,000,000원 = 1,200,000원

26 ③ 기부금은 회사의 영업활동과 관계없는 비용이므로 영업외비용으로 분류한다.

27 • 영업이익 500,000원 = 매출액 3,500,000원 − 매출원가 2,000,000원 − 판매비와관리비

∴ 판매비와관리비 = 1,000,000원

28 ④ 유가증권의 평가손익은 영업외손익에 해당하여 영업손익에 영향을 미치지 아니한다.

29 수정전시산표의 작성, 결산수정분개, 결산수정분개의 전기는 예비절차에 해당한다.

30 ② 시산표상의 차변합계와 대변합계의 일치 여부만으로 모든 유형의 오류를 파악할 수는 없다.

31 ② 결산일까지 내역이 밝혀지지 않은 가수금은 잡이익으로 처리한다.

32 매출원가 = 기초재고액 450,000원 + 당기매입액 2,850,000원 − 기말재고액 300,000원 = 3,000,000원

33 ② 외화부채의 경우, 환율이 하락할수록 부담하여야 하는 부채의 원화환산액이 낮아지므로 이익이 발생한다.

34 법인세 지급액 = 당기 법인세비용 3,150,000원 − 당기 미지급법인세 증가분 120,000원 = 3,030,000원

35 ④ 중요한 사안에 대해 기업회계기준을 위배하여 회계정보이용자가 그대로 이용한 경우 잘못된 의사결정을 할 확률이 매우 높을 때 제시하는 부적정의견이다.

36 ① 재무제표에 대한 주석은 재무제표의 일부를 구성한다.
③ 포괄손익계산서를 통해 영업손익과 당기순손익, 기타포괄손익을 알 수 있다.
④ 재무상태표를 통해 1년 이내 현금화가 가능한 유동자산이 얼마인지를 측정할 수 있다.

37 • 평균 매출채권 = (전기 120,000,000원 + 당기 140,000,000원) ÷ 2 = 130,000,000원
∴ 매출채권회전율 = 매출액 390,000,000원 ÷ 평균매출채권 130,000,000원 = 3회

38 • 부채비율 = (부채총액 ÷ 자본총액) × 100%

① 매출채권의 회수	(차) 현금(자산의 증가)	(대) 매출채권(자산의 감소)
② 장기차입금의 상환	(차) 장기차입금(부채의 감소)	(대) 현금(자산의 감소)
③ 계약금의 선수	(차) 현금(자산의 증가)	(대) 선수금(부채의 증가)
④ 유형자산의 취득	(차) 유형자산(자산의 증가)	(대) 현금(자산의 감소)

∴ 부채총액이 증가하는 ③의 거래가 부채비율이 높아지는 거래이다.

39 ④ 20X2년의 ㈜삼일의 영업이익률은 9%로 업종평균인 11%에 미치지 아니하므로 회사의 본질적인 영업성과가 크게 개선되었다고 보기에는 어려움이 있다.

40 ② 주당순이익은 주가수익률 계산의 기초자료가 된다.
③ 당기순이익이 클수록 주당순이익이 높아진다.
④ 회사가 일정기간 올린 순이익에 대한 주식 1주당 귀속되는 주주의 몫을 나타내는 지표이다.

정답 및 해설

제3회 기출문제 (2024년 5월 기출)

| 회계원리 |

01	④	02	②	03	①	04	③	05	②	06	①	07	③	08	④	09	③	10	②
11	②	12	①	13	②	14	④	15	③	16	①	17	①	18	④	19	④	20	③
21	④	22	①	23	②	24	②	25	③	26	②	27	③	28	①	29	①	30	③
31	③	32	④	33	①	34	①	35	④	36	②	37	④	38	②	39	①	40	③

01 ④ 관리회계의 목적은 내부경영자의 경제적 의사결정에 유용한 정보를 제공하는 것이다.

02 • 회계상 거래로 인식하기 위해서는 다음의 두 가지 요건을 갖추어야 한다.
- 기업의 행위가 재무상태에 영향을 미쳐야 한다.
- 자산 등의 변동이 있더라도 그 내용을 금액으로 측정할 수 있어야 한다.

03 • 상품을 외상으로 판매한 거래는 다음과 같이 회계처리한다.
- 분개 (차) 매출채권(자산의 증가) ×××　(대) 재고자산(자산의 감소) ×××
- 전기

매출채권			
재고자산	×××		

재고자산			
		매출채권	×××

04

	차변	금액	대변	금액
①	(차) 현 금	1,000,000	(대) 매출채권	1,000,000
②	(차) 토 지	5,000,000	(대) 미지급금	5,000,000
④	(차) 현 금	800,000	(대) 차량운반구	500,000
	감가상각누계액	200,000	유형자산처분이익	500,000

05 (차) 현금(자산의 증가) 10억　(대) 자본금(자본의 증가) 10억

06 기말 현금 잔액 = 기초잔액 2,000원 + 회수(3월 5일) 1,500원 − 급여(12월 31일) 800원 = 2,700원

07 ③ 원재료를 외상으로 구입한 경우 그 구입대금은 외상매입금(부채) 계정으로 계상한다.
① 선급금(자산), ② 외상매출금(자산), ④ 상품(자산) 계정으로 계상한다.

08 취득 당시 만기일(또는 상환일)이 3개월 이내인 금융상품으로 큰 거래비용 없이 현금으로 전환이 용이하고 이자율 변동에 따른 가치변동의 위험이 경미한 경우 현금성자산으로 분류한다.

09 ③ 투자활동현금흐름을 통해 유형자산, 투자자산, 무형자산 등의 자산 취득과 처분으로 인한 현금흐름을 파악할 수 있다.

10 ㄱ. 단기간 내의 매매차익을 목적으로 하지 않으므로 단기매매증권(단기금융상품)에 해당하지 아니한다.
ㄴ. 만기 및 상환금액이 확정되었다는 것은 채무상품에 해당한다.
ㄷ. 만기까지 보유할 의도와 능력이 존재하지 아니하므로 만기보유증권에 해당하지 아니한다.
∴ 채무상품에 해당하는 매도가능증권으로 분류함이 타당하다.

11
- 매출원가 = 매출액 500,000원 × (1 − 매출총이익률 0.2) = 400,000원
- 매출원가 400,000원 = 기초재고액 + 당기매입액 300,000원 − 기말재고액
- 기말재고액 = 기초재고액 − 100,000원

∴ 기말상품재고액은 기초상품재고액에 비하여 100,000원 감소하였다.

12 ㄱ. 선적지 인도조건으로 판매하여 운송 중인 재고자산 : 기말재고 아님
ㄴ. 도착지 인도조건으로 판매하여 운송 중인 재고자산 = 단가 700원 × 수량 100개 = 70,000원
ㄷ. 선적지 인도조건으로 구입하여 운송 중인 재고자산 = 단가 1,000원 × 수량 50개 = 50,000원
ㄹ. 도착지 인도조건으로 구입하여 운송 중인 재고자산 : 기말재고 아님
∴ 기말 재고자산평가금액 = 70,000원 + 50,000원 = 120,000원

13 장기금융상품 10,000원 + 만기보유증권(잔존만기 2년) 90,000원 = 100,000원

14
- 감가상각누계액 = (취득가 20,000,000원 − 잔존가치 0원) ÷ 내용연수 60개월 × 사용기간 33개월 = 11,000,000원

∴ 처분손익 = 처분가 6,000,000원 − (취득가 20,000,000원 − 감가상각누계액 11,000,000원) = (−)3,000,000원 (손실)

15
- 무형자산의 경우 합리적인 상각방법을 정할 수 없는 경우에는 정액법을 사용한다.
- 무형자산의 상각기간은 독점적, 배타적 권리를 부여하고 있는 관계 법령이나 계약에 정해진 경우를 제외하고는 20년을 초과할 수 없다.

∴ 상각비 = 개발비 18,000,000원 ÷ 상각기간 20년 = 900,000원

16
- 순자산 공정가치 = 자산 공정가치 30,000,000원 − 부채 공정가치 10,000,000원 = 20,000,000원
- 영업권 = 인수가격 30,000,000원 − 순자산 공정가치 20,000,000원 = 10,000,000원

※ 인수가격 중 피합병법인의 순자산 공정가치를 초과하는 금액을 영업권으로 인식한다.

17 미수금과 선급금은 자산계정이다.

18

• 수정 전	(차) 상 품	300,000	(대) 당좌예금	300,000
• 수정분개	(차) 당좌예금	300,000	(대) 외상매입금	300,000

※ 잘못 계상된 당좌예금을 상계시키고, 옳은 계정과목인 외상매입금을 계상하는 수정분개를 작성한다.

19 ④ 사채권자는 확정적인 이자를 수취하고, 주주는 배당결의 여부에 따라 배당금을 수취한다.

20 (ㄱ) : 기업이 부담하는 의무이므로 부채에 해당한다.
(ㄴ) : 퇴직급여와 관련된 부채 계정과목은 퇴직급여충당부채이다.
(ㄷ) : 결산일 현재 전 임직원이 퇴사할 경우 지급해야 할 퇴직금예상액은 퇴직금추계액이라 하며, 퇴직금추계액은 퇴직금 추정계산액이라는 의미이다.
(ㄹ) : 퇴직급여충당부채를 추가 설정하기 위한 결산수정분개 시 차변 계정과목은 퇴직급여이다.

21 ① 자본금은 [발행주식수 × 1주당 액면금액]으로 계산한다.
② 단기매매증권평가손익은 단기매매증권을 보유하면서 발생한 평가손익으로 영업외손익으로 인식한다.
③ 이익잉여금은 손익거래에서 발생한 이익 중에서 배당을 하지 않고 기업내부에 유보되어 있는 금액을 말한다.

22 ① 주식발행초과금은 자본잉여금에 해당한다.

23 수익은 자산의 유입이나 증가 또는 부채의 감소에 따라 자본의 증가를 초래하는 특정 회계기간 동안에 발생한 경제적 효익의 증가이다.

24 ① 보고기간종료일 시점에서 발생주의 원칙에 따라 귀속기간에 따른 매출을 인식한다.
③ 수탁자가 위탁품을 판매한 날
④ 상품교환권(상품권)을 회수한 날

25 • 영업이익 300,000원 = 매출액 − 매출원가 2,300,000원 − 판매비와관리비 200,000원
∴ 매출액 = 2,800,000원

26 ① 기업회계상의 당기순이익과 법인세 계산의 기초가 되는 소득은 차이가 있으므로 완전히 같다고 할 수 없다.
③ 비용은 매출원가, 판매비와관리비, 영업외비용, 법인세비용으로 분류한다.
④ 법인세의 회계처리는 다음과 같다.

• 중간예납 시	(차) 선납세금	×××	(대) 현 금	×××
• 결산 시	(차) 법인세비용	×××	(대) 선납세금	×××
			미지급법인세	×××
• 실제납부 시	(차) 미지급법인세	×××	(대) 현 금	×××

27 • 정상적인 회계처리
(차) 이자비용(비용의 발생) ××× (대) 미지급비용(부채의 증가) ×××
∴ 위 회계처리가 진행되지 않은 경우, 다음과 같은 영향을 재무제표가 받는다.
- 비용의 과소계상 → 순이익의 과대계상 → 자본의 과대계상
- 부채의 과소계상

28 ① 접대비는 판매비와관리비에 속한다.

29 ② 만기보유증권은 상각후원가로 평가하여 재무상태표에 표시한다.
③ 재고자산 실사결과 수량이 부족한 부분은 재고자산감모손실을 인식한다.
④ 유・무형자산에대한 감가상각비 계상 및 퇴직급여충당부채의 설정은 결산수정분개 시 이루어지는 것이 일반적이다.

30 ③ 당기에 납품이 이루어졌다는 등의 수익인식요건 충족의 사실이 없으므로 전액 선수금(부채)로 유지하는 것이 옳다.

31 ① 시산표는 장부마감 전 결산 기초자료인 계정기록의 정확성 여부를 점검하기 위해 작성한다.
② 시산표상 차변 합계와 대변 합계의 일치만으로 파악할 수 없는 오류가 존재할 수 있다.
④ 합계잔액시산표란 각 계정의 차변과 대변의 합계액과 잔액을 모아 작성한 표이다.

32 ① 퇴직급여충당부채는 누적분이고, 퇴직급여는 당기발생분이다.
② 이익잉여금은 누적분이고, 당기순이익은 당기발생분이다.
③ 감가상각누계액은 누적분이고, 당기순이익은 당기발생분이다.
④ 재무상태표의 현금및현금성자산과 현금흐름표의 기말 현금및현금성자산은 모두 기말 누계액이다.

33 • 20X2년 12월 31일 외화환산손익 = $50,000 × (1,250원 − 1,190원) = 3,000,000원 (손실)
• 회계처리

− 20X1년 7월 25일	(차) 현 금	55,750,000	(대) 차입금	55,750,000
− 20X1년 12월 31일	(차) 외화환산손실	3,750,000	(대) 차입금	3,750,000
− 20X2년 12월 31일	(차) 외화환산손실	3,000,000	(대) 차입금	3,000,000

※ 20X1년 12월 31일 외화환산손익 = $50,000 × (1,190원 − 1,115원) = 3,750,000원 (손실)

34 ① 모든 회사의 재무제표를 구할 수 있는 것은 아니고 외부감사대상으로서 올바르게 감사받은 회사의 재무제표만 전자공시시스템에서 찾아볼 수 있다.

35 (ㄱ) : 의견거절은 감사보고서를 만드는데 충분한 증거를 얻지 못한 경우나 기업존립에 관계될 정도의 사항이 중대한 경우, 감사의 독립성이 결여되는 경우 등 회계감사가 불가능한 상황에 제시하는 감사의견으로 상장폐지로까지 이어진다.
(ㄴ) : 적정의견은 회사로부터 감사에 필요한 자료를 충분히 제공받았으며, 기업회계기준에 맞게 재무제표를 작성한 경우의 감사의견이다.

36 • 당좌자산 = 유동자산 5,000,000원 − 재고자산 1,290,000원 = 3,710,000원
∴ 당좌비율 = (당좌자산 3,710,000원 ÷ 유동부채 3,500,000원) × 100 = 106%

37 기업의 이익창출능력은 투자액 대비 이익의 비율로서 측정될 수 있으며 자기자본이익률(ROE), 투자수익률(ROI) 등의 이익률 지표로 측정된다.

38 • 평균총자산 = (20X1년 자산 110,000,000원 + 20X2년 자산 150,000,000원) ÷ 2 = 130,000,000원
∴ 총자산회전율 = 매출액 260,000,000원 ÷ 130,000,000원 = 2회

39 ① 동일한 영업이익이라도 매출액의 차이로 인하여 영업이익률은 상이할 수 있다.

40 주당순이익 = 당기순이익 90,000,000원 ÷ 유통보통주식수 6,000주 = 15,000원

정답 및 해설

제4회 기출문제 (2024년 3월 기출)

| 회계원리 |

01	①	02	④	03	③	04	②	05	④	06	①	07	③	08	③	09	①	10	①
11	③	12	③	13	②	14	③	15	④	16	③	17	④	18	①	19	③	20	④
21	②	22	③	23	①	24	①	25	③	26	④	27	①	28	①	29	②	30	①
31	③	32	②	33	②	34	④	35	①	36	②	37	①	38	③	39	①	40	②

01 ① 자산을 재무상태표에 기재 시 유동성이 높은 것부터 낮은 것의 순서로 배열하는 유동성배열법에 의함을 원칙으로 한다.

02 ④ 부기는 단순히 기록하는 과정으로 회계의 일부 요소이다.

03 • 회계기간 중 회계처리

거래의 인식 —(분 개)→ 분개장 —(전 기)→ 총계정원장 → 수정전 시산표

04 ① 1월 2일 주주로부터 자본금 500,000원을 현금으로 출자받았다.
③ 1월 15일 거래처로부터 외상매출금 1,000,000원을 현금으로 회수하였다.
④ 1월 25일 은행에 차입금 2,500,000원을 현금으로 상환하였다.

05

현 금	
매 출 50,000	

매 출	
	현 금 50,000

06 • 현금을 출자받은 거래는 다음과 같이 회계처리한다.

(차) 현금(자산의 증가) ××× (대) 자본금(자본의 증가) ×××

07 ① 현금이 들어온 경우 차변에 기재하고 나간 경우 대변에 기재한다.
② 매일 발생하는 현금의 수입과 지출을 기록하기 위한 보조장부를 현금출납장이라 한다.
④ 실제 현금 잔액이 장부상 잔액보다 작아 발생한 현금부족액이 결산 시까지 원인불명이면 잡손실로 처리한다.

08 • 대손충당금 = 매출채권 400,000원 × 대손율 3% = 12,000원
∴ 순매출채권 = 매출채권 400,000원 − 대손충당금 12,000원 = 388,000원
참고 순매출채권 = 매출채권 400,000원 × (1 − 대손율 3%) = 388,000원

09 • 단기간 내의 매매차익을 목적으로 취득하는 유가증권은 단기매매증권이다.
• 단기매매증권의 취득부대비용은 취득원가에 가산하지 않는다.
∴ 취득원가 = 10주 × 30,000원 = 300,000원

10 ① 재고자산의 매입원가는 매입금액에 매입운임 등 취득과정에서 정상적으로 발생한 부대원가를 포함한 금액이다.

11 ① 갑 : 선입선출법을 사용하면 기말 재고액은 전액 8월 1일 매입 재고로 구성되어 있다.
② 을 : 선입선출법 또는 후입선출법의 적용과 무관하게 기말 재고 수량은 100개이다.
④ 정 : 후입선출법을 사용하면 매출원가는 25,000원이 된다.

12

거래일자	거래내역	입·출고			잔 액		
		수 량	단 가	금 액	수 량	단 가	금 액
1월 1일	기초재고	100개	200원	20,000원	100개	200원	20,000원
3월 1일	매 입	100개	240원	24,000원	200개	220원	44,000원
5월 12일	매 출	(100개)			100개	220원	22,000원
8월 15일	매 입	100개	280원	28,000원	200개	250원	50,000원
11월 2일	매 출	(100개)			100개	250원	25,000원
12월 31일	기말재고	100개			100개	250원	25,000원

13 • 20X1년 6월 1일 : 취득가액 = 2,000주 × 5,000원 = 10,000,000원
• 20X1년 12월 31일 : 평가손익 = (5,300원 − 5,000원) × 2,000주 = 600,000원(평가이익, 기타포괄이익)
• 20X2년 9월 1일 : 처분손익 = (5,500원 − 5,000원) × 1,000주 = 500,000원(처분이익, 당기손익)

14 • 차량운반구 감가상각비 = (취득원가 3,000,000원 − 잔존가치 0원) ÷ 내용연수 60개월 × 사용기간 5개월 = 250,000원
※ 건설중인자산은 감가상각대상 자산에 속하지 않는다.

15 • 무형자산의 인식요건을 충족한 지출은 무형자산으로 처리한다.
• 경상개발비는 당기에 비용으로 인식하는 항목이다.
• 개발비가 무형자산의 인식요건을 모두 충족시키는 경우에는 무형자산으로 처리해야 한다.

16 기타비유동자산은 투자자산, 유형자산, 무형자산에 속하지 않는 비유동자산을 말하며, 임차보증금, 이연법인세자산, 장기매출채권 및 장기미수금 등이 이에 해당한다.

17 • 수정 전 분개 (차) 상 품 500,000 (대) 당좌예금 500,000
• 수정분개 (차) 당좌예금 500,000 (대) 외상매입금 500,000

18 ① 보고기간종료일로부터 1년 이내에 상환되지 않는 퇴직급여충당부채는 비유동부채에 해당한다.

19 ① 액면이자율이 시장이자율보다 작은 경우에는 할인발행을 하게 된다.
② 사채를 할인발행하는 경우에도 만기에는 발행금액이 아닌 액면금액을 상환해야 한다.
④ 사채를 조기상환하는 경우 현금상환액이 사채의 장부가액보다 큰 경우 사채상환손실이 발생한다.

사채의 상환가액 − 사채의 장부가액 = (+) 사채상환손실 (−) 사채상환이익

20 • 20X2년 12월 31일 회계처리
(차) 장기차입금 10,000,000 (대) 유동성장기부채 10,000,000

21 ① 법정자본금은 발행주식수를 1주당 액면가액을 곱하여 산정된 금액이다.
③ 이익잉여금은 영업활동에 의하여 획득된 이익 중 사외유출되지 않고 기업 내부에 유보된 이익이다.
④ 주식발행초과금은 주식의 발행가액이 액면금액을 초과하는 금액이다.

22 • 자본금 = 주식소각 10주 × 액면금액 5,000원 = 50,000원 (감소)
• 감자차손(자본조정) = 주식소각 10주 × (구입금액 6,000원 − 액면금액 5,000원) = 10,000원 (증가)
• 이익잉여금은 변동 없음

23 ② 회계학에서는 수익인식시기의 결정기준으로 발생주의를 채택하고 있다.
③ 상품이나 제품을 판매한 후 반품이 발생할 경우 매출환입으로 보아 이를 차감한 금액으로 수익을 측정한다.
④ 기업회계기준에서는 재화를 판매한 경우 재화를 판매할 때 수익을 인식하는 것을 원칙으로 하고 있다.

24 ② 건설공사는 수익인식기준 중 진행기준을 적용하여 매출을 인식한다.
③ 20X2년에 인식할 공사이익 = (80,000,000원 × 25%) − (60,000,000원 × 25%) = 5,000,000원
④ 공사가 완료되는 20X4년에는 계약금인 20,000,000원(= 80,000,000원 × 25%)을 매출로 인식한다.

25 유형자산처분손익 = 판매가액 6,000,000원 − (취득금액 10,000,000원 − 감가상각누계액 5,000,000원) = 1,000,000원 (처분이익)

26 • 주된 영업활동 이외의 보조적 또는 부수적인 활동에서 순환적으로 발생하는 비용은 영업외비용으로 처리한다.
• 판매활동 및 회사의 유지·관리활동과 관련된 비용은 판매비와관리비로 처리한다.

27 판매비와관리비 = 관리직사원급여 10,000,000원 + 본사건물 감가상각비 6,000,000원 + 광고선전비 2,000,000원 = 18,000,000원

28 영업외비용 = 이자비용 100,000원 + 기부금 300,000원 = 400,000원

29 • 회계의 순환과정
- 회계기간 중의 회계처리 : 거래의 인식 → 분개장에 분개 → 총계정원장에 전기 → 수정전 시산표
- 회계기간 말의 결산작업 : 결산수정분개 → 수정후 시산표 → 계정(장부)의 마감 → 재무제표 작성

30 ② 매출거래의 누락이 차변과 대변의 회계처리에 공통적으로 누락되어 있다면 검증할 수 없다.
③ 차변과 대변의 합계가 동일하다면 계정과목의 분류 등은 검증할 수 없다.
③ 매입전표의 중복 발행으로 인한 회계처리가 차변과 대변에 동일한 금액을 증가시켰다면 검증할 수 없다.

31 ③ 미도래기간에 대한 비용 지급분을 선급비용으로 인식하는 결산수정분개가 필요하다.

32 ① 회수가 불가능하게 될 것으로 예상되는 채권에 대하여는 대손충당금을 설정할 수 있다.
③ 기업회계기준에서는 매출채권에 대한 대손금을 판매비와관리비로 처리하고 기타의 채권에 대한 대손금은 영업외비용으로 처리하도록 규정하고 있다.
④ 대손충당금은 매출채권의 차감적 평가계정으로 재무상태표에 나타난다.

33 수익의 이연이란 이미 수익으로 인식하였으나 기간이 경과되지 않은 것에 대하여 선수수익이라는 부채로 기록하고 다음 회계기간의 수익으로 연기시키는 것이다.

34 ④ 가공의 기말재고를 만들어 매출원가를 실제보다 과소계상되게 하는 방식으로 이익을 증가시키는 방법을 사용한 것이다.

35 ② 적정의견이 회사의 경영성과와 재무상태가 양호하다는 것을 의미하는 것은 아니다.
③ 회사의 재무제표가 기업회계기준에 부합하지 아니한 경우에는 부적정의견을 표명한다.
④ 감사범위의 제한이 없거나 중요하지 않은 경우에는 적정의견을 표명한다.

36 • 평균매출채권 = (기초잔액 40,000,000원 + 기말잔액 50,000,000원) ÷ 2 = 45,000,000원
※ 문제에서 기초매출채권과 기말매출채권의 평균금액을 기준으로 산정함을 가정하였다.
• 매출채권회전율 = 매출액 90,000,000원 ÷ 평균매출채권 45,000,000원 = 2회
∴ 매출채권회수기간 = 360일 ÷ 매출채권회전율 2회 = 180일
※ 문제에서 1년은 360일로 가정하였다.

37 유동비율 = (유동자산 2,000,000원 ÷ 유동부채 1,000,000원) × 100% = 200%

38 • 누락 회계처리 (차) 매출채권 ××× (대) 매출액 ×××
① 유동비율 = 유동자산 ÷ 유동부채 → 유동자산에 영향을 준다.
② 당좌비율 = 당좌자산 ÷ 유동부채 → 당좌자산에 영향을 준다.
③ 재고자산회전율 = 매출원가 ÷ 평균재고자산 → 영향을 받지 않는다.
④ 매출채권회전율 = 매출액 ÷ 평균매출채권 → 매출액과 매출채권에 영향을 준다.

39 • 유동비율 = 유동자산 ÷ 유동부채
• 부채비율 = 부채 ÷ 자기자본
• 총자산증가율 = (기말자산 − 기초자산) ÷ 기초자산

40 • 유통보통주식수 = 보통주자본금 10,000,000원 ÷ 보통주 1주당 액면금액 1,000원 = 10,000주
∴ 주당순이익(EPS) = 당기순이익 20,000,000원 ÷ 유통보통주식수 10,000주 = 2,000원

정답 및 해설

제5회 기출문제 (2023년 12월 기출)

| 회계원리 |

01	②	02	④	03	③	04	①	05	①	06	②	07	①	08	④	09	④	10	①
11	③	12	④	13	①	14	④	15	②	16	①	17	③	18	④	19	①	20	②
21	②	22	④	23	④	24	③	25	③	26	②	27	②	28	④	29	③	30	①
31	④	32	④	33	②	34	③	35	③	36	①	37	②	38	①	39	③	40	②

01 ② 재무회계는 주로 회사 외부의 이해관계자들에게 재무정보를 제공하는 것을 목적으로 하고, 관리회계는 주로 경영진과 같은 내부 정보이용자들에게 경영활동을 계획하거나 통제하는데 유용한 정보를 제공하는 것을 목적으로 한다.

02 유동성배열법이란 유동성이 큰 항목부터 배열하는 것이므로 [단기금융상품 → 재공품 → 원재료 → 토지]의 순으로 배열한다.

03 ① 자산의 감소는 대변에, 증가는 차변에 기록한다.
② 부채의 증가는 대변에, 감소는 차변에 기록한다.
④ 수익의 발생은 대변에, 비용의 발생은 차변에 기록한다.

04 위탁, 주문, 채용은 그 자체만으로는 회계상 거래에 해당하지 않는다.

05 ① 당기 발생한 접대비 1,000만원을 현금으로 지급하였다.

(차) 접대비(비용의 발생)	10,000,000	(대) 현금(자산의 감소)	10,000,000

06
- 기초부채(ㄱ) = 기초자산 1,800원 − 기초자본 1,100원 = 700원
- 기말자본(ㄷ) = 기초자본 1,100원 + 순이익 300원 = 1,400원
- 기말자산(ㄴ) = 기말부채 600원 + 기말자본 1,400원 = 2,000원
- 총수익(ㄹ) = 총비용 900원 + 순이익 300원 = 1,200원

07

(차) 당좌예금	100,000	(대) 현 금	100,000

08
- 현금및현금성자산 = 현금시재액 200,000원 + 자기앞수표 500,000원 + 당좌예금 1,000,000원 = 1,700,000원
- 단기금융상품 = 정기예금 1,200,000원

09 • 12월 31일 (차) 단기매매증권 50,000 (대) 단기매매증권평가이익 50,000
(당기손익)

10 ② 재고자산이란 정상적인 영업과정에서 판매를 위하여 보유하거나 생산과정에 있는 자산 및 생산 또는 서비스 제공과정에 투입될 원재료나 소모품의 형태로 존재하는 자산을 말한다.
③ 선적지 인도조건인 경우에는 상품이 선적된 시점에 소유권이 매입자에게 이전된다.
④ 재고자산의 취득원가에는 매입가액에 매입부대비용을 포함하며 관세도 매입부대비용에 포함된다.

11 • 기말재고 수량 = 기초재고 100개 + 매입(3월 1일) 100개 − 판매 100개 + 매입(8월1일) 100개 = 200개
∴ 기말재고 금액 = 8월 1일 매입분(100개 × 160원) + 3월 1일 매입분(100개 × 140원) = 30,000원
※ 기말재고 200개는 선입선출법에 따라 늦게 매입된 [8월 1일분 100개]와 [3월 1일분 100개] 순으로 구성된다.

12 • 재고자산의 시가가 장부금액 이하로 하락하여 발생한 평가손실은 재고자산평가손실로 인식하고 매출원가에 가산한다. 그리고 그 금액을 재고자산평가손실충당금으로 계상하며 재무상태표에 재고자산을 표시할 때는 재고자산 금액에서 재고자산평가손실충당금을 차감해서 재고자산 순액이 나타나도록 한다.
∴ 재고자산평가손실 = 해당 수량 100개 × (취득단가 1,000원 − 단위당 시가 700원) = 30,000원

13 • 매도가능증권 1주당 취득원가 = (취득대가 1,800,000원 + 취득부대비용 200,000원) ÷ 취득수량 10주
= 200,000원
∴ 매도가능증권처분손익 = (취득단가 200,000원 − 처분단가 200,000원) × 처분수량 5주 = 0원

14 • 취득단계에서 발생하는 취득세, 운송비, 시운전비 등 취득부대비용으로 취득원가에 포함되지만, 보유단계에서 발생하는 수선유지비는 당기비용으로 처리한다.
※ 보유단계에서 발생하는 비용 중 자본적 지출에 해당하는 경우에는 자산의 취득가액에 가산한다.

15 ① 무형자산의 경우, 합리적인 상각방법을 정할 수 없는 경우에는 정액법을 사용한다.
③ 내부적으로 창출한 영업권은 무형자산으로 인식하지 아니한다.
④ 무형자산의 상각기간은 독점적, 배타적인 권리를 부여하고 있는 관계법령이나 계약에 정해진 경우를 제외하고는 20년을 초과할 수 없다.

16 • 본사건물에 엘리베이터를 설치한 경우에는 자본적 지출로 그 금액만큼 자산의 취득가액에 가산한다.
• 현재 회계처리 (차) 수선비(비용의 발생) (대) 현 금(자산의 감소)
또는 미지급금(부채의 증가)
• 옳은 회계처리 (차) 건 물(자산의 증가) (대) 현 금(자산의 감소)
또는 미지급금(부채의 증가)
∴ 비정상적으로 회계처리한 경우, 자산이 과소계상되며, 비용이 과대계상된다. 비용의 과대계상은 당기순이익의 과소계상을 야기한다.

17 • 상품판매 시 회계처리

(차) 현 금	5,500,000	(대) 매 출	5,000,000
		예수금(부가가치세)	500,000

※ 상품 등을 판매할 때 발생하는 부가가치세는 해당 금액을 보관(예수)하고 있다가 추후 국가에 납부하여야 하므로 예수금으로 처리한다.

18 ④ 선수금은 상품을 매출하기로 하고 수령한 계약금에 대한 부채 계정이다.

※ 선수수익 : 용역 등을 제공하기로 약정하고 당기에 수취한 수익 중 차기 이후에 속하는 금액

19 • 방안 A는 액면금액보다 발행금액이 크므로 할증발행되어 발행금액 500,000,000원(= 발행단가 10,000원 × 발행주식수 50,000주)만큼 자금을 조달할 수 있다.

• 방안 B는 액면이자율이 시장이자율보다 낮으므로 할인발행되어 액면금액인 500,000,000원보다 적은 자금을 조달하게 된다.

∴ 방안 A, 주식할증발행으로 발행하는 것이 유리하다.

참고 **회계처리**

• 방안 A	(차) 현 금	500,000,000	(대) 자본금	400,000,000
			주식발행초과금	100,000,000
• 방안 B	(차) 현 금	×××	(대) 사 채	500,000,000
	사채할인발행차금	×××		

20 ② 재무상태표에 계상할 퇴직급여충당부채는 보고기간 말 현재 전 종업원이 일시에 퇴직할 경우 지급하여야 할 퇴직금에 상당하는 금액으로 한다.

21 • 자본잉여금 : 주식발행초과금, 감자차익, 자기주식처분이익

• 자본조정 : 자기주식

22 ㄱ. 액면 5,000원의 주식 10주를 1주당 4,500원에 발행하였다.

(차) 현 금	45,000	(대) 자본금	50,000
주식할인발행차금(자본조정)	5,000		

ㄴ. 배당금 20,000원을 지급하기로 결의하고 즉시 현금 지급하였다.

(차) 미처분이익잉여금(이익잉여금)	20,000	(대) 현 금	20,000

∴ 자본잉여금은 불변하며, 이익잉여금은 감소한다.

※ 자본잉여금에 해당하는 계정과목은 주식발행초과금, 감자차익, 기타자본잉여금 등이 있다.

23 제품 판매 시 물품공급일보다 세금계산서를 먼저 발행한 경우라 하더라도 기업회계기준상 실현주의를 따르므로, 상품의 인도시점에 수익으로 인식한다.

24 • 영업이익 500,000원 = 매출액 − 매출원가 2,000,000원 − 판매비와관리비 300,000원

∴ 매출액 = 2,800,000원

25 • 20X1년 누적진행률 = 누적발생공사원가 6,250,000원 ÷ 총공사예정원가 25,000,000원 = 0.25 (25%)
• 20X2년 누적진행률 = 누적발생공사원가(6,250,000원 + 7,500,000원) ÷ 총공사예정원가 25,000,000원 = 0.55 (55%)
∴ 20X2년 공사수익 = 총공사도급금액 30,000,000원 × (당기 누적진행률 55% − 직전 누적진행률 25%) = 9,000,000원

26 매입할인 : 재고자산을 외상으로 구입한 후 외상매입금을 조기에 지급하는 경우 판매자가 일정 금액을 할인해 주는 것

27 • 회계처리

− 중간예납 시	(차) 선납세금	×××	(대) 현 금	×××
− 결산 시	(차) 법인세비용	×××	(대) 선납법인세	×××
			미지급법인세	×××
− 실제납부 시	(차) 미지급법인세	×××	(대) 현 금	×××

28 (ㄱ) : 무상으로 지출한 금액 중 회사의 영업활동과 관련 있는 지출은 접대비로 처리한다.
(ㄴ) : 무상으로 지출한 금액 중 회사의 영업활동과 관련 없는 지출은 기부금으로 처리한다.
※ 복리후생비란 근로환경의 개선 및 업무능률의 향상을 위하여 지출하는 노무비적인 성격을 갖는 비용이다.

29 거래의 누락 또는 계정과목의 분류 등의 오류는 대차평균의 원리만으로 검증이 안되므로, 시산표를 통해 검증할 수 없다.

30 재고자산의 매입과 관련된 회계처리는 취득 시점에서 이루어진다.

31 ④ 유・무형자산에 대한 감가상각비 계상 및 퇴직급여충당부채의 설정은 결산수정분개 시 이루어지는 것이 일반적이다.

32 당기 보험료 지급액 = 기초 미지급비용 100,000원 + 당기 보험료발생 200,000원 − 기말 미지급비용 50,000원 = 250,000원

33 ② 장부를 마감하게 되면 손익 계정의 잔액은 0이 된다.

34 ① 부적정의견의 사유에 해당한다.
② 적정의견의 사유에 해당한다.
④ 의견거절의 사유에 해당한다.

35 ③ 포괄손익계산서를 통해 영업손익과 당기순손익, 기타포괄손익을 알 수 있다.

36 • 20X2년

- 매출원가 = 매출액 192,000,000원 − 매출총이익 64,000,000원 = 128,000,000원
- 평균재고자산 = (20X1년 재고자산 15,000,000원 + 20X2년 재고자산 17,000,000원) ÷ 2 = 16,000,000원
- 재고자산회전율 = 매출원가 128,000,000원 ÷ 평균재고자산 16,000,000원 = 8회

• 20X3년

- 매출원가 = 매출액 216,000,000원 − 매출총이익 96,000,000원 = 120,000,000원
- 평균재고자산 = (20X2년 재고자산 17,000,000원 + 20X3년 재고자산 23,000,000원) ÷ 2 = 20,000,000원
- 재고자산회전율 = 매출원가 120,000,000원 ÷ 평균재고자산 20,000,000원 = 6회

• 20X3년 재고자산회전율 6회 ÷ 20X2년 재고자산회전율 8회 = 0.75

∴ 20X3년 재고자산회전율은 20X2년 재고자산회전율에 비해 25% 감소하였다.

37 • 당좌자산 = 현금및현금성자산 500,000원 + 매출채권 1,500,000원 + 단기매매증권 1,000,000원 = 3,000,000원

• 유동부채 = 매입채무 1,500,000원 + 단기차입금 2,500,000원 = 4,000,000원

∴ 당좌비율 = 당좌자산 3,000,000원 ÷ 유동부채 4,000,000원 = 75%

• 유동자산 = 현금및현금성자산 500,000원 + 매출채권 1,500,000원 + 재고자산 4,000,000원 + 단기매매증권 1,000,000원 = 7,000,000원

• 유동부채 = 매입채무 1,500,000원 + 단기차입금 2,500,000원 = 4,000,000원

∴ 유동비율 = 유동자산 7,000,000원 ÷ 유동부채 4,000,000원 = 175%

38 • 부채비율 = 부채총액 ÷ 자본총액

① 매출채권을 현금으로 회수한 경우는 [(차) 자산의 증가 / (대) 자산의 감소]에 해당하는 거래이므로 부채총액과 자본총액에 미치는 영향이 없어 부채비율은 불변한다.

39 • 당기순이익 = 매출액 5,000,000원 − 매출원가 2,500,000원 − 판매비와관리비 1,000,000원 + 영업외수익 110,000원 − 영업외비용 60,000원 − 법인세비용 150,000원 = 1,400,000원

∴ 당기순이익율 = 당기순이익 1,400,000원 ÷ 매출액 5,000,000원 = 0.28 (28%)

40 • 주당순이익 = 당기순이익 ÷ 유통보통주식수

• 주당순이익은 기업의 수익력을 평가하는데 가장 보편적으로 이용되는 지표이다.

정답 및 해설

제6회 기출문제 (2023년 11월 기출)

| 회계원리 |

01	③	02	②	03	①	04	④	05	①	06	①	07	④	08	②	09	④	10	②
11	①	12	③	13	①	14	③	15	③	16	④	17	④	18	②	19	④	20	③
21	②	22	④	23	②	24	④	25	③	26	②	27	③	28	①	29	①	30	①
31	④	32	③	33	①	34	②	35	①	36	②	37	②	38	④	39	③	40	④

01 ① 잉여금 구분의 원칙은 재무상태표상의 자본항목에 대하여 적용된다.
② 서로 다른 거래처의 매출채권과 선수금을 상계하는 것은 총액주의의 원칙에 위배된다.
④ 유동성배열법에 의하여 자산과 부채는 환금성이 높은 순서로 표시되어야 한다.

02 회계상의 거래로 인식하기 위해서는 회사의 재산상태에 변화를 주는 사건이어야 하므로, 채용과 의사결정은 회계상의 거래가 아니다.

03 ① 재무제표의 작성에 있어 손익계산서의 당기순이익이 결정되어야 재무상태표 작성이 완료된다.

04 ④

(차) 현 금	800,000	(대) 차량운반구	500,000
감가상각누계액	200,000	유형자산처분이익	500,000

05

(차) 임차료비용(비용의 발생)	10,000,000	(대) 현금(자산의 감소)	11,000,000
급여(비용의 발생)	1,000,000		

06 • 회계처리

– 4월 1일	(차) 현금(자산의 증가)	60,000	(대) 선수수익(부채의 증가)	60,000
– 12월 31일	(차) 선수수익(부채의 감소)	45,000	(대) 임대료(수익의 발생)	45,000

→ 4월 1일에 1년치 임대료에 해당하는 60,000원을 현금으로 받아 전액 선수수익으로 계상하였으며, 기말에 당기에 해당하는 9개월분 45,000원을 선수수익에서 상계하고 임대료로 계상하였다.
② 회사의 임대료는 발생주의 요건에 따라 손익계산서에 45,000원으로 인식한다.
③ 회사는 최초 부채계정을 이용하여 회계처리하였고 결산조정을 통해 수익계정을 인식하였다.
④ 회사의 선수수익은 차기에 임대서비스를 제공할 의무이므로 재무상태표에 15,000원으로 인식한다.

07 • 회계처리

– 20X1년 7월 1일	(차) 소액현금	500,000	(대) 현 금	500,000
– 20X1년 7월 30일	(차) 교통비	100,000	(대) 소액현금	340,000
	접대비	150,000		
	통신비	70,000		
	잡 비	20,000		
– 20X1년 8월 1일	(차) 소액현금	340,000	(대) 현 금	340,000

08 대손상각비(보충액) = (외상매출금 5,000,000원 × 대손율 1%) + 받을어음 2,000,000원 × 대손율 3%) – 대손충당금 잔액 60,000원 = 50,000원

09 • 매도가능증권 취득단가 = 취득가 3,000,000원 ÷ 취득수량 120주 = 25,000원
• 매도가능증권처분손익 = (처분단가 27,000원 – 취득단가 25,000원) × 처분수량 80주 = 160,000원(이익)
∴ 20X2년 매도가능증권의 처분으로 인하여 당기손익에 160,000원만큼 이익이 증가한다.
※ 매도가능증권평가손익은 기타포괄손익에 반영한다.

10 • 당월에 신규 사업을 개시하였으므로 기초재고는 없다.
• 입고(1월 5일) = 매입가액 4,900,000원 – 매입할인 100,000원 + 수입관세 200,000원 – 도착지 인도조건 미착상품 500,000원 = 4,500,000원
• 출고(1월 9일) = 시송판매 2,500,000원 × 의사표시 90% = 2,250,000원
• 출고(1월 18일) = 위탁판매 1,800,000원 – 위탁자 보유 150,000원 = 1,650,000원
∴ 1월 말 재고자산 = 입고(1월 5일) 4,500,000원 – 출고(1월 9일) 2,250,000원 – 출고(1월 18일) 1,650,000원 = 600,000원

11 개별법은 특수기계 주문제작과 같이 재고자산의 종류가 적고 제품별로 원가를 식별할 수 있을 때 사용되는 방법이다.

12 재고자산감모손실 = (장부수량 250개 – 실사수량 235개) × 취득단가 1,500원 = 22,500원

13 • 비유동자산은 투자자산, 유형자산, 무형자산, 기타비유동자산으로 구분된다.
• 단기매매증권은 유동자산 중 당좌자산에 해당한다.

14 • 20X2년 말 감가상각누계액 = (취득가액 120,000,000원 – 잔존가치 20,000,000원) ÷ 내용연수 60개월 × 사용기간 18개월 = 30,000,000원
∴ 20X2년 말 장부가액 = 취득가액 120,000,000원 – 감가상각누계액 30,000,000원 = 90,000,000원
※ 수익적 지출은 당기비용으로 처리한다.

15 ㄱ. 연구활동과 관련된 비용은 연구비에 해당하므로 발생한 회계기간의 비용으로 처리한다.
ㄴ. 무형자산의 상각 시에는 상각누계액을 표시하지 않고 자산을 직접 감액하여 회계처리할 수 있다.

16 영업권은 무형자산, 지분법적용투자주식은 투자자산, 임대보증금은 부채에 해당한다.

17 선급금 및 미수금은 자산계정에 해당한다.

18 • 기말 당좌예금 잔액 = 기초잔액 3,000,000원 + 입금 2,000,000원 − 당좌수표 지급 7,000,000원 = (−)2,000,000원 (당좌차월)
∴ 당좌예금 잔액을 초과하여 인출된 당좌차월 2,000,000원은 기말시점에 단기차입금 2,000,000원으로 재무상태표에 계상한다.

19 ④ 사채를 할인발행하는 경우 사채발행기간 동안 사채발행회사가 인식할 이자비용은 만기에 가까워질수록 점점 증가한다.

20 • 20X2년 6월 30일

	(차)		(대)	
20X2년 6월 30일	미지급비용	1,800,000	현 금	3,600,000
	이자비용	1,800,000		

21

	(차)		(대)	
ㄱ.	현 금	500,000	자본금	1,000,000
	주식할인발행차금(자본조정)	500,000		
ㄴ.	미처분이익잉여금(이익잉여금)	1,000,000	현 금	1,000,000

∴ 자본금은 증가하고, 자본잉여금은 불변하며, 이익잉여금은 감소한다.

22 ④ 이익준비금은 자본금의 1/2에 달할 때까지 매 결산기 현금배당액의 1/10 이상의 금액을 적립하여야 한다.

23 ② 대가를 현금 이외의 자산으로 받은 경우에는 원칙적으로 수취한 자산의 공정가치로 수익을 인식한다.

24 • 영업이익 500,000원 = 매출액 − 매출원가 2,000,000원 − 판매비와관리비 500,000원
∴ 매출액 = 3,000,000원

25 • 20X1년 누적진행률 = 누적발생공사원가 6,000,000원 ÷ 총공사예정원가 25,000,000원 = 0.24 (24%)
• 20X2년 누적진행률 = 누적발생공사원가(6,000,000원 + 6,500,000원) ÷ 총공사예정원가 25,000,000원 = 0.5 (50%)
∴ 20X2년 공사수익 = 총공사도급금액 30,000,000원 × (당기 누적진행률 50% − 직전 누적진행률 24%) = 7,800,000원

26 • 매출원가 = 기초상품 100,000원 + 당기순매입 200,000원 − 기말상품 120,000원 = 180,000원
∴ 매출총이익 = 순매출액 300,000원 − 매출원가 180,000원 = 120,000원

27 퇴직급여충당부채 추가설정액 = 기말 추계액 12,000,000원 − (기초 잔액 9,500,000원 − 당기 지급액 2,000,000원) = 4,500,000원

28 ① 기업회계상의 당기순이익과 법인세 계산의 기초가 되는 소득과는 차이가 있기 때문에 완전히 같다고 할 수 없다.

29 결산절차 : 수정전 시산표 → 결산수정분개 → 수정후 시산표 → 장부 마감 → 재무제표 작성

30 ㄱ. 거래 전체를 누락한 경우에는 차변합계와 대변합계에 동일한 영향을 주므로 시산표로 검증할 수 없다.
ㄴ. 계정과목을 잘못 분류한 경우는 차변합계와 대변합계에 영향을 주지 않으므로 시산표로 검증할 수 없다.
ㄷ. 차변과 대변 중 한 쪽의 금액을 누락한 경우에는 차변합계와 대변합계가 일치하지 않게 되어 시산표로 검증할 수 있다.
ㄹ. 차변과 금액에 같은 금액의 오류가 포함된 경우에는 차변합계와 대변합계에 동일한 영향을 주므로 시산표로 검증할 수 없다.

31 가지급금, 가수금, 전도금, 현금과부족 등은 기중 거래에서 밝혀지지 못한 부분이나 일시적 항목들을 표시한 임시계정이다.

32 당기 보험료 지급액 = 당기 보험료 450,000원 − 기초 선급보험료 300,000원 + 기말 선급보험료 250,000원 = 400,000원

33

구 분	발생 당시 환율 > 회수(상환) 당시 환율	발생 당시 환율 < 회수(상환) 당시 환율
외화자산	외환차손	외환차익
외화부채	외환차익	외환차손

34 ② 기업내부경영전략보고서는 공시 대상이 아니다.

35 ① 회사의 재무제표가 기업회계기준에 따라 중요성의 관점에서 적정할 경우 적정의견을 표명한다.

36 ② 부채비율은 증가할수록 채권자의 위험이 증가한다는 것을 의미한다.
① 유동비율은 증가할수록 회사의 지불능력이 커진다는 것을 의미한다.
③ 주당순이익이 증가할수록 회사의 경영실적이 양호하며 배당여력도 많아진다는 것을 의미한다.
④ 자기자본비율은 증가할수록 회사의 재무구조가 건전하다는 것을 의미한다.

37 ② 회사의 각 단계별 활동에 따른 이익구조는 손익계산서를 통하여 파악할 수 있다.

38 ④ 재고자산회전율이 증가해야 재고의 판매가 원활하게 이루어져 진부화 가능성은 낮아진다.

39 • 당기순이익 = 매출액 6,000,000원 − 매출원가 3,600,000원 − 판매비와관리비 900,000원 + 영업외수익 300,000원 − 영업외비용 500,000원 − 법인세비용 100,000원 = 1,200,000원
∴ 당기순이익율 = 당기순이익 1,200,000원 ÷ 매출액 6,000,000원 = 0.2 (20%)

40 • 자기자본 = 자산총계 30,000,000원 − 부채총계 20,000,000원 = 10,000,000원
∴ 자기자본이익률 = 당기순이익 20,000,000원 ÷ 자기자본 10,000,000원 = 2 (200%)

정답 및 해설

제7회 기출문제 (2023년 9월 기출)

| 회계원리 |

01	④	02	①	03	②	04	③	05	②	06	①	07	④	08	②	09	①	10	④
11	③	12	③	13	①	14	②	15	③	16	④	17	④	18	③	19	③	20	②
21	④	22	①	23	③	24	②	25	④	26	②	27	①	28	④	29	②	30	③
31	③	32	③	33	②	34	④	35	③	36	①	37	②	38	④	39	①	40	④

01 재무제표의 종류 : 재무상태표, 손익계산서, 자본변동표, 현금흐름표, 주석

02
- 재무상태표의 작성기준 : 구분표시원칙, 총액주의, 1년 기준, 유동성배열법, 잉여금 구분의 원칙, 미결산 항목 및 비망계정의 표시방법 등
- 실현주의는 수익의 인식 기준이고, 발생주의는 현금흐름표를 제외한 모든 재무제표에 적용되는 원칙이다.

03 ② 자산의 증가와 자본의 감소는 모두 차변에 기재되므로 동시에 나타날 수 없다.

04 ③ 회계상의 거래로 인식하기 위해서는 회사의 재산상태에 변화를 주는 사건이어야 하므로 약정 그 자체만으로는 회계상의 거래라 할 수 없다.

05
- 제1기 기초자본 = 제1기 기초자산 700원 − 제1기 기초부채 300원 = 400원
- 제1기 기말자본(제2기 기초자본) = 제1기 기초자본 400원 + 제1기 순이익 200원 = 600원

∴ 제2기 기말자본 = 제2기 기초자본 600원 + 제2기 순이익 300원 = 900원

06 기말 현금잔액 = 기초잔액 2,000원 + 추가출자(2월 1일) 1,000원 + 채권회수(3월 5일) 1,500원 − 급여(12월 31일) 800원 = 3,700원

07 ① 외상매출금(자산)으로 인식한다.
② 선급금(자산)으로 인식한다.
③ 재고자산(자산)으로 인식한다.
④ 외상매입금(부채)으로 인식한다.

08 ② 통화대용증권은 현금및현금성자산에 포함되며, 회계처리 시 현금으로 분개한다.

09 당좌예금 = 기초잔액 500,000원 − 수표발행 1,000,000원 + 입금 200,000원 = (−)300,000원 (당좌차월)

10 ④ 물가가 상승하고 있을 때 선입선출법을 적용하면 평균법에 비해 일반적으로 매출원가가 적게 계상된다.

11 • 기말재고 수량 500개 = 8월 5일 매입분 200개 + 3월 10일 매입분 500개
※ 선입선출법을 따르므로 나중에 매입된 순으로 재고가 남게 된다.
∴ 기말재고액 = 8월 5일 매입분(200개 × 100원) + 3월 10일 매입분(300개 × 90원) = 47,000원

12 • 채무증권이며, 만기보유의도와 능력이 있는 유가증권은 만기보유증권이다.
• 지분증권이며, 단기매매차익을 목적으로 하지 않는 유가증권은 매도가능증권이다.

13 ① 임대목적으로 보유 중인 토지는 비영업용으로 소유하는 부동산에 해당하여 투자부동산으로 분류된다.

14 정액법에 의한 감가상각비 = (취득원가 – 잔존가액) ÷ 내용연수

15 • 20X2년 감가상각누계액 = (취득가액 10,000,000원 – 잔존가액 0원) ÷ 내용연수 20년 × 사용기간 2년 = 1,000,000원
∴ 20X2년 유형자산처분손익 = 처분가 10,500,000원 – (취득가액 10,000,000원 – 감가상각누계액 1,000,000원) = 1,500,000원 (이익)

16 ④ 무형자산의 상각기간은 독점적 · 배타적인 권리를 부여하고 있는 관계 법령이나 계약에 정해진 경우에는 20년을 초과할 수 있다.
• 예외적으로 무형자산의 내용연수가 법적 또는 계약상 20년을 초과한다는 명백한 증거가 있는 경우에는 다음과 같이 처리한다.
 – 자산은 최적 추정내용연수 동안 상각한다.
 – 자산의 내용연수가 법적 또는 계약상 20년을 초과한다는 명백한 증거와 내용연수를 결정하는데 중요한 역할을 한 요인들을 공시한다.

17 • 누락분개

(차) 현금(당좌자산의 증가)	100,000	(대) 단기차입금(유동부채의 증가)	100,000

∴ 위 분개가 누락되어 당좌자산(ㄱ)과 유동부채(ㄷ)가 과소계상되며, 당좌자산은 유동자산에 포함되므로 유동자산(ㄹ)도 과소계상된다.

18 예수금 : 일반적인 상거래 외 거래로 인하여 일시적으로 현금을 수취하고, 이후 이를 반환하거나 납부하는 때까지 사용하는 계정으로 직원에게 급여를 지급하면서 소득세를 원천징수하거나 건강보험, 고용보험과 같은 4대 보험료를 예수할 때 사용하는 계정

19 퇴직급여충당부채 추가 설정액 = 기말 추계액 19,500,000원 – (기초잔액 10,500,000원 – 당기지급액 3,600,000원) = 12,600,000원

20 • 시장이자율보다 액면이자율이 높으므로 사채는 할증발행된다.

(차) 현 금	×××	(대) 사 채	×××
		사채할증발행차금	×××

21 • 20X1년 1월 1일 회계처리

(차) 현 금	550,000	(대) 자본금	500,000
		주식발행초과금(자본잉여금)	50,000

※ 발행수수료와 증자등기비용 등의 신주발행비용은 주식발행초과금에서 직접 차감하거나, 주식할인발행차금에 가산한다.

∴ 자본금과 자본잉여금은 증가하고, 이익잉여금은 불변한다.

22 감자차익은 자본을 감소하는 과정에서 발생한 것으로 자본감소액이 자본을 감소하는데 소요되는 금액을 초과하는 경우 그 차액을 말한다.

23 수익은 통상적인 경영활동에서 발생하는 경제적 효익의 총유입을 말하며, 자산의 증가 또는 부채의 감소로 나타난다.

24 • 20X1년 누적진행률 = 누적발생공사원가 18,000,000원 ÷ 총공사예정원가 72,000,000원 = 0.25 (25%)

• 20X1년 공사수익 = 총공사도급금액 100,000,000원 × (누적진행률 25% – 직전 누적진행률 0%) = 25,000,000원

∴ 20X1년 공사이익 = 공사수익 25,000,000원 – 공사원가 18,000,000원 = 7,000,000원

25 • 회계처리

– 20X1년 10월 1일	(차) 매출채권	10,000,000	(대) 매 출	10,000,000
– 20X1년 12월 31일	(차) 매출채권	1,000,000	(대) 외화환산이익	1,000,000
– 20X2년 4월 30일	(차) 현 금	12,000,000	(대) 매출채권	11,000,000
			외환차익	1,000,000

26 회사의 경영활동을 통해 순자산의 감소가 발생할 때마다 인식하는 것은 현실적으로 어렵기 때문에 수익이 인식된 시점에서 수익과 관련하여 비용을 인식하는 것을 수익・비용 대응의 원칙이라고 한다.

27 매출원가 = 기초상품재고액 50,000원 + 당기매입액 200,000원 – 기말상품재고액 150,000원 = 100,000원

28 • 회계처리

– 10월 1일	(차) 보험료	120,000	(대) 현금 등	120,000
– 결산시점	(차) 선급비용	90,000	(대) 보험료(비용의 이연)	90,000
	(차) 미수수익 등	40,000	(대) 이자수익(수익의 발생)	40,000

※ 전액 비용처리한 보험료 중 차기에 해당하는 9개월분 보험료 90,000원을 20X2년으로 이연하고, 미인식된 당기분 이자수익 40,000원을 계상하였다.

∴ 수정후 당기순이익 = 수정전 당기순이익 450,000원 + 비용의 이연 90,000원 + 수익의 발생 40,000원 = 580,000원

29 • 결산절차는 예비절차, 결산보고서 작성의 2단계로 이루어진다.

– 예비절차 : 수정전 시산표의 작성 → 결산정리사항의 요약 → 결산수정분개 → 결산수정분개의 전기

– 결산보고서 작성 : 계정의 마감 → 재무제표 작성 → 부속명세서 작성

30 ③ 시산표는 공시의 의무가 있는 서식이 아니다.

31 ③ 매도가능증권에 대한 평가손익은 당기손익에 반영되지 않고 기타포괄손익누계액으로 처리한다.
※ 당해 유가증권에 관한 기타포괄손익누계액은 그 유가증권을 처분하거나 손상차손을 인식하는 시점에 일괄하여 당기손익에 반영한다.

32 • 모든 매출이 외상으로 이루어졌으므로 당기 발생 매출채권과 당기 매출액은 동일한 금액이다.
• 매출채권 차변 합계액 46,500,000원 = 기초잔액 1,500,000원 + 당기 발생 매출채권
∴ 당기 발생 매출채권 = 45,000,000원 (매출액과 동일)

33 • 대손충당금 = 기말 매출채권 300,000원 × 대손율 5% = 15,000원
• 순매출채권 = 기말 매출채권 300,000원 − 대손충당금 15,000원 = 285,000원

34 일반기업회계기준에 따라 중요성의 관점에서 공정하게 표시하고 있지 않은 경우 부적정 감사의견을 표명함이 타당하다.

35 • 매출채권회전율 = 매출액 9,000,000원 ÷ 평균매출채권 3,000,000원 = 3회
• 매출채권회수기간 = 360일 ÷ 매출채권회전율 3회 = 120일

36 회사의 단기적 재무적 안정성을 검토하기 위해서는 유동성분석이 필요한데, 유동성분석의 주요지표로는 유동비율과 당좌비율이 있다.

37 ① 회사가 영업활동으로 매출액 대비 이익을 얼마나 남겼는지는 영업이익률을 통해 알 수 있다.
③ 영업이익률은 매출액 대비 얼마나 이익을 달성했는지를 의미한다.
④ 당기순이익은 영업손익뿐 아니라 영업외손익 등 다양한 요소를 포함하는 개념이므로 한 번 당기순이익이 발생하였다고 지속적으로 발생할 것이라고 볼 수는 없다.

38 • 부채비율 = (부채총액 ÷ 자본총액) × 100%
④ 이익잉여금의 현금배당을 결의한 경우, 자본이 감소하고 부채가 증가하여 부채비율이 증가한다.

(차) 미처분이익잉여금(자본의 감소)	×××	(대) 미지급배당금(부채의 증가)	×××

39 • 재고자산회전율 = 매출원가 ÷ 평균재고자산금액
※ 재고자산회전율은 재고자산의 회전속도, 즉 재고자산이 당좌자산으로 변화하는 속도를 나타낸다.

40 ④ 주당순이익은 당기순이익을 유통보통주식수로 나누어 계산한다.

정답 및 해설

제8회 기출문제 (2023년 7월 기출)

| 회계원리 |

01	④	02	②	03	④	04	④	05	③	06	①	07	③	08	②	09	②	10	③
11	②	12	①	13	①	14	①	15	④	16	③	17	③	18	③	19	②	20	④
21	④	22	④	23	③	24	①	25	②	26	②	27	③	28	①	29	③	30	②
31	②	32	②	33	①	34	①	35	③	36	④	37	③	38	③	39	②	40	③

01 ④ 재무상태표는 외부이용자의 유용한 의사결정을 위한 재무회계의 구성요소이다.

02 ② 총액주의에 따라 채권과 대손충당금은 각각의 총액으로 계상하여야 한다.

03 회계상 거래를 인식하기 위한 조건은 그 거래가 회사의 재산상태에 영향을 미쳐야 하고, 그 영향을 금액으로 측정할 수 있어야 한다.

04 • 회계처리

– 10월 1일	(차) 현 금	60,000	(대) 선수수익	60,000
– 12월 31일	(차) 선수수익	15,000	(대) 임대료	15,000

→ 10월 1일에 1년분 임대료 60,000원을 현금으로 수취하여 전액 선수수익으로 계상하였으며, 결산시점에 당기에 해당하는 3개월분 임대료 15,000원(= 60,000원 × 3/12)을 계상하면서 선수수익에서 동일한 금액을 상계하였다.

① 회사의 선수수익은 차기에 임대서비스를 제공할 의무이므로 재무상태표에 45,000원으로 인식한다.
② 회사의 임대료는 발생주의에 따라서 손익계산서에 15,000원으로 인식한다.
③ 회사는 최초 부채계정을 이용하여 회계처리하였고 결산조정을 통해 수익계정을 인식하였다.

05

① (차) 현금(자산의 증가)	(대) 차입금(부채의 증가)
② (차) 현금(자산의 증가)	(대) 자본금(자본의 증가)
③ (차) 외상매입금(부채의 감소)	(대) 현금(자산의 감소)
④ (차) 현금(자산의 증가)	(대) 이자수익(수익의 발생)

06 • 자산 = 현금 100,000원 + 재고자산 600,000원 + 대여금 200,000원 = 900,000원
• 부채 = 매입채무 120,000원 + 미지급금 170,000원 + 차입금 250,000원 = 540,000원
∴ 자본 = 자산 900,000원 – 부채 540,000원 = 360,000원

07 ③ 실제 현금잔액과 장부상 현금잔액이 일치하지 않을 경우에는 임시계정인 현금과부족을 사용하여 그 차액을 조정한 후, 회계기간 중 차액의 원인이 밝혀지면 그 원인별 수정분개를 진행하며, 결산시점까지 원인이 밝혀지지 않은 경우에는 잡손실 또는 잡이익으로 처리한다.

08 당좌예금 = 기초잔액 200,000원 − 수표발행 1,200,000원 + 입금 300,000원 = (−)700,000원 (당좌차월)

09 ②

(차) 현 금	100,000	(대) 기계장치	300,000
감가상각누계액	100,000		
유형자산처분손실	100,000		

10 ㄱ. 주된 영업활동을 통하여 판매할 목적으로 취득한 토지는 재고자산이다.
ㄴ. 제조업을 영위하는 회사가 영업에 사용할 목적으로 구입한 소프트웨어는 무형자산이다.
ㄷ. 제조업을 영위하는 회사가 영업에 사용할 목적으로 건설중인자산은 유형자산이다.
ㄹ. 주된 영업활동을 통하여 판매할 제품의 생산에 투입되기 위한 원재료는 재고자산이다.

11 월말재고자산의 단가 = (3월 1일 매입액 30,000원 + 3월 5일 매입액 52,500원) ÷ (3월 1일 매입수량 200개 + 3월 5일 매입수량 300개) = 165원

12 ② 재고자산평가손실은 매출원가로 처리한다.
③, ④ 재고자산평가손실충당금은 재고자산의 차감계정이다.

13 매도가능증권처분손익 = (처분단가 5,300원 − 취득단가 5,000원) × 처분수량 1,000주 = 300,000원 (이익)

14 • 건설중인자산은 감가상각대상 자산이 아니다.
∴ 20X1년 감가상각비 = 차량운반구 3,000,000원 ÷ 내용연수 60개월 × 사용기간 6개월 = 300,000원

15 ④ 무형자산이란 식별가능하고, 기업이 통제하고 있으며, 미래 경제적 효익이 있는 비화폐성자산으로서 취득원가를 신뢰성 있게 측정할 수 있어야 한다.
※ 반드시 문서의 형태를 가질 필요는 없다.

16 • 유동자산 합계 = 현금 130,000원 + 상품 470,000원 + 선급금 75,000원 + 매출채권 180,000원 = 855,000원
• 비유동자산 합계 = 영업권 350,000원 + 건설중인자산 720,000원 = 1,070,000원

17 • 자산 = 현금 30,000원 + 상품 120,000원 + 보통예금 150,000원 + 영업권 70,000원 + 외상매출금 200,000원 = 570,000원
• 자본 = 자본금 370,000원
∴ 부채 = 자산 570,000원 − 자본 370,000원 = 200,000원

18 ③ 20X2년 6월 30일

(차) 미지급이자	1,380,000	(대) 현 금	2,760,000
이자비용	1,380,000		

19 • 시장이자율이 액면이자율보다 작으므로 사채는 할증발행된다.

(차) 현 금	×××	(대) 사 채	×××
		사채할증발행차금	×××

20 ④ 본래 비유동부채에 해당하는 장기부채 중 상환금액의 만기가 1년 이내에 도래하는 경우 해당 금액만큼 비유동부채를 감소시키고 유동성장기부채(유동부채)로 계상하는 회계처리를 한다.

21 ④ 주식할인발행차금은 자본조정에 해당한다.
• 주식발행초과금, 감자차익, 자기주식처분이익은 자본잉여금에 해당한다.

22 ④ 주식발행가액이 액면가액에 미달될 경우 주식할인발행차금으로 처리하며, 발행수수료, 증가등기비용 등과 같이 자본거래에 직접 관련되어 발생한 신주발행비용은 주식발행초과금에 직접차감하거나 주식할인발행차금에 가산한다.

23 ③ 대가를 현금 이외의 자산으로 받는 경우에는 원칙적으로 수취한 자산의 공정가치로 수익을 인식한다.

24 • 기초자본 = 기초자산 300,000원 − 기초부채 80,000원 = 220,000원
• 기말자본 = 기말자산 370,000원 − 기말부채 90,000원 = 280,000원
• 기말자본 280,000원 = 기초자본 220,000원 + 추가출자 30,000원 + 당기순손익
∴ 당기순손익 = 30,000원 (이익)
• 당기순이익 30,000원 = 총수익 − 총비용 50,000원
∴ 총수익 80,000원

25 매출액 = (매출수량 200개 − 반품수량 15개) × 판매단가 120,000원 − 매출에누리(5개 × 50,000원) = 21,950,000원

26 • 수익의 인식(실현주의) : 수익은 실현되었거나 또는 실현가능한 시점에서 인식되며, 수익은 제품, 상품 또는 기타 자산이 현금 또는 현금청구권(매출채권 등)과 교환되는 시점에서 실현된다.
② 상품이 외상판매된 12월 12일에 매출(수익)을 인식하여야 한다.

– 12월 12일	(차) 매출채권	×××	(대) 매 출	×××

27 판매비와관리비 = 관리직 급여 20,000,000원 + 사무실 임차료 8,000,000원 + 무형자산상각비 5,000,000원 + 광고선전비 3,000,000원 = 36,000,000원
※ 이자비용은 영업외비용에 속한다.

28

• 7월 1일	(차) 현 금	2,400,000	(대) 임대료수익	2,400,000
• 12월 31일	(차) 임대료수익	1,200,000	(대) 선수임대료	1,200,000

※ 차기에 해당하는 6개월분 임대료수익 1,200,000원(= 2,400,000원 × 6/12)를 선수임대료 계정을 사용하여 20X2년으로 이연시킨다.

29 ③ 재고자산 실사결과 수량이 부족한 부분은 재고자산감모손실을 인식한다.

30 • 아래와 같이 계정의 잔액이 반대로 기입되어 발생한 오류이다.
- 부채계정인 차입금의 잔액은 대변에 위치하여야 한다.
- 자산계정인 소모품의 잔액은 차변에 위치하여야 한다.
- 비용계정인 이자비용의 잔액은 차변에 위치하여야 한다.
- 수익계정인 임대료의 잔액은 대변에 위치하여야 한다.

• 차변 = 수정전 1,300,000원 − 차입금 300,000원 + 소모품 150,000원 + 이자비용 20,000원 − 임대료 60,000원 = 1,110,000원

• 대변 = 수정전 920,000원 + 차입금 300,000원 − 소모품 150,000원 − 이자비용 20,000원 + 임대료 60,000원 = 1,110,000원

참고 대차평균의 원리에 따라 시산표의 차변과 대변의 합계금액은 반드시 일치하므로 아래와 같은 계산도 가능하다.
수정후 차변과 대변 각각의 합계액 = (수정전 차변합계 1,300,000원 + 수정전 대변합계 920,000원) ÷ 2 = 1,110,000원

31 • 대손충당금 보충액 = 대손예상액 25,000원 − 기초 대손충당금 30,000원 − 기중변동 0원 = (−)5,000원 (환입)
∴ 대손충당금환입 5,000원을 인식하며, 동일한 금액만큼 대손충당금을 상계시킨다.

32 • 20X1년 12월 31일 장부금액 = 취득금액 24,000,000원 − 감가상각비(24,000,000원 × 0.45 × 6/12) = 18,600,000원
∴ 20X2년 12월 31일 장부금액 = 기초장부금액 18,600,000원 − 감가상각비(18,600,000원 × 0.45) = 10,230,000원

33 ① 발생주의에 따르면 아직 현금으로 유입되지는 않았지만 당기에 귀속되는 수익은 당기의 수익으로 인식하여야 한다.

34 ① 감사 시, 중요성 관점에서 기업회계기준에 대한 중요한 위배사항이 없다면 적정의견을 표명한다.

35 ① 직원들의 내부 부정을 적발하기 위해서 내부회계관리제도를 상시적으로 운영하는 것이므로 옳지 않다.
② 공인회계사가 감사대상 회사의 재무제표 작성을 지원하는 것은 감사인의 독립성의무를 위반한 것이므로 현행 법상 금지되는 행위이다.
④ 재무제표의 작성과 보고 책임은 회사의 경영자에게 있다.

36 • 유동자산 = 현금및현금성자산 100,000원 + 매출채권 250,000원 + 재고자산 300,000원 = 650,000원
• 유동부채 = 매입채무 200,000원
∴ 유동비율 = 유동자산 650,000원 ÷ 유동부채 200,000원 = 3.25 (325%)

37 • 부채 = 매입채무 200,000원 + 장기차입금 150,000원 = 350,000원
• 자기자본 = 자본금 400,000원 + 이익잉여금 50,000원 = 450,000원
∴ 부채비율 = 부채 350,000원 ÷ 자기자본 450,000원 = 0.78 (78%)

38 • 매출채권회전율 = 매출액 100,000,000원 ÷ 평균매출채권 10,000,000원 = 10회
• 매출채권회수기간 = 360일 ÷ 매출채권회전율 10회 = 36일

39 주당순이익 = 당기순이익 60,000,000원 ÷ 유통보통주식수 6,000주 = 10,000원

40 ③ 매출총이익률은 64%이다. 즉, 회사의 매출총이익은 매출액 대비 64%라는 것을 의미한다.
• 매출총이익률 = 매출총이익 3,200원 ÷ 매출 5,000원 = 0.64 (64%)

회계관리 2급 핵심이론 + 최신 기출문제 한권으로 끝내기

개정8판1쇄 발행	2025년 01월 10일 (인쇄 2024년 10월 24일)
초 판 발 행	2017년 01월 25일 (인쇄 2016년 11월 29일)
발 행 인	박영일
책 임 편 집	이해욱
저 자	김태원, 김영윤
편 집 진 행	김준일 · 백한강
표지디자인	김도연
편집디자인	차성미 · 채현주
발 행 처	(주)시대고시기획
출 판 등 록	제10-1521호
주 소	서울시 마포구 큰우물로 75 [도화동 538 성지 B/D] 9F
전 화	1600-3600
팩 스	02-701-8823
홈 페 이 지	www.sdedu.co.kr
I S B N	979-11-383-8132-1 (13320)
정 가	23,000원

시대에듀와 함께하는

합격의 STEP

Step. 1 회계를 처음 접하는 당신을 위한 도서

★☆☆☆☆
회계 입문자

최신 기출복원문제가 수록된
hoa 전산회계운용사 3급 필기

무료 동영상으로 학습하는
hoa 전산회계운용사 3급 실기

핵심이론+기출 600제
hoa 회계관리 2급 한권으로 끝내기

자격증, 취업, 실무를 위한 회계 입문서
왕초보 회계원리

Step. 2 회계의 기초를 이해한 당신을 위한 도서

★★☆☆☆
회계 초급자

최신 기출복원문제가 수록된
hoa 전산회계운용사 2급 필기

실기이론+모의고사
hoa 전산회계운용사 2급 실기

기출 핵심요약집을 제공하는
[기출이 답이다] FAT 1급

무료 동영상으로 학습하는
[기출이 답이다] 전산회계 1급